识干家

企業閱讀 學以致用

科创板 IPO 上市全流程指导

丁先云　刘海旭◎著

SSE STAR Market

—— IPO ——

Process Guidance

中华工商联合出版社

图书在版编目（CIP）数据

科创板IPO上市全流程指导 / 丁先云，刘海旭著. —北京：中华工商联合出版社，2020. 2

ISBN 978-7-5158-2680-6

Ⅰ. ①科…　Ⅱ. ①丁…　②刘…　Ⅲ. ①创业板市场-上市公司-研究-中国　Ⅳ. ①F279. 246

中国版本图书馆CIP数据核字（2019）第285271号

科创板IPO上市全流程指导

作　　者：丁先云　刘海旭
责任编辑：于建廷　臧赞杰
责任审读：郭敬梅
封面设计：仙　境
责任印制：迈致红
出版发行：中华工商联合出版社有限责任公司
印　　刷：河北宝昌佳彩印刷有限公司
版　　次：2020年6月第1版
印　　次：2020年6月第1次印刷
开　　本：710mm×1000mm　1/16
字　　数：416千字
印　　张：23. 5
书　　号：ISBN 978-7-5158-2680-6
定　　价：88. 00元

服务热线：010-58301130
团购热线：010-58302813
地址邮编：北京市西城区西环广场A座
19-20层，100044
http：//www. chgslcbs. cn
E-mail：cicap1202@ sina. com（营销中心）
E-mail：gslzbs@ sina. com（总编室）

导读

传统以投入土地、原材料和劳动力等原始性要素为主的粗放式经济发展模式的弊端日益显现，将科技创新作为推动经济发展的强大动力成为我国深入改革的内在需求和必然趋势。党的十八大明确提出，“科技创新是提高社会生产力和综合国力的战略支撑，必须摆在国家发展全局的核心位置”。党的十九大进一步要求加快建设创新型国家，因为“创新是引领发展的第一动力，是建设现代化经济体系的战略支撑”。

科技创新的发展离不开资本的支持，充分调动资本的力量既需要完善资本市场体系建设，也需要对科技创新型企业在资本市场中的行为进行正确引领，同时需要广泛聚集社会资本。2018 年 11 月，习近平总书记在首届中国国际进口博览会开幕式上发表演讲，提出在上海证券交易所设立科创板并试点注册制。

但是，中小企业要发展成为具备科创板上市条件的企业仍有漫长的道路要走，当前国内的中小科创型企业普遍面临对科创板整体认识不足、对上市的重大细节掌握不到位，以及难以解决自身发展过程中的诸多阻碍等问题。为解决科创型企业的这些问题，使更多的企业登陆科创板以借助资本的力量实现腾飞，本书应运而生。

本书分为两篇，第一篇对科创板进行整体介绍和深度剖析，首先使读者了解我国资本市场体系及科创板推出的背景、理念和规则体系，以期读者对科创板形成一个整体的认识。从第二章开始，笔者对科创板上市发行、交易制度、监管制度，以及对红筹企业的特别规定等进行详述，读者可以从中找到监管部门对科创型企业上市的详细规定。

第二篇为“科创板上市辅导”，主要针对科创型企业在上市过程中容易遇到的重大问题和解决方案等展开论述。首先从规则上对每一个重点问题都进行深度剖析，为帮助读者对所介绍的内容有更直观的了解，本篇在每一个部分之后都附上当前已注册上市的科创型企业的问询答复案例。该篇的逻辑与企业招股书的行文逻辑相对应，读者可以找寻自己的企业是否存在类似的问题，也可以借鉴其他企业的处理方案。希望读者阅读后不仅知道问题症结所在，更知道如何解决问题。

本书笔者在一线从事 IPO 辅导实务工作，从实战中提炼重大要点、细节，以期为拟上市科创板企业提供切实的帮助。在本书写作过程中，笔者也深感自身认识的不足，故努力逐步深入研究，然而，囿于能力、时间和精力有限，尚无法做到对每个问题都进行透彻分析，直至满意，只能待未来不断更新和修订。

科创板刚刚起步，随着科创板和注册制的不断发展，本书电子版也将在博瑞森

APP平台上进行更新和补充，凡购买本书者，均能永久免费阅读最新版本。同时，本书仅为抛砖引玉，衷心地希望读者能够提出宝贵意见，对不足之处予以指正。谨在此对支持本书的每一位读者表示最诚挚的感谢。

丁先云　刘海旭

2020年于上海

目录

第一篇　科创板深度剖析

第一篇　科创板深度剖析

第一章

科创板概述

第一节 科创板推出的背景

一、 科创板推出的背景

2016 年 5 月，中共中央、国务院印发《国家创新驱动发展战略纲要》。习近平总书记强调："我们要坚持创新是第一动力、人才是第一资源的理念，实施创新驱动发展战略，完善国家创新体系，加快关键核心技术自主创新，为经济社会发展打造新引擎。"

2017 年 10 月召开党的十九大，大会报告中明确提出"坚定实施科教兴国战略、人才强国战略、创新驱动发展战略、乡村振兴战略、区域协调发展战略、可持续发展战略、军民融合战略"七大国家战略。科技创新是创新驱动发展战略的核心。创新作为引领发展的第一动力，科技创新与制度创新、管理创新、商业模式创新、业态创新、文化创新相结合，推动发展方式向依靠持续的知识积累、技术进步和劳动力素质提升的方向转变，促进经济向形态更高级、分工更复杂、结构更合理的阶段演化。

当前中国已进入科技创新驱动经济增长的新时代，中国制造就是要借助科技创新推动产业升级和经济转型，科创板就是为支撑科技创新而出现的。科创板能引导资金向优质的科创型企业集聚。

当前的外部环境有所恶化，在中美贸易摩擦背景下，美国对我国实行科技封锁，倒逼我国自主创新提速。中美贸易摩擦中美国的目的之一就是阻碍中国的科技创新，以及对技术引进实施封锁，进而遏制中国经济快速增长，因此，尽快推进中国制造 2025 战略显得尤为重要。科创板作为金融服务科技的重要抓手，能够提升金融供给的质量和效率，进一步促进金融为中国制造 2025 的战略服务。

二、 科创板推出与定位

2013 年 11 月 30 日，中国证监会发布《中国证监会关于进一步推进新股发行体制改革的意见》，这是逐步推进股票发行从核准制向注册制过渡的重要步骤。

2015 年 12 月 9 日，国务院常务会议审议通过了拟提请全国人大常委会审议的《关于授权国务院在实施股票发行注册制改革中调整适用〈中华人民共和国证券法〉

有关规定的决定（草案）》。

2015 年 12 月 27 日，国务院实施股票发行注册制改革的举措获得最高立法机关的修法授权。

2018 年 11 月 5 日，国家主席习近平在首届中国国际进口博览会开幕式主旨演讲中提出在上海证券交易所设立科创板并试点注册制。

2019 年 1 月 23 日，中央全面深化改革委员会第六次会议审议通过了《在上海证券交易所设立科创板并试点注册制总体实施方案》《关于在上海证券交易所设立科创板并试点注册制的实施意见》。

2019 年 1 月 30 日，证监会发布《关于在上海证券交易所设立科创板并试点注册制的实施意见》。2019 年 3 月 1 日，证监会发布《科创板首次公开发行股票注册管理办法（试行）》和《科创板上市公司持续监管办法（试行）》。

2019 年 3 月 4 日，《上海证券交易所科创板股票发行上市审核问答》正式发布，科创板配套规则进一步明晰。

2019 年 3 月 15 日，上海证券交易所正式发布《保荐人通过上海证券交易所科创板股票发行上市审核系统办理业务指南》与《科创板创新试点红筹企业财务报告信息披露指引》。

2019 年 3 月 18 日，上海证券交易所科创板发审系统上线，科创板正式开始接受企业申请。

据上交所披露，截至 2020 年 2 月 21 日 17：00，沪市科创板上市公司数量为 89 家，另有 2 家企业处于发行中，有 2 家企业已获得注册批复。目前科创板累计受理企业为 210 家，其中，问询中企业 16 家，待问询企业 2 家，中止审核企业 56 家，终止审核企业 25 家，已上会企业 121（其中 3 家终止审核，7 家中止审核），上市委审议通过企业 115 家，未通过企业 3 家，暂缓审议企业 3 家。

设立科创板并试点注册制是我国多层次资本市场体系构建的又一重要举措，是落实创新驱动发展战略，增强资本市场对提高我国关键核心技术创新能力的服务水平，支持上海国际金融中心和科技创新中心建设，完善资本市场基础制度，坚持稳中求进工作总基调，贯彻新发展理念，深化金融供给侧结构性改革的重要举措。这也是科创板承载的历史使命。

设立科创板着重解决科技型企业的股权融资问题，但是，其意义不仅仅在于给企业提供更多的融资途径，更为重大的意义在于为科技企业的发展和多层次资本市场的完善发挥重要作用。这种“科技 + 金融”的模式为优质实体经济的发展注入金融资源，是资本与科技创新的有效结合，有助于实现国民经济从高速度增长向高质量发展的跨越。

第二节 科创板与其他板块对比

一、我国的多层次资本市场体系

自1990年上海证券交易所设立之日起至2019年10月，我国已经建立起了包括主板、中小板、创业板、科创板、新三板及区域性股权交易市场在内的多层次的资本市场。

主板市场又称一板市场，是传统意义上的证券市场，是我国证券发行、上市与交易的主要市场，面向大型成熟企业，交易场所为上海证券交易所与深圳证券交易所。主板市场对发行人各方面的上市指标要求较高，它是一个国家或地区的资本市场最重要的组成部分。

中小板是针对进入成熟期但是规模还比较小的上市企业（中型企业），中小板属于主板市场的一部分，是深交所主板市场中单独设立的一个板块，是作为创业板的一个过渡。中小板与主板的上市条件一致，主要服务对象是进入成长期的后期阶段，比较成熟、经营相对稳定的企业。中小板并未降低上市门槛，只是规模较小。

创业板又称二板市场，是第二股票交易市场，设立创业板的初衷是面向那些还未到成熟期，暂时无法在主板上市的高成长、创新创业型中小企业，作为主板市场的补充。创业板在上市门槛、监管制度、信息披露、投资者要求等方面与主板市场存在较大差别。创业板与中小板股票均在深圳证券交易所交易。

主板、中小板、创业板企业上市采取核准制，科创板企业上市试行注册制。

新三板全称是全国中小企业股份转让系统，是全国性证券交易场所，设在北京，由原中关村科技园区非上市股份公司进入的证券公司代办股份转让系统（老三板）发展而来。在此挂牌的企业属于非上市公众公司，挂牌采取的是注册制，同时根据股东人数是否超过200人采取不同的挂牌方式。

区域性股权交易市场是为特定区域内的企业提供股权、债券转让和融资服务的场外交易市场，俗称四板市场。在此挂牌的企业不属于上市企业，挂牌审核采取的是注册制。

科创板的推出使我国的多层次资本市场得到进一步发展和完善，如图 1－1 所示。

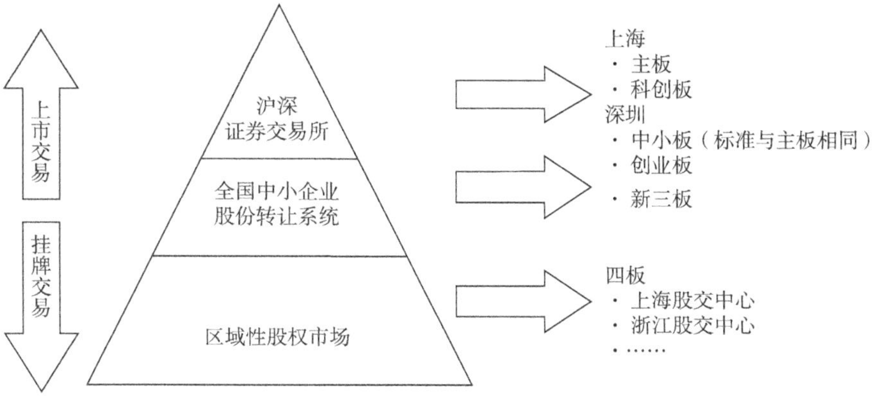

图 1－1　我国多层次资本市场体系

二、 我国资本市场各板块对比

我国资本市场各板块对比如表 1－1 所示。

表 1－1　我国资本市场各板块对比

板块		创业板	主板、中小板	科创板	新三板
类型		场内市场	场内市场	场内市场	场外市场（非上市性质）
上市制度		核准制	核准制	注册制	注册制
持续经营		3 年以上	3 年以上	3 年以上	2 年以上
财务要求	市值	无	无	五套标准市值要求分别为 10 亿元、15 亿元、20 亿元、30 亿元和 40 亿元	最近两个完整会计年度的营业收入累计不低于 1000 万元，因研发周期较长导致营业收入低于 1000 万元的，期末净资产不少于 3000 万元除外。每一个会计期内形成
	净利润营业收入现金流	最近两年净利润均为正数且累计超过 1000 万元，且持续增长 或者最近一年盈利，且净利润不少于 500 万元，最近一年营业收入不少于 5000 万元，最近两年营业收入增长率均不低于 30%	最近三年净利润均为正数且累计超过 3000 万元 最近 3 个会计年度经营活动产生的现金流量净额累计超过 5000 万元，或者最近 3 个会计年度营业收入累计超过 3 亿元	第一套标准要求净利润最近两年为正，两年累计≥5000 万元，或者最近一年净利润为正，营业收入≥1 亿元 第三套标准要求市值≥20 亿元，最近一年营业收入≥3 亿元，最近三年经营现金流净额累计≥1 亿元 第四套标准要求市值≥30 亿元，最近一年营业收入≥3 亿元	

续表

<table>
<tr><th>板块</th><th colspan="2">创业板</th><th>主板、中小板</th><th>科创板</th><th>新三板</th></tr>
<tr><td rowspan="3">财务要求</td><td>亏损</td><td>最近一期末不存在未弥补亏损</td><td>最近一期末不存在未弥补亏损</td><td>可以存在亏损</td><td rowspan="3">与同期业务相关的持续营运记录，不能仅存偶发性交易。报告期净资产不低于每股一元。创新层另有具体财务要求</td></tr>
<tr><td>净资产</td><td>最近一期末净资产不少于2000万元</td><td>最近一期末无形资产占净资产的比例不高于20%</td><td>无要求</td></tr>
<tr><td>研发费</td><td>无</td><td>无</td><td>第二套标准要求市值≥15亿元，最近一年营业收入≥2亿元，最近三年研发投入累计占营业收入比≥15%</td></tr>
<tr><td rowspan="2">股本</td><td colspan="2" rowspan="2">发行前股本总额不少于3000万元</td><td>发行后的股本总额不少于3000万元</td><td rowspan="2">发行后股本总额不低于3000万元；股本总额超4亿元，发行后不低于10%</td><td rowspan="2"></td></tr>
<tr><td>发行后的股本总额不少于5000万元</td></tr>
<tr><td>主营业务</td><td colspan="2">应当主要经营一种业务</td><td>完整的业务体系和直接面向市场独立经营的能力</td><td>具有完整的业务体系和直接面向市场独立经营的能力</td><td></td></tr>
<tr><td>公司管理</td><td colspan="2">最近两年主营业务、董事和高级管理人员没有重大变动，实际控制人没有变更</td><td>最近三年主营业务、控制权、董事和高级管理人员无重大变动</td><td>最近两年主营业务、控制权、董事和高级管理人员、核心技术无重大变动，没有重大不利变更</td><td></td></tr>
<tr><td>合法合规</td><td colspan="2">发行人及其控股股东、实际控制人最近三年无犯罪及重大违法行为</td><td>发行人及其控股股东、实际控制人最近三年无犯罪及重大违法行为</td><td>发行人及其控股股东、实际控制人最近三年无贪污、贿赂、侵占财产、挪用财产或者破坏市场经济秩序的刑事犯罪，无欺诈发行、重大信息披露违法或其他涉及国家安全、公共安全、生态安全、生产安全、公众健康安全等领域的重大违法行为。近三年内董事、监事、高级管理人员不存在被证监会行政处罚或被立案侦查、立案调查尚未有明确结论等情形</td><td></td></tr>
</table>

第三节　科创板理念与规则体系

一、科创板的注册制理念

随着我国资本市场的发展与成熟，长期以来实施的股票发行核准制度逐渐显现诸多弊端，实行股票发行注册制改革是大势所趋。注册制基于对市场主体的信任，其前提是市场能获得真实、准确、完整的信息，从而能对股票价值有较为全面且准确的判断，进而产生更加公允的市场交易价格。信息披露是注册制的灵魂和核心，真实、准确、完整、及时的信息披露是证券市场诚实信用的基础，也是投资者决策的依据。

工作重心由原来的重监管审批转移到防范信息欺诈和虚假信息披露方面，原先证监会手中关于发行与上市审核的权力会分散至相应的市场主体手上，这样能充分发挥中介机构的有效作用，让合格的投资者自行判断股票的价值。保荐机构、律师事务所、会计师事务所等中介机构是发行人最直接的知情者和把关人，科创板上市企业的质量首先要通过中介机构的关口，中介机构成为“看门人”。这样一来，监管机构处在后台，中介机构处在第一线。

科创板的注册制不是不审，而是转换一个审核方式，除了要看发行、上市条件外，重点关注信息披露质量，通过问答式审核将公司真实情况甚至是行业情况公开、透明地展示在投资者面前。价值判断由证监会发审委行使还是由市场上的投资者自由行使是区别注册制和核准制的关键。当投资者不成熟时，证监会发审委作为一个权威、专业的机构，可以帮助投资者防范一定范围内的风险。但是，这些发审委成员本身的知识、经验和认知偏好及其有限的审核工作不能代表市场上全体投资者的判断，因此，核准制可能会使一些优质的融资主体失去融资机会，另一方面使投资者对发审委的判断产生依赖，无益于投资者价值发现能力的培育。在注册制下，发行与上市审核机构根据企业提供的信息披露材料对企业价值并非不进行实质判断，而是在判断出价值上存在缺陷时会让企业提供更充分的信息披露材料来进行解释，直到认为企业已经完全实质披露信息，提供的信息能够让投资者充分理解并判断企业的价值。

在我国核准制下，过会即意味着 IPO 成功，几乎不会发行失败，但是，在注册制下可能会发生企业 IPO 发行失败的情况。对于投资者而言，对注册制下 IPO 企业价值判断如果出现偏差，其投资风险也会随之加大。

另外，上市门槛的降低也伴随着更为严格的退市安排。如果决定公司持续经营能力的核心技术、研发人员等关键要素出现问题，或成交量、市值、股价、股东人数等指标过低，公司均有可能触发退市风险。根据交易所发布的《上海证券交易所科创板股票上市规则》规定，对于存在欺诈发行、重大信息披露违法，涉及国家安全、公共安全等行为，以及在交易所系统连续 120 个交易日实现累计股票成交量低于 200 万股，连续 20 个交易日股票收盘价均低于股票面值、市值均低于 3 亿元、股东数量均低于 400 人的科创板企业实行强制退市，这被称为“史上最严退市制度”。

可见，科创板上市企业的质量要求并没有降低。质量把关主要靠信息披露、持续监管和严格的退市制度，此外还有市场化询价、战略配售和保荐跟投等前期配套规则。故科创板的根基是市场化和法治化，科创板制度努力在市场化和法治化中寻求平衡。

科创板制度的创新之处主要体现在发行制度的变化，以及交易规则的改变。发行制度变化体现在定价机制的变化、配售向网下机构投资者倾斜、网下参与者变化、引入“绿鞋机制”、引入战略投资者和要求保荐机构跟投。交易规则变化体现在交易方式、涨跌幅、交易单位、融资融券业务和龙虎榜规则。

科创板实施的注册制努力做到“理念市场化、标准全公开、结果可预期、审核透明化”。

二、 科创板的规则体系

1. 法律

《证券法》。

2. 证监会部门规章

（1）《关于在上海证券交易所设立科创板并试点注册制的实施意见》；

（2）《科创板首次公开发行股票注册管理办法（试行）》；

（3）《科创板上市公司持续监管办法（试行）》；

（4）《科创板上市公司重大资产重组特别规定》。

3. 交易所规则

（1）《上海证券交易所科创板股票发行上市审核规则》；

（2）《上海证券交易所科创板股票上市委员会管理办法》；

（3）《上海证券交易所科技创新咨询委员会工作规则》；

（4）《上海证券交易所科创板股票发行与承销实施办法》；

（5）《上海证券交易所科创板股票发行与承销业务指引》；

（6）《上海证券交易所科创板股票上市规则》；

（7）《上海证券交易所科创板股票交易特别规定》；

（8）《上海证券交易所科创板企业上市推荐指引》；

（9）《上海证券交易所科创板股票发行上市审核问答》；

（10）《上海证券交易所科创板股票异常交易实时监控细则（试行）》；

（11）《关于切实提高招股说明书（申报稿）质量和问询回复质量相关注意事项的通知》；

（12）《科创板上市公司持续监管适用通用业务规则及业务指南目录》；

（13）《科创板上市公司信息披露工作备忘录》及配套公告格式指引；

（14）《上海证券交易所科创板上市公司重大资产重组审核规则》。

4. 证监会信息披露内容与格式准则

（1）《公开发行证券的公司信息披露内容与格式准则第 42 号——首次公开发行股票并在科创板上市申请文件》；

（2）《公开发行证券的公司信息披露内容与格式准则第 41 号——科创板公司招股说明书》。

5. 证券业协会

《科创板首次公开发行股票承销业务规范》。

第二章

科创板首发上市

第一节　上市条件与标准

一、科创板企业范围

科创板主要服务于符合国家战略、突破关键核心技术、市场认可度高的科技创新企业，科创板企业应面向世界科技前沿，面向经济主战场，面向国家重大需求，优先支持符合国家战略、拥有关键核心技术、市场认可度高的科技创新企业，重点支持新一代信息技术、高端装备、新材料、新能源、节能环保，以及生物医药等高新技术产业和战略性新兴产业，推动互联网、大数据、云计算、人工智能和制造业深度融合，引领中高端消费，推动质量、效率和动力变革。

根据《上海证券交易所科创板企业上市推荐指引》，保荐机构应当准确把握科技创新的发展趋势，重点推荐下列领域的科技创新企业，以及符合科创板定位的其他领域。

1. 新一代信息技术行业

主要包括半导体和集成电路、电子信息、下一代信息网络、人工智能、大数据、云计算、新兴软件、互联网、物联网和智能硬件等。

2. 高端装备行业

主要包括智能制造、航空航天、先进轨道交通、海洋工程装备及相关技术服务等。

3. 新材料行业

主要包括先进钢铁材料、先进有色金属材料、先进石化化工新材料、先进无机非金属材料、高性能复合材料、前沿新材料及相关技术服务等。

4. 新能源行业

主要包括先进核电、大型风电、高效光电光热、高效储能及相关技术服务等。

5. 节能环保行业

主要包括高效节能产品及设备、先进环保技术装备、先进环保产品、资源循环利用、新能源汽车整车、新能源汽车关键零部件、动力电池及相关技术服务等。

6. 生物医药行业

主要包括生物制品、高端化学药品、高端医疗设备与器械及相关技术服务等。

符合范围的企业还要评估其科技创新水平，评估企业科技创新能力可遵从六个“是否”标准：

（1）是否掌握具有自主知识产权的核心技术，核心技术是否权属清晰，是否国内或国际领先，是否成熟或者存在快速迭代的风险；

（2）是否拥有高效的研发体系，是否具备持续创新能力，是否具备突破关键核心技术的基础和潜力；

（3）是否拥有市场认可的研发成果；

（4）是否具有相对竞争优势；

（5）是否具备技术成果有效转化为经营成果的条件，是否形成有利于企业持续经营的商业模式，是否依靠核心技术形成较强的成长性；

（6）是否服务于经济高质量发展，是否服务于创新驱动发展战略、可持续发展战略、军民融合发展战略等国家战略，是否服务于供给侧结构性改革。

二、 科创板发行条件

根据《关于在上海证券交易所设立科创板并试点注册制的实施意见》和《科创板首次公开发行股票注册管理办法（试行）》等的规定，科创板发行条件如下：

1. 持续经营

依法设立且持续经营3年以上的股份有限公司（有限责任公司净资产整体折股的从成立之日起算）；不强调持续盈利能力，允许未盈利/存在未弥补亏损的企业上市。

2. 会计基础及内控制度

会计基础工作规范、内部控制制度健全，并由注册会计师出具标准无保留意见的审计报告；无保留结论的内部控制鉴证报告。

3. 业务完整

（1）资产完整，业务及人员、财务、机构独立，与控股股东与实际控制人及其控制的其他企业不存在对发行人构成重大不利影响的同业竞争和严重影响独立性或显失公平的关联交易；

（2）主营业务、控制权近两年未发生变更，董事、高级管理人员和核心技术人员近两年无重大不利变化；

（3）主要资产、核心技术及商标等无重大权属纠纷，无重大偿债风险，重大担保、诉讼、仲裁等或有事项，经营环境重大变化等对持续经营有重大不利影响的事项。

4. 合法合规

发行人及其控股股东、实际控制人最近三年内无贪污、贿赂、侵占财产、挪用财产或者破坏社会主义市场经济秩序的刑事犯罪，无欺诈发行、重大信息披露违法或其他涉及国家安全、公共安全、生态安全、生产安全、公众健康安全等领域的重大违法行为。近三年内董事、监事、高级管理人员不存在被证监会行政处罚或被立案侦查、立案调查尚未有明确结论等情形。

5. 取消部分现行发行条件

取消了现行发行条件中关于盈利业绩、不存在未弥补亏损、无形资产占比限制等方面的要求。

除了证监会规定的上述发行条件外，申请在交易所科创板上市还应当符合下列条件：

（1）发行后股本总额不低于人民币 3000 万元；

（2）公开发行的股份达到公司股份总数的 25% 以上；公司股本总额超过人民币 4 亿元的，公开发行股份的比例为 10% 以上。

三、 科创板上市市值和财务标准

申请在科创板上市，至少得符合以下市值和财务标准之一，如表 2 – 1 所示。

表 2 – 1　科创板上市市值和财务标准

<table>
<tr><th>财务标准</th><th colspan="2">标准一</th><th>标准二</th><th>标准三</th><th>标准四</th><th>标准五</th></tr>
<tr><td>预计市值</td><td colspan="2">≥10 亿元</td><td>≥15 亿元</td><td>≥20 亿元</td><td>≥30 亿元</td><td>≥40 亿元</td></tr>
<tr><td>净利润</td><td>最近两年为正累计≥5000 万元</td><td>最近一年为正</td><td></td><td></td><td></td><td rowspan="4">（1）业务或产品经批准
（2）市场空间大
（3）目前有阶段性成果药企至少一项一类新药二期临批。其他企业需明显的技术优势并满足相应条件</td></tr>
<tr><td>最近一年营业收入</td><td></td><td>≥1 亿元</td><td>≥2 亿元</td><td>≥3 亿元</td><td>≥3 亿元</td></tr>
<tr><td>研发投入</td><td></td><td></td><td>最近三年累计占营收比≥15%</td><td></td><td></td></tr>
<tr><td>经营活动产生现金流净额</td><td></td><td></td><td></td><td>最近三年累计≥1 亿元</td><td></td></tr>
</table>

上述表格所提及的净利润以扣除非经常性损益前后的孰低者为准，提及的净利润、营业收入、经营活动产生的现金流量净额均指经审计的数值。

科创板上市条件设计的逻辑参考境外成熟资本市场的经验，充分结合我国资本市场的现实情况。该逻辑是以市值为核心，辅以营业收入、净利润、研发投入占比及经营活动现金流等指标来确定是否达到上市条件。

第二节　上市程序

资本市场能有效拓宽企业的融资渠道，迅速扩大企业的规模，提升其竞争力及品牌效应。上市是一项复杂的系统性工程，会耗费较多的时间与资金成本，企业在考虑是否上市时，一般需结合自身的实际情况及发展规划，在外部专业人士的协助下完成上市决策分析。

通常证券公司（券商）人员或律师等中介机构人员会接触企业，对其进行简单的初步调查，根据调查情况对企业进行上市可行性评估。如果评估结论可行，则协助企业初步选定其他中介机构，然后通过公司的董事会、股东大会对上市事宜进行审议。对于未经股份制改制的有限责任公司，还需要首先改制为股份有限公司。股改和其他应予规范的问题可提前进行，整改规范事项亦可在上市辅导期内进行。辅导期内各中介机构在券商人员的统筹下完成各自工作，最后申报材料至证券交易所审核，审核通过者报经中国证监会履行发行注册程序，完成上市。

一、　初步判断

通常券商人员、律师、会计师等中介机构人员接触企业后，经过沟通达成探讨上市可行性的初步意向，对企业进行简单的摸底或进行初步尽职调查。根据调查情况判断企业上市可行性，并进一步确定上市的主体、报告期及上市地、上市板块。对于打算在科创板上市的公司而言，主要是确定是否符合科创板的定位、企业范围、科技创新能力要求、发行条件、市值和财务标准等，是否存在影响上市的重大障碍。

对科创板定位的把握，原则上由发行人自我评估，由保荐机构进行专业指导，交易所会进行关注。

为确定上市可行性的初步尽职调查一般都是在签订保密协议后进行，但是，有关方并没有签订正式的辅导协议，通常是免费进行。初步尽职调查一般都是核查主要问题，相信公司的情况陈述和提供的资料，初步尽职调查清单一般只有两三页纸。只有到正式的尽职调查阶段，才会仔细验证公司在初步尽职调查阶段所做的情况陈述。

初步尽职调查清单要求提供的信息因企业情况不同而有所差异，没有统一模板，一般情况下至少包括如下内容：

（1）公司及其子公司全套工商资料、资质、许可、批文等情况；

（2）公司董事和高级管理人员简历、对外投资、兼职情况；

（3）公司最近三年及一期的财务报表、资产明细、财政补贴、纳税情况；

（4）行业、技术、产品、研发模式、采购模式、销售模式等情况说明；

（5）公司前十大供应商、销售客户及其在采购金额、销售收入方面的占比；

（6）公司重大合同的签订、履行情况；

（7）公司的知识产权情况；

（8）公司员工人数、社保与公积金缴纳情况；

（9）公司涉及的诉讼、仲裁、争议及行政处罚等情况。

如果初步尽职调查的结果表明公司不存在发行上市的重大障碍，则可以根据公司的具体情况拟订初步的上市方案，该初步方案一般会包括上市主体设置方案、现存问题的整改方案、上市进程安排、募投项目设计等内容。

二、 中介机构

如果初步尽职调查的结果表明公司有可能上市，或者在规范、整改、成长一段时间后可以上市，则企业需要组建专业的中介机构团队，并在内部上市小组的配合下发现问题、解决问题，按初步确定的上市方案，进一步推进上市事宜。

企业上市是一项系统的工程，一般需要聘请四家中介机构：证券公司、会计师事务所、律师事务所、评估机构。证券机构必须具有保荐机构资格，会计师事务所必须具有证券业务资格，评估机构必须具有证券业评估资格。

1. 证券公司主要工作内容

（1）制定改制、重组与上市方案；

（2）依据《保荐人尽职调查工作准则》进行尽职调查；

（3）协助公司完善公司治理，规范管理，明确业务目标及募集资金投向；

（4）对公司股东及董事、监事、高级管理人员进行培训；

（5）组织制作发行申请书，出具保荐书、保荐工作报告；

（6）对上海证券交易所和证监会的反馈进行回复和整改；

（7）进行承销和跟投；

（8）组织路演、询价，进行定价；

（9）持续督导。

2. 律师事务所主要工作内容

（1）对改制重组方案的合法性进行论证；

（2）指导股份公司的设立或变更；

（3）对企业发行上市涉及的法律事项进行审查并协助企业规范、调整和完善；

（4）对发行主体的历史沿革、股权结构、资产、组织机构运作、独立性、税务等公司全面的法律事项的合法性进行判断；

（5）对股票发行上市的各种法律文件的合法性进行判断；

（6）协助和指导发行人起草公司章程等公司法律文件；

（7）出具法律意见书和律师工作报告；

（8）对有关申请文件提供鉴证意见。

3. 会计师事务所主要工作内容

（1）对企业三年一期的财务报表进行审计并出具审计报告；

（2）进行验资并出具验资报告；

（3）负责企业内部控制鉴证并出具报告；

（4）对原始报表与申报的财务报表差异出具专项意见；

（5）对纳税情况出具专项意见；

（6）提供上市相关的财会咨询服务。

4. 资产评估机构主要工作内容

（1）对股改及上市过程中涉及的需要评估的资产进行资产清查、评定估算并出具评估报告；

（2）对改制中涉及的净资产进行评估作价，进行验资。

对中介机构的选择，首先是考察机构的品牌与口碑，以及团队关键负责人的过往项目成功率，据以判断其专业性。当然，没有最好的机构，只有最适合的机构。有些排名靠前的机构对大项目关注度较高，对小项目的关注度则不高。另外，还有人手不足的问题，比如每年第一季度往往是注册会计师最忙的时间段，忙于为上市公司出具年报。会计师参与上市项目最佳时间段为申报一期第二年的四月或之前，能及时地在当年五月月底前来指导处理前一年度所得税汇算清缴工作，且对第二年、第三年的报表进行及时指导，确保纳税申报与上市申报的报表不存在差异。

其次，注重多个中介机构之间的协调与内部沟通的顺畅情况。最佳的选择是企业确定券商之后由券商选择合作良好的其他中介机构。这样，其内部协调更为通畅。

最后，要注重团队的稳定性，法规对保荐代表人、签字律师和签字注册会计师的更换有着严格的规定。

如果发生保荐代表人、律师事务所、会计师事务所或签字律师、会计师变更，则变更后的机构或个人需要重新进行尽职调查并出具专业意见，保荐机构需要进行复核。如果存在重大差异，则需要进行处理，无法继续安排后续审核，已经通过审核的，亦需要重新进行审核。如果审核中出现上述机构或个人被行政处罚或采取监管措施，保荐机构及所涉中介机构需要进行复核，确保不存在影响发行上市的重大事项。如果机构或个人因违规导致执业受限，则在行政处罚或监管措施实施完毕之前，不安排后续审核工作。

三、 尽职调查

尽职调查指保荐机构、律师事务所及审计机构等中介机构对拟公开发行并在科创板上市的公司进行的专业、全面、详细、深入的调查，充分了解拟上市公司的经营情况及其面临的风险和问题，并有充分理由确信拟上市公司符合《证券法》等法规及上海证券交易所、中国证监会规定的发行条件，以及确信其申请文件和公开发行募集文件真实、准确、完整的过程。各中介机构的尽职调查都是独立进行的，但是，保荐机构需要对其他中介机构的专业意见进行复核，其他中介机构亦需要配合保荐机构履行保荐职责。

保荐机构的尽职调查应遵循《保荐人尽职调查工作准则》，律师需要根据《律师事务所从事证券法律业务管理办法》《公开发行证券的公司信息披露编报规则第12号——公开发行证券的法律意见书和律师工作报告》等规定进行尽职调查，会计师需要根据审计准则及《公开发行证券的公司信息披露编报规则第15号——财务报告的一般规定》展开尽职调查。

中介机构所进行的上市申报前尽职调查的内容主要围绕发行条件、上市条件等法规及规范性文件的要求，以满足上市前的改制重组及上市方案制定的需要及申报上市的信息披露的需要，以利于上市后投资者在做出投资决策时获得真实、准确、充分、及时的信息。

尽职调查的查验方式主要包括如下几种：

1. 查阅文件

收集、分析拟上市公司的工商登记资料、政府批文和许可、财务报告、银行流水、业务合同、会议记录等各项书面资料，从中了解情况，验证事实，发现问题。

2. 人员访谈

与企业内部董事、监事、高级管理人员、各业务单元或部门的负责人、关键技术人员、客户、供应商、关联方及主管机关等充分沟通。

3. 实地走访

实地走访，即查看了解企业的厂房、土地、设备、产品和存货等实物资产，了解经营状况，核对企业内部人员情况陈述是否与实地信息一致。

4. 发函询证

向重大供应商、销售客户、关联企业、银行等单位发出函件，询问核实相关情况。

5. 第三方渠道核对

从一些公开渠道，如互联网、行业杂志、行业协会、政府部门等了解公司及其所处的行业情况。

尽职调查的清单内容因为企业的行业、产品及经营情况、投资情况不同而有所差异。有些中介机构会发放长达数百页的尽职调查清单。通常情况下，企业的尽职调查清单包括如下内容：

（1）公司的基本文件：工商档案资料，股权结构，股东和实际控制人身份信息，公司设立文件，现行制度，境外公司存续证明文件等；

（2）公司的业务情况：资质、资格证书，行业介绍，流程图，产品或服务，奖项和荣誉等；

（3）关联交易与同业竞争：关联方情况说明，关联法人和自然人的身份信息，关联交易资料，履行情况，同业竞争；

（4）公司资产；

（5）知识产权：专利权、著作权、商标权、专有技术等知识产权的清单、权利证书，年费缴付记录，转让或许可使用合同，争议纠纷等；

（6）物业：土地，房产，在建工程等；

（7）重大合同：资产清单，产权证明文件；

（8）借贷/融资：借款台账，银行开户资料，银行借款合同、担保合同复印件及借款偿还情况说明，公司与其他公司、个人的借贷合同、担保合同复印件等；

（9）组织机构：职能部门介绍，三会决议，规章制度；

（10）财务和税务：审计报告、财务报表、纳税资料、投资情况等；

（11）劳动与人事：人事任免文件，董事、监事、高级管理人员信息，员工名称，劳动合同，技术保密协议，社保和公积金等；

（12）环境保护：环保牌照，环评批复等；

(13) 产品质量及技术标准：主要产品和服务的质量控制情况，主要包括质量控制标准、质量控制措施、产品质量纠纷等；

(14) 诉讼、仲裁或行政处罚：公司和董事、监事、高级管理人员的涉诉信息，行政处罚信息，以及潜在的法律风险等。

四、股份制改制

依据我国《公司法》《证券法》及《科创板首次公开发行股票注册管理办法(试行)》第十条的规定，必须具备股份有限公司的组织形式才可以在科创板上市，因此，对于非股份制企业来说，进行股份制改组是企业公开发行股票并上市所必须进行的前期准备工作。

股份制改造是对业务、治理结构、财务、人员等方面进行重组，将组织形式变更为股份有限公司。股改的方式主要有“整体变更”和“重新设立”两种。

“整体变更”是指将原有限责任公司全部净资产经审计折合成股份，公司性质变更为股份有限公司，其实质是公司生产经营的延续，原有限责任公司股东即为股份有限公司的股东。这种情况下，公司持续经营的时间可以从有限责任公司成立之日起计算。如果存在母子公司，则按母公司净资产折股，而非以合并净资产折股。

“重新设立”又称“整体设立改制”，是指将原企业的所有资产净值经评估折合成股份，重新设立股份有限公司，原企业股东及新股东成为股份有限公司发起人股东。原企业办理注销登记和股份有限公司的新设登记，企业应当向债权债务人发出通知和公告，并取得债权人同意。“重新设立”过程中可以剥离非经营性资产。这种方式不能连续计算原有业绩和持续经营时间。

企业改制主要遵循如下原则：

(1) 梳理产权关系，确保股权明晰，不存在纠纷；

(2) 建立健全公司法人治理结构，如“三会”及管理层的规范设置；

(3) 形成公司清晰的战略与发展目标，优化资源配置；

(4) 突出公司主营业务，有利于公司形成明确的业务目标、核心竞争力和持续发展能力；

(5) 保证能独立地直接面向市场，自主经营、自负盈亏；

(6) 避免同业竞争，减少和规范关联交易；

(7) 建立健全财务会计制度和内部控制制度。

在股改过程中，由中介机构协同公司内部改制工作小组根据尽职调查内容拟定改制日程、目标，并确定股改重组初步方案，包括设立方式、发起人数量、注册资本、股本规模和业务范围等，如表 2 – 2 所示。发起人人数为 2 人以上不超过 200 人，且过半人数须在中国境内有住所。发起人、股东及董事、监事、高级管理人员均需要符合法定的资格要求。整体变更中折合的实收股本总额不得高于公司净资产额，未折合部分应计入资本公积。如果在有限责任公司设立之初存在出资瑕疵，亦须在此阶段一并解决。

表 2 – 2　股改日程表

阶段	时间	主要工作	责任方
预备阶段	T	1. 签订股改服务协议书或决定启动股改工作之日	中介机构和公司
	T + 25	2. 中介对企业展开尽职调查	券商、会计师事务所、律师事务所
		3. 出具尽职报告等，召开协调会	各机构、公司
	T + 30	4. 根据尽职调查情况规划制定股改重组方案，并经责任公司临时股东会确认	券商、公司、律师事务所
实施阶段	T + 65	5. 处理各种影响改制工作推进的事项	券商、公司、会计师事务所、律师事务所
	T + 75	6. 完成企业股权整合变更事宜	公司
		7. 出具改制《审计报告》	会计师事务所
		8. 对需整合、重组资产出具《资产评估报告》	资产评估机构
申报设立阶段	T + 90	9. 股份有限公司名称预核准（6 个月有效期）	公司
		10. 出具股份有限公司成立的《验资报告》	会计师事务所
		11. 完善股份有限公司创立大会相关的法律文件及“三会”议事规则，核查拟任“董事、监事、高级管理人员”人员的任职资格等	券商、公司、律师事务所
		12. 对股份有限公司章程、三会制度规则等进行讲解，帮助股东及“董事、监事、高级管理人员”梳理公司治理要求	券商、律师事务所
		13. 召开股份有限公司的创立大会暨股份有限公司第一次股东大会，选举公司第一届董事、非职工监事	公司、律师事务所
		14. 召开公司第一届董事、监事会第一次会议，选举董事长、监事会主席，任命总经理、副总经理、财务总监及董事会秘书等高级管理人员	券商、公司、会计师事务所、律师事务所
		15. 向当地工商局提交股份有限公司变更登记材料	公司
		16. 取得股份有限公司营业执照	公司

企业确定改制基准日后，会计师及资产评估师分别进驻公司，在对财务和资产情况核查后出具《审计报告》和《资产评估报告》，两份报告的基准日一般是同一日。这两份报告出具后，有限责任公司召开“确定公司改制的临时股东会”，并审议通过具体的正式改制方案。在临时股东会确定股改意向后，公司可向工商部门办理名称预先核准，确定股份有限公司的名称。

如在股份有限公司设立之前拟引入新的投资者，要考虑其增资额度及增资价格。新投资者作为股东进入应不影响公司连续计算经营时间，如不发生主营业务的重大变化，实际控制人不发生变更，董事、高级管理人员不发生重大变化等。

如果股改过程涉及债务重组方案，还需要取得主要债权人对债务处理的书面同意。如有国有股权和外商投资，需要到有关部门办理审批手续。

然后，由发起人签署发起人协议，起草公司章程等公司设立文件，在各发起人出资到位且名称预核准之后，由会计师出具验资报告。股款缴足之日起30日内召开公司创立大会。原则上，发起人应在创立大会召开15日前通知各发起人，即从改制前临时股东会召开之日至创立大会召开之日间隔至少15天。

创立大会需要审议通过公司章程、股东大会议事规则等，选举股份公司首届董事会、监事会成员，审议通过有关授权董事会办理股份公司设立有关事宜。

最后，办理工商登记，领取股份有限公司企业法人营业执照。新的营业执照领取后，要办理股份有限公司建账、税务登记等事项、原企业相关合同主体变更、资产过户，落实股份有限公司机构设置方案，落实人员重组方案，重新签署劳动合同，或者通过整体变更通知的方式解决等。

通常情况下，公司改制后注册资本都会有所提高，由于可动用盈余公积和未分配利润转增需要缴纳所得税，公司通常更愿意用资本公积转增股本。但是，并非所有的资本公积都可以转增股本，通常只有资本溢价可以转增股本，而资产评估增值记入的其他资本公积、股权投资准备，以及接受捐赠资产、外币资本折算差额等原则上不能转增股本。

在整体变更过程中，不论是个人股东部分还是法人股东部分，资本溢价形成的资本公积在转增股本时需要考虑所得税问题。对于盈余公积和未分配利润，个人股东在转增股本时要征收个人所得税，法人股东为居民企业的情况下以资本公积转增股本可不缴纳企业所得税，如表2－3所示。

表2－3　公司改制涉及所得税问题

税种	处理方式	法条依据
1. 个人所得税	股份制企业用盈余公积金派发红股属于股息、红利性质的分配，对个人取得的红股数额，应作为个人所得征税；股份制企业用资本公积金转增股本不属于股息、红利性质的分配，对个人取得的转增股本数额，不作为个人所得，不征收个人所得税	《国家税务总局关于股份制企业转增股本和派发红股征免个人所得税的通知》（国税发〔1997〕第198号）
	上述的“资本公积金”是指股份制企业股票溢价发行收入所形成的资本公积金。将此转增股本由个人取得的数额不作为应税所得征收个人所得税。而与此不相符合的其他资本公积金分配个人所得部分，应当依法征收个人所得税	《国家税务总局关于股份制企业转增股本和派发红股征免个人所得税的通知》（国税发〔1997〕第198号）

续表

税种	处理方式	法条依据
2. 企业所得税	资本公积、盈余公积及未分配利润中属于居民企业股东的部分： (1) 股票（权）溢价发行形成的资本公积金转增股本不属于利润分配，居民企业股东不缴纳企业所得税 (2) 留存收益（含盈余公积和未分配利润）进行转增时，视同利润分配。对不属于股票溢价发行所形成的资本公积转增，比照留存收益转增办理 (3) 符合条件的居民企业之间的股息、红利等权益性投资收益为企业的免税收入① (4) “2008 年 1 月 1 日以后，居民企业之间分配属于 2007 年度及以前年度的累积未分配利润而形成的股息、红利等权益性投资收益，均应按照企业所得税法第二十六条及实施条例第十七条、第八十三条的规定处理。”因此居民企业之间利润分配时，不管是否存在税率差，居民企业股东均不需要补缴所得税差额部分资本公积、盈余公积及未分配利润中属于非居民企业股东的部分： (1) 股票（权）溢价发行形成的资本公积金转增股本不属于利润分配，非居民企业股东也不缴纳企业所得税 (2) 在中国境内设立机构、场所的非居民企业从居民企业取得与该机构、场所有实际联系的股息、红利等权益性投资收益为免税收入，这类非居民企业股东不缴纳企业所得税 (3) 非居民企业在中国境内未设立机构、场所的，或者虽设立机构、场所但取得的所得与其所设机构、场所没有实际联系的，应当就其来源于中国境内的所得缴纳企业所得税。这类非居民企业从居民企业取得的利润分配额属于从中国境内取得的“股息、红利等权益性投资所得”，应缴纳企业所得税，由利润分配企业代扣代缴 (4) 2008 年 1 月 1 日之前外商投资企业形成的累积未分配利润，在 2008 年以后分配给外国投资者的，免征企业所得税；2008 年及以后年度外商投资企业新增利润分配给外国投资者的，依法缴纳企业所得税。因此，公司整体变更时留存收益，以及应纳税的其他资本公积，可扣除 2008 年 1 月 1 日之前形成的累计未分配利润后计算应纳税所得额	《国税发〔1997〕198 号文》精神 《中华人民共和国企业所得税法》（自 2008 年 1 月 1 日起实施）第 26 条第 2 项 《关于执行企业所得税优惠政策若干问题的通知》（财税〔2009〕69 号） 《财政部、国家税务总局关于企业所得税若干优惠政策的通知》（财税〔2008〕1 号）

① 《中华人民共和国企业所得税法实施条例》（自 2008 年 1 月 1 日起实施）第 83 条规定企业所得税法第二十六条第（二）项所称符合条件的居民企业之间的股息、红利等权益性投资收益，是指居民企业直接投资于其他居民企业取得的投资收益。企业所得税法第二十六条第（二）项和第（三）项所称股息、红利等权益性投资收益，不包括连续持有居民企业公开发行并上市流通的股票不足 12 个月取得的投资收益。

续表

税种	处理方式	法条依据
3. 增值税、土地增值税、营业税	整体变更时一般无须缴纳增值税、土地增值税和营业税	《国家税务总局关于纳税人资产重组有关增值税问题的公告》 《财政部、税务总局关于企业改制重组有关土地增值税政策的通知》 《国家税务总局关于纳税人资产重组有关营业税问题的公告》
4. 契税	企业按照《中华人民共和国公司法》有关规定整体改制，包括非公司制企业改制为有限责任公司或股份有限公司，有限责任公司变更为股份有限公司，股份有限公司变更为有限责任公司，原企业投资主体存续并在改制（变更）后的公司中所持股权（股份）比例超过75%，且改制（变更）后公司承继原企业权利、义务的，对改制（变更）后公司承受原企业土地、房屋权属，免征契税	《财政部、税务总局关于继续支持企业事业单位改制重组有关契税政策的通知》

五、 启动上市流程

上市方案的内容应由中介机构协助拟定，由公司董事会审议通过，并最终提交股东大会审议批准。

上市方案是公司对公开发行股票并上市的整体决策与安排，主要包括成立上市筹备工作小组、选择保荐机构和其他中介机构、制定公司改制重组方案（如有改制重组则适用）、与全体中介机构协商确定的上市日程表、确定与上市有关的其他重大事项等。

根据我国《公司法》关于股份有限公司董事会的规定可知，股票发行的具体方案、本次募集资金使用的可行性及其他必须明确的事项等应当先由董事会作出决议。董事长召集和主持董事会会议，检查董事会决议的实施情况。副董事长协助董事长工作，董事长不能履行职务或者不履行职务的，由副董事长履行职务；副董事长不能履行职务或者不履行职务的，由半数以上董事共同推举一名董事履行职务。董事会会议应有过半数的董事出席方可举行。董事会决议的表决实行一人一票。董事会作出决议，必须经全体董事过半数通过。

股票发行的具体方案及募集资金使用方案等事项在经董事会审议通过后，须经股东大会批准。股东大会是公司的权力机构，由全体股东组成，前述股票发行的具体方案及募集资金使用方案等事项须经出席会议的股东所持表决权三分之二以上通过。股东大会会议由董事会召集，董事长主持；董事长不能履行职务或者不履行职务的，由副董事长主持；副董事长不能履行职务或者不履行职务的，由半数以上董事共同推举一名董事主持。召开股东大会会议，应当将会议召开的时间、地点和审议的事项于会议召开二十日前通知各股东；临时股东大会应当于会议召开十五日前通知各股东；发行无记名股票的，应当于会议召开三十日前公告会议召开的时间、地点和审议事项。股东可以委托代理人出席股东大会会议，代理人应当向公司提交股东授权委托书，并在授权范围内行使表决权。股东出席股东大会会议，所持每一股份有一份表决权。股东大会选举董事、监事，可以依照公司章程的规定或者股东大会的决议，实行累积投票制。

根据《科创板首次公开发行股票注册管理办法（试行)》的规定，发行人股东大会就本次发行股票作出的决议至少应当包括下列事项：

（1）本次公开发行股票的种类和数量；

（2）发行对象；

（3）定价方式；

（4）募集资金用途；

（5）发行前滚存利润的分配方案；

（6）决议的有效期；

（7）对董事会办理本次发行具体事宜的授权；

（8）其他必须明确的事项。

股东大会应当对所议事项的决定形成会议记录，主持人、出席会议的董事应当在会议记录册上签名。会议记录册应当与出席股东的签名册及代理出席的委托书一并保存。前述会议相关事项同时须符合股份公司章程、董事会议事规则及股东大会议事规则。

对于拟上市的股份公司，其治理机制尚须符合《上市公司治理准则》（2018 年 9 月 30 日修订）和《上市公司章程指引》（2019 年 4 月 17 日修订）的规定。

六、 辅导备案

《证券发行上市保荐业务管理办法》明确要求保荐机构在推荐发行人首次公开发行股票并上市前，应当对发行人进行辅导，对发行人的董事、监事和高级管理人员、持有 5% 以上股份的股东和实际控制人（或者其法定代表人）进行系统的法规知识、证券市场知识培训，使其全面掌握发行上市、规范运作等方面的有关法律和规则，知悉信息披露和履行承诺等方面的责任和义务，树立进入证券市场的诚信意识、自律意识和法制意识。

保荐机构辅导工作完成后，由发行人所在地的中国证监会派出机构（证监局）进行辅导验收。当地证监局对辅导的验收通过是中国证监会受理上市申报材料的前置程序。目前实践中进行辅导主要是依据当地证监局的工作程序规定及保荐机构内部的相关要求，并参照原《首次公开发行股票辅导工作办法》（证监发〔2001〕125号，已废止）的内容进行。

现以《江苏证监局首次公开发行股票并上市辅导备案与验收办事指南（2018年修订）》为例进行说明。

辅导机构和其他证券服务机构及相关从业人员依据法律、法规及证监会的规定展开辅导工作，在与辅导对象签订辅导协议后5个工作日内，向证监局报送辅导备案材料。辅导机构及其他证券服务机构与辅导对象都需要分别出具备案材料真实性承诺函。

证监局对辅导备案材料进行登记、审查，辅导备案材料符合要求的，出具确认辅导备案日期的通知，材料登记日为辅导备案日。辅导对象自收到确认辅导备案日期通知之日起应当就接受辅导、准备发行股票的事宜在当地省级报纸至少公告一次，并在辅导机构及辅导对象官方网站公告，接受社会监督。

辅导期自辅导备案日开始，至证监局出具辅导监管报告日结束。辅导备案日距离辅导机构提出辅导验收申请的时间不得少于三个月。辅导前期重点是为了形成具体的辅导方案；辅导中期重点在于集中学习和培训，诊断问题并加以解决；辅导后期重点在于完成辅导计划，进行考核评估，做好上市申请文件的准备工作。

辅导机构与其他证券服务机构应当建立辅导底稿，存档时间不少于十年。

辅导内容主要如下：

（1）健全公司管理制度，提高辅导对象规范化运作水平；

（2）资产与权利的规范；

（3）完善独立性，规范和减少关联交易，处理同业竞争；

（4）加强信息披露；

（5）建立、健全财务报告内部控制制度；

（6）募集资金投向报批；

（7）全面的法规知识学习或培训；

（8）其他上市辅导必要事项。

辅导期间，辅导机构报送的阶段性辅导工作备案报告原则上不得少于二期；辅导期超过六个月的，应每三个月报送一期。最后一期可以与辅导总结报告一并报送。

证监局将以现场检查和非现场检查相结合的方式进行验收。现场检查验收时，辅导机构及其他证券服务机构至少安排签字保荐代表人、签字会计师和主办律师各一名全程配合，介绍执业工作情况，回答检查人员关注的问题。辅导对象的全体董事、监事和高级管理人员、持有5%以上股份的股东（或其法定代表人）和实际控制人在辅导期应当参加证监局组织的书面考试。

证监局完成科创板拟上市公司的辅导验收工作并出具辅导验收文件后，保荐机构就可以向上海证券交易所提交科创板上市申请文件。

第三节　上市流程

科创板企业发行上市由交易所审核，并在证监会进行注册。在审核过程中可由科技创新咨询委员会给予意见。上市流程如图2－1所示。

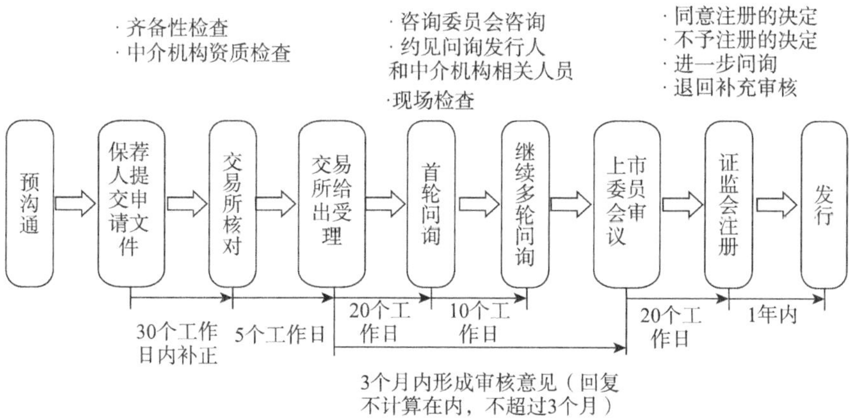

图2－1　上市流程图

一、申请

上海证券交易所（下称交易所）科创板股票发行上市审核工作实行全程电子化，申请、受理、问询、回复等事项均通过交易所发行上市审核系统办理。

发行人应当通过保荐人以电子文档形式向交易所提交发行上市申请文件，电子文件须与预留的原始纸质文档原件一致。

首次公开发行股票并在科创板上市申请文件主要如下：

（1）招股说明书；（申报稿）

（2）发行人提供的发行上市申请报告及董事会决议、股东大会决议、科创板定位专项说明；

（3）保荐人出具的发行保荐书、上市保荐书、保荐工作报告、预计市值分析报告（如适用）、科创板定位专项说明；

（4）会计师出具的财务报表及审计报告、内部控制鉴证报告、经鉴证的非经常性损益明细表、盈利预测报告及审核报告（如有）；

（5）律师出具的法律意见书、律师工作报告、关于发行人董事、监事、高级管理人员及其控股股东和实际控制人在相关文件上签名盖章的真实性鉴证意见、电子申请文件与预留原件一致的鉴证意见；

（6）发行人设立的文件，如营业执照、批文、公司章程（草案）、股本演进说明及其董事、监事、高级管理人员的确认意见；

（7）与财务会计资料相关的纳税、政府补助、资产评估报告、历次验资报告、原始报表与申报的财务报表差异说明等；

（8）募集资金运用方向安排说明、募投项目批文、拟收购资产（或股权）财务报表及合同情况；

（9）产权证书、特许经营权证书、重大合同、协议；

（10）发行人及其实际控制人、控股股东、持股5%以上股东及其董事、监事、高级管理人员相关承诺及说明。

二、受理

交易所收到发行上市申请文件后5个工作日内作出是否予以受理的决定。申请文件一经受理，未经同意不得增加、撤回或修改。从受理之日起，发行人及控股股东、实际控制人、董事、监事、高级管理人员及保荐人、证券服务机构等相关责任主体即承担相应法律责任。

如果交易所予以受理，发行人于受理当日在交易所网站等指定渠道预先披露招股说明书、发行保荐书、上市保荐书、审计报告和法律意见书等相关文件。属于商业秘密、国家秘密的信息，发行人和保荐人可以申请豁免。

如果在受理后发生重大事项变更，需要修改注册申请文件的，保荐人需要就修改内容通过内控程序向交易所报告并征得交易所或证监会同意，且须采用楷体加粗格式标明，更新注册申请文件和信息披露资料。

三、审核

上海证券交易所发行上市审核机构自受理之日起 20 个工作日内发出审核问询，发行人及保荐人应及时、逐项回复交易所问询。审核问询可多轮进行。发行人应根据交易所问询及证监会反馈提供补充材料，保荐人和相关证券服务机构应对相关问题进行尽职调查并补充出具专业意见。

首轮问询发出前，发行人及其保荐人、证券服务机构及其相关人员不得与审核人员接触，不得以任何形式干扰审核工作。首轮问询发出后，发行人及其保荐人如确需当面沟通的，可通过发行上市审核系统预约。

1. 发行条件、上市条件的审核工作重点关注事项

（1）发行人是否符合规定的条件；

（2）保荐人和律师事务所等证券服务机构出具的保荐书、法律意见书等文件中是否就发行人符合发行条件、选定的上市标准逐项发表明确意见，且具备充分的理由和依据。

2. 信息披露的审核工作重点关注事项

（1）发行人信息披露是否真实、准确、完整，符合招股说明书内容和格式准则的要求；

（2）发行人上市申请文件和信息披露内容是否包括对投资决策有重大影响的信息，披露程度是否达到投资决策所必需的水平，如是否充分、全面披露发行人业务、技术、财务、公司治理、投资者保护等方面的信息，以及本次发行情况是否充分揭示可能对发行人经营状况、财务状况产生重大不利影响的所有因素；

（3）发行人上市申请文件和信息披露内容是否一致、合理和具有内在逻辑性，包括但不限于财务数据是否钩稽合理，是否符合发行人实际情况，非财务信息与财务信息是否相互印证，保荐人、证券服务机构核查依据是否充分，能否对财务数据的变动或者与同行业公司存在的差异作出合理解释；

（4）发行人上市申请披露文件内容是否简明易懂，是否便于一般投资者阅读和理解。

交易所发行上市审核机构可以根据需要，就申请文件中与发行人业务及技术相关的问题向科技创新咨询委员会进行咨询，科技创新咨询委员会所提出的咨询意见可以供交易所审核问询参考。

科技创新咨询委员会是交易所的专家咨询机构，负责向本所提供专业咨询、人员培训和政策建议。咨询委员会专家有 40 ~ 60 名，由科技创新行业的权威专家、知

名企业家、资深投资专家兼职组成。根据科技创新企业行业相关性，咨询委员会设立不同咨询组别，咨询委员会采取分行业咨询的模式。

3. 咨询委员会提供咨询意见

（1）科创板的定位，以及发行人是否具备科技创新属性；

（2）交易所《科创板企业上市推荐指引》等相关规则的制定；

（3）发行上市申请文件中与发行人业务和技术相关的问题；

（4）国内外科技创新及产业化应用的发展动态。

交易所在发行上市审核中，可以根据需要约见问询发行人的董事、监事、高级管理人员、控股股东、实际控制人，以及保荐人、证券服务机构及其相关人员，调阅发行人、保荐人、证券服务机构与发行上市申请相关的资料。

审核机构认为不需要进一步问询的，将出具审核报告提交上市委员会审议。上市委员会由30～40名委员组成，每次审议会议由五名委员参加，法律、会计专家至少一名。

上市委员会对上市申请文件及交易所审核报告进行审议，对审核机构的初步审核意见发表看法，通过合议形成同意或者不同意发行上市的审议意见，最终由交易所结合上市委员会的审议意见出具同意发行上市的审核意见或者作出终止发行上市审核的决定。

上海证券交易所审核时限为三个月，但如下时间不计算在内：

（1）发行人及其保荐人、证券服务机构回复交易所审核问询的时间，该回复时间总计不得超过三个月；

（2）发行人根据要求补充、修改注册申请文件的时间；

（3）交易所对抽查到的一定比例的发行人或在发现上市申请文件中存在重大疑问且无合理解释的情形实施现场检查的时间；

（4）保荐人、证券服务机构对有关事项按要求进行专项核查的时间。

四、注册

交易所审核通过后，向证监会报送同意发行上市的审核意见，以及相关审核资料和发行人的发行上市申请文件。

证监会收到后，履行注册程序。发行注册主要关注点如下：

（1）交易所发行上市审核内容有无遗漏；

（2）审核程序是否符合规定；

（3）发行人在发行条件和信息披露要求方面是否符合相关规定。

证监会认为存在需要进一步说明或落实事项的，可以要求交易所进一步问询。证监会认为交易所对影响发行条件的重大事项未予以关注或者交易所审核意见依据明显不充分的，可以退回补充审核。退回补充审核的，需要由交易所发行上市审核机构重新审核，并提交上市委员会审议。

可见，注册工作不是重新审核、双重审核，证监会重点关注对交易所审核工作的质量控制，使其更符合科创板注册制改革相关要求，其主要目的是督促发行人进一步完善信息披露内容，并不是回到行政审批的老路。

证监会在二十个工作日内对发行人的注册申请作出同意注册或者不予注册的决定。证监会同意注册的决定自作出之日起一年内有效，发行人应当在注册有效期内发行股票，发行时点由发行人自主选择。

证监会作出注册决定后，发行人股票上市交易前，如果发现可能影响本次发行的重大事项，证监会可以要求发行人暂缓或者暂停发行上市；相关重大事项导致发行人不符合发行条件的，可以撤销注册。撤销注册后，股票尚未发行的，发行人应当停止发行；股票已经发行尚未上市的，发行人应当按照发行价并加算银行同期存款利息返还给股票持有人。

交易所因不同意发行人股票公开发行并上市，作出终止发行上市审核决定，或者中国证监会作出不予注册决定的，自决定作出之日起六个月后，发行人可以再次申请公开发行股票并上市。

第三章

科创板发行与承销

第一节 估值与定价

企业上市必须符合前述上市标准之一，而且，前述任何一项上市标准均有预计市值这一项。预计市值是判断上市标准是否达成的必要条件之一，且预计市值也是发行中必须确定的内容，是发行价格确定的基础。

《上海证券交易所科创板股票发行上市审核规则》附则规定："预计市值，指股票公开发行后按照总股本乘以发行价格计算出来的发行人股票名义总价值。"

《上海证券交易所科创板股票发行与承销实施办法》第十一条规定："预计发行后总市值是指初步询价结束后，按照确定的发行价格（或者发行价格区间下限）乘以发行后总股本（不含采用超额配售选择权发行的股票数量）计算的总市值。"

实际上，估值并不是在发行或初步询价后才思考的问题，在决定是否上市的时候就已经建模计算，提前思考并初步确定。初步询价后，预计市值只是根据发行价格倒推而出，是当初上市决定作出时的估值思考结果接受市场的验证而进行确认、调整或修改。根据上市申报文件目录，上市申报时就需要提交《关于发行人预计市值的分析报告》和《盈利预测报告及审核报告》。

一、 传统的估值方法

企业估值方法有很多种，相对估值法有市盈率、市净率、市销率估值法、EV/EBITDA估值法、EV/销售收入估值法，绝对估值法有现金流折现法。对营业收入较为稳定、已经实际盈利的企业，可重点分析净利润情况，综合使用DCF、PE、PB、PS、EV/EBITDA等估值方法。

1. 市盈率估值法

市盈率（PE）指每股市价除以每股收益。市盈率表示的是投资者为了获得公司每一单位的收益或盈利而愿意支付多少倍的价格。一般来说，市盈率的高低可以用来衡量投资者承担的投资风险，市盈率越高说明投资者承担的风险越高。

利用不同的数据计算出的市盈率有不同的意义。现行市盈率利用过去四个季度的每股盈利计算，而预测市盈率可以用过去四个季度的盈利计算，也可以根据上两个季度的实际盈利及未来两个季度的预测盈利的总和计算。需要注意的是，市盈率的计算只包括普通股，不包含优先股。

静态市盈率：静态市盈率 = 市价/最近一个财政年度的每股盈利。

动态市盈率（PEG）：其计算公式是以静态市盈率为基数，乘以动态系数。该系数为1/（1 + i）n，i 为企业每股收益的增长性比率，n 为企业可持续发展的存续期。

用其他方法也可以计算动态市盈率，计算公式为动态市盈率 = 股票市价/（当年中报每股净利润 × 去年年报净利润/去年中报净利润）或动态市盈率 = 静态市盈率（p/e）/平均增长率（r），其中：p—收盘价，e—每股净利，r—平均增长率。

合理股价 = 每股收益（EPS）×合理的市盈率。

其中要注意的是，在收益周期性明显的行业和企业，其估值应以多年的平均每股收益来替代最近一年的每股收益，这样才能更合理地使用市盈率来估值。

公司估值计算公式为公司估值 = 市盈率（参考的上市公司平均 PE 值）×最近一个会计年度的净利润。

科创板众多上市标准里，只有第一套标准是确定的盈利标准，可以使用市盈率来进行估值。从科创板首批 25 家发行结果来看，最高的发行市盈率（均为扣非前）为中微公司的 170.75 倍，最低的发行市盈率为中国通号的 18.18 倍。平均市盈率为 49.21 倍，中位数为 42.38 倍，约 70% 的发行市盈率分布在 30 ~ 50 倍区间内，还是比较集中的。据统计，截至 2019 年 7 月 10 日，全 A 股 3631 家公司静态市盈率平均数为 46.37 倍，中位数为 37.14 倍。创业板静态市盈率平均数为 56.54 倍，中位数为 48.65 倍。首批科创板发行市盈率的平均数和中位数正好处于全 A 股和创业板的统计数之间。

以若干企业的估值为例进行分析：

安集科技主营业务为关键半导体材料的研发和产业化，目前产品包括不同系列的化学机械抛光液和光刻胶去除剂，主要应用于集成电路制造和先进封装领域。安集科技在 2016—2018 年主营业务收入分别为 1.96 亿元、2.32 亿元和 2.48 亿元，年复合增长率为 12.2%。2016—2018 年净利润分别为 0.37 亿元、0.40 亿元和 0.45 亿元，年复合增长率为 20.6%。安集科技的发行定价为 39.19 元，发行市盈率为 46.29 倍，与全 A 股 3631 家公司静态市盈率平均数为 46.37 倍相近。

西部超导发行价格为 15.00 元/股，按照 2018 年度扣非前归母净利润计算，对应发行后市盈率为 49.05 倍，公司募集资金为 6.63 亿元。公司所属行业为有色金属冶炼及压延加工业，中证指数行业最近一个月平均静态市盈率为 29.83 倍，同行业可比公司平均静态市盈率为 94.62 倍。公司上市时的市值为 66.19 亿元。

虹软科技发行价格为 28.88 元/股，按照 2018 年度扣非前归母净利润计算，对应发行后市盈率为 74.41 倍，公司募集资金为 13.28 亿元。公司所处行业为信息传输、软件和信息技术服务业，中证指数行业最近一个月平均静态市盈率为49.12倍，同行业可比公司平均静态市盈率为198.37倍。公司上市时的市值为117.25亿元。

南微医学发行价格为52.45元/股，按照2018年度扣非前归母净利润计算，对应发行后市盈率为36.29倍，公司募集资金为17.49亿元。公司所属行业为专用设备制造业，中证指数行业最近一个月平均静态市盈率为31.92倍，同行业可比公司平均静态市盈率为56.11倍。公司上市时的市值为69.94亿元。

心脉医疗发行价格为46.23元/股，按照2018年度扣非前归母净利润计算，对应发行后市盈率为36.71倍，公司募集资金为8.32亿元。公司所属行业为专用设备制造业，中证指数行业最近一个月平均静态市盈率为31.92倍，同行业可比公司平均静态市盈率为43.42倍。公司上市时的市值为33.28亿元。

2. 市净率估值法

市净率（PB）指每股市价除以每股账面净资产；合理股价 = 每股净资产 × 合理的市净率。

市净率估值法适用于高风险行业及周期性较强行业，拥有大量固定资产并且账面价值较为稳定的企业，银行、保险和其他流动资产比例高的公司，以及绩差及重组型公司。PB估值方法不适用于账面价值重置成本变动较快的公司，固定资产较少的，商誉或知识财产权较多的服务行业。

市净率为许多研究员广泛采用的原因仅在于它解决了行业亏损、市盈率为负的问题，对他们来说，市净率是市盈率失效后最简单、直观的指标。但是，市净率为股价与账面净资产的比值，其假设条件是认为股价和公司的账面净资产高度相关，这是一个非常严格的假设。企业经营不是进行简单的资产堆积，之所以有投资价值并不是因为企业拥有资产，而是能够有效地利用资产去创造收益。因此，一般来说企业资产价值和企业价值的估值相关程度很小。同时，由于会计采用的历史成本法及会计政策等方面的差异，使得资产的账面价值与真实价值相去甚远。因而，在估值时市净率法并不经常作为主要方法加以使用。

公司估值计算方法为：公司估值 = 市净率（参考的上市公司平均PB值）× 净资产。

3. 市销率（PS）估值法

市销率也被称为价格营收比，是股票市值与销售收入（营业收入）的比率：市销率 = 总市值/销售收入。

市销率估值法的优点是销售收入稳定，波动性小，并且营业收入不受公司折旧、存货、非经常性收支的影响，不像利润那样容易操控，收入不会出现负值，不会出现没有意义的情况，即使净利润为负也可用。所以，市销率估值法可以和市盈率估值法形成良好的补充。市销率估值法的缺点是它无法反映公司的成本控制能力，即使成本上升、利润下降，不影响销售收入，市销率依然不变。另外，市销率（PS）会随着公司销售收入规模扩大而下降，营业收入规模较大的公司市销率较低。

4. EV/EBITDA 估值法

EV/EBITDA = 企业价值与利息、税项、折旧及摊销前盈利的比率，又称企业价值倍数。

EV 代表企业价值，EV 市值 + 总负债 - 总现金 = 市值 + 净负债。

该指标最早是用作收购兼并的定价标准，现在已广泛用于对公司价值的评估和股票定价。这里的公司价值不是资产价值，而是指业务价值，即如果要购买一家持续经营的公司需要支付多少钱，这笔钱不仅包括对公司盈利的估值，还包括需承担的公司负债。

企业价值被认为是更加市场化及准确的公司价值标准，其衍生的估值指标如 EV/销售额、EV/EBITDA 等被广泛用于股票定价。

EBITDA 代表未扣除利息、所得税、折旧与摊销前的盈余，EBITDA = 营业利润 + 折旧费用 + 摊销费用，其中营业利润 = 毛利 - 营业费用 - 管理费用。

EV/EBITDA 估值法一般适用于资本密集、准垄断或者具有巨额商誉的收购型公司，这样的公司往往因为大量折旧摊销而压低了账面利润。EV/EBITDA 还适用于净利润亏损，但毛利、营业利润并不亏损的公司。EV/EBITDA 估值法不适用于固定资产更新变化较快的公司，净利润、毛利、营业利润均亏损的公司，资本密集、有高负债或大量现金的公司。

EV/EBITDA 和市盈率（PE）等相对估值法指标的用法一样，其倍数相对于行业平均水平或历史水平较高通常说明高估，较低说明低估，不同行业或板块有不同的估值（倍数）水平。但是，EV/EBITDA 较 PE 有明显优势，首先相比而言，由于 EBITDA 指标中扣除的费用项目较少，因此其相对于净利润而言成为负数的可能性也更小，因而具有比 PE 更广泛的使用范围；其次，由于在 EBITDA 指标中不包含财务费用，因此它不受企业融资政策的影响，不同资本结构的企业在这一指标下更具有可比性；同样，由于 EBITDA 为扣除折旧摊销费用之前的收益指标，企业间不同的折旧政策也不会对上述指标产生影响，这也避免了折旧政策差异及折旧反常等现象对估值合理性的影响。

最后，EBITDA 指标中不包括投资收益、营业外收支等其他收益项目，仅代表了企业主营业务的运营绩效，这也使企业间的比较更加纯粹，真正体现了企业主业运营的经营效果，以及由此而应该具有的价值。EV/EBITDA 更适用于单一业务或子公司较少的公司估值，如果业务或合并子公司数量众多，需要做复杂调整，有可能会降低其准确性。

EV/EBITDA倍数法作为当前专业投资人员越来越普遍采用的一种估值方法，其主要优势就在于EBITDA指标对企业收益的清晰度量，以及该指标和企业价值之间更强的相关性。然而在某些具体行业中，由于行业特性和会计处理规定可能会导致上述关系出现一定程度的扭曲，这时就需要使用者对EBITDA指标进行一定的调整，恢复其衡量企业主营业务税前绩效的合理性。

以航空公司为例，航空公司运营的飞机有的是自筹资金购买的，这在财务报表上显示为企业的固定资产需要每年计提折旧。如上所述，这类费用并不在EBITDA指标中扣除。但航空公司还有相当一部分飞机是租来的，每年付给飞机租赁公司一定的费用，而这部分费用在财务报表中显示为经营费用，在EBITDA指标中已经进行扣除。显然，如果单纯地比较航空公司EBITDA水平就会有失公允。所以，此时应该将航空公司EBITDA指标中已经扣除的租赁费用加回，变形为EBITDAR指标，从而实现公司之间的可比性，相应的估值方法也变形为EV/EBITDAR倍数法。

在石油行业中，勘探活动可以界定为高风险投资活动。要衡量石油公司的运营绩效，需要将勘探费用加回以进行比较，此时相应的估值方法演化为EV/EBITDAX。

公司估值=企业价值倍数（参考的上市公司平均EV/EBITDA值）×最近一个会计年度的EBITDA

5. EV/销售收入（EV/Sales）

企业价值EV÷主营业务收入，该估值指标与市销率（PS）的原理和用法相同，主要用作衡量一家利润率暂时低于行业平均水平甚至是处于亏损状态公司的价值，其前提条件是投资者预计这家公司的利润率未来会达到行业平均水平。

使用销售收入的用意是销售收入代表市场份额和公司的规模，如果公司能够有效改善运营，将可实现行业平均或预期的盈利水平。该指标只能用于同行业内公司的比较，通过比较并结合业绩改善预期得出一个合理的倍数后，乘以每股销售收入，即可得出符合公司价值的目标价。

6. 现金流量折现法

DCF（Discounting cash flow）估值法，指将项目或资产在生命周期内将要产生的现金流量折现，计算出当前价值的一种评估方法，通常适用于项目投资、商业地产估值等。

现金流量折现法是对企业未来的现金流量及其风险进行预期，然后选择合理的贴现率，将未来的现金流量折合成现值。使用此法的关键在于两点：第一，预期企业未来存续期各年度的现金流量；第二，要找到一个合理的公允的折现率，折现率的大小取决于取得的未来现金流量的风险，风险越大，要求的折现率就越高；反之亦然。在实际操作中，现金流量主要使用实体现金流量和股权现金流量。实体现金流量是指企业全部投资人拥有的现金流量总和。实体现金流量通常用加权平均资本成本来折现。股权现金流量是指实体现金流量扣除与债务相联系的现金流量。股权现金流量通常用权益资本成本来折现，而权益资本成本可以通过资本资产定价模式来求得，如图 3－1 所示。

$$P = \sum_{t=1}^{n} \frac{CF_t}{(1 + r)^t}$$

图 3－1　权益资本成本计算公式

其中 P 为企业价值，n 为企业的年限，CF_t 为 t 年的现金流量，r 为包含了预计现金流量风险的折现率。

局限性：由于目前的现金流量折现方法存在种种假设前提，而现实的资本市场和投资者素质往往无法达到其要求的条件，因此在利用现金流量折现方法进行评估时会出现各种问题，主要表现在以下几个方面：

（1）没有反映现金流量的动态变化。由于企业的现金流量时刻处于变化之中，而且现金流量是时间、销售收入等参数的变化函数，必然导致依赖于现金流量的企业价值也处于动态变化之中。但是在前面的评估模型中忽视了现金流量的动态变化，单单依靠线性关系来确定现金流量，使评估结果更多地表现为静态结论；

（2）不能反映企业财务杠杆的动态变化。由于企业在经营中会根据环境的变化而改变企业的举债数额和负债比率，引起财务杠杆的波动，从而使企业的风险发生波动。一般情况下，这种风险的变化主要在现金流量或者折现率中得到反映。但是目前的评估模型只是从静止的观点进行价值评估，忽视了这种财务杠杆和财务风险的变化；

（3）现金流量的预测问题：目前的现金流量预测是将现金流量与销售收入和净利润的增长联系起来，虽然从表面上看两者具有相关性，但是在实际中，净利润与现金流量是相关的，这其中主要是企业对会计政策的调整及避税等手段的运用，出现净利润、销售收入与现金流量不配比的现象。现金流量的波动与企业的经营活动、战略投资计划和筹资活动相关，影响现金流量的是付现销售收入和付现销售成本，因此，在具体预测现金流量时，应该以付现的收入和成本为基础，而不应该以销售收入为基础；

（4）折现率的确定问题：目前的评估方法一般是在企业资金成本的基础上考虑财务风险因素选取折现率。在具体评估企业价值时，一般会以静止的方法确定折现率，以目前资本结构下的折现率进行企业价值评估，即折现率是固定的。但是在实际中，由于企业经营活动发生变化，企业的资本结构必然处于变化之中，导致企业风险出现变化，进而影响到资本结构中各项资金来源的权重，导致折现率发生波动，从而引起企业价值评估结果出现变化。

二、科创板企业估值

上科创板的很多公司具有创新的技术、产品和商业模式，有一些企业的盈利模式尚在探索中，不少企业的盈利情况不稳定，甚至存在亏损现象，因此，很难用传统的估值方法进行估值，如表3-1所示。科创板估值的关键在于发展阶段、核心技术和市场空间情况。

表3-1　现有主流估值方法优缺点

类别	方法	优缺点
相对估值法	市盈率 PE=P/EPS	优点:计算简便;直观反映了财企业盈利能力的预期 缺点:受经济周期影响易产生波动，净利润为负的公司无法使用
	市净率 PB=P/SPS	优点:净资产极少出现负值;资产相较利润更难人为操纵 缺点:无形资产价值难以准确测算，不适用于轻资产型的公司
	市销率 PS=P/SPS	优点:营业收入不会为负，适用范围更广 缺点:未考虑成本变动的影响;无法直观反映盈利能力
	PEG指标 PEG-PE/GF	优点:更好地测算了公司的成长性;优化了对高市盈率公司的估值 缺点:净利润为负的公司无法使用;忽略了公司当前的盈利能力
	企业价值倍数 EV/EBITDA	优点:排除了折旧摊销等因素的影响，更注重公司自身主营业务情况 缺点:计算较为复杂;未考虑公司间税收政策不同的影响
绝对估值法	股利贴现模型 (DDM)	优点:理论完整，模型更具解释力 缺点:公司不发放股利则无法计算;股利与公司内在价值关联不确定
	折现现金流模型 (DCF)	优点:通过自由现金流的折现计算，反映了公司内在价值的本质 缺点:计算方法较为复杂,贴现率等因素的主观假设对结果影响较大

资料来源:民生证券研究院整理

处于不同时期的企业有自身的成长特点，无法套用目前二级市场常用的市盈率估值法，而应根据企业的生命周期选取相应的估值方法。

初创期的很多企业尚在战略与商业模式验证阶段，营业收入不高，规模不大。很多此阶段的企业并未实现盈利。对于这个阶段的企业，主要看其行业空间和产品的市场接受度。此阶段估值方法主要有期权定价中的BS模型、VM指数、实物期权法，以及针对实现了销售额增长的企业的PS估值。

处于成长期的企业营业收入的增长是关注点，营业收入的增长速度往往会大于净利润增速。如果属于较高研发支出的行业，研发支出会使净利润受到较大影响。企业是否可持续经营，能否扭亏为盈是关键。这一阶段企业如果已经实现销售额增长，获取净利润，可以采纳PS、EV/SALES和PEG等估值方法。同时，这一阶段企业的非财务指标对估值亦有重大影响，如下因素在企业的估值中通常会有一些积极的影响：

（1）管理层持有公司大部分股份、治理结构较优的企业；

（2）研发人员比重大、研发支出占比高、知识产权数较多的企业；

（3）主营业务占比高的企业；

（4）有知名风投公司参与的企业；

（5）持有较优质的子企业。

进入成熟期的企业营业收入实现了稳定增长，市场占有率基本定型，营业收入、净利润和现金流量是主要关注点，尤其是净利润的增速变化情况。这一阶段的企业可以应用传统的估值方法。

另外，《上海证券交易所科创板股票发行上市审核问答》中有这样的规定："保荐机构应当为发行人选择适当的上市标准提供专业指导，审慎推荐，并在上市保荐书中就发行人选择的上市标准逐项说明适用理由，其中对预计市值指标，应当结合发行人报告期外部股权融资情况、可比公司在境内外市场的估值情况等进行说明。"

在实务中，审核机构通常会关注企业是否存在故意抬高估值的情形，关注其在申报科创板之前的各种情形下的估值，比如以下几个方面：

（1）公司最近一次融资或增资、股权转让时的价格；

（2）公司如曾在新三板挂牌，则在此期间的估值；

（3）采用市销率、市盈率、市净率、企业价值倍数等不同指标对发行人估值结果的影响及差异情况。

三、发行定价

科创板采用向网下投资者询价的方式确定发行价格，不受主板"23倍市盈率"限制，且发行价格可以超过"四个值"。发行人和主承销商可以通过初步询价确定发行价格，或者在初步询价确定发行价格区间后，通过累计投标询价确定发行价格。

科创板上市发行的询价对象为符合条件的专业机构投资者，不允许个人投资者参与询价。同时，科创板未对询价对象的市值做明确要求。前述专业机构投资者是指证券公司、基金管理公司、信托公司、财务公司、保险公司、合格境外投资者和私募基金管理人七类，又称网下投资者。

网上申购前，发行人和主承销商应当披露网下投资者详细报价情况及所有网下投资者和各类网下投资者剔除最高报价部分后有效报价的中位数和加权平均数，以及剔除最高报价后公募产品（以公开募集方式设立的证券投资基金和其他偏股型资产管理产品）、全国社会保障基金和基本养老金的报价中位数和加权平均数（"四个值"）等信息。

前述有效报价是指网下投资者申报的不低于主承销商和发行人确定的发行价格

或发行价格区间下限，且未作为最高报价部分被剔除，同时符合主承销商和发行人事先确定且公告的其他条件的报价。

前述剔除主要指剔除后不得参与网下申购的报价。发行人和主承销商应当剔除拟申购总量中报价最高的部分，剔除部分不得低于所有网下投资者拟申购总量的10%。当拟剔除的最高申报价格部分中的最低价格与确定的发行价格（或者发行价格区间上限）相同时，对该价格的申报可不再剔除，剔除比例可低于10%。剔除比例由交易所根据市场情况决定是否调整。

初步询价后确定的发行价格（或者发行价格区间中值）超过“四个值”，应当在申购前至少一周发布投资风险特别公告。投资风险特别公告主要内容如下：

（1）说明发行价格超过“四个值”中孰低值的理由及定价依据；

（2）提请投资者关注发行价格（或者发行价格区间）与网下投资者报价之间的差异；

（3）提请投资者关注投资风险，审慎研判发行定价的合理性，理性作出投资决策。

初步询价结束后，发行人和主承销商确定的发行价格超过“四个值”，超出比例不高于10%的，应当在申购前至少5个工作日发布投资风险特别公告；超出比例超过10%且不高于20%的，应当在申购前至少10个工作日发布2次以上投资风险特别公告；超出比例超过20%的，应当在申购前至少15个工作日发布3次以上投资风险特别公告。发行市盈率高于同行业上市公司二级市场平均水平，但未超过“四个值”的，不适用发布投资风险特别公告的相关规定。

此外，发行人和主承销商还需要披露剔除最高报价后公募产品、社保基金和养老金、企业年金基金、保险资金和合格境外机构投资者资金剩余报价中位数和加权平均数，并以此二值的较低者作为确定发行价格或者发行价格区间中间值的重点参考依据。如果确定发行价格区间的，区间上限与下限的差额不得超过区间下限的20%，该比例由交易所根据市场情况决定是否调整。

主承销商应当向网下投资者提供投资价值研究报告，并遵守中国证券业协会关于投资价值研究报告的相关规定。如果发行价格或发行价格区间中值不报告估值区间范围，则须向交易所说明相关情况与理由，交易所将通报给中国证券业协会。

发行价格确定后，发行人预计发行后总市值不满足其在招股说明书中明确选择的市值与财务指标上市标准的，应当中止发行。中止发行后，如果在证监会同意注册决定的有效期内能满足监管要求，可以要求重新启动发行。

第二节 发行与承销

一、 一般规定

发行人和主承销商向交易所报备的发行与承销方案应当包括发行方案、初步询价公告、投资价值研究报告、战略配售方案（如有）、超额配售选择权实施方案（如有）等内容。交易所在收到发行与承销方案后5个工作日内表示无异议的，发行人和主承销商可依法刊登招股意向书，启动发行工作。

当股票发行价格或发行价格区间确定后，发行人和主承销商应当于T-2日（T日为网上、网下申购日）15：30之前向交易所提交发行公告，并在公告中明确发行人预计发行后总市值是否满足在招股说明书中明确选择的市值与财务指标上市标准。

在科创板首次公开发行股票，网下发行比例应当遵守以下规定：

（1）公开发行后总股本不超过4亿股的，网下初始发行比例不低于本次公开发行股票数量的70%；

（2）公开发行后总股本超过4亿股或者发行人尚未盈利的，网下初始发行比例不低于本次公开发行股票数量的80%；

（3）应当安排不低于本次网下发行股票数量的50%优先向公募产品（包括为满足不符合科创板投资者适当性要求的投资者投资需求而设立的公募产品）、社保基金、养老金、根据《企业年金基金管理办法》设立的企业年金基金和符合《保险资金运用管理办法》等相关规定的保险资金配售；

（4）公募产品、社保基金、养老金、企业年金基金和保险资金有效申购不足安排数量的，发行人和主承销商可以向其他符合条件的网下投资者配售剩余部分；

（5）对网下投资者进行分类配售的，同类投资者获得配售的比例应当相同。公募产品、社保基金、养老金、企业年金基金和保险资金的配售比例应当不低于其他投资者；

（6）安排向战略投资者配售股票的，应当扣除向战略投资者配售部分后确定网上、网下发行比例。

对网下投资者进行分类配售的，除符合上述规定外，可以根据配售对象的机构类别、产品属性、承诺持有期限等合理设置具体类别，在发行公告中预先披露，并优先向为满足不符合科创板投资者适当性要求的投资者投资需求而设立的公募产品配售。发行人向公募产品、社保基金、养老金、企业年金基金和保险资金外的其他投资者进行分类配售的，应当保证合格境外机构投资者资金的配售比例不低于其他投资者。

首次公开发行股票网下投资者申购数量低于网下初始发行量的，发行人和主承销商应当中止发行，不得将网下发行部分向网上回拨。网上投资者申购数量不足网上初始发行量的，可以回拨给网下投资者。

首次公开发行股票（不含设定限售期的股票），网上投资者有效申购倍数超过50倍且不超过100倍的，应当从网下向网上回拨，回拨比例为本次公开发行股票数量的5%；网上投资者有效申购倍数超过100倍的，回拨比例为本次公开发行股票数量的10%；回拨后无限售期的网下发行数量原则上不超过本次公开发行股票数量的80%。

根据投资者持有的市值确定其网上可申购额度，符合科创板投资者适当性条件且持有市值达到10000元以上的投资者方可参与网上申购。每5000元市值可申购一个申购单位，不足5000元的部分不计入申购额度。前述市值计算按交易所规定确定。

每一个新股申购单位为500股，申购数量应当为500股或其整数倍，但最高申购数量不得超过当次网上初始发行数量的千分之一，且不得超过9999.95万股，如超过则该笔申购无效。

网上申购总量大于网上发行总量时，交易所按照每500股配一个号的规则对有效申购进行统一连续配号。有效申购总量大于网上发行总量时，主承销商在公证机构监督下根据总配号量和中签率组织摇号抽签，每一个中签号可认购500股新股。

发行人股东在上市前可以将用于存放首发前股票的证券账户指定交易至为发行人提供首次公开发行上市保荐服务的保荐机构，便于后者对减持进行监督和管理。

发行人和主承销商通过累计投标询价确定发行价格的，应当在T日21：00前向交易所提交发行价格及网上中签率公告。

股票上市之日起10个工作日内，主承销商应当将验资报告、专项法律意见书、承销总结报告等文件一并向交易所报备。

二、 向战略投资者配售

发行人首次公开发行股票可以向战略投资者配售。战略投资者应当具备良好的市场声誉和影响力，具有较强的资金实力，认可发行人长期投资价值，并按照最终确定的发行价格认购其承诺认购数量的发行人股票。

战略投资者主要包括：

（1）与发行人经营业务具有战略合作关系或长期合作愿景的大型企业或其下属企业；

（2）具有长期投资意愿的大型保险公司或其下属企业、国家级大型投资基金公司或其下属企业；

（3）以公开募集方式设立，主要投资策略包括投资战略配售股票，且以封闭方式运作的证券投资基金；

（4）参与跟投的保荐机构相关子公司；

（5）发行人的高级管理人员与核心员工参与本次战略配售设立的专项资产管理计划；

（6）符合法律法规、业务规则规定的其他战略投资者。

发行人和主承销商应当在招股意向书和初步询价公告中披露是否采用战略配售方式、战略配售股票数量上限、战略投资者选取标准等，并向交易所报备战略配售方案，包括战略投资者名称、承诺认购金额或者股票数量，以及限售期安排等情况。

发行人应当与战略投资者事先签署配售协议，在发行公告中披露战略投资者的选择标准、向战略投资者配售的股票总量、占本次发行股票的比例，以及持有期限（限售期）等，并应当对战略投资者配售资格及是否存在禁止情形进行核查，并出具承诺函，且须聘请律师事务所出具法律意见书。主承销商应当公开披露核查文件及法律意见书。

战略投资者参与股票配售应当使用自有资金，不得接受他人委托或者委托他人参与，但依法设立并符合特定投资目的的证券投资基金等主体除外。同时，战略投资者应当承诺获得本次配售的股票持有期限不少于 12 个月，持有期自本次公开发行的股票上市之日起计算。

首次公开发行股票数量在 1 亿股以上的，战略投资者获得配售的股票总量原则上不得超过本次公开发行股票数量的 30%，超过的应当在发行方案中充分说明理由。首次公开发行股票数量不足 1 亿股的，战略投资者获得配售的股票总量不得超过本次公开发行股票数量的 20%。

首次公开发行股票数量在 4 亿股以上的，战略投资者应不超过 30 名；1 亿股以上且不足 4 亿股的，战略投资者应不超过 20 名；不足 1 亿股的，战略投资者应不超过 10 名。证券投资基金参与战略配售的，应当以基金管理人的名义作为一名战略投资者参与发行。同一基金管理人仅能以其管理的一只证券投资基金参与本次战略配售。

发行人和主承销商应当根据首次公开发行股票数量、股份限售安排，以及实际需要，合理确定参与战略配售的投资者家数和比例，保障股票上市后必要的流动性。

T-3日前，战略投资者应当足额缴纳认购资金及相应新股配售经纪佣金。

参与本次战略配售的投资者不得参与本次公开发行股票网上发行与网下发行，但证券投资基金管理人管理的未参与战略配售的证券投资基金除外。

发行人和主承销商向战略投资者配售股票的，不得存在以下情形：

（1）发行人和主承销商向战略投资者承诺上市后股价将上涨，或者股价如未上涨将由发行人购回股票或者给予任何形式的经济补偿；

（2）主承销商以承诺对承销费用分成、介绍参与其他发行人战略配售、返还新股配售经纪佣金等作为条件引入战略投资者；

（3）发行人上市后认购发行人战略投资者管理的证券投资基金；

（4）发行人承诺在战略投资者获配股份的限售期内，委任与该战略投资者存在关联关系的人员担任发行人的董事、监事及高级管理人员，但发行人的高级管理人员与核心员工设立专项资产管理计划参与战略配售的除外；

（5）除《上海证券交易所科创板股票发行与承销业务指引》第八条第三项规定的情形外，战略投资者使用非自有资金认购发行人股票，或者存在接受其他投资者委托或委托其他投资者参与本次战略配售的情形；

（6）其他直接或间接进行利益输送的行为。

发行人和主承销商应当在网下发行初步配售结果及网上中签结果公告中披露最终获配的战略投资者名称、股票数量，以及限售期安排等。

三、 保荐机构相关子公司跟投

科创板试行保荐机构相关子公司跟投制度。保荐机构相关子公司未能按承诺实施跟投的，发行人应当中止发行。

发行人的保荐机构通过依法设立的另类投资子公司或者实际控制该保荐机构的证券公司依法设立的另类投资子公司利用自有资金参与发行人首次公开发行战略配售，并对获配股份设定限售期。

发行人和主承销商应当在招股意向书和初步询价公告中披露向参与配售的保荐机构相关子公司配售的股票总量、认购数量、占本次发行股票数量的比例，以及持有期限等信息。

参与配售的保荐机构相关子公司应当承诺获得本次配售的股票持有期限为自发行人首次公开发行并上市之日起24个月。

如果发行人融资金额超过100亿元，则应当实行联合保荐，按规定分别实施保荐机构相关子公司跟投，并披露具体安排。

参与配售的保荐机构相关子公司应当事先与发行人签署配售协议，承诺按照股票发行价格认购发行人首次公开发行股票数量2%至5%的股票，具体比例根据发行人首次公开发行股票的规模分档确定：

（1）发行规模不足10亿元的，跟投比例为5%，但不超过人民币4000万元；

（2）发行规模10亿元以上、不足20亿元的，跟投比例为4%，但不超过人民币6000万元；

（3）发行规模20亿元以上、不足50亿元的，跟投比例为3%，但不超过人民币1亿元；

（4）发行规模50亿元以上的，跟投比例为2%，但不超过人民币10亿元。

参与配售的保荐机构相关子公司应当开立专用证券账户存放获配股票，并与其自营、资管等其他业务的证券有效隔离，分别管理，分别记账，不得与其他业务进行混合操作。该账户只能用于在限售期届满后卖出或者按照中国证监会及交易所有关规定向证券金融公司借出和收回获配股票，不得买入股票或者其他证券。因上市公司实施配股、转增股本的除外。

保荐机构不得向发行人、发行人控股股东及其关联方收取除按照行业规范履行保荐承销职责相关费用以外的其他费用，如佣金、财务顾问费等。参与配售的保荐机构相关子公司应当承诺不得利用获配股份取得的股东地位影响发行人正常生产经营，不得在获配股份限售期内谋求发行人控制权。

四、 超额配售选择权

超额配售选择权俗称“绿鞋”机制，本质上是一种稳定价格的机制，属于战略配售性质。

该机制是指发行人授予一家主承销商在新股上市首日起30个自然日内，如出现发行人股票的市场交易价格低于发行价的情形，有权采用超额配售选择权发售不超过首次公开发行股票数量15%的股份。

发行人和主承销商应当在首次预先披露的招股说明书中明确是否采用超额配售选择权，以及采用超额配售选择权发行股票的数量上限。招股意向书和招股说明书中应明确披露超额配售选择权实施方案，包括实施目标、操作策略、可能发生的情形，以及预期达到的效果等。最终数量须在发行公告中正式披露。

采用超额配售选择权的主承销商可以在征集投资者认购意向时与投资者达成预售拟行使超额配售选择权所对应股份的协议，明确投资者预先付款并同意向其延期交付股票。

获得授权的主承销商有权使用超额配售股票募集的资金，在连续竞价时间以交易所规定的最优价格申报方式购买发行人股票，且申报买入价格不得超过本次的发行价；获授权的主承销商未购买发行人股票或者购买发行人股票数量未达到全额行使超额配售选择权拟发行股票数量的，可以要求发行人按照发行价格增发股票。

主承销商以竞价交易方式购买的发行人股票与要求发行人增发的股票之和，不得超过发行公告中披露的全额行使超额配售选择权拟发行股票数量，且此种情形下以竞价交易方式买入的股票不得卖出。

在超额配售选择权行使期届满或者累计购回股票数量达到采用超额配售选择权发行股票数量限额的5个工作日内，获授权的主承销商应当将超额配售选择权专门账户上所有股份向同意延期交付股票的投资者交付。

第四章

科创板交易制度

为了维护正常的交易秩序，防止过度炒作科创板股票，管理机构引入投资者适当性制度，适当放宽涨跌幅限制，调整单笔申报数量，实施上市首日开放融资融券业务等差异化机制安排。同时，为了保障市场流动性，引入盘后固定价格交易。此外，根据市场需要，经中国证监会批准，可以在科创板实行做市商等交易制度。

第一节　投资准入与风险揭示

一、投资者适当性

《上海证券交易所科创板股票交易特别规定》明确规定个人投资者的适当性条件。个人投资者应当通过会员组织的科创板股票投资者适当性综合评估。

个人投资者参与科创板股票交易，应当符合下列条件：

（1）申请权限开通前20个交易日证券账户及资金账户内的资产日均不低于人民币50万元（不包括该投资者通过融资融券融入的资金和证券）；

（2）参与证券交易24个月以上。

此外，还需要符合交易所其他条件，交易所可根据市场情况对上述条件进行调整。

会员应针对个人投资者的资产状况、投资经验、风险承受能力和诚信状况，对交易规则与流程、投资风险是否知晓等进行综合评估，提出明确的适当性匹配意见。而且，会员须动态跟踪和持续了解个人投资者交易情况，至少每两年进行一次风险的后续评估。

二、风险揭示

会员应当要求首次买入科创板股票的投资者以纸面或电子形式签署科创板股票

交易风险揭示书。投资者自身亦应当充分了解交易风险和交易规则。风险揭示书中列举的风险为不完全列举，至少应当包括如下内容：

（1）企业上市后持续创新能力、主营业务发展的可持续性、公司收入及盈利水平等仍具有较大不确定性；

（2）股票上市后股份存在波动的风险；

（3）存在中止发行、上市后可能退市的风险；

（4）超额配售后增发股票的风险；

（5）表决权差异安排意味着普通投资者的表决权对公司影响有限的风险；

（6）特别表决权转让普通股份生效时点与转换登记时点差异风险；

（7）与交易所主板上市规则、交易申报规则、融资融券规则、盘中临时停牌规则和异常波动核查制度不同的风险；

（8）红筹企业注册地、上市地与境内保护措施差异及存托凭证交易不等于直接持有基础证券的风险。

第二节　交易特别规定

一、 放宽涨跌幅限制

为尽快形成合理价格，首次公开发行上市、增发上市的股票，上市后的前 5 个交易日不设价格涨跌幅限制。

考虑到科创股票交易价格容易出现较大波动，故将科创板股票的涨跌幅限制放宽至 20%。

二、 做市商

科创板股票交易实行竞价交易，条件成熟时引入做市商机制，做市商的条件、权利和义务，以及监督管理等事宜，由交易所规定，并经中国证监会批准后生效。做市商可以根据业务规则和做市协议为科创板股票提供双边报价服务，为科创板股票提供双边持续报价、双边回应报价等义务。

三、 盘后固定价格交易

盘后固定价格交易，是指在收盘集合竞价结束后，由交易所交易系统按照时间优先顺序对收盘定价申报进行撮合，并以当日收盘价成交的交易方式。

通过收盘定价申报买卖科创板股票的，单笔申报数量应当不小于200股，且不超过100万股。卖出时，余额不足200股的部分，应当一次性申报卖出。

四、 单笔申报数量

为促进流动性，科创板不要求单笔申报数量为100股及其整倍数。对于市价订单和限价订单，规定单笔申报数量应不小于200股，每笔申报可以1股为单位递增。市价订单单笔申报最大数量为5万股，限价订单单笔申报最大数量为10万股。卖出时，余额不足200股的部分，应当一次性申报卖出。

五、 融券交易机制

为完善科创板多空平衡机制，促进科创板转融通证券出借和转融券业务发展，科创板股票自上市首个交易日起可作为融资融券标的，证券公司可以按规定借入科创板股票。

科创板转融通证券出借是指证券出借人以一定的费率通过上海证券交易所综合业务平台向中国证券金融股份有限公司（以下简称中证金融）出借科创板证券，中证金融到期归还所借证券及相应权益补偿并支付费用的业务。科创板转融券业务，是指中证金融将自有或者依法筹集的科创板证券出借给科创板转融券借入人，供其办理融券的业务。

科创板证券出借的标的证券范围与交易所公布的可融券卖出标的证券范围一致。公募基金、社保基金等机构作为出借人参与科创板证券出借业务，战略投资者配售获得的在承诺的持有期限内的股票可参与科创板证券出借。市场主体可通过约定申报、非约定申报方式参与科创板证券出借、科创板转融券业务。其中，通过约定申报方式达成交易的，交易所对出借人、中证金融、借入人的账户可交易余额进行实时调整，从而使借入人可实时借入证券，办理相关业务。在科创板推出市场化的转融券约定申报方式，引入市场化的费率、期限确定机制，并降低保证金比例及科创板转融券约定申报的费率差。经中国证监会批准，中证金融可将自有或依法筹集的证券出借给证券公司，供其用于做市与风险对冲。科创板证券出借和科创板转融券业务的归还，以及非约定申报方式下的科创板证券出借和科创板转融券业务的申报、撮合成交、清算交收等环节的处理同主板现有安排。现有融券偿还业务安排保持不变，即客户融券卖出后自次一交易日起方可偿还相关融入证券，双方可以约定展期或提前了结。

第五章

科创板持续监管制度

《科创板上市公司持续监管办法（试行）》和《上海证券交易所科创板股票上市规则》针对企业在科创板发行股票、存托凭证及其衍生品，以及上市后的持续督导、公司治理、信息披露、股份减持、重大资产重组、股权激励、退市等方面做出了具体规定。

第一节 持续督导

一、一般规定

1. 持续督导

为发行人首次公开发行股票提供保荐服务的保荐机构应当对发行人进行持续督导。保荐机构应当与发行人、上市公司或相关方就持续督导期间的权利、义务签订持续督导协议。首次公开发行股票并在科创板上市的，持续督导期间为股票上市当年剩余时间，以及其后3个完整会计年度。持续督导期届满，如有尚未完结的保荐工作，保荐机构应当继续完成。

2. 变更处理

上市公司原则上不得变更履行持续督导职责的保荐机构。上市公司因再次发行股票另行聘请保荐机构的，另行聘请的保荐机构应当履行剩余期限的持续督导职责。保荐机构被撤销保荐资格的，上市公司应当在一个月内另行聘请保荐机构，履行剩余期限的持续督导职责。另行聘请的保荐机构持续督导的时间不得少于一个完整的会计年度。原保荐机构在履行持续督导职责期间未勤勉尽责的，其责任不因保荐机构的更换而免除或者终止。

对上市公司发行股份或重大重组的督导，按证监会和交易所另行规定处理。

3. 持续督导制度

保荐机构应当建立健全并有效执行持续督导业务管理制度。保荐机构、保荐代表人应当制作并保存持续督导工作底稿。工作底稿应当真实、准确、完整地反映保荐机构、保荐代表人履行持续督导职责所开展的主要工作，并作为出具相关意见或者报告的基础。

4. 指定保荐代表人

保荐机构应当指定为发行人首次公开发行提供保荐服务的保荐代表人负责持续督导工作，并在上市公告书中予以披露。保荐机构应当建立健全保荐代表人工作制度，明确保荐代表人的工作要求和职责，建立有效的考核、激励和约束机制。保荐代表人未按照《上海证券交易所科创板股票上市规则》履行职责的，保荐机构应当督促保荐代表人履行职责。

5. 持续督导职责

保荐机构在持续督导期间，应当履行下列持续督导职责：

（1）督促上市公司建立和执行信息披露、规范运作、承诺履行、分红回报等制度；

（2）识别并督促上市公司披露对公司持续经营能力、核心竞争力或者控制权稳定有重大不利影响的风险或者负面事项，并发表意见；

（3）关注上市公司股票交易异常波动情况，督促上市公司按照《上海证券交易所科创板股票上市规则》规定履行核查、信息披露等义务；

（4）对上市公司存在的可能严重影响公司或者投资者合法权益的事项开展专项核查，并出具现场核查报告；

（5）定期出具并披露持续督导跟踪报告；

（6）中国证监会、交易所规定或者保荐协议约定的其他职责。

保荐机构、保荐代表人应当针对上市公司的具体情况制定履行各项持续督导职责的实施方案。

6. 公司配合职责

上市公司应当按照下列要求积极配合保荐机构履行持续督导职责：

（1）根据保荐机构和保荐代表人的要求，及时提供履行持续督导职责必需的相关信息；

（2）发生应当披露的重大事项或者出现重大风险的，及时告知保荐机构和保荐代表人；

（3）根据保荐机构和保荐代表人的督导意见，及时履行信息披露义务或者采取相应的整改措施；

（4）协助保荐机构和保荐代表人披露持续督导意见；

（5）为保荐机构和保荐代表人履行持续督导职责提供其他必要的条件和便利。

上市公司不配合保荐机构、保荐代表人持续督导工作的，保荐机构、保荐代表人应当督促公司改正，并及时报告给交易所。

二、 持续督导职责的履行

1. 内部控制机制

保荐机构、保荐代表人应当协助和督促上市公司建立相应的内部制度、决策程序及内部控制机制。符合法律和《上海证券交易所科创板股票上市规则》的要求，并确保上市公司及其控股股东、实际控制人、董事、监事和高级管理人员、核心技术人员知晓其在上市规则下的各项义务。

2. 督促信息披露

保荐机构、保荐代表人应当持续督促上市公司充分披露投资者作出价值判断和投资决策所必需的信息，并确保信息披露真实、准确、完整、及时、公平。

保荐机构、保荐代表人应当对上市公司制作信息披露公告文件提供必要的指导和协助，确保其信息披露内容简明易懂，语言浅白平实，具有可理解性。

保荐机构、保荐代表人应当督促上市公司控股股东、实际控制人履行信息披露义务，告知并督促其不得要求或者协助上市公司隐瞒重要信息。

3. 对承诺事项的督导

上市公司或其控股股东、实际控制人作出承诺的，保荐机构、保荐代表人应当督促其对承诺事项的具体内容、履约方式及时间、履约能力分析、履约风险及对策、不能履约时的救济措施等方面进行充分的信息披露。

保荐机构、保荐代表人应当针对前款规定的承诺披露事项，持续跟进相关主体履行承诺的进展情况，督促相关主体及时、充分履行承诺。上市公司或其控股股东、实际控制人披露、履行或者变更承诺事项，不符合法律法规、《上海证券交易所科创板股票上市规则》及交易所其他规定的，保荐机构和保荐代表人应当及时提出督导意见，并督促相关主体进行补正。

4. 关注上市公司投资回报与持续经营

保荐机构、保荐代表人应当督促上市公司积极回报投资者，建立健全并有效执行符合公司发展阶段的现金分红和股份回购制度。

保荐机构、保荐代表人应当持续关注上市公司运作，对上市公司及其业务有充分了解，通过日常沟通、定期回访、调阅资料、列席股东大会等方式，关注上市公司日常经营和股票交易情况，有效识别并督促上市公司披露重大风险或者重大负面事项。

保荐机构、保荐代表人应当核实上市公司重大风险披露是否真实、准确、完整。披露内容存在虚假记载、误导性陈述或者重大遗漏的，保荐机构、保荐代表人应当发表意见予以说明。

5. 督促信息披露义务

上市公司及相关信息披露义务人出现规定事项的，保荐机构、保荐代表人应当督促公司严格履行信息披露义务，并于公司披露公告时，就信息披露是否真实、准确、完整及规定的其他内容发表意见并披露。

保荐机构、保荐代表人无法按时履行前款所述职责的，应当披露尚待核实的事项及预计发表意见的时间，并充分提示风险。

6. 重大风险披露

上市公司日常经营出现下列情形的，保荐机构、保荐代表人应当就相关事项对公司经营的影响，以及是否存在其他未披露重大风险发表意见并披露：

（1）主要业务停滞或出现可能导致主要业务停滞的重大风险事件；

（2）资产被查封、扣押或冻结；

（3）未能清偿到期债务；

（4）实际控制人、董事长、总经理、财务负责人或核心技术人员涉嫌犯罪被司法机关采取强制措施；

（5）涉及关联交易、为他人提供担保等重大事项；

（6）交易所或者保荐机构认为应当发表意见的其他情形。

7. 业务和技术风险

上市公司业务和技术出现下列情形的，保荐机构、保荐代表人应当就相关事项对公司核心竞争力和日常经营的影响，以及是否存在其他未披露重大风险发表意见并披露：

（1）主要原材料供应或者产品销售出现重大不利变化；

（2）核心技术人员离职；

（3）核心知识产权、特许经营权或者核心技术许可丧失、不能续期或者出现重大纠纷；

（4）主要产品研发失败；

（5）核心竞争力丧失竞争优势或者市场出现具有明显优势的竞争者；

（6）交易所或者保荐机构认为应当发表意见的其他情形。

8. 控制权稳定

控股股东、实际控制人及其一致行动人出现下列情形的，保荐机构、保荐代表人应当就相关事项对上市公司控制权稳定和日常经营的影响、是否存在侵害上市公司利益的情形，以及其他未披露重大风险发表意见并披露：

（1）所持上市公司股份被司法冻结；

（2）质押上市公司股份比例超过所持股份80%或者被强制平仓的；

（3）交易所或者保荐机构认为应当发表意见的其他情形。

9. 股票异常波动

上市公司股票交易出现严重异常波动的，保荐机构、保荐代表人应当督促上市公司及时按照《上海证券交易所科创板股票上市规则》履行信息披露义务。

10. 股票减持承诺

保荐机构、保荐代表人应当督促控股股东、实际控制人、董事、监事、高级管理人员及核心技术人员履行其作出的股份减持承诺，关注前述主体减持公司股份是否合规、对上市公司的影响等情况。

11. 募集资金使用

保荐机构、保荐代表人应当关注上市公司使用募集资金的情况，督促其合理使用募集资金并持续披露使用情况。

12. 专项现场检查

上市公司出现下列情形之一，保荐机构、保荐代表人应当自知道或者应当知道之日起15日内进行专项现场核查：

（1）存在重大财务造假嫌疑；

（2）控股股东、实际控制人、董事、监事或者高级管理人员涉嫌侵占上市公司利益；

（3）可能存在重大违规担保；

（4）资金往来或者现金流量存在重大异常；

（5）交易所或者保荐机构认为应当进行现场核查的其他事项。

保荐机构进行现场核查的，应当就核查情况、提请上市公司及投资者关注的问题、本次现场核查结论等事项出具现场核查报告，并在现场核查结束后15个交易日内披露。

13. 持续督导跟踪报告

保荐机构应当在上市公司年度报告、半年度报告披露之日起15个交易日内披露包括下列内容的持续督导跟踪报告：

（1）保荐机构和保荐代表人发现的问题及整改情况；

（2）重大风险事项；

（3）重大违规事项；

（4）主要财务指标的变动原因及合理性；

（5）核心竞争力的变化情况；

（6）研发支出变化及研发进展；

（7）新增业务进展是否与前期信息披露一致（如有）；

（8）募集资金的使用情况及是否合规；

（9）控股股东、实际控制人、董事、监事和高级管理人员的持股、质押、冻结及减持情况；

（10）交易所或者保荐机构认为应当发表意见的其他事项。

上市公司未实现盈利、业绩由盈转亏、营业收入与上年同期相比下降50%以上或者其他主要财务指标异常的，保荐机构应当在持续督导跟踪报告显著位置就上市公司是否存在重大风险发表结论性意见。

14. 保荐总结报告

持续督导工作结束后，保荐机构应当在上市公司年度报告披露之日起的10个交易日内依据中国证监会和交易所相关规定，向中国证监会和交易所报送保荐总结报告书并披露。

第二节　信息披露

注册制的核心理念要求高质量的信息披露。《上海证券交易所科创板股票上市规则》对信息披露的基本原则和要求、交易所对信息披露的监管方式和上市公司对披露的管理制度及应当予以披露的事项范围做了非常详尽的规定。

一、 基本原则

1. 重大性原则

上市公司和相关信息披露义务人应当披露所有可能对上市公司股票交易价格产生较大影响或者对投资决策有较大影响的事项。

2. 公平、及时、真实、准确和完整

上市公司和相关信息披露义务人应当及时、公平地披露信息，保证所披露信息的真实、准确、完整。

上市公司的董事、监事、高级管理人员应当保证公司及时、公平地披露信息，以及信息披露内容的真实、准确、完整，不存在虚假记载、误导性陈述或者重大遗漏。

（1）如实披露，以客观事实或有事实基础的判断和意见为依据，不得虚假；

（2）应当客观，不得夸大，不得有误导性陈述，对未来经营和财务状况等披露预测性信息的，应当合理、谨慎、客观；

（3）内容完整，对重大影响或可能产生的重大风险要充分披露，不得有重大遗漏；

（4）让所有投资者平等获得信息，不得向单个或部分投资者透露，不得提供尚未披露的重大信息；

（5）对于公司筹划的重大事项，如果没有形成最终决议、签署最终协议，存在较大不确定性，可以在内幕信息知情人书面承诺保密的前提下暂不披露，但是，难以保密、已经泄露或出现市场传闻时，导致股票价格大幅波动的，公司应当披露相关筹划和进展情况。

二、一般要求

1. 重大信息披露

上市公司应当披露能够充分反映公司业务、技术、财务、公司治理、竞争优势、行业趋势、产业政策等方面的重大信息，充分揭示上市公司的风险因素和投资价值，便于投资者合理决策。

2. 针对性披露

上市公司应当对业绩波动、行业风险、公司治理等相关事项进行针对性信息披露，并持续披露科研水平、科研人员、科研资金投资、募集资金重点投向领域等重大信息。

3. 分阶段披露

上市公司筹划重大事项，持续时间较长的，应当按照重大性原则，分阶段披露进展情况，及时提示相关风险，不得仅以相关事项结果尚不确定为由不予披露。

4. 自愿信息披露

上市公司和相关信息披露义务人认为相关信息可能影响公司股票交易价格或者有助于投资者决策，但不属于要求披露的信息，可以自愿披露。上市公司和相关信息披露义务人自愿披露信息，应当审慎、客观，不得利用该等信息不当影响公司股票交易价格，从事内幕交易或者其他违法违规行为。上市公司和相关信息披露义务人按照本条披露信息的，在发生类似事件时，应当按照同一标准予以披露，避免选择性信息披露。

5. 简明易懂

上市公司的公告文稿应当重点突出、逻辑清晰、语言浅白、简明易懂，避免使用大量专业术语、过于晦涩的表达方式和外文及其缩写，避免模糊、模板化和冗余重复的信息，不得含有祝贺、宣传、广告、恭维、诋毁等性质的词语。

6. 控股、参股公司信息披露

上市公司合并报表范围内的子公司及其他主体发生重大事项，视同上市公司发生的重大事项，适用相关规则进行披露。

上市公司参股公司发生重大事项，可能对上市公司股票交易价格产生较大影响的，上市公司应当参照适用《上海证券交易所科创板股票上市规则》履行信息披露义务。

7. 免披露

上市公司和相关信息披露义务人拟披露的信息属于商业秘密、商业敏感信息的，按照《上海证券交易所科创板股票上市规则》披露或者履行相关义务可能引致不当竞争、损害公司及投资者利益或者误导投资者的，可以按照相关规定暂缓或者豁免披露该信息。

拟披露的信息被依法认定为国家秘密，按《上海证券交易所科创板股票上市规则》披露或者履行相关义务可能导致其违反境内法律法规或危害国家安全的，可以按照相关规定豁免披露该信息。

上市公司和相关信息披露义务人应当审慎确定信息披露暂缓、豁免事项，不得随意扩大暂缓、豁免事项的范围。暂缓披露的信息已经泄露的，应当及时披露。

8. 调整适用

上市公司和相关信息披露义务人适用相关信息披露要求，可能导致其难以反映经营活动的实际情况，难以符合行业监管要求或者公司注册地有关规定的，可以向交易所申请调整适用，但是应当说明原因和替代方案，并聘请律师事务所出具法律意见。交易所认为不应当调整适用的，上市公司和相关信息披露义务人应当执行相关规定。

9. 停复牌

上市公司股票的停牌和复牌应当遵守《上海证券交易所科创板股票上市规则》

及交易所相关规定。上市公司未按规定申请停牌和复牌的，交易所可以决定对公司股票实施停牌和复牌。证券市场交易出现极端异常情况的，交易所可以根据中国证监会的决定或者市场实际情况暂停办理上市公司停牌申请，维护市场交易的连续性和流动性，维护投资者正当的交易权利。

上市公司出现下列情形的，交易所可以视情况决定公司股票的停牌和复牌：

（1）严重违反法律法规、《上海证券交易所科创板股票上市规则》及交易所其他规定，且在规定期限内拒不按照要求改正；

（2）定期报告或者临时公告披露存在重大遗漏或者误导性陈述，但拒不按照要求就有关内容进行解释或者补充；

（3）在公司运作和信息披露方面涉嫌违反法律法规、《上海证券交易所科创板股票上市规则》或者交易所其他规定，情节严重而被有关部门调查；

（4）无法保证与交易所的有效联系，或者拒不履行信息披露义务；

（5）交易所认为应当停牌或者复牌的其他情形。

上市公司被要约收购的，要约收购期限届满至要约收购结果公告前，公司股票应当停牌。公司股票应当于要约结果公告日复牌。

三、 监管方式

1. 信息披露监管方式

交易所通过审阅信息披露文件、提出问询等方式进行信息披露事中、事后监管，督促信息披露义务人履行信息披露义务，督促保荐机构、证券服务机构履行职责。信息披露涉及重大复杂、无先例事项的，交易所可以实施事前审核。

2. 形式审核

交易所对信息披露文件实施形式审核，对其内容的真实性不承担责任。

3. 问询方式

交易所经审核认为信息披露文件存在重大问题，可以提出问询。上市公司和相关信息披露义务人应当在规定期限内如实答复，并披露补充或者更正公告。

4. 交易所公告

上市公司或者相关信息披露义务人未按照《上海证券交易所科创板股票上市规则》或者交易所要求进行公告的，或者交易所认为有必要公布的，交易所可以以交易所公告形式向市场说明有关情况。

5. 直通车

上市公司应当通过交易所上市公司信息披露电子化系统登记公告。相关信息披露义务人应当通过上市公司或者交易所指定的信息披露平台办理公告登记。上市公司和相关信息披露义务人应当保证披露的信息与登记的公告内容一致。未能按照登记内容披露的，应当立即向交易所报告并及时更正。上市公司和相关信息披露义务人应当在交易所网站和中国证监会指定媒体上刊登信息披露文件。

6. 暂停直通车业务

上市公司或者相关信息披露义务人公告屡次出现虚假记载、误导性陈述或者重大遗漏等情形的，交易所可以决定对其暂停适用信息披露直通车业务。

四、 管理制度

1. 信息披露事务管理制度

上市公司应当建立信息披露事务管理制度，经董事会审议通过并披露。上市公司应当建立与交易所的有效沟通渠道，保证联系畅通。

2. 对外发布

上市公司应当制定董事、监事、高级管理人员及其他相关人员对外发布信息的内部规范制度，明确发布程序、方式和未经董事会许可不得对外发布的情形等事项。上市公司控股股东、实际控制人应当比照前款要求，规范与上市公司有关的信息发布行为。

上市公司和相关信息披露义务人不得以新闻发布会或者答记者问等形式代替信息披露或泄露未公开重大信息。上市公司和相关信息披露义务人确有需要的，可以在非交易时段通过新闻发布会、媒体专访、公司网站、网络自媒体等方式对外发布应披露的信息，但公司应当于下一交易时段开始前披露相关公告。

3. 内幕信息管理制度

上市公司应当建立内幕信息管理制度。上市公司及其董事、监事、高级管理人员和其他内幕信息知情人在信息披露前，应当将内幕信息知情人控制在最小范围。内幕信息知情人在内幕信息公开前，不得买卖公司股票、泄露内幕信息或者建议他人买卖公司股票。

4. 相关信息披露人信息披露义务

相关信息披露义务人应当积极配合上市公司做好信息披露工作，及时告知公司已发生或者可能发生的重大事件，严格履行承诺。相关信息披露义务人通过上市公司披露信息的，上市公司应当予以协助。

5. 投资者关系

上市公司应当建立与投资者的有效沟通渠道，保障投资者合法权益。上市公司应积极召开投资者说明会，向投资者说明公司重大事项，澄清媒体传闻。

五、定期报告

（一）定期报告编制和披露要求

1. 一般要求

上市公司应当在规定的期间内，依照中国证监会和交易所的要求编制并披露定期报告。定期报告包括年度报告、半年度报告和季度报告。

2. 披露期限

上市公司应当在每个会计年度结束之日起4个月内披露年度报告，在每个会计年度的上半年结束之日起2个月内披露半年度报告，在每个会计年度前3个月、9个月结束之日起1个月内披露季度报告。第一季度季度报告的披露时间不得早于上一年度年度报告的披露时间。上市公司预计不能在规定期限内披露定期报告的，应当及时公告不能按期披露的原因、解决方案，以及预计披露的时间。

3. 预约披露

上市公司应当向交易所预约定期报告的披露时间。因故需要变更披露时间的，应当提前5个交易日向交易所申请变更，交易所视情况决定是否予以调整。

4. 董事、监事、高级管理人员定期报告职责

上市公司董事会应当编制和审议定期报告，确保按时披露。上市公司不得披露未经董事会审议通过的定期报告。定期报告未经董事会审议或者审议未通过的，公司应当披露原因和存在的风险、董事会的专项说明，以及独立董事意见。

上市公司监事会应当审核定期报告，并以监事会决议的形式说明定期报告编制和审核程序是否符合相关规定，内容是否真实、准确、完整。

上市公司董事、高级管理人员应当对定期报告签署书面意见，保证定期报告真实、准确、完整；对定期报告内容存在异议的，应当说明原因并披露。董事、高级管理人员不得以任何理由拒绝对定期报告签署书面意见。

5. 会计师职责

为上市公司定期报告出具审计意见的会计师事务所应当严格按照注册会计师执业准则及相关规定发表审计意见，不得无故拖延，影响定期报告按时披露。

上市公司年度报告的财务会计报告应当经具有执行证券、期货相关业务资格的会计师事务所审计。上市公司拟实施送股或者以资本公积转增股本的，半年度报告或者季度报告的财务会计报告应当审计。仅实施现金分红的上市公司可免予审计。

6. 非标意见

上市公司财务会计报告被会计师事务所出具非标准审计意见的，按照《公开发行证券的公司信息披露编报规则第 14 号——非标准审计意见及其涉及事项的处理》的规定，公司在披露定期报告的同时，应当披露下列文件：

（1）董事会对审计意见涉及事项的专项说明和决议；

（2）独立董事对审计意见涉及事项发表的意见；

（3）监事会对董事会专项说明的意见和决议；

（4）会计师事务所和注册会计师出具的专项说明；

（5）中国证监会和交易所要求的其他文件。

上市公司财务会计报告被会计师事务所出具非标准审计意见，涉及事项属于明显违反会计准则及相关信息披露规定的，上市公司应当对有关事项进行纠正，并及时披露纠正后的财务会计资料和会计师事务所出具的审计报告或专项鉴证报告等有关材料。

7. 定期报告存在差错或者虚假记载

上市公司定期报告存在差错或者虚假记载，被有关机关责令改正或者董事会决定更正的，应当按照中国证监会《公开发行证券的公司信息披露编报规则第 19 号——财务信息的更正及相关披露》等有关规定，及时披露。

8. 停牌处理

（1）未按时披露：上市公司未在规定的期限内披露季度报告，公司股票应当于报告披露期限届满当日停牌 1 天，届满日为非交易日的，于次一交易日停牌 1 天。公司未在规定期限内披露年度报告或者半年度报告的，公司股票应当于报告披露期限届满日起停牌，直至公司披露相关定期报告的当日复牌。公告披露日为非交易日的，则在公告披露后的第一个交易日复牌。公司因未披露年度报告或者半年度报告的停牌期限不超过 2 个月。停牌期间，公司应当至少发布 3 次风险提示公告。公司未披露季度报告的同时存在未披露年度报告或者半年度报告情形的，公司股票应当按照前款有关规定停牌与复牌；

（2）限期改正：上市公司财务会计报告因存在重大会计差错或者虚假记载，被中国证监会责令改正但未在规定期限内改正的，公司股票应当停牌，直至公司披露改正后的财务会计报告当日复牌。公告披露日为非交易日的，则在公告披露后的第一个交易日复牌。公司因未按要求改正财务会计报告的停牌期限不超过 2 个月。停牌期间，公司应当至少发布 3 次风险提示公告。

（二）业绩预告和业绩快报

1. 业绩预告情形

上市公司预计年度经营业绩将出现下列情形之一的，应当在会计年度结束之日起1个月内进行业绩预告：

（1）净利润为负值；

（2）净利润与上年同期相比上升或者下降50%以上；

（3）实现扭亏为盈。

上市公司预计半年度和季度业绩出现上述情形之一的，可以进行业绩预告。上市公司董事、监事、高级管理人员应当及时、全面了解和关注公司经营情况和财务信息，并和会计师事务所进行必要的沟通，审慎判断是否达到预告情形。

2. 未及时披露年报

上市公司预计不能在会计年度结束之日起2个月内披露年度报告的，应当在该会计年度结束之日起2个月内按照要求披露业绩快报。

3. ST公司业绩预告

上市公司因出现规定的财务类退市指标情形，其股票被实施退市风险警示的，应当于会计年度结束之日起1个月内预告全年营业收入、净利润、扣除非经常性损益后的净利润、净资产。

4. 业绩预告更正

上市公司披露业绩预告后，预计本期业绩与业绩预告差异幅度达到20%以上或者盈亏方向发生变化的，应当及时披露更正公告。

5. 业绩快报披露

上市公司可以在定期报告披露前发布业绩快报，披露本期及上年同期营业收入、营业利润、利润总额、净利润、总资产、净资产、每股收益、每股净资产和净资产收益率等主要财务数据和指标。上市公司在定期报告披露前向国家有关机关报送未公开的定期财务数据，预计无法保密的，应当及时发布业绩快报。定期报告披露前出现业绩提前泄漏，或者因业绩传闻导致公司股票交易异常波动的，上市公司应当及时披露业绩快报。

6. 业绩快报指标更正

上市公司应当保证业绩快报与定期报告披露的财务数据和指标不存在重大差异。定期报告披露前，上市公司发现业绩快报与定期报告财务数据和指标差异幅度达到10%的，应当及时披露更正公告。

六、 交易披露

（一）重大交易

1. 重大交易事项

（1）购买或者出售资产；

（2）对外投资（购买银行理财产品的除外）；

（3）转让或受让研发项目；

（4）签订许可使用协议；

（5）提供担保；

（6）租入或者租出资产；

（7）委托或者受托管理资产和业务；

（8）赠与或者受赠资产；

（9）债权、债务重组；

（10）提供财务资助；

（11）交易所认定的其他交易。

上述购买或者出售资产，不包括购买原材料、燃料和动力，以及出售产品或商品等与日常经营相关的交易行为。

2. 交易的标准

上市公司发生的交易（提供担保除外）达到下列标准之一的，应当及时披露：

（1）交易涉及的资产总额（同时存在账面值和评估值的，以高者为准）占上市公司最近一期经审计总资产的 10% 以上；

（2）交易的成交金额占上市公司市值的 10% 以上；

（3）交易标的（如股权）的最近一个会计年度资产净额占上市公司市值的 10% 以上；

（4）交易标的（如股权）最近一个会计年度相关的营业收入占上市公司最近一个会计年度经审计营业收入的 10% 以上，且超过 1000 万元；

（5）交易产生的利润占上市公司最近一个会计年度经审计净利润的 10% 以上，且超过 100 万元；

（6）交易标的（如股权）最近一个会计年度相关的净利润占上市公司最近一个会计年度经审计净利润的 50% 以上，且超过 100 万元。

3. 提交股东大会审议的标准

上市公司发生的交易（提供担保除外）达到下列标准之一的，应当提交股东大会审议：

（1）交易涉及的资产总额（同时存在账面值和评估值的，以高者为准）占上市公司最近一期经审计总资产的50%以上；

（2）交易的成交金额占上市公司市值50%以上；

（3）交易标的（如股权）的最近一个会计年度资产净额占上市公司市值的50%以上；

（4）交易标的（如股权）最近一个会计年度相关的营业收入占上市公司最近一个会计年度经审计营业收入的50%以上，且超过5000万元；

（5）交易产生的利润占上市公司最近一个会计年度经审计净利润的50%以上，且超过500万元；

（6）交易标的（如股权）最近一个会计年度相关的净利润占上市公司最近一个会计年度经审计净利润的50%以上，且超过500万元。

4. 相关规则解释

（1）成交金额是指支付的交易金额和承担的债务及费用。交易安排涉及未来可能支付或者收取对价的、未涉及具体金额或者根据设定条件确定金额的，预计最高金额为成交金额；

（2）市值是指交易前10个交易日收盘市值的算术平均值；

（3）上市公司分期实施交易的，应当以交易总额为适用基础。上市公司应当及时披露分期交易的实际发生情况；

（4）上市公司与同一交易方同时发生规定的同一类别且方向相反的交易时，应当按照其中单向金额，进行及时披露或者提交股东大会审议；

（5）除提供担保、委托理财等相关规则另有规定的事项外，上市公司进行规定的同一类别且标的相关的交易时，应当按照连续12个月累计计算的原则，进行及时披露或者提交股东大会审议。已经进行及时披露或者提交股东大会审议的，不再纳入累计计算范围；

（6）上市公司提供资助，应当以交易发生额作为成交额，及时披露或提交股东大会审议；

（7）上市公司连续12个月滚动发生委托理财的，以该期间最高余额为成交额，进行及时披露或提交股东大会审议；

（8）上市公司发生租入资产或者受托管理资产交易的，应当以租金或者收入为计算基础，进行及时披露或提交股东大会审议。上市公司发生租出资产或者委托他人管理资产交易的，应当以总资产额、租金收入或者管理费为计算基础，进行及时披露或提交股东大会审议。受托经营、租入资产或者委托他人管理、租出资产，导致公司合并报表范围发生变更的，应当视为购买或者出售资产；

（9）上市公司单方面获得利益的交易，包括受赠现金资产、获得债务减免、接受担保和资助等，可免予股东大会审议程序；

（10）未盈利的上市公司可以豁免适用净利润指标。

5. 股权交易

（1）交易标的为股权且达到规定标准的，上市公司应当提供交易标的最近一年又一期财务报告的审计报告；交易标的为股权以外的非现金资产的，应当提供评估报告。经审计的财务报告截止日距离审计报告使用日不得超过 6 个月，评估报告的评估基准日距离评估报告使用日不得超过 1 年。交易虽未达到规定的标准，但交易所认为有必要的，公司应当提供审计或者评估报告；

（2）上市公司发生股权交易，导致上市公司合并报表范围发生变更的，应当以该股权所对应公司的相关财务指标作为计算基础。若股权交易未导致合并报表范围发生变更的，应当按照公司所持权益变动比例计算相关财务指标，进行及时披露或者提交股东大会审议；

（3）上市公司直接或者间接放弃控股子公司股权的优先受让权或增资权，导致子公司不再纳入合并报表的，应当视为出售股权资产，以该股权所对应公司相关财务指标作为计算基础，进行及时披露或者提交股东大会审议。

上市公司部分放弃控股子公司或者参股子公司股权的优先受让权或增资权，未导致合并报表范围发生变更，但公司持股比例下降，应当按照公司所持权益变动比例计算相关财务指标，进行及时披露或者提交股东大会审议。上市公司对其下属非公司制主体放弃或部分放弃收益权的，参照规定处理。

6. 重大日常交易

上市公司发生日常经营范围内交易，达到下列标准之一的，应当及时披露：

（1）交易金额占最近一期经审计总资产 50% 以上，且绝对金额超过 1 亿元；

（2）交易金额占最近一个会计年度经审计营业收入或营业成本的 50% 以上，且超过 1 亿元；

（3）交易预计产生的利润总额占最近一个会计年度经审计净利润的 50% 以上，且超过 500 万元；

（4）其他可能对上市公司资产、负债、权益和经营成果产生重大影响的交易。

7. 担保事项

上市公司提供担保的，应当提交董事会或者股东大会进行审议，并及时披露。

上市公司担保下列事项应当在董事会审议通过后提交股东大会审议：

（1）单笔担保额超过公司最近一期经审计净资产10%的担保；

（2）公司及其控股子公司的对外担保总额超过公司最近一期经审计净资产50%以后提供的任何担保；

（3）为资产负债率超过70%的担保对象提供的担保；

（4）按照担保金额连续12个月累计计算原则，超过公司最近一期经审计总资产30%的担保；

（5）交易所或者公司章程规定的其他担保。

对于董事会权限范围内的担保事项除应当经全体董事过半数通过外，还应当经出席董事会会议的2/3以上董事同意；上述第四项担保，应当经出席会议的股东所持表决权的2/3以上通过。

上市公司为全资子公司提供担保，或者为控股子公司提供担保且控股子公司其他股东按所享有的权益提供同等比例担保的，不损害上市公司利益的，可以豁免适用上述的规定，但是公司章程另有规定的除外。上市公司应当在年度报告和半年度报告中汇总披露前述担保。

上市公司对外提供担保，被担保人于债务到期后15个交易日内未履行偿债义务，或者被担保人出现破产、清算或其他严重影响其偿债能力情形的，上市公司应当及时披露。

8. 资产交易

上市公司购买、出售资产交易，涉及资产总额或者成交金额连续12个月内累计计算超过公司最近一期经审计总资产30%的，除应当披露并参照规定进行审计或者评估外，还应当提交股东大会审议，并经出席会议的股东所持表决权的2/3以上通过。

（二）关联交易

关联交易是指上市公司或者其合并报表范围内的子公司等其他主体与上市公司关联人之间发生的交易，包括重大交易和日常经营范围内发生的可能引致资源或者义务转移的事项。上市公司应当保证关联交易的合法性、必要性、合理性和公允性，保持上市公司的独立性，不得利用关联交易调节财务指标，损害上市公司利益。交易所可以根据实质重于形式的原则，将上市公司与相关方的交易认定为关联交易。

1. 披露与审议

上市公司与关联人发生的交易（提供担保除外）达到下列标准之一的，应当及时披露：

（1）与关联自然人发生的成交金额在30万元以上的交易；

（2）与关联法人发生的成交金额占上市公司最近一期经审计总资产或市值0.1%以上的交易，且超过300万元。

上市公司与关联人发生的交易金额（提供担保除外）占上市公司最近一期经审计总资产或市值1%以上的交易，且超过3000万元，应当提供评估报告或审计报告，并提交股东大会审议。与日常经营相关的关联交易可免予审计或者评估。

2. 关联担保、资助或理财

上市公司为关联人提供担保的，应当具备合理的商业逻辑，在董事会审议通过后及时披露，并提交股东大会审议。

上市公司为控股股东、实际控制人及其关联方提供担保的，控股股东、实际控制人及其关联方应当提供反担保。

上市公司应当审慎向关联方提供财务资助或委托理财；确有必要的，应当以发生额作为披露的计算标准，在连续12个月内累计计算，适用披露和审议的规定。

已经按照审议和披露规定处理的，不再纳入相关的累计计算范围。

3. 累计原则

上市公司应当对下列交易按照连续12个月内累计计算的原则，分别适用披露和审议相关规定：

（1）与同一关联人进行的交易；

（2）与不同关联人进行交易标的类别相关的交易。

上述同一关联人包括与该关联人受同一实际控制人控制，或者存在股权控制关系，或者由同一自然人担任董事或高级管理人员的法人或其他组织。

已经按照规定履行关联交易相关义务的，不再纳入累计计算范围。

4. 日常关联交易

上市公司与关联人进行日常关联交易时，按照下列规定披露和履行审议程序：

（1）上市公司可以按类别合理预计日常关联交易年度金额，履行审议程序并披露；实际执行超出预计金额的，应当按照超出金额重新履行审议程序并披露；

（2）上市公司年度报告和半年度报告应当分类汇总披露日常关联交易；

（3）上市公司与关联人签订的日常关联交易协议期限超过3年的，应当每3年重新履行相关审议程序和披露义务。

5. 独立董事事先意见

上市公司拟进行须提交股东大会审议的关联交易，应当在提交董事会审议前，取得独立董事事前认可意见。独立董事事前认可意见应当取得全体独立董事的半数以上同意，并在关联交易公告中披露。

6. 关联回避

上市公司董事会审议关联交易事项的，应当由过半数的非关联董事出席，关联董事应当回避表决，并不得代理其他董事行使表决权。所做决议须经非关联董事过半数通过。

出席董事会会议的非关联董事人数不足3人的，公司应当将交易事项提交股东大会审议。上市公司股东大会审议关联交易事项时，关联股东应当回避表决，并不得代理其他股东行使表决权。

7. 免予审议和披露范围

上市公司与关联人发生的下列交易可以免予按照关联交易的方式审议和披露：

（1）一方以现金方式认购另一方公开发行的股票、公司债券或企业债券、可转换公司债券或者其他衍生品种；

（2）一方作为承销团成员承销另一方公开发行的股票、公司债券或企业债券、可转换公司债券或者其他衍生品种；

（3）一方依据另一方股东大会决议领取股息、红利或者薪酬；

（4）一方参与另一方公开招标或者拍卖，但是招标或者拍卖难以形成公允价格的除外；

（5）上市公司单方面获得利益的交易，包括受赠现金资产、获得债务减免、接受担保和资助等；

（6）关联交易定价为国家规定；

（7）关联人向上市公司提供资金，利率水平不高于中国人民银行规定的同期贷款基准利率，且上市公司对该项财务资助无相应担保；

（8）上市公司按与非关联人同等交易条件，向董事、监事、高级管理人员提供产品和服务；

（9）交易所认定的其他交易。

七、行业信息和经营风险

（一）行业信息

1. 一般规定

上市公司应当根据行业分类归属，参照适用交易所制定的行业信息披露指引，主动披露对股票交易价格或者投资者决策有重大影响的行业信息。

2. 年报披露

上市公司应当在年度报告中结合其所属行业的政策环境和发展状况披露下列行业信息：

（1）所处行业的基本特点、主要技术门槛，报告期内新技术、新产业、新业态、新模式的发展情况和未来发展趋势（本项如发生重大变化，应及时披露）；

（2）核心竞争优势，核心经营团队和技术团队的竞争力分析，以及报告期内获得相关权利证书或者批准文件的核心技术储备；

（3）当期研发支出金额及占销售收入的比例、研发支出的构成项目、费用化及资本化的金额及比重；

（4）在研产品或项目的进展或阶段性成果，研发项目预计总投资规模、应用前景，以及可能存在的重大风险；

（5）其他有助于投资者决策的行业信息。

上市公司可以在《企业会计准则》规定范围外披露息税前利润、自由现金流等反映公司价值和行业核心竞争力的参考指标。

3. 从事新行业或者主营业务发生重大变化的信息披露要求

上市公司开展与主营业务行业不同的新业务，或者进行可能导致公司业务发生重大变化的收购或资产处置等交易，应当及时披露下列信息：

（1）原因及合理性，包括现有业务基本情况及重大风险，新业务与上市公司主营业务是否具备协同性等；

（2）公司准备情况，包括在业务、资金、技术、人才等方面的储备，以及开展新业务对公司财务状况、现有业务的影响；

（3）新业务的行业情况，包括所依赖的技术水平、研发进展、商业化情况、市场成熟度、政策环境及市场竞争等；

（4）新业务的管理情况，包括开展新业务后，公司实际控制人对公司的控制情况是否发生变化，公司能否控制新业务；

（5）新业务审批情况，包括已经取得或者尚待有关部门审批的说明（如适用）；

（6）新业务的风险提示，包括上市公司经营风险、财务风险、新业务风险等；

（7）独立董事、监事会对公司开展新业务的意见；

（8）交易所或公司认为应当披露的其他重要内容。

4. 指标相关规定

上市公司采用具体指标披露行业信息的，应当对其含义作出详细解释，说明计算依据和假定条件，保证指标的一致性。相关指标的计算依据、假定条件等发生变化的，应当予以说明。引用相关数据、资料，应当保证充分可靠、客观权威，并注明来源。

（二）经营风险

1. 未盈利公司的风险披露

上市公司尚未盈利的，应当在年度报告显著位置披露公司核心竞争力和经营活动面临的重大风险。上市公司应当结合行业特点，充分披露尚未盈利的原因，以及对公司现金流、业务拓展、人才吸引、团队稳定性、研发投入、战略性投入、生产经营可持续性等方面的影响。

2. 业绩大幅下滑

上市公司年度净利润或营业收入与上年同期相比下降50%以上，或者净利润为负值的，应当在年度报告中披露下列信息：

（1）业绩大幅下滑或者亏损的具体原因；

（2）主营业务、核心竞争力、主要财务指标是否发生重大不利变化，是否与行业趋势一致；

（3）所处行业景气情况，是否存在产能过剩、持续衰退或者技术替代等情形；

（4）持续经营能力是否存在重大风险；

（5）对公司具有重大影响的其他信息。

3. 年度报告披露重大不利风险

上市公司应当在年度报告中遵循关联性和重要性原则，识别并披露下列可能对公司核心竞争力、经营活动和未来发展产生重大不利影响的风险因素：

（1）核心竞争力风险，包括技术更迭、产品更新换代或竞争加剧导致市场占有率和用户规模下降，研发投入超出预期或进程未达预期，关键设备被淘汰等；

（2）经营风险，包括单一客户依赖、客户集中度较高原材料价格上涨、产品或服务价格下降等；

（3）行业风险，包括行业出现周期性衰退、产能过剩、市场容量下滑或增长停滞、行业上下游供求关系发生重大不利变化等；

（4）宏观环境风险，包括相关法律、税收、外汇、贸易等政策发生重大不利变化；

（5）其他重大风险。

4. 临时公告披露影响核心竞争力及持续经营能力的风险

上市公司发生下列重大风险事项的，应当及时披露其对公司核心竞争力和持续经营能力的具体影响：

（1）国家政策、市场环境、贸易条件等外部宏观环境发生重大不利变化；

（2）原材料采购价格、产品售价或市场容量出现重大不利变化，或者供销渠道、重要供应商或客户发生重大不利变化；

（3）核心技术人员离职；

（4）核心商标、专利、专有技术、特许经营权或者核心技术许可丧失、到期或者出现重大纠纷；

（5）主要产品、业务或者所依赖的基础技术研发失败或者被禁止使用；

（6）主要产品或核心技术丧失竞争优势；

（7）其他重大风险事项。

5. 重大事故或负面事件

出现下列重大事故或负面事件的，应当及时披露具体情况及其影响：

（1）发生重大环境、生产及产品安全事故；

（2）收到政府部门限期治理、停产、搬迁、关闭的决定通知；

（3）不当使用科学技术或违反科学伦理；

（4）其他不当履行社会责任的重大事故或负面事件。

6. 其他重大风险

上市公司出现下列重大风险事项之一，应当及时披露具体情况及其影响：

（1）可能发生重大亏损或者遭受重大损失；

（2）发生重大债务或者重大债权到期未获清偿；

（3）可能依法承担重大违约责任或者大额赔偿责任；

（4）计提大额资产减值准备；

（5）公司决定解散或者被有权机关依法吊销营业执照、责令关闭或者被撤销；

（6）预计出现股东权益为负值；

（7）主要债务人出现资不抵债，公司对相应债权未提取足额坏账准备；

（8）主要资产被查封、扣押、冻结或者被抵押、质押；

（9）主要银行账户被查封、冻结；

（10）主要业务陷入停顿；

（11）董事会会议无法正常召开并形成决议；

（12）被控股股东及其关联方非经营性占用资金或违规对外担保；

（13）控股股东、实际控制人或者上市公司因涉嫌违法违规被有权机关调查，或者受到重大行政、刑事处罚；

（14）实际控制人、公司法定代表人或者经理无法履行职责，董事、监事、高级管理人员因涉嫌违法违纪被有权机关调查或者采取强制措施，或者受到重大行政、刑事处罚；

（15）交易所或者公司认定的其他重大风险情况。

7. 破产清算

上市公司申请或者被债权人申请破产重整、和解或破产清算的，应当及时披露下列进展事项：

（1）法院裁定受理重整、和解或破产清算申请；

（2）重整、和解或破产清算程序的重大进展或法院审理裁定；

（3）法院裁定批准公司破产重整计划、和解协议或者清算；

（4）破产重整计划、和解协议的执行情况。

进入破产程序的上市公司，除应当及时披露上述信息外，还应当及时披露定期报告和临时公告。

上市公司破产采取管理人管理或者监督运作模式的，管理人及其成员、董事、监事和高级管理人员应当按照《证券法》及最高人民法院、中国证监会和日常有关规定，及时、公平地向所有债权人和股东披露信息，并保证信息披露内容的真实、准确、完整。

八、其他事项

（一）异常波动和传闻澄清

1. 一般规定

上市公司股票交易出现交易所交易规则规定或者交易所认定的异常波动的，交易所可以根据异常波动程度和监管需要，采取下列措施：

（1）要求上市公司披露股票交易异常波动公告；

（2）要求上市公司停牌核查并披露核查公告；

（3）向市场提示异常波动股票投资风险；

（4）交易所认为必要的其他措施。

2. 一般异动公告

上市公司股票交易出现交易所业务规则规定的异常波动情形的，公司应当于次一交易日披露股票交易异常波动公告。交易所可以根据需要安排公司在非交易日公告。股票交易异常波动的计算从披露之日起重新起算。

3. 严重异常波动

上市公司股票交易出现交易所业务规则规定的严重异常波动的，应当按照下条的规定于次一交易日披露核查公告；无法披露的，应当申请其股票自次一交易日起停牌核查，直至披露核查公告后复牌。

4. 核查及披露事项

上市公司股票因前条规定停牌后，公司或相关信息披露义务人应当核查下列事项：

（1）是否存在导致股价严重异常波动的未披露事项；

（2）股价是否严重偏离同行业上市公司合理估值；

（3）是否存在重大风险事项；

（4）其他可能导致股价严重异常波动的事项。

上市公司应当及时披露核查结果公告，充分提示公司股价严重异常波动的交易风险；存在未披露重大事项的，应当召开投资者说明会。上市公司股票应当自披露核查结果公告、投资者说明会公告（如有）之日起复牌。披露日为非交易日的，自次一交易日起复牌。保荐机构和保荐代表人应当督促上市公司按照规定及时进行核查，履行相应信息披露义务。

5. 交易所公告及停牌

上市公司股票交易出现严重异常波动，经公司核查后无应披露未披露重大事项，也无法对异常波动原因作出合理解释的，交易所可以向市场公告，提示股票交易风险，并视情况实施特别停牌。

6. 媒体报道澄清

上市公司和相关信息披露义务人应当密切关注公共媒体关于公司的重大报道、市场传闻。相关传闻可能对投资决策或者公司股票交易产生较大影响的，公司应当及时核实，并视情况披露或者澄清。交易所认为相关传闻可能对公司股票交易价格产生较大影响的，可以要求公司予以核实、澄清。公司应当在交易所要求的期限内核实，及时披露传闻澄清公告。

（二）股份质押

1. 审慎质押

上市公司控股股东应当审慎质押所持公司股份，合理使用融入资金，维持上市公司控制权和生产经营稳定。

2. 质押披露内容

上市公司控股股东及其一致行动人质押股份占其所持股份的比例达到50%以上，以及之后质押股份的，应当及时通知公司，并披露下列信息：

（1）本次质押股份数量、累计质押股份数量，以及占其所持公司股份的比例；

（2）本次质押期限、质押融资款项的最终用途及资金偿还安排；

（3）控股股东及实际控制人的经营状况、财务状况、偿债能力、近一年对外投资情况，以及是否存在债务逾期或其他资信恶化的情形；

（4）控股股东及其关联方与上市公司之间的关联交易、资金往来、担保、共同投资，以及控股股东、实际控制人是否占用上市公司资源；

（5）股份质押对上市公司控制权的影响；

（6）交易所要求披露的其他信息。

3. 控股股东资信恶化

上市公司控股股东及其一致行动人质押股份占其所持股份的比例达到50%以上，且出现债务逾期或其他资信恶化情形的，应当及时通知公司并披露下列信息：

（1）债务逾期金额、原因及应对措施；

（2）是否存在平仓风险，以及可能被平仓的股份数量和比例；

（3）前述第2项质押披露内容中的3~5项；

（4）交易所要求披露的其他信息。

4. 平仓风险

控股股东及其一致行动人出现质押平仓风险的，应当及时通知上市公司，披露是否可能导致公司控制权发生变更、拟采取的措施，并充分提示风险。控股股东及其一致行动人质押股份被强制平仓或平仓风险解除的，应当持续披露进展。

5. 持股5%以上股东质押

上市公司持股5%以上股东质押股份，应当在2个交易日内通知上市公司，并披露本次质押股份数量、累计质押股份数量，以及占公司总股本比例。

（三）重大诉讼与仲裁

上市公司应当及时披露下列重大诉讼、仲裁：

（1）涉案金额超过1000万元，且占公司最近一期经审计总资产或者市值（按照相关规定计算）1%以上；

（2）股东大会、董事会决议被申请撤销或者宣告无效；

（3）董事会认为可能对公司控制权稳定、生产经营或股票交易价格产生较大影响的其他诉讼、仲裁。

（四）承诺事项

上市公司应当履行承诺。未履行承诺的，应当及时披露原因及解决措施。

上市公司应当督促相关方履行承诺。相关方未履行承诺的，上市公司应当及时披露董事会拟采取的措施。

（五）募投事项

上市公司应当建立完善募集资金的存储、使用、变更、决策、监督和责任追究等制度，披露募集资金重点投向科技创新领域的具体安排，并持续披露募集资金使用情况。

（六）变动事项

上市公司出现下列情形之一的，应当及时披露：

（1）变更公司名称、股票简称、公司章程、注册资本、注册地址、主要办公地址和联系电话等；

（2）经营方针和经营范围发生重大变化；

（3）变更会计政策或者会计估计；

（4）公司法定代表人、经理、董事（含独立董事）或者三分之一以上的监事提出辞职或者发生变动；

（5）聘任或者解聘为公司定期报告出具审计意见的会计师事务所；

（6）法院裁定禁止公司控股股东转让其所持本公司股份；

（7）持股5%以上股东的股份被冻结、司法拍卖、托管、设定信托或者被依法限制表决权；

（8）发生可能对公司资产、负债、权益或者经营成果产生重大影响的其他事项；

（9）交易所或者公司认定的其他情形。

第三节　表决权差异化安排

最早在美国出现AB股制度，并在1988年允许同股不同权的企业上市。AB股制度，即双重股权制度，不同于传统的“一股一权”原则。该构架下，公司可以发行A、B两种股份，一类股遵循“一股一权”的原则，另一类股则是一股多权，且该类股的持有者多为公司的创始人或管理层。AB股制度实质上是一种通过分离现金流和投票权而对公司实行有效控制的手段。2004年以后在美国上市的主要科技公司基本上都采取了AB股制度，如google、Facebook等。中概股的如阿里巴巴、京东、百度等。其中，根据京东2016年的年报，刘强东占股15.8%，却拥有80%的投票表决权。2018年4月，香港联交所正式发布了第119次修订《主板上市规则》，增加了同股不同权制度。采取同股不同权制度的中概股主要包括小米集团（HK.01810）、美团点评（HK.03690）等。

表决权差异化安排属于科创板制度的一大创新。目前，科创板申报企业中仅有一家存在表决权差异化安排，即优刻得科技股份有限公司，经上市委会议审议通过。本书写作时，正处于提交注册阶段。

一、 概念和要求

1. 概念

表决权差异化安排是指发行人在一般规定的普通股份之外发行拥有特别表决权的股份。每一特别表决权股份拥有的表决权数量大于每一普通股份拥有的表决权数量，其他股东权利与普通股份相同。

2. 财务标准

发行人具有表决权差异化安排的，市值及财务指标应当至少符合下列标准中的一项：

（1）预计市值不低于人民币100亿元；

（2）预计市值不低于人民币50亿元，且最近一年营业收入不低于人民币5亿元。

3. 资格和持股比例

持有特别表决权股份的股东应当为对上市公司发展或者业务增长等作出重大贡献，并且在公司上市前及上市后持续担任公司董事的人员或者该等人员实际控制的持股主体。持有特别表决权股份的股东在上市公司中拥有权益的股份合计应当达到公司全部已发行有表决权股份10%以上。

4. 股东大会审议

发行人首次公开发行并上市前设置表决权差异化安排的，应当经出席股东大会的股东所持三分之二以上的表决权通过，且在章程中规定每份特别表决权股份的表决权数量。上市前不具有表决权差异化安排的，不得在首次公开发行并上市后以任何方式设置此类安排。关于上市前具有表决权差异化安排的期限并没有具体规定，科创板申报企业优刻得科技股份有限公司实施表决权差异化安排6个月。

二、限制性规定

（1）每份特别表决权股份的表决权数量应当相同，且不得超过每份普通股份的表决权数量的10倍；

（2）上市公司股票在交易所上市后，除同比例配股、转增股本情形外，不得在境内外发行特别表决权股份，不得提高特别表决权比例（全部特别表决权股份的表决权数量占全部已发行股份表决权数量的比例）。上市公司因股份回购等原因，可能导致特别表决权比例提高的，应当同时采取将相应数量特别表决权股份转换为普通股份等措施，保证特别表决权比例不高于原有水平；

（3）上市公司应当保证普通表决权比例不低于10%；单独或者合计持有公司10%以上已发行有表决权股份的股东有权提议召开临时股东大会；单独或者合计持有公司3%以上已发行有表决权股份的股东有权提出股东大会议案；

（4）特别表决权股份不得在二级市场进行交易，但可以按照交易所有关规定进行转让。

科创板申报企业优刻得科技股份有限公司，根据特别表决权设置安排，公司共同实际控制人季昕华、莫显峰及华琨持有的A类股份每股拥有的表决权数量为其他股东（包括其拟首次公开发行对象）所持有的B类股份每股拥有的表决权的5倍。

三、转换为普通股份

出现下列情形之一的，特别表决权股份应当按照1∶1的比例转换为普通股份：

（1）持有特别表决权股份的股东不再符合资格和最低持股要求，或者丧失相应履职能力、离任、死亡；

（2）实际持有特别表决权股份的股东失去对相关持股主体的实际控制；

（3）持有特别表决权股份的股东向他人转让所持有的特别表决权股份，或者将特别表决权股份的表决权委托他人行使；

（4）公司的控制权发生变更。

发生控制权变更情形的，上市公司已发行的全部特别表决权股份均应当转换为普通股份。

发生前述第（1）项情形的，特别表决权股份自相关情形发生时即转换为普通股份，相关股东应当立即通知上市公司，上市公司应当及时披露具体情形、发生时间、转换为普通股份的特别表决权股份数量、剩余特别表决权股份数量等情况。

四、 同等表决权情形

上市公司股东对下列事项行使表决权时，每一特别表决权股份享有的表决权数量应当与每一普通股份的表决权数量相同：

（1）对公司章程作出修改；

（2）改变特别表决权股份享有的表决权数量；

（3）聘请或者解聘独立董事；

（4）聘请或者解聘为上市公司定期报告出具审计意见的会计师事务所；

（5）公司合并、分立、解散或者变更公司形式。

上市公司章程应当规定股东大会对改变特别表决权数量一事作出决议，应当经过出席会议的股东所持表决权的三分之二以上通过，但依交易所规则进行的数量改变除外。

五、 信息披露

上市公司具有表决权差异化安排的，应当充分、详细披露相关情况特别是风险、公司治理等信息，以及依法落实保护投资者合法权益规定的各项措施。

1. 定期报告披露

披露该等安排在报告期内的实施和变化情况，以及该等安排下保护投资者合法权益有关措施的实施情况。如前述安排出现重大变化或者调整的，公司和相关信息披露义务人应当及时予以披露。

2. 股东大会通知

上市公司应当在股东大会通知中列明持有特别表决权股份的股东、所持特别表决权股份数量及对应的表决权数量、股东大会议案是否涉及同等表决权情形。

3. 年度报告监事会专项意见

上市公司具有表决权差异化安排的，监事会应当在年度报告中就下列事项出具专项意见：

（1）持有特别表决权股份的股东是否持续符合《上海证券交易所科创板股票上市规则》第4.5.3条的要求；

（2）特别表决权股份是否出现《上海证券交易所科创板股票上市规则》第4.5.9条规定的情形并及时转换为普通股份；

（3）上市公司特别表决权比例是否持续符合《上海证券交易所科创板股票上市

规则》的规定；

（4）持有特别表决权股份的股东是否存在滥用特别表决权或者其他损害投资者合法权益的情形；

（5）公司及持有特别表决权股份的股东合规情况。

第四节　锁定期与股份减持

一、锁定期

控股股东和实际控制人所持股份的锁定期为36个月，一般股东的锁定期为12个月，创投基金所持股份的锁定期要按照《上海证券交易所上市公司创业投资基金股东减持股份实施细则》规定执行。

如果控股股东和实际控制人作为转让一方，其与另一方存在控制关系或受同一主体控制，自发行人股票上市之日起12个月后可豁免禁售义务。

上市公司核心技术人员自公司股票上市之日起12个月内和离职后6个月内不得转让本公司首发前股份。相较此前规则，对核心技术人员的股份锁定是适应科创类企业的新规定，防止核心技术人员解除限售后套现离场。

上市时未盈利的，在公司实现盈利之前，实际控制人、控股股东、董事、监事、高级管理人员和核心技术人员在上市后3年内不得减持，期间内离职也应同样遵守。

申报前6个月内入股的股东锁定36个月，增资扩股的从工商变更登记手续之日起算，实际控制人受让的从上市之日起算。

对于没有或难以认定实际控制人的股票，发行人的股东按持股比例从高到低依次承诺其所持股份自上市之日起锁定36个月，直到锁定股份的总数不低于发行前A股股份总数的51%，但员工持股计划、持股5%以下股东、非发行人第一大股东且符合《私募基金监管问答——关于首发企业中创业投资基金股东的认定标准》的创业投资基金除外。对于存在刻意规避股份限售期要求的，交易所将按照实质重于形式的原则，要求相关股东参照控股股东、实际控制人的限售期进行股份锁定。

科创板战略投资者及其关联方在承诺期内不能融券卖出科创板上市公司股票，但可以将其获配股票出借给证券公司，仅供该证券公司开展融资融券业务。

二、 股份减持

锁定期满，控制股东、实际控制人在减持首发前股份的，应当明确并披露公司的控制权安排，保证上市公司持续稳定经营。

锁定期满后，相关股东每季度通过集中竞价交易方式减持的比例不能超过 1%，通过大宗交易减持的比例不能超过 2%；董事、监事和高级管理人员在任职期间，每年减持比例不能超过 25% 等。

上市时未盈利的，在公司实现盈利之前，控股股东、实际控制人第 4 年和第 5 年每年减持首发前股份数不得超过总股本的 2%；董事、监事、高级管理人员和核心技术人员在解禁后 4 年内每年转让比例不能超过所持首发前股份的 25%，减持比例可以累积使用。公司实现盈利后，控股股东、实际控制人及董事、监事、高级管理人员和核心技术人员均可依规定自当年年度报告披露后次日起减持首发前股份。

上市公司如存在重大违法情形，触及退市标准的，自相关行政处罚或司法裁判作出之日起至公司股票终止首发前，控股股东、实际控制人、董事、监事、高级管理人员不得减持公司股份。

上市公司股东所持股份应当与其一致行动人所持股份合并计算。

控股股东、实际控制人实施减持行为，或员工专项资产管理通过集中竞价、大宗交易方式在二级市场上减持，均应依规定履行信息披露义务。

《科创板股票上市规则》未涉及的内容可参照上海证券交易所《上市公司股东及董事、监事、高级管理人员减持股份实施细则》相关规定。

第五节　股权激励

科创板上市后股权激励参考了《上市公司股权激励管理办法》（以下简称《管理办法》），但在具体内容上有重大突破和创新，体现出国家为促进企业吸引人才、留住人才，推动科技创新型企业持续、快速发展做出的考虑。

以下为科创板股权激励具体规定：

上市公司以本公司股票为标的，采用限制性股票、股票期权或者交易所认可的其他方式，对董事、高级管理人员及其他员工进行长期性激励的，应当遵守本章规定，履行相应审议程序和信息披露义务。

一、 激励对象

激励对象可以包括上市公司的董事、高级管理人员、核心技术人员或者核心业务人员，以及公司认为应当激励的对公司经营业绩和未来发展有直接影响的其他员工，独立董事和监事除外。

单独或合计持有上市公司5%以上股份的股东、上市公司实际控制人及其配偶、父母、子女，以及上市公司外籍员工，在上市公司担任董事、高级管理人员、核心技术人员或者核心业务人员的，可以成为激励对象。科创公司应当充分说明前述人员成为激励对象的必要性、合理性。

激励对象不得具有如下情形：

（1）最近12个月内被证券交易所认定为不适当人选；

（2）最近12个月内被中国证监会及其派出机构认定为不适当人选；

（3）最近12个月内因重大违法违规行为被中国证监会及其派出机构行政处罚或者采取市场禁入措施；

（4）具有《公司法》规定的不得担任公司董事、高级管理人员情形的；

（5）法规规定不得参与上市公司股权激励的。

科创板扩大了激励对象的范围，使得原本在《管理办法》中被排除在外的公司大股东、实控人、承担企业主要管理和研发职责的5%以上股东及其亲属等也可充分地参与到股权激励计划中来。

二、 定指标

上市公司实行股权激励计划，应当设置合理的公司业绩和个人绩效等考核指标，有利于公司持续发展，不得损害公司利益。

董事、监事和高级管理人员在实行股权激励计划中，应当诚实守信、勤勉尽责，维护公司和全体股东的利益。

三、 限制性股票类型

上市公司授予激励对象限制性股票，包括下列类型：

（1）激励对象按照股权激励计划规定的条件，获得的转让等部分权利受到限制的本公司股票；

（2）符合股权激励计划授予条件的激励对象，在满足相应获益条件后分次获得并登记的本公司股票。

四、 定价

上市公司授予激励对象限制性股票的价格低于股权激励计划草案公布前1个交易日、20个交易日、60个交易日或者120个交易日公司股票交易均价50%的，应当说明定价依据及定价方式，且应当聘请独立财务顾问，对股权激励计划的可行性、相关定价依据和定价方法的合理性、是否有利于公司持续发展、是否损害股东利益等发表意见。

现行的《管理办法》规定下，目前主板等市场只有回购型的股权激励能实行自主定价。而科创板中则取消了关于限制性股票授予价格的限制，使公司可根据自身具体情况自主确定授予价格。

五、 获益条件

上市公司激励对象满足相应获益条件后分次授予限制性股票，应当就激励对象分次获益设立条件，并在满足各次获益条件时分批进行股份登记。当次获益条件不满足的，不得进行股份登记。

公司应当在股权激励计划中明确披露分次授予权益的数量、获益条件、股份授予或者登记时间及相关限售安排。

获益条件包含12个月以上的任职期限的，实际授予的权益进行登记后，可不再设置限售期。

根据《管理办法》的规定，主板等上市公司在授予限制性股票时，应当在股东大会审议通过后60日内完成全部限制性股票的登记，按照解除限售条件分批次解锁，激励对象未达到解除限售条件，则需要公司进行回购注销。而科创板则允许公司在激励对象满足相应的获授权益条件后，可分批次将限制性股票登记至激励对象名下，能减轻激励对象的资金压力。

六、 最高总数

上市公司可以同时实施多项股权激励计划。上市公司全部在有效期内的股权激励计划所涉及的标的股票总数累计不得超过公司股本总额的20%。这与《管理办法》中主板、中小板和创业板适用10%规定不同，这一规定体现了科创板企业在实施股权激励时有更大的操作空间。

七、信息披露

上市公司实行股权激励计划的，应当按照有关规定履行信息披露义务。上市公司应当在年度报告中披露报告期内股权激励计划的实施情况。

第六章

红筹企业上市特别规定

"红筹"这一概念诞生于20世纪90年代初期的香港股票市场。红筹股是指在中国境外注册、在香港地区上市的带有中国内地概念的股票。

红筹架构是指主要经营活动在中国内地的公司在境外（通常在开曼群岛、英属维尔京群岛、百慕大或中国香港等地）设立离岸公司，然后将境内公司的资产或权益通过股权控制或协议控制（VIE架构）的方式注入或转移至境外公司，实现境外控股公司境外（如香港联交所、纽约证券交易所、纳斯达克证券交易所、伦敦证券交易所等）上市融资的目的，如图6－1所示。

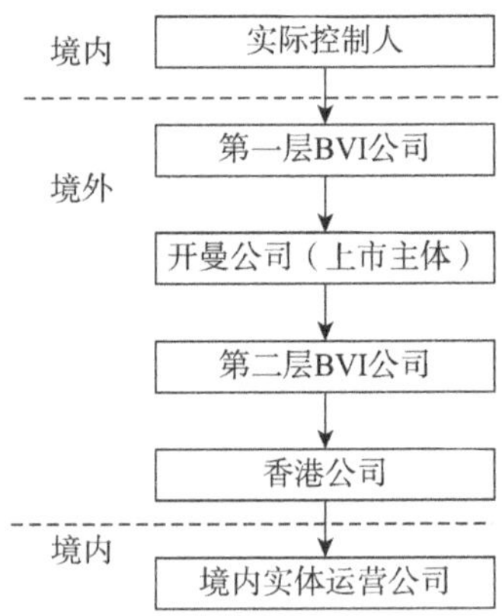

图6－1　红筹架构图

BVI公司（在英属维尔京群岛注册的公司）注册程序简便快速，股东具有隐秘性，注册费用较低，作为著名的免税天堂，BVI注册公司无须缴纳所得税等。另外，如果开曼公司上层直接是实际控股人，那么股东在上市公司的分红需在180天内汇入境内，如果是BVI则可以规避这一规定。一般企业会决定把开曼群岛注册的公司作为上市主体。开曼公司透明化程度更高，容易为交易所接受。第二层BVI公司最主要的目的就是使得资产剥离和重组。比如公司想出售最底层的公司，直接可以以开曼公司为卖方出售第二层BVI公司的股权，这样既便捷又可节省大笔税费。这一层不是必须设立的，可根据实际需求来加设。设置香港层最主要是因为香港特别行政区有税收优惠。2008年新税法实施以后，中国开始向外资企业征收20%的股息预提所得税，在中国境内未设立机构和场所的外资企业能减免到10%，但对于香港、澳门以及新加坡等地的外资企业可降低至5%。所以很多红筹架构把最后一层设置在了香港地区。香港地区公司可以在境内设立外商独资企业，再由境内外商独资企业通过股权或协议控制境内运营实体公司，也可以通过香港地区公司直接实现股权控制。

科创板接受红筹架构企业上市，有利于境外上市的独角兽企业回归境内资本市场。

第一节 企业上市规则

一、 上市条件

符合证监会《关于开展创新企业境内发行股票或存托凭证试点的若干意见》相关规定的红筹企业，可以申请发行股票或存托凭证并在科创板上市。

《上海证券交易所股票发行上市审核规则》规定：对于营业收入快速增长，拥有自主研发、国际领先技术，同行业竞争中处于相对优势地位的尚未在境外上市红筹企业，申请发行股票或存托凭证并在科创板上市的，市值及财务指标应当至少符合下列上市标准中的一项，发行人的招股说明书和保荐人的上市保荐书应当明确说明所选择的具体上市标准：

（1）预计市值不低于人民币100亿元；

（2）预计市值不低于人民币50亿元，且最近一年营业收入不低于人民币5亿元。

上述规定与《关于开展创新企业境内发行股票或存托凭证试点的若干意见》规定的红筹企业于其他板块发行股票或存托凭证的适用条件略有不同。后者规定已在境外上市的大型红筹企业，市值不低于2000亿元人民币；尚未在境外上市的创新企业（包括红筹企业和境内注册企业），最近一年营业收入不低于30亿元人民币且估值不低于200亿元人民币，或者营业收入快速增长，拥有自主研发、国际领先技术，同行业竞争中处于相对优势地位，方可在境内发行股票或存托凭证。

二、 法律适用

红筹企业在境内发行股票或者存托凭证并在交易所科创板上市，股权结构、公司治理、运行规范等事项适用境外注册地公司法等法规规定的，其投资者权益保护水平，包括资产收益、参与重大决策、剩余财产分配等权益，总体上应不低于境内法规的要求，并保障境内存托凭证持有人实际享有的权益与境外基础证券持有人的权益相当。

三、 程序规定

1. 申请、注册与行权

红筹企业申请在境内首次公开发行的股票上市的，应当根据《上海证券交易所科创板股票发行上市审核规则》的规定，取得交易所出具的同意发行上市审核意见并由中国证监会作出同意注册决定。

红筹企业在境内发行存托凭证并上市的，还应当提交本次发行的存托凭证已经中国结算存管的证明文件、经签署的存托协议、托管协议文本，以及托管人出具的存托凭证所对应基础证券的托管凭证等文件。

红筹企业、存托人应当合理安排存托凭证持有人权利行使的时间和方式，保障其有足够时间和便利条件行使相应权利，并根据存托协议的约定及时披露存托凭证持有人权利行使的时间、方式、具体要求和权利行使结果。

公司、存托人通过交易所或者交易所子公司提供的网络系统征集存托凭证持有人投票意愿的，具体业务流程按照交易所相关规定或者业务协议的约定办理，并由公司或者存托人按照存托协议的约定向市场公告。

2. 董事会事项

根据公司注册地公司法等法规和公司章程或者章程性文件规定，红筹企业无须就本次境内发行上市事宜提交股东大会审议的，其申请上市时可不提交股东大会决议，但应当提交相关董事会决议。

红筹企业注册地公司法等法规或者实践中普遍认同的标准对公司董事会、独立董事职责有不同规定或者安排，导致董事会、独立董事无法按照交易所规定履行职责或者发表意见的，红筹企业应当详细说明情况和原因，并聘请律师事务所就上述事项出具法律意见。

3. 股东大会事项

红筹企业需提交股东大会审议的重大交易、关联交易等事项，可以按照其已披露的境外注册地公司法等法规和公司章程规定的权限和程序执行，法规另有规定的除外。公司按照前述规定将相关事项提交股东大会审议的，应当及时予以披露。

第二节 信息披露

一、 调整适用

红筹企业和相关信息披露义务人适用《科创板创新试点红筹企业财务报告信息披露指引》相关信息披露要求和持续监管规定，可能导致其难以符合公司注册地、境外上市地有关规定及市场实践中普遍认同的标准的，可以向交易所申请调整适用，但应当说明原因和替代方案，并聘请律师事务所出具法律意见。交易所认为依法不应调整适用的，红筹企业和相关信息披露义务人应当执行《科创板创新试点红筹企业财务报告信息披露指引》相关规定。

二、 信息披露一般要求

1. 披露语言和媒体

红筹企业提交的上市申请文件和持续信息披露文件应当使用中文。红筹企业和相关信息披露义务人应当按照中国证监会和交易所规定，在中国证监会指定信息披露媒体和交易所官方网站披露上市和持续信息披露文件。

2. 信息披露代表与沟通渠道

红筹企业应当在境内设立证券事务机构，并聘任信息披露境内代表，负责办理公司股票或者存托凭证上市期间的信息披露和监管联络事宜。信息披露境内代表应当具备境内上市公司董事会秘书的相应任职能力，熟悉境内信息披露规定和要求，并能够熟练使用中文。

红筹企业应当建立与境内投资者、监管机构及交易所的有效沟通渠道，按照规定保障境内投资者的合法权益，保持与境内监管机构及交易所的畅通联系。

三、 协议控制披露事项

红筹企业具有协议控制架构或者类似特殊安排的，应当充分、详细披露相关情况，特别是风险、公司治理等信息，以及依法落实保护投资者合法权益规定的各项措施。

协议控制架构或类似特殊安排将不具有持股关系的主体（以下简称被合并主体）纳入合并财务报表合并范围，发行人在此情况下应做到以下几点：

（1）充分披露协议控制架构的具体安排，包括协议控制架构涉及的各方法律主体的基本情况、主要合同的核心条款等；

（2）分析披露被合并主体设立目的、被合并主体的相关活动，以及如何对相关活动作出决策、发行人享有的权利是否使其目前有能力主导被合并主体的相关活动、发行人是否通过参与被合并主体相关活动而享有可变回报、发行人是否有能力运用对被合并主体的权利影响其回报金额、投资方与其他各方的关系；

（3）结合上述情况和会计准则规定，分析披露发行人合并依据是否充分，详细披露合并报表编制方法。

红筹企业应当在年度报告中披露协议控制架构或者类似特殊安排在报告期内的实施和变化情况，以及该等安排下保护境内投资者合法权益有关措施的实施情况。

上述规定事项出现重大变化或者调整，可能对公司股票、存托凭证交易价格产生较大影响的，公司和相关信息披露义务人应当及时予以披露。

四、 存托凭证披露事项

红筹企业在交易所上市存托凭证的，应当在年度报告和中期报告中披露存托、托管相关安排在报告期内的实施和变化情况，以及报告期末前10名境内存托凭证持有人的名单和持有量。发生下列情形之一的，公司应当及时披露：

（1）存托人、托管人发生变化；

（2）存托的基础财产发生被质押、挪用、司法冻结或者其他权属变化；

（3）对存托协议、托管协议做出重大修改；

（4）存托凭证与基础证券的转换比例发生变动；

（5）中国证监会和交易所要求披露的其他情形。

红筹企业变更存托凭证与基础证券的转换比例的，应当经交易所同意。

发生第一项、第二项规定的情形，或者托管协议发生重大修改的，存托人应当及时告知红筹企业，公司应当及时进行披露。

五、 同步披露和一致性原则

在交易所上市的公司同时有证券在境外证券交易所上市的，应当保证将境外证券交易所要求披露的信息及时向交易所报告，并同时在指定媒体上按照《科创板创新试点红筹企业财务报告信息披露指引》规定披露。红筹企业境内财务信息披露应遵循“就高不就低”原则，对于在境外财务报告中披露的信息，在其境内上市财务报告中也应予以披露。

上市公司就同一事件向境外证券交易所提供的报告和公告应当与向交易所提供的内容一致。出现重大差异时，公司应当向交易所作出专项说明，并按照交易所要求披露更正或补充公告。红筹企业采用境外会计准则编制财务报告时，除提供按境外会计准则编制的财务报告外，还应提供按照中国企业会计准则调整的差异调节信息，具体包括按照中国企业会计准则重述的资产负债表、利润表、现金流量表和所有者权益变动表。对于重述的符合中国企业会计准则的财务报表，不需要提供中国企业会计准则要求的附注信息，但需要提供与按境外会计准则编制财务报表的主要差异及调节过程信息。

上市公司股票及其衍生品种被境外证券交易所停牌的，应当及时向交易所报告停牌的事项和原因，并提交是否需要向交易所申请停牌的书面说明。

六、 等效会计准则

红筹企业采用等效会计准则编制财务报告时，应当在遵循等效会计准则要求提供的信息基础上，提供满足证券市场各类主体和监管需要的补充财务信息。补充财务信息主要包括按照中国企业会计准则调节的关键财务指标，包括但不限于净利润、净资产、流动资产、非流动资产、流动负债、非流动负债、归属于母公司的所有者权益、营业收入、营业成本、利润总额、归属于母公司的净利润、经营和投资与筹资活动产生的现金流量。

红筹企业采用等效会计准则和境外会计准则编制财务报告时，可不执行《公开发行证券的公司信息披露编报规则第 15 号——财务报告的一般规定》规定，但应遵照中国证监会相关要求披露非经常性损益、净资产收益率和每股收益等相关信息。

第七章

退市制度

科创板公司尚无退市的具体案例。依据《关于在上海证券交易所设立科创板并试点注册制的实施意见》等规定可知，科创板严格实施退市制度，体现了严格标准、严格程序和严格执行的特点。科创板退市制度严格交易类强制退市指标，对交易量、股价、股东人数等不符合条件的企业依法终止上市。优化财务类强制退市指标，科创板股票不适用于证券法第五十六条第三项关于连续亏损终止上市的规定；对连续被出具否定或无法表示意见审计报告的上市公司实施终止上市。严格实施重大违法强制退市制度，对构成欺诈发行、重大信息披露违法或其他重大违法行为的上市公司依法坚决终止上市。

科创板上市公司触及退市情形规定，导致其股票存在被终止上市风险的，退市程序启动。一旦股票被实施退市风险警示，将被冠以“ * ST”字样，科创板上市公司股票被实施退市风险警示期间，不进入风险警示板交易，不适用风险警示板交易的相关规定。如要申请撤销退市风险警示的，应当聘请保荐机构进行核查并发表明确意见。

科创板股票不适用于证券法第五十五条关于暂停上市的规定，应当退市的直接终止上市，科创板上市公司股票被终止上市的，不得申请重新上市。但科创板保留退市整理期，对于各类退市情形，均给予投资者 30 个交易日的退出窗口期。

下面来详细阐述科创板股票的退市情形。

第一节　重大违法强制退市

上市公司存在欺诈发行、重大信息披露违法或者其他严重损害证券市场秩序的重大违法行为，且严重影响上市地位；上市公司存在涉及国家安全、公共安全、生态安全、生产安全和公众健康安全等领域的违法行为，情节恶劣，严重损害国家利益、社会公共利益，或者严重影响上市地位。

一、 退市情形具体规定

（1）涉及信息披露重大违法的退市情形包括：

①在首发上市或重大重组上市申请或披露文件中存在虚假记载、误导性陈述或

重大遗漏，被证监会作出行政处罚决定，或者被法院作出有罪生效判决。

②年度报告存在虚假记载、误导性陈述或者重大遗漏，根据中国证监会行政处罚决定认定的事实，导致其相关财务指标已实际触及退市标准。

③交易所根据上市公司违法行为的事实、性质、情节及社会影响等因素认定的其他严重损害证券市场秩序的情形。

（2）涉及安全重大违法退市情形包括：

①上市公司或其主要子公司被依法吊销营业执照、主营业务生产经营许可证，被责令关闭或者被撤销，或者存在丧失继续生产经营法律资格的其他情形。

②交易所根据上市公司重大违法行为损害国家利益、社会公共利益的严重程度，结合公司承担法律责任类型、对公司生产经营和上市地位的影响程度等情形，认为公司股票应当终止上市的。

二、 退市处理程序

（1）交易所上市委员会依据处罚或裁判认定的事实及上市规则，就是否触及退市进行审议；

（2）交易所根据上市委员会审核意见，在5个交易日内作出是否终止公司股票上市的决定；

（3）交易所在作出终止上市决定之后2个交易日内通知公司并发布相关公告，同时报中国证监会备案；

（4）公司应当在收到交易所关于终止其股票上市决定后的次一交易日，披露股票终止上市公告。公司可以在收到终止上市决定之后5个交易日内按照规定申请复核。

三、 重大违法退市纠错

上市公司因重大违法强制退市情形，其股票被终止上市后，作为上市公司重大违法强制退市认定依据的行政处罚决定、司法裁判被依法撤销、确认无效或被依法变更的，公司可以在知道相关行政机关决定或者人民法院生效司法裁判后的10个交易日内向交易所申请撤销对公司股票作出的终止上市决定。

交易所自收到撤销申请之日起的15个交易日内召开上市委员会会议，审议是否撤销。交易所撤销终止上市决定的，公司股票相应还原上市地位。还原上市地位首日不设涨跌幅，不进入风险警示板交易。

四、 关于重大违法行为退市的案例

科创板暂时不涉及重大违法行为退市的案例。但深交所具有相关因重大违法行为强制退市的案例，比如长生生物科技股份有限公司（证券简称：＊ST长生）因触及重大违法强制退市情形，2019年10月8日，深圳证券交易所作出《关于长生生物科技股份有限公司股票终止上市的公告》，终止该公司股票上市。

第二节　交易类强制退市

一、 触及退市的交易指标

上市公司出现下列情形之一的，交易所决定终止其股票上市：

（1）通过交易所交易系统连续120个交易日实现的累计股票成交量低于200万股；

（2）连续20个交易日股票收盘价低于股票面值；

（3）连续20个交易日股票市值低于3亿元；

（4）连续20个交易日股东数量低于400人；

（5）交易所认定的其他情形。

上述规定的交易日不包含公司股票停牌日和公司首次公开发行股票上市之日起的20个交易日。如果证券市场出现重大异常波动等情形，交易所可根据实际情况调整上述交易指标。

二、 风险提示公告

上市公司出现连续90个交易日（不包含公司股票停牌日）通过交易所交易系统实现的累计股票成交量低于150万股的，应当在下一交易日发布公司股票可能被终止上市的风险提示公告，其后每个交易日披露一次，直至自上述起算时点起连续120个交易日（不包含公司股票停牌日）内通过交易所交易系统实现的累计成交量高于200万股或者交易所作出公司股票终止上市的决定之日止（以先达到的日期为准）。

上市公司连续10个交易日（不包含公司股票停牌日）出现下列情形之一的，应当在下一交易日发布公司股票可能被终止上市的风险提示公告，其后每个交易日披露一次，直至相应的情形消除或者交易所作出公司股票终止上市的决定之日（以先达到的日期为准）：

（1）每日股票收盘价均低于股票面值；

（2）每日股票市值低于3亿元；

（3）每日股东数量低于400人。

上市公司出现交易指标情形之一的，其股票自情形出现的次一交易日起开始停牌。交易所自公司股票停牌之日起5个交易日内，向公司发出拟终止其股票上市的事先告知书，上市公司应当及时披露。

在救济措施方面，上市公司收到终止上市事先告知书后，可以提出听证、陈述和申辩，且公司在收到交易所终止上市决定后，可以申请复核。

第三节　财务类强制退市

一、退市情形

上市公司出现下列情形之一，明显丧失持续经营能力，达到《科创板股票上市规则》规定标准的，交易所将对其股票启动退市程序：

（1）主营业务大部分停滞或者规模极低；

（2）经营资产大幅减少导致无法维持日常经营；

（3）营业收入或者利润主要来源于不具备商业实质的关联交易；

（4）营业收入或者利润主要来源于与主营业务无关的贸易业务；

（5）其他明显丧失持续经营能力的情形。

二、交易所风险警示

上市公司出现下列情形之一的，交易所对其股票实施退市风险警示：

（1）最近一个会计年度经审计的扣除非经营性损益之前或者之后的净利润（含

被追溯重述）为负值，且最近一个会计年度经审计的营业收入（含被追溯重述）低于1亿元；

（2）最近一个会计年度经审计的净资产（含被追溯重述）为负值。

交易所可以调整警示指标或认定其他退市的情形。

上市公司营业收入主要来源于与主营业务无关的贸易业务或者不具备商业实质的关联交易收入，公司明显丧失持续经营能力的，交易所可以提交上市委员会认定在计算前款规定的营业收入指标时是否扣除前述收入，并通知上市公司。

根据“五套市值指标”第五项市值与财务指标上市的公司（研发型上市公司）自上市之日起第4个完整会计年度起适用上述退市风险警示规定。

三、 研发型企业研发失败退市

研发型上市公司主要业务、产品或者所依赖的基础技术研发失败或者被禁止使用，且公司无其他业务或者产品符合“五套市值指标”第五项规定要求的，交易所将对其股票实施退市风险警示。

四、 退市风险提示

上市公司预计将出现“退市情形”中规定情形的，应当在相应的会计年度结束后一个月内发布股票可能被实施退市风险警示的风险提示公告，并在披露年度报告前至少再发布两次风险提示公告。

五、 股票停牌

上市公司出现上述退市情形的，应当在董事会审议通过年度报告或者财务会计报告更正事项后及时披露，并向交易所提交董事会的书面意见。公司股票自年度报告或者财务会计报告更正公告披露日起开始停牌。披露日为非交易日的，于次一交易日起开始停牌。

公司未及时披露的，交易所可以在获悉相关情况后对公司股票实施停牌，并向市场公告。

交易所在公司股票停牌起始日后的5个交易日内根据实际情况对公司股票实施退市风险警示。公司应当按照交易所要求在其股票被实施退市风险警示前及时发布公告。

公司股票自公告披露后的次一交易日起复牌。公告披露日为非交易日的，于披露后的第二个交易日起复牌。自复牌之日起，交易所对公司股票实施退市风险警示。

六、 研发失败退市情形

研发型上市公司主要产品、业务或者所依赖的基础技术宣告研发失败或者被禁止使用的，公司应当自相关事实发生之日起申请股票停牌，并发布股票可能被实施退市风险警示的风险提示公告。

公司应当在股票停牌起始日后的10个交易日内核查公司其他产品或者业务是否符合“五套市值指标”第五项规定要求、公司是否出现“研发型企业研发失败退市”规定情形，并向交易所报告。公司应当聘请保荐机构出具专项意见。

公司未在规定期限内提交报告，或者核查后认为未出现“研发型企业研发失败退市”规定情形的，交易所可以提请上市委员会对公司是否出现“研发型企业研发失败退市”规定情形作出认定，并通知上市公司。

公司及保荐机构核查后认为或者交易所认定公司出现“研发型企业研发失败退市”规定情形的，交易所自收到公司提交的相关报告或者作出认定后5个交易日内，对公司股票实施退市风险警示。公司应当按照交易所要求在其股票被实施退市风险警示前及时发布公告。

公司股票自公告披露后的次一交易日起复牌。公告披露日为非交易日的，于披露后的第二个交易日起复牌。自复牌之日起，交易所对公司股票实施退市风险警示。

七、 撤销退市风险警示

上市公司最近一个会计年度审计结果表明“交易所风险警示”规定情形已经消除的，公司可以在年度报告披露后，向交易所申请撤销对其股票实施的退市风险警示。

研发型上市公司自股票被实施退市风险警示之日起6个月内，公司市值及相关产品、业务等指标符合“五套市值指标”第五项规定要求的，可以向交易所申请撤销对其股票实施的退市风险警示。

上市公司向交易所提交撤销对其股票实施退市风险警示的申请后，应当在次一交易日作出公告。

交易所于收到上市公司申请之日后的15个交易日内，根据实际情况，决定是否撤销对其股票实施的退市风险警示。

交易所决定撤销退市风险警示的，上市公司应当按照交易所要求在撤销退市风险警示之前一个交易日作出公告。

公司股票在公告披露日停牌一天，公告披露日为非交易日的，于披露日次一交易日停牌一天。交易所自复牌之日起撤销对公司股票实施的退市风险警示。

八、决定不予撤销

交易所决定不予撤销退市风险警示的，上市公司应当在收到交易所有关书面通知的次一交易日作出公告。公司未按规定公告的，交易所可以交易所公告的形式予以公告。公司股票自公告之日起停牌。

上市公司虽满足“撤销退市风险警示”规定的退市风险警示的撤销条件，但具有其他退市风险警示情形的，按其他退市风险警示的程序执行，不予撤销退市风险警示。上市公司未满足“撤销退市风险警示”规定的撤销退市风险警示条件，应当自董事会审议通过年度报告或者财务会计报告更正事项后，及时披露年度报告或者更正报告，同时发布公司股票可能被终止上市的风险提示公告。交易所自年度报告或者财务会计报告更正公告披露之日起，对公司股票实施停牌。披露日为非交易日的，自披露后的第一个交易日起停牌。

研发型上市公司在被实施退市风险警示后6个月内未满足规定的退市风险警示撤销条件的，应当在该期限届满日次一交易日发布公司股票可能被终止上市的风险提示公告。交易所自公告披露之日起，对公司股票实施停牌。

上市公司虽满足规定的退市风险警示撤销条件，但未在该条规定的相应期限内向交易所申请撤销退市风险警示的，交易所自相应期限届满的次一交易日起对公司股票实施停牌，并自停牌之日起5个交易日，发出拟终止上市事先告知书，上市公司应及时披露。

在救济措施方面，上市公司收到终止上市事先告知书后，可以提出听证、陈述和申辩，且公司在收到交易所终止上市决定后，可以申请复核。

第四节　规范类强制退市

一、退市风险警示

上市公司出现下列情形之一的，交易所对其股票实施退市风险警示：

（1）因财务会计报告存在重大会计差错或者虚假记载，被中国证监会责令改正但公司未在规定期限内改正，此后公司在股票停牌 2 个月内仍未改正；

（2）未在法定期限内披露年度报告或者半年度报告，此后公司在股票停牌 2 个月内仍未披露；

（3）因信息披露或者规范运作方面存在重大缺陷，被交易所责令改正但未在规定期限内改正，此后公司在股票停牌 2 个月内仍未改正；

（4）因公司股本总额或股权分布发生变化，导致连续 20 个交易日不再具备上市条件，此后公司在股票停牌 1 个月内仍未解决；

（5）最近一个会计年度的财务会计报告被会计师事务所出具无法表示意见或者否定意见的审计报告；

（6）公司可能被依法强制解散；

（7）法院依法受理公司重整、和解和破产清算申请；

（8）交易所认定的其他情形。

上述规定的第三项情形，由交易所提请上市委员会审议，并根据上市委员会的审议意见作出认定。

二、 股票停牌

上市公司出现“退市风险警示”规定的未在规定期限改正或者法定期限内披露相关定期报告情形的，公司股票自责令改正期限或者法定期限届满之日起停牌。上市公司在股票停牌后 2 个月内完成改正或者披露相关定期报告的，应当及时公告，公司股票自公告披露当日起复牌。披露日为非交易日的，于次一交易日起复牌。上市公司在股票停牌后 2 个月内仍未完成改正或者披露的，公司股票自停牌 2 个月届满的次一交易日起复牌。自复牌之日起，交易所对公司股票实施退市风险警示。上市公司应当按照交易所要求，在其股票被实施退市风险警示前及时发布公告。

上市公司出现“退市风险警示”规定的股本总额或者股权分布连续 20 个交易日不具备上市条件的，股票自前述情形出现的次一交易日起停牌。公司应当于停牌之日起 1 个月内披露解决方案并提示相关风险。公司在股票停牌后 1 个月内披露解决股本总额或者股权分布问题的方案，或者公司未在股票停牌后 1 个月内披露解决方案的，公司股票自方案披露或者期限届满的次一交易日起复牌。自复牌之日起，交易所对公司股票实施退市风险警示。上市公司应当按照交易所要求，在其股票被实施退市风险警示前及时公告。停牌期间股本总额或者股权分布重新具备上市条件的，公司应当及时披露并申请股票复牌。

上市公司出现“退市风险警示”第五项至第八项规定情形之一的，公司股票自该情形出现的次一交易日起开始停牌。交易所在停牌起始日后的5个交易日内，决定对公司股票实施退市风险警示。上市公司应当按照交易所要求在其股票被实施退市风险警示前及时发布公告。公司股票自公告披露日后的次一交易日起复牌。公告披露日为非交易日的，于披露后的第二个交易日起复牌。自复牌之日起，交易所对公司股票实施退市风险警示。

三、 退市风险提示公告

除因“退市风险警示”第五项情形被实施退市风险警示外，股票被实施退市风险警示期间，上市公司应当每5个交易日披露一次风险提示公告，提示其股票可能终止上市的风险。

上市公司因“退市风险警示”第五项规定的标准，其股票被实施退市风险警示的，应当在其股票被实施退市风险警示当年的会计年度结束后一个月内，发布股票可能被终止上市的风险提示公告，并在披露该年年度报告前至少再发布两次风险提示公告。

四、 破产重整

上市公司股票因“退市风险警示”第七项情形被实施退市风险警示的，公司应当分阶段及时披露法院裁定批准公司重整计划、和解协议或者终止重整、和解程序等重整事项的进展，并充分提示相关风险。

上市公司破产重整的停复牌应当遵守交易所相关规定。

五、 警示撤销申请

上市公司股票因“退市风险警示”第一项至第六项情形被实施退市风险警示后，符合下列对应条件的，可以向交易所申请撤销对其股票实施的退市风险警示：

（1）因“退市风险警示”第一项情形被实施退市风险警示之日起的2个月内，披露经改正的财务会计报告；

（2）因“退市风险警示”第二项情形被实施退市风险警示之日起的2个月内，披露相关年度报告或半年度报告；

（3）因“退市风险警示”第三项情形被实施退市风险警示之日起的2个月内，

公司已按要求完成整改，具备健全的公司治理结构、运作规范，公司信息披露和内部控制制度无重大缺陷；

（4）因“退市风险警示”第四项情形被实施退市风险警示之日起的6个月内，解决股本总额或股权分布问题，且其股本总额或股权分布重新具备上市条件；

（5）因“退市风险警示”第五项情形被实施退市风险警示后，会计师事务所对其下一个会计年度的财务会计报告出具标准无保留审计意见；

（6）因“退市风险警示”第六项情形被实施退市风险警示后，公司可能被依法强制解散的情形已消除。

上述规定的第三项情形，由交易所提请上市委员会审议，并根据上市委员会审核意见作出是否撤销退市风险警示的决定。

上市公司股票因“退市风险警示”第七项情形被实施退市风险警示后，符合下列条件之一的，公司可以向交易所申请撤销对其股票实施的退市风险警示：

（1）重整计划执行完毕；

（2）和解协议执行完毕；

（3）法院受理破产申请后至破产宣告前，依据《中华人民共和国企业破产法》作出驳回破产申请的裁定，且申请人在法定期限内未提起上诉；

（4）因公司已清偿全部到期债务、第三人为公司提供足额担保或者清偿全部到期债务，法院受理破产申请后至破产宣告前，依据《中华人民共和国企业破产法》作出终结破产程序的裁定。

公司因重整、和解完成向交易所申请撤销对其股票实施的退市风险警示，应当提交法院指定管理人出具的监督报告、律师事务所出具的对公司重整计划或和解协议执行情况的法律意见书，以及交易所要求的其他说明文件。

六、 撤销退市风险警示

上市公司符合退市风险警示撤销申请条件的，应当于相关情形出现后及时披露，并说明是否将向交易所申请撤销退市风险警示。公司可以在披露之日起的5个交易日内，向交易所提交撤销退市风险警示申请并披露。

交易所于收到上市公司申请之日后的15个交易日内，根据实际情况，作出是否撤销退市风险警示的决定。

七、 撤销警示的公告

交易所决定撤销退市风险警示的，上市公司应当按照交易所要求在撤销退市风险警示之前1个交易日作出公告。公司股票在公告披露日停牌1天，公告披露日为非交易日的，于披露日次一交易日停牌一天。交易所自复牌之日起撤销对公司股票的退市风险警示。

交易所决定不予撤销退市风险警示的，上市公司应当在收到交易所有关书面通知之日作出公告；公司未按规定公告的，交易所可以交易所公告的形式予以公告。公司股票自公告之日起停牌。

八、终止上市告知书

上市公司未满足前条规定的撤销退市风险警示条件，或者未在规定的期限内向交易所申请撤销退市风险警示的，交易所自相应期限届满的次一个交易日起，对公司股票实施停牌。

上市公司股票因“退市风险警示”第六项、第七项情形被实施退市风险警示后，应当最迟于知道公司依法被吊销营业执照、被责令关闭或者被撤销等强制解散条件成就，或者收到法院宣告公司破产的裁定书的次一交易日披露，公司股票自披露之日起停牌。

交易所根据前条对公司股票实施停牌的，自停牌之日起5个交易日内，向公司发出拟终止其股票上市的事先告知书，公司应当及时披露。

自停牌之日起5个交易日，交易所发出拟终止上市事先告知书，上市公司应及时披露。

在救济措施方面，上市公司收到终止上市事先告知书后，可以提出听证、陈述和申辩，且公司在收到交易所终止上市决定后，可以申请复核。

第五节 听证与复核

一、听证与审议

上市公司收到终止上市事先告知书后，可以在5个交易日内，以书面形式向交易所提出听证要求。上市公司对终止上市有异议的，可以向交易所提交相关书面陈述和申辩。交易所上市委员会按照有关规定对听证要求组织召开听证会。

上市委员会组织召开听证和审议期间，可以要求上市公司、保荐机构和证券服务机构提供补充材料，提供补充材料期间不计入听证及审议期限。

公司和相关机构提供补充材料的期限累计不得超过30个交易日。公司和相关机构未按交易所要求在规定期限内提交补充材料的，交易所上市委员会继续进行听证或者审议。

交易所可以自行或委托相关机构就公司有关情况进行调查核实，并将核查结果提交上市委员会审议。调查核实期间不计入审议期限。

二、复核申请

上市公司可以在收到终止上市决定之日起5个交易日内，以书面形式向交易所申请复核，除申请书外，还须提交保荐机构意见书和律师法律意见书。公司应当在向交易所提出复核申请之日后的次一交易日披露有关内容。

交易所在收到申请人提交的复核申请文件之日后的5个交易日内，作出是否受理的决定并通知申请人。

申请人应当在收到交易所是否受理其复核申请的决定后，及时披露决定的有关内容并提示相关风险。

三、复核委员会审议

交易所复核委员会根据《上海证券交易所复核实施办法》的规定进行复核。

复核委员会审议期间，可以要求上市公司、保荐机构和证券服务机构提供补充材料，提供补充材料期间不计入听证及审议期限。

公司和相关机构提供补充材料的期限累计不得超过30个交易日。公司和相关机构未按交易所要求在规定期限内提交补充材料的，交易所复核委员会继续进行听证或者审议。

交易所可以自行或委托相关机构就公司有关情况进行调查核实，并将核查结果提交复核委员会审议。调查核实期间不计入审议期限。

四、复核决定

交易所依据复核委员会的审核意见，作出是否维持终止上市的决定。申请人应当在收到交易所的复核决定后，及时披露决定的有关内容。

第六节　退市整理期

一、 进入退市整理期

上市公司股票被交易所根据规定作出终止上市决定后，自公告终止上市决定之日起5个交易日后的次一交易日复牌，进入退市整理期交易。退市整理股票的简称前冠以“退市”标识，不进入交易所风险警示板交易，不适用交易所风险警示板股票交易的相关规定。

二、 退市整理期期间

退市整理期的交易期限为30个交易日。公司股票在退市整理期内全天停牌的，停牌期间不计入退市整理期，但停牌天数累计不得超过5个交易日。累计停牌达到5个交易日后，交易所不再接受公司的停牌申请；公司未在累计停牌期满前申请复牌的，交易所于停牌期满后的次一交易日恢复公司股票交易。

三、 信息披露义务

上市公司股票进入退市整理期的，公司及相关信息披露义务人仍应当遵守法律法规、《上海证券交易所科创板股票上市规则》及交易所有关规定，履行信息披露及相关义务。

上市公司应当于退市整理期的第一天，发布公司股票已被交易所作出终止上市决定的风险提示公告，说明公司股票进入退市整理期的起始日和终止日等事项。

上市公司应当在退市整理期前25个交易日内，每5个交易日发布一次股票将被终止上市的风险提示公告，在最后5个交易日内每日发布一次股票将被终止上市的风险提示公告。

四、 正式摘牌

退市整理期届满后5个交易日内，交易所对公司股票予以摘牌，公司股票终止上市，并转入股份转让场所挂牌转让。

上市公司应当在交易所作出终止其股票上市决定后，立即安排股票转入全国中小企业股份转让系统或者交易所认可的其他转让场所挂牌转让的相关事宜，保证公司股票在摘牌之日起45个交易日内可以挂牌转让。

第七节　主动终止上市

一、 主动终止上市情形

上市公司出现下列情形之一的，可以向交易所申请主动终止上市：

（1）上市公司股东大会决议主动撤回其股票在交易所的交易，并决定不再在交易所交易；

（2）上市公司股东大会决议主动撤回其股票在交易所的交易，并转而申请在其他交易场所交易或转让；

（3）上市公司向所有股东发出回购全部股份或部分股份的要约，导致公司股本总额、股权分布等发生变化不再具备上市条件；

（4）上市公司股东向所有其他股东发出收购全部股份或部分股份的要约，导致公司股本总额、股权分布等发生变化不再具备上市条件；

（5）除上市公司股东外的其他收购人向所有股东发出收购全部股份或部分股份的要约，导致公司股本总额、股权分布等发生变化不再具备上市条件；

（6）上市公司因新设合并或者吸收合并，不再具有独立法人资格并被注销；

（7）上市公司股东大会决议公司解散；

（8）中国证监会和交易所认可的其他主动终止上市情形。

二、 决策程序

“主动终止上市情形”第一项、第二项规定的股东大会决议事项，除须经出席会议的全体股东所持有效表决权的三分之二以上通过外，还须经出席会议的除下列股东以外的其他股东所持有效表决权的三分之二以上通过：

（1）上市公司的董事、监事、高级管理人员；

（2）单独或者合计持有上市公司5%以上股份的股东。

上市公司应当在“主动终止上市情形”第一项、第二项规定的股东大会召开通知发布之前，充分披露主动终止上市方案、退市原因及退市后的发展战略，包括并购重组安排、经营发展计划、异议股东保护的专项说明等。独立董事应当就上述事项是否有利于公司长远发展和全体股东利益充分征询中小股东意见，在此基础上发表独立意见，独立董事意见应当与股东大会召开通知一并公告。上市公司应当聘请财务顾问和律师事务所为主动终止上市提供专业服务，发表专业意见并与股东大会召开通知一并公告。股东大会对主动终止上市事项进行审议后，上市公司应当及时披露股东大会决议公告，说明议案的审议及通过情况。

三、 自愿解散

上市公司因“主动终止上市情形”第三项至第七项规定的回购、收购、公司合并，以及自愿解散等情形引发主动终止上市的，应当遵守《公司法》《证券法》《上市公司收购管理办法》《上市公司重大资产重组管理办法》等有关规定及交易所相关业务规则，严格履行决策、实施程序和信息披露义务，并及时向交易所申请公司股票停牌或复牌。

上市公司以自愿解散形式申请主动终止上市的，除遵守法律法规等有关规定外，还应遵守“决策程序”的规定。

四、 要约收购

上市公司因收购人履行要约收购义务，或收购人以终止公司上市地位为目的而发出全面要约的，要约收购期满至要约收购结果公告前，公司股票应当停牌。

根据收购结果，被收购上市公司股权分布不具备上市条件，上市公司应当按照下列情形分别处理：

（1）收购人以终止上市公司上市地位为目的的，按照“主动终止上市情形”第四项或者第五项情形相应的退市程序执行，公司股票应当于要约结果公告日继续停牌，直至交易所终止其股票上市；

（2）收购人不以终止上市公司上市地位为目的的，按照第四节中“退市风险警示”第四项情形相应的程序执行。

五、 申请终止

上市公司根据“主动终止上市情形”第一项、第二项规定的情形，主动申请终止上市的，应当向交易所申请其股票自股东大会股权登记日的下一交易日起停牌，并于股东大会作出终止上市决议后的15个交易日内，向交易所提交主动终止上市申请。

上市公司因“主动终止上市情形”第三项至第七项规定的回购、收购、公司合并，以及自愿解散等情形引发主动终止上市的，公司应当按照相关规定，及时向交易所提交主动终止上市申请。

公司应当在提出申请后，及时发布相关公告。

上市公司向交易所提出主动终止上市申请的，应当提出终止方案，安排好终止上市后去向及异议股东权益，并附具财务顾问意见及律师法律意见。

交易所要求的其他材料。

上市公司主动终止上市事项未获股东大会审议通过的，公司应当及时向交易所申请其股票自股东大会决议公告之日起复牌。

六、 受理与审议

交易所在收到上市公司提交的主动终止上市申请文件之日后5个交易日内作出是否受理的决定并通知公司。公司应当在收到决定后及时披露，并提示其股票是否存在可能终止上市的风险。

交易所在受理上市公司主动终止上市申请之日后的15个交易日内作出是否同意其股票终止上市的决定。在此期间，交易所要求公司提供补充材料的，公司提供补充材料期间不计入上述作出有关决定的期限，但累计不得超过30个交易日。

因全面要约收购上市公司股份、实施以上市公司为对象的公司合并、上市公司全面回购股份，导致公司股票退出市场交易的，除另有规定外，交易所在公司公告回购或者收购结果、完成合并交易之日起15个交易日内，作出是否终止其股票上市的决定。

交易所上市委员会对上市公司股票主动终止上市事宜进行审议，重点从保护投资者特别是中小投资者权益的角度，在审查上市公司决策程序合规性的基础上，作出独立的专业判断并形成审核意见。

交易所根据上市委员会的审核意见，作出是否终止股票上市的决定。

七、 终止决定

交易所在作出终止股票上市的决定之日起2个交易日内通知公司并发布相关公告。公司应当在收到交易所关于终止其股票上市决定之日的次一交易日，披露股票终止上市公告。公司股票不进入退市整理期交易。

八、 摘牌事项

上市公司主动终止上市的，交易所在公司公告股票终止上市决定之日起5个交易日内对其予以摘牌，公司股票终止上市。

上市公司主动终止上市的，公司及相关各方应当对公司股票退市后的转让或者交易、异议股东保护措施等作出妥善安排，保护投资者特别是中小投资者的合法权益。

主动终止上市公司可以选择在股份转让场所转让其股票，或者依法作出其他安排。

交易所在作出同意或者不同意上市公司主动终止上市决定之日起15个交易日内，以及上市公司退出市场交易之日起15个交易日内，将上市公司主动终止上市的情况报告中国证监会。

第二篇　科创板上市关键问题分析

第八章

主体资格

第一节　拟上市主体选择

部分初创阶段的科技型公司并未提前考虑公司的控制关系和结构设置，出于成本、税收、政府激励政策等多种因素考量，可能存在多主体运营的情形，如有些公司的研发团队与有销售收入的主体属于并联关系而非控制关系或者属于同一主体。对于存在多个运营主体的公司或者核心技术、研发团队分散于不同主体，收入分散于多个主体等情况的，如果要选择走向科创板，首先面临的问题是上市主体的选择。

依据《科创板首次公开发行股票注册管理办法（试行）》第十条规定：在科创板上市的主体资格与在国内其他板块IPO上市所要求的主体资格并无明显差异，均可以通过将原有有限公司整体变更为股份有限公司或者通过业务和股权关系的整合择优选择其中一个主体作为上市主体，对于早期尚无合适的上市主体的或者其他的业务主体均有存在的必要（比如涉及资质、研发等），则可能选择通过新设的形式设立一个平台作为上市主体，对于原有的业务、资产、技术、人员等进行整合。

《科创板首次公开发行股票注册管理办法（试行）》对于科创板的特殊定位，无论是新设还是整体变更，公司控股股东和实际控制人或者中介机构除了要重点关注一般的上市条件之外，不得不在前期的尽职调查和分析过程中综合权衡并增加更多对“科创”因素的考量，考虑持有关键核心技术和拥有核心技术团队的主体。

因此，根据传统国内IPO板块对上市主体的要求和《科创板首次公开发行股票注册管理办法（试行）》《科创板上市公司持续监管办法》《科创板股票上市规则》《科创板股票发行上市审核规则》《科创板企业上市推荐指引》等文件的规定，整理以下选择拟上市主体时需要考虑的一般因素及特殊因素。

一、拟上市主体的公司形式要求

1. 拟上市主体的公司形式

公司在成熟期之前的公司形式大多为有限公司，对于初次接触资本市场的企业，可能尚不了解上市对公司形式的要求。《科创板首次公开发行股票注册管理办法（试行）》第十条规定：发行人是依法设立且持续经营3年以上的股份有限公司，具备健全且运行良好的组织机构，相关机构和人员能够依法履行职责。有限责任公司按原账面净资产值折股整体变更为股份有限公司的，持续经营时间可以从有限责任公司成立之日起计算。由此可知，如果拟在科创板上市，需要在上市前将公司改制为股份有限公司。

2. 公司形式的特殊情形

《科创板首次公开发行股票注册管理办法（试行）》第八十条规定：符合《国务院办公厅转发证监会关于开展创新企业境内发行股票或存托凭证试点若干意见的通知》（国办发〔2018〕21号，以下简称《若干意见》）等规定的红筹企业，申请首次公开发行股票并在科创板上市，还应当符合本办法相关规定，但公司形式可适用其注册地法律规定；申请发行存托凭证并在科创板上市的，适用本办法关于发行上市审核注册程序的规定。前款规定的红筹企业在科创板发行上市，适用《若干意见》"营业收入快速增长，拥有自主研发、国际领先技术，同行业竞争中处于相对优势地位"的具体标准，由交易所制定具体规则，并报中国证监会批准。

由此可知，对于公司的形式，符合规定的红筹企业选择科创板上市，公司形式可适用其注册地法律规定，但截至目前，尚无先例。

二、拟上市主体选择的一般考虑因素

控股股东和实际控制人可能存在拥有多家公司或者业务分散于不同的公司等情形，以哪家公司作为上市主体，需要考虑多方面因素。与传统国内IPO板块相比较，主体选择的因素具有诸多共性，通常需要考虑如下因素：

（1）拟上市主体的存续时间及完整的会计年度问题；

《科创板首次公开发行股票注册管理办法（试行）》第十条规定：发行人是依法设立且持续经营3年以上的股份有限公司，具备健全且运行良好的组织机构，相关机构和人员能够依法履行职责。有限责任公司按原账面净资产值折股整体变更为股份有限公司的，持续经营时间可以从有限责任公司成立之日起计算。因此，在考虑拟上市主体，以及进行业务整合时，对于存续公司的存续时间需要进行考虑。

（2）拟上市主体的核心技术、核心竞争力、核心技术人员的归属，以及变更问题；

拟上市的主体的专利技术等是可以通过转让、赠与、购买等方式变更，并非核心专利不可变更。例如广州方邦电子股份有限公司，其主营业务为高端电子材料的研发、生产及销售，专注于提供高端电子材料及应用解决方案。但其关键的发明专利比如"一种高剥离强度的细线路挠性电路板的制作方法"等均是受让的方式取得。

（3）拟上市公司的财务规范性及税务缴纳情况合法性问题；

《科创板首次公开发行股票注册管理办法（试行）》第十一条规定：发行人会计基础工作规范，财务报表的编制和披露符合企业会计准则和相关信息披露规则的规定，在所有重大方面公允地反映了发行人的财务状况、经营成果和现金流量，并由注册会计师出具标准无保留意见的审计报告。财务规范性是上市的最基础性条件，对于拟上市主体抉择时，选择财务规范度较高的公司，相对有利于节省上市的成本和间接费用支出等。

（4）拟上市公司最近三年是否重大违法违规行为等；

（5）拟上市公司最近三年的董事、监事、高级管理人员的变动情况问题；

（6）拟上市主体的历史遗留问题；

（7）公司在市值和财务指标方面对要求的上市条件的匹配性；

（8）对于非主营业务及不良资产进行剥离的难度、成本等；

（9）是否具有完整的持续运营记录，是否具有持续经营的能力；

（10）选择主体，重组业务等是否有利于规范和减少关联交易并避免同业竞争；

（11）要求公司的治理结构完善程度。

为推动公司顺利在科创板发行并上市，在新设公司或者决定整体变更之初需要考察这些因素，以免公司在接下来的调整过程中消耗过多的时间和资金成本，甚至可能面临无法通过审核的风险。现实生活中，不乏因为需要业务整合和上市主体选择的后期更换主体或者业务再次重组的案例，对此会造成上市时间的耽搁，以及成本的增加，甚至可能会影响股东或者管理人员等对上市成功的信心和积极性。对于新设主体这种情况，妥善处理新设公司与原公司在资产和业务的转让及过渡问题，注意新设主体不能与原公司具有同业竞争关系；审核机构仍然会对原公司有所关注，若无特殊情况一般不会构成实质性障碍。

三、 拟上市主体选择的特殊因素

1. 企业是否属于科技创新类型

《上海证券交易所科创板企业上市推荐指引》第三条规定：保荐机构应当按照《关于在上海证券交易所设立科创板并试点注册制的实施意见》《科创板首次公开发行股票注册管理办法（试行）》《上海证券交易所科创板股票发行上市审核规则》明确的科创板定位要求，优先推荐符合定位的企业。所以，首先考虑公司的行业性质，以及是否属于科技创新公司。

《科创板首次公开发行股票注册管理办法（试行）》第三条规定：发行人申请首

次公开发行股票并在科创板上市，应当符合科创板定位，面向世界科技前沿，面向经济主战场，面向国家重大需求。优先支持符合国家战略，拥有关键核心技术，科技创新能力突出，主要依靠核心技术开展生产经营，具有稳定的商业模式，市场认可度高，社会形象良好，具有较强成长性的企业。

首要问题考虑是否符合科创板的定位，是否主要依靠核心技术开展生产经营。如果公司业务不符合科创板定位，在符合相关要求时，可选择在主板、中小板或创业板等上市。在判断科创属性的时候，不能单纯地认为研发费用占营业收入的比例低就会被认为不符合科创属性，不能单纯地认为公司的高技术产品收入占比不足50%就不具有科创属性，对于研发人员的学历层次及占比不能单纯作为否决具有科创属性的关键因素。例如2019年10月23日，上市委审议通过的广东华特气体股份有限公司，一半收入来源于传统产品，高技术产品占收入的比例不足50%，公司2018年的研发费用占营业收入比例不足3%，2016年和2017年研发费用占营业收入比例不足2.5%。

相关案例：

案例一：科创板终止审核企业成都苑东生物制药股份有限公司，从问询的问题可以得知关于苑东生物核心技术是否满足科创板定位的问询贯穿项目审核全程，主要包括：公司核心技术及其来源问题；公司现有产品的市场份额与地位；公司在研1类新药的市场前景，等等。（来源于上交所网站）

案例二：2019年10月21日，上交所依据华夏天信智能物联股份有限公司（科创板终止审核企业）的申请，终止对其在科创板上市的审核。根据其招股说明书和问询回复，发行人的智能传动设备、控制终端及其零部件在报告期内收入占比分别为100%、97.30%、87.16%和88.32%，且发行人在该等产品中主要工作为采购、装配等，绝大多数的原材料购买后可以进行组装而无须额外加工，核心技术先进性体现为所生产的具备核心技术的产品在工业应用中所具有的核心竞争力。此外，发行人认为其产品属于“新一代信息技术产业”目录里的“工业物联网平台软件”“基于物联网的行业应用服务”“OpenFlow交换机”“物联网网关”“RTLS定位系统”“生产领域人工智能系统”等重点产品和服务内容。

交易所问询：

（1）问询回复中发行人认为较多财务指标均同变频生产设备接近，且选取的可比公司均为行业知名变频设备生产企业。请发行人结合财务表现进一步说明认定为新一代信息技术行业的合理性，是否符合科创板定位及依据；

（2）传动产品和控制终端的生产过程中的技术含量主要体现在定制化装配及过

程检验工艺规范，电气控制核心组件涉及软件写入，请发行人结合竞争对手及其提供的产品，说明该等产品所具有的核心竞争力及如何体现技术先进性，说明将传动产品和控制终端相关技术认定为核心技术的依据；

（3）列表说明发行人产品中属于“工业物联网平台软件”“基于物联网的行业应用服务”“OpenFlow交换机”“物联网网关”“RTLS定位系统”“生产领域人工智能系统”的产品及报告期内的收入，及认定该等产品属于上述项目的依据，并测算发行人产品属于“新一代信息技术产业”的收入占比；

（4）分别说明矿山安全监控系统、矿用人员定位系统、智慧矿山操作系统在行业内的竞争对手及其竞争产品，使用技术的先进性及该等技术列为核心技术的依据，说明该等产品的核心竞争优势和成长性；

（5）结合上述回复，说明发行人业务是否符合科创板定位及依据。

2. 上市标准的选择

《上市规则》分别面向一般科创企业、符合《国务院办公厅转发证监会关于开展创新企业境内发行股票或存托凭证试点若干意见的通知》（国办发〔2018〕21号）相关规定的红筹企业和具有表决权差异化安排的科创型企业设置了三套上市标准，其中第一套标准又具体分为五项。

根据《上海证券交易所科创板股票发行上市审核规则》相关规定，发行人申请股票首次公开发行并在科创板上市的，应当在相关申请文件中明确说明所选择的一项具体上市标准，即《上市规则》第2.1.2条中规定的五项标准之一。红筹企业应选择第2.1.3条规定的标准之一。具有表决权差异化安排的发行人应选择第2.1.4条规定的标准之一。发行人应当结合自身财务状况、公司治理特点、发展阶段，以及上市后的持续监管要求等因素，审慎选择适当的上市标准。保荐机构应当为发行人选择适当的上市标准提供专业指导，审慎推荐，并在上市保荐书中就发行人选择的上市标准逐项说明适用理由，其中对预计市值指标，应当结合发行人报告期外部股权融资情况、可比公司在境内外市场的估值情况等进行说明。

科创板股票上市委员会召开审议会议前，发行人因更新财务报告等情形导致不再符合申报时选定的上市标准，需要变更为其他标准的，应当及时向交易所提出申请，说明原因并更新相关文件；不再符合任何一项上市标准的，可以撤回发行上市申请。保荐机构应当核查发行人变更上市标准的理由是否充分，就发行人新选择的上市标准逐项说明适用理由，并就发行人是否符合上市条件重新发表明确意见。

总之，无论是新设公司还是整体变更都需要在做出决定以前，根据战略方向、财务情况、股权结构设计等对未来可能选择的上市标准进行对照，从而确立作为上市主体的企业。

3. 分拆上市

上市公司将部分业务或资产以其直接或间接控制的子公司（以下简称所属子公司）的形式，在境内证券市场首次公开发行股票上市或实现重组上市。这是资本市场优化资源配置的重要手段，有利于公司理顺业务架构，拓宽融资渠道，获得合理估值，完善激励机制，能更好地促进科技创新和经济高质量发展。

2019 年 1 月，《关于在上海证券交易所设立科创板并试点注册制的实施意见》明确，达到一定规模的上市公司可以依法分拆其业务独立、符合条件的子公司在科创板上市。

如发行人部分资产来自于上市公司，则取得资产的行为须符合法律法规、公司章程，且履行了适当的决策和审批程序。此种情形下，发行人及其关联方的董事、监事、高级管理人员如在上市公司有历史任职，则不得违反竞业禁止义务，不得损害上市公司及其中小投资者权益。如与上市公司及其董事、监事和高级管理人员存在亲属及其他密切关系，资产转让相关决策中要进行回避，且须采取保护非关联股东利益的有效措施。

2019 年 12 月 12 日，证监会公布《上市公司分拆所属子公司境内上市试点若干规定》，对上市公司分拆所属子公司上市有七项硬性规定：

（1）上市公司股票境内上市已满 3 年；

（2）上市公司最近 3 个会计年度连续盈利，且最近 3 个会计年度扣除按权益享有的拟分拆所属子公司的净利润后，归属上市公司股东的净利润累计不低于 6 亿元人民币（净利润以扣除非经常性损益前后孰低值计算）；

（3）上市公司最近 1 个会计年度合并报表中按权益享有的拟分拆所属子公司的净利润不得超过归属于上市公司股东的净利润的 50%；上市公司最近 1 个会计年度合并报表中按权益享有的拟分拆所属子公司净资产不得超过归属于上市公司股东的净资产的 30%；

（4）上市公司不存在资金、资产被控股股东、实际控制人及其关联方占用的情形，或其他损害公司利益的重大关联交易。上市公司及其控股股东、实际控制人最近 36 个月内未受到过中国证监会的行政处罚；上市公司及其控股股东、实际控制人最近 12 个月内未受到过证券交易所的公开谴责。上市公司最近一年及一期财务会计报告被注册会计师出具无保留意见审计报告；

（5）上市公司最近 3 个会计年度内发行股份及募集资金投向的业务和资产，不得作为拟分拆所属子公司的主要业务和资产，但拟分拆所属子公司最近 3 个会计年度使用募集资金合计不超过其净资产 10% 的除外；上市公司最近 3 个会计年度内通过重大资产重组购买的业务和资产，不得作为拟分拆所属子公司的主要业务和资产。

所属子公司主要从事金融业务的，上市公司不得分拆该子公司上市。

（6）上市公司董事、高级管理人员及其关联方持有拟分拆所属子公司的股份，合计不得超过所属子公司分拆上市前总股本的10%；上市公司拟分拆所属子公司董事、高级管理人员及其关联方持有拟分拆所属子公司的股份，合计不得超过所属子公司分拆上市前总股本的30%。

（7）上市公司应当充分披露并说明：本次分拆有利于上市公司突出主业、增强独立性。本次分拆后，上市公司与拟分拆所属子公司均符合中国证监会、证券交易所关于同业竞争、关联交易的监管要求，且资产、财务、机构方面相互独立，高级管理人员、财务人员不存在交叉任职，独立性方面不存在其他严重缺陷。

四、 相关案例

案例一：山石网科——股权调整及拟上市主体的选择

山石网科通信技术股份有限公司（简称：山石网科，股票代码688030）前身是山石网科有限公司，成立于2011年7月20日。发行人以山石网科有限公司经审计的净资产值折股整体变更为股份有限公司，于2018年12月24日取得苏州市工商行政管理局核发的营业执照，并于2019年1月7日取得了苏州国家高新技术产业开发区商务局出具的《外商投资企业变更备案回执》。

山石网科致力于为用户提供全方位、更智能、零打扰的网络安全解决方案，业务涵盖云计算安全、边界安全、内网安全、数据安全、安全运维及安全服务，为来自政府、金融、运营商、互联网、教育等领域的超过15000家客户提供高效、稳定的安全防护。山石网科在北京、美国硅谷均设有研发和技术支持中心，业务版图已经覆盖全球50多个国家。

北京山石，即北京山石网科信息技术有限公司，其设立背景也在招股说明书中得以披露——“为与信通华安在商标及品牌方面进行区分，开曼山石股东决定设立新的境内主体从事网络安全硬件产品的生产、研发和销售。2009年2月11日，信通华安和赵艳利（山石北京原高级管理人员）共同出资人民币1000万元设立北京山石，其中信通华安持有北京山石99.8%的股权，赵艳利持有北京山石0.2%的股权。北京山石于2009年2月11日取得北京市工商行政管理局海淀分局核发的《企业法人营业执照》”。

山石网科在招股说明书中披露了报告期内的重大资产重组情况：发行人于2017年11月收购北京山石100%股权，使其成为发行人的全资子公司。本次重大资产重组主要为拆除VIE架构并实现以山石网科为拟上市主体的境内上市，将主要资产纳入上市体系，未对发行人业务、管理层、控制权造成实质性影响。

此次收购受到监管机构的关注，其在问询函中询问山石网科与北京山石的设立目的，自成立以来二者主要经营的业务，以及是否存在差异，发行人将山石网科作为拟上市主体的原因。发行人律师对此回复：

（1）山石网科与北京山石的设立目的。

根据山石网科有限及北京山石的工商档案、发行人的说明，及律师与发行人相关股东、董事的访谈，北京山石设立于2009年2月，目的在于设立新的主体从事硬件产品的研发和销售。山石网科有限设立于2011年7月，目的在于在苏州设立新的研发主体，以扩大业务规模，并充分利用苏州良好的投资环境帮助企业发展和吸引人才。

（2）自成立以来二者主要经营的业务，以及是否存在差异。

根据发行人、山石网科有限及北京山石的工商档案、发行人的说明、律师与发行人相关股东及董事的访谈，北京山石设立以来一直从事网络安全相关硬件产品的研发和销售，山石网科有限设立后逐渐承接山石北京原从事的软件研发和销售业务。

律师认为，自成立以来，北京山石和山石网科有限主要经营的业务均围绕网络安全产品展开，二者主要经营的业务不存在差异，但职能定位存在不同。目前，北京山石委托代工厂生产自行研发、设计的网络安全产品硬件，并灌装自山石网科采购的软件后整体对外销售。

（3）发行人将山石网科作为拟上市主体的原因。

根据发行人的说明及发行人及其境内子公司的审计报告、知识产权产权证书等相关文件，发行人将山石网科有限作为拟上市主体的原因如下：

①从业务及技术方面考虑，山石网科有限是发行人境内主要的经营实体之一，并持有主要知识产权。山石网科有限成立后，逐步承接山石北京所从事的软件研发和销售业务。

②从资产规模、营业收入等方面考虑，截至2016年年底，山石网科有限的注册资本、净资产均高于北京山石和山石北京。根据上述三家境内主体的资产规模及盈利情况，由山石网科有限作为拟上市主体，收购开曼山石直接或间接控制的相关境内外实体，所需完成的重组及其过程中的资金流转更为便捷。

综上，结合公司发展战略，山石网科有限的业务及技术、各境内主体的资产规模、营业收入等因素，发行人选择山石网科有限作为拟上市主体，并收购开曼山石原直接或间接控制的与网络安全业务相关的境内外实体。目前，山石网科业务体系完整，具有直接面向市场独立持续经营的能力。

第二节　出资问题

股东的出资形式有货币和实物、无形资产等可以用货币估价并可以依法转让的非货币财产。股东不得以劳务、信用、自然人姓名、商誉、特许经营权或者设定担保的财产等作价出资。《公司法》对出资形式的规定具备一定的弹性，国家工商行政管理总局于2009年1月14日对外公布了《股权出资登记管理办法》，因此，自2009年3月1日该办法施行之日起，股权亦可作为出资形式。

注册资本关乎一个企业的设立和存续基础，既能反映出股东的诚信问题，严重的出资瑕疵还可能导致股权结构不清晰等法律风险，一直以来都是证监会审核的重点。由《首发问答51条》第5条可以看出，股东的出资瑕疵并不一定会对公司上市造成阻碍，绝大多数情况下只要能够作出合理的解释和补救，往往也能够符合证监会的审核要求。

股东出资需同时具备实质合法性和程序合法性。实质合法性是指出资资金的来源合法，并能够足额按期到位；程序合法性是指无论是设立出资还是增资出资都需要根据相关法律法规和当地工商部门的要求履行程序。凡是不能达到上述实质要求和程序要求的即视为出资瑕疵。

一、出资瑕疵的主要表现形式

现将实务中常见的出资的主要瑕疵和解决方案汇总，如表8－1所示。

表8－1　常见出资瑕疵解决方案

<table>
<tr><th>瑕疵种类</th><th>表现方式</th><th>解决方案</th></tr>
<tr><td rowspan="5">实质不合法</td><td>1. 未及时缴纳出资，未及时办理财产权转移手续</td><td rowspan="5">1. 及时补缴到位，尽快办理转移手续。如财产实质由公司占有和使用，应按照实质重于形式的原则，权属转移过后，由验资机构出具补充验资报告。上述程序完成后，股东会对出资瑕疵问题确认，明确共同对外承担责任，股东间互不追究
2. 通过货币资金置换存在瑕疵的原出资资产
3. 在形成利润分配决议的前提下，以未分配利润进行弥补
4. 减资
5. 在原有出资的基础上补充货币出资，以更加充实出资
6. 评估复核等
7. 有权机关出具确认文件等
注意：解决方案一般是结合处理，而非单一的解决方案</td></tr>
<tr><td>2. 非货币资产评估增值较大且没有合理理由</td></tr>
<tr><td>3. 权属不清，已设定担保，本公司财产等出资</td></tr>
<tr><td>4. 出资比例不符合《公司法》等规定</td></tr>
<tr><td>5. 抽逃出资</td></tr>
</table>

续表

瑕疵种类	表现方式	解决方案
程序不合法	1. 非货币资产出资未评估；评估机构不具备证券业务资格，国有主体评估未备案或者审批等	1. 中介机构对非货币性出资没有评估是否导致出资不实进行合理判断和解释 2. 对不具备证券业务资格机构出具的报告进行复核
	2. 未验资、验资不规范及虚假验资；验资机构不具备证券业务资格	
	3. 减资未履行通知和公告等法定程序	

二、非货币出资关注重点

非货币出资关注重点如表8－2所示。

表8－2　非货币出资关注重点

出资种类	关注重点
实物出资	1. 以实物资产折价入股，实物资产需权属完整，出资应当是用于该公司生产经营的物品 2. 资产评估 3. 需要办理财产权转移手续 4. 转移资产完整性。以经营性资产出资，应同时将附属的商品、专利出资折股 5. 以海关监管货物出资，必须补税或过监管期 6. 出资实物是否与公司的主营业务相关 7. 实物出资折价的合理性、公允性等
无形资产出资	1. 出资价值应经评估确定，现行《公司法》对出资比例已无明确限制。2006年以前的企业需进行解释 2. 出资形式必须符合可以用货币估价和可以依法转让的要求 3. 以商标、专利、技术成果等出资需明确权属，科创型企业特别注意专利技术是否属于职务发明。出资者需出具与原单位签署的协议或确认函说明权属，并承诺会赔偿公司因此遭受的损失 注意：知识产权的保护年限和允许他人使用情况，并分析由此造成的影响 确保对知识产权办理过户手续，公司已取得相关的权属证书
土地使用权出资	1. 出资的合法合规，尤其是个人取得土地使用权的合法合规 2. 财产权转移手续 3. 价值评估。土地使用权由于个人投入、当地政府部门对投资者的优惠等原因，可能导致土地的公允市场价格明显高于土地出让金

续表

出资种类	关注重点
股权出资	1.《公司注册资本登记管理规定》 第六条 股东或者发起人可以以其持有的在中国境内设立的公司（以下称股权所在公司）股权出资。 以股权出资的，该股权应当权属清楚、权能完整、依法可以转让 具有下列情形的股权不得用作出资： （一）已被设立质权 （二）股权所在公司章程约定不得转让 （三）法律、行政法规或者国务院决定规定，股权所在公司股东转让股权应当报经批准而未经批准 （四）法律、行政法规或者国务院决定规定不得转让的其他情形 2. 股权应当评估作价 3. 以工商变更登记作为实际缴纳的依据
债权出资	1.《公司注册资本登记管理规定》 第七条 债权人可以将其依法享有的对在中国境内设立的公司的债权，转为公司股权 转为公司股权的债权应当符合下列情形之一： （一）债权人已经履行债权所对应的合同义务，且不违反法律、行政法规、国务院决定或者公司章程的禁止性规定 （二）经人民法院生效裁判或者仲裁机构裁决确认 （三）公司破产重整或者和解期间，列入经人民法院批准的重整计划或者裁定认可的和解协议 用以转为公司股权的债权有两个以上债权人的，债权人对债权应当已经作出分割 债权转为公司股权的，公司应当增加注册资本 2. 由于债权实现的不确定性，对债权转为股权应当较为谨慎。原则上只有对公司的债权方可进行债转股，且应当满足有关条件。在实际的债权出资过程中，还应当重点关注债权形成的过程，债权的真实性，将有关决策得到其他股东的确认，注意转股价格的合理性，并需股东承诺对相关风险承担责任
出资置换	1. 出资置换需有合理的原因，非为弥补瑕疵出资资产一般不得置换 2. 出资置换实际上同时在进行增资与减资，因此需与当地工商部门沟通相关的程序，保证程序合法性 3. 可以按照原出资资产的作价出资金额置换，也可以按照该资产现评估价值置换。但是由于瑕疵出资导致出资发生迟延，因此出资股东还需按同期银行贷款利率补足资金成本

三、 出资过程中的其他问题

1. 解决出资问题的时间

发行人的注册资本在申报前应当足额缴纳，发起人或者股东用作出资的资产的财产权转移手续应当办理完毕。发行人股东存在未全面履行出资义务、抽逃出资等情形的，或在出资方式、比例、程序等方面存在瑕疵的，应当在申报前依法采取补缴出资、补充履行相关程序等补救措施，不再要求运行时间。保荐机构和发行人律师应当对出资瑕疵事项的影响及发行人是否因出资瑕疵受到过行政处罚、是否构成重大违法行为及本次发行的法律障碍，补足出资是否已取得其他股东的同意、是否存在纠纷进行核查并发表明确意见。发行人应当充分披露存在的出资瑕疵事项、采取的补救措施，以及中介机构的核查意见。审核部门会充分关注发行人的出资瑕疵问题，综合考虑出资瑕疵性质、采取的补救措施及有效性、有权机关的行政处罚决定等因素，对于涉及金额较大、存在恶意隐瞒、提供虚假文件或者对股东权益有重大影响等重大出资瑕疵事项作为影响发行上市条件的问题进行重点关注，出现前述情况的，原则上构成发行上市的法律障碍。

2. 出资义务转让

出资义务转让指股东没有履行完毕实缴义务即将自己持有的股权转让给受让方，由受让方继续履行出资义务。通常情况下由于公司发展过快，股东不履行实缴义务可能阻碍公司的发展，此时将出资义务转让可以帮助公司在短时间内获得实缴资金。这可以理解为股东对公司和其他股东存在出资上的负债，将此债务转让给其他愿意承担债务的新股东，因此需要同时符合股权转让的程序和债务承担的程序。

股东对自己没有履行实际出资的部分往往无法获得收益和红利，实践中，比较多见的是无偿转让。但是正如上述所说，如果公司发展势头良好，只要双方协商一致，也不否认转让方可以获得一定的预期收益。

3. 减资

在公司认缴注册资本过大的情况下，减资可能是解决注册资本实缴问题的一个方法。从另一方面来说，减资对公司有一定的负面影响，在审核过程中会被关注减资的合法性、合理性及目的，需要关注是否存在股东对公司未来发展丧失信心或者融资的必要性。同时，公司可通过减资的方式弥补瑕疵出资，但是减资必须履行合法的程序。

除此之外，部分科创企业的资质取得可能对公司的注册资本有要求，所以此时也应该关注减资是否会对资质造成不良影响。

除以上问题外，股东在出资过程中还可能面临迟延出资、委托出资、出资与验资报告和工商登记不符等情况。以上情况的发生除了要求股东尽快进行弥补之外，还需要获得足够的证明文件来证明股东确实履行了出资义务，并已经获得了股东身份。除此之外，工商部门的不予追究证明和股东之间的承诺往往也必不可少。

四、相关案例

案例一：微芯生物——专有技术出资的合法性

深圳微芯生物科技股份有限公司（简称：微芯生物，股票代码688321）主营业务是为患者提供可承受的、临床急需的原创新分子实体药物。

根据招股说明书和律师工作报告，2001 年，微芯有限设立时，博奥生物以 9 项生物芯片专有技术的独占使用权出资，占注册资本的 35.00%。

2006 年，博奥生物撤回原投入微芯有限的 4 项专有技术出资，并相应减少注册资本出资额；5 项专有技术的独占使用权保留于微芯有限，上述 5 项专有技术的专利权人为清华大学和博奥生物；该次股权变动事项当时未在有权国资管理部门履行评估报告的备案程序，2018 年实施了相应整改补救措施。2018 年 9 月，发行人将博奥生物用于出资的无形资产评估价值与实际出资价值之间的差额（481.8896 万元）作为对博奥生物的应付款项，截至 2018 年年末，发行人账面存在对博奥生物的其他应付款人民币 481.8896 万元。截至招股说明书签署日，博奥生物作为公司国有股东已向国有资产主管部门提交国有股权管理方案，尚需取得国有资产主管部门的批复意见。

发行人在接受是否将上述专有技术进行登记的问询时，向监管机构回复“发行人所享有的专有技术的独占使用权不涉及法律登记手续”，于是监管机构在新的问询中要求发行人进一步说明博奥生物用以出资的专有技术的独占使用权在无法进行登记的情况下，发行人如何实际享有相关权利；用专有技术的独占使用权出资是否符合当时《公司法》等法律法规关于出资形式的规定。

发行人律师对此作出如下回复：

经律师核查，根据发行人的确认，微芯有限与博奥生物签订《技术投资协议》后，博奥生物将用于出资的 9 项专有技术所涉及的技术资料等提供予微芯有限，以使微芯有限可以利用前述技术资料开展相关研发工作，实际享有前述专有技术的独占使用权。深圳市长城会计师事务所有限公司于 2001 年 8 月 14 日出具深长验字（2001）第 198 号《验资报告》，确认截至 2001 年 8 月 14 日，博奥生物已按照《合资经营深圳微芯生物科技有限公司合同》的约定履行合同项下的出资义务。

发行人研发团队以博奥生物投入的 5 项生物芯片专有技术为基础技术加以衍生和开发形成了“基因表达谱芯片（微阵列基因芯片）”技术，该等衍生技术的所有权归属于发行人。因此虽然博奥生物用以出资的专有技术的独占使用权无法于行政部门进行权属登记，但发行人已实际享有相关专有技术的独占使用权并加以运用。

经律师核查，博奥生物在用专有技术独占使用权对微芯有限出资时涉及的主要法律规定如表8-3所示。

表8-3 博奥生物对微芯有限出资时涉及的主要法律规定

序号	名称	生效时间	颁布单位	出资形式规定
1	中华人民共和国中外合资经营企业法（1990修正）	1990年4月4日	全国人民代表大会	第五条 合营企业各方可以现金、实物、工业产权等进行投资 外国合营者作为投资的技术和设备，必须确实是适合我国需要的先进技术和设备。如果有意以落后的技术和设备进行欺骗，造成损失的，应赔偿损失 中国合营者的投资可包括为合营企业经营期间提供的场地使用权。如果场地使用权未作为中国合营者投资的一部分，合营企业应向中国政府缴纳使用费 上述各项投资应在合营企业的合同和章程中加以规定，其价格（场地除外）由合营各方评议商定
2	中华人民共和国公司法	1994年7月1日	全国人民代表大会常务委员会	第二十四条 股东可以用货币出资，也可以用实物、工业产权、非专利技术、土地使用权作价出资。对作为出资的实物、工业产权、非专利技术或者土地使用权，必须进行评估作价，核实财产，不得高估或者低估作价。土地使用权的评估作价，按照法律、行政法规的规定办理。以工业产权、非专利技术作价出资的金额不得超过有限责任公司注册资本的百分之二十，国家对采用高新技术成果有特别规定的除外
3	关于以高新技术成果出资入股若干问题的规定	1997年7月4日	国家科学技术委员会、国家工商行政管理总局	第四条 出资入股的高新技术成果，应当符合下列条件： （一）属于国家科委颁布的高新技术范围 （二）为公司主营产品的核心技术 （三）技术成果的出资者对该项技术合法享有出资入股的处分权利，保证公司对该项技术的财产权可以对抗任何第三人 （四）已经通过国家科委或省级科技管理部门的认定
4	深圳经济特区技术成果入股管理办法	1998年9月14日	深圳市人民政府	第四条 技术出资方可以用下列技术成果财产权作价入股： （一）发明、实用新型、外观设计专利权 （二）计算机软件著作权 （三）非专利技术成果的使用权 （四）法律、法规认可的其他技术成果财产权 本办法所称的专利权、计算机软件著作权是指依照中国法律产生的有关权利，不包括依照外国法律产生的权利，也不包括有关权利的使用许可

经律师核查，当时有效的一般法《公司法》允许以非专利技术出资，当时有效的适用于中外合资经营企业的特别法《中华人民共和国中外合资经营企业法》则允许合营企业各方用现金、实物、工业产权等进行投资，未排除专有技术使用权这种出资形式。当时有效的《关于以高新技术成果出资入股若干问题的规定》《深圳经济

特区技术成果入股管理办法》进一步明确允许包括以非专利技术成果的使用权等形式出资。有鉴于此，律师认为，博奥生物用专有技术的独占使用权出资未违反当时有效的《公司法》《中华人民共和国中外合资经营企业法》《关于以高新技术成果出资入股若干问题的规定》《深圳经济特区技术成果入股管理办法》等法律法规关于出资形式的规定。

案例二：天宜上佳——迟延出资和变更出资期限的合法性

北京天宜上佳高新材料股份有限公司（简称：天宜上佳，股票代码688033）成立于2009年11月3日，经营范围为“生产摩擦材料制品；技术开发、技术咨询、技术服务；组织文化交流活动；销售化工产品（不含危险化学品及一类易制毒化学品）、建筑材料、机械设备、电子产品；货物进出口、技术进出口、代理进出口”。

天宜上佳的股东为吴佩芳、瞪羚创投、冯学理、金石灏汭、李文娟、久太方合、段仚、金慧丰投资、沙建东、陈卿、宏兴成、爱伦、付晓军、中创汇盈、仝振、释加才让。根据天宜上佳的工商登记资料并经核查，天宜上佳历史沿革上存在如下股东延迟出资和变更出资期限之情形：

（1）2011年12月19日，天宜有限取得北京市工商局海淀分局换发的《企业法人营业执照》，注册资本增至7500万元，实收资本为5988万元，并载明其下期出资时间为2012年6月30日（系吴佩芳、冯学理分别增加的待缴货币出资1002万元、510万元）；

（2）2012年5月，冯学理将前述待缴的410万元、100万元货币出资分别转让给宋昱廷、沙建东；吴佩芳将前述待缴的200万元、590万元、102万元货币出资分别转让给沙建东、宋昱廷、李文娟。其中沙建东、吴佩芳、李文娟于2012年3月将合计为512万元的货币出资实缴到位；而根据当时天宜有限全体股东一致同意作出的股东会决议，宋昱廷受让的前述1000万元待缴货币出资时间变更为2012年12月31日前；

（3）2012年11月，宋昱廷将其所持待缴货币出资中的37.5万元、14.37万元分别转让给刘洋、释加才让。而根据当时天宜有限全体股东一致同意作出的股东会决议，同意将待缴纳货币出资期限延长至2013年12月31日；

（4）2013年11月19日，刘洋、宋昱廷、释加才让将上述待缴货币出资37.5万元、948.13万元、14.37万元全部予以缴足。

监管机构在了解到天宜上佳历史上股东出资情况之后询问上述股东延迟和变更出资期限是否符合修订前《公司法》的相关规定，以及是否履行了必要程序。

发行人律师作出如下回复：

根据当时有效的《公司法》第七条规定，依法设立的公司，由公司登记机关发给公司营业执照，公司营业执照签发日期为公司成立日期。第二十六条规定，有限责任公司的注册资本为在公司登记机关登记的全体股东认缴的出资额；公司全体股东的首次出资额不得低于注册资本的百分之二十，也不得低于法定的注册资本最低限额，其余部分由股东自公司成立之日起两年内缴足；其中，投资公司可以在五年内缴足。第一百七十九条规定，有限责任公司增加注册资本时，股东认缴新增资本的出资，依照本法设立有限责任公司缴纳出资的有关规定执行。因此，股东认缴新增资本的出资应最迟在该等增资事宜取得工商行政管理部门核准变更登记并颁发新的营业执照之日起两年内缴足。第四十四条规定，股东会会议作出修改公司章程、增加或者减少注册资本的决议，以及公司合并、分立、解散或者变更公司形式的决议，必须经代表三分之二以上表决权的股东通过。

再根据天宜上佳的工商登记资料和天宜上佳历史沿革上存在股东延迟出资及变更出资期限的情形，律师认为，天宜有限上述股东实际延迟出资的具体时间系在天宜有限领取相关增资的营业执照时间两年内，符合修订前《公司法》的相关规定，股东延迟和变更出资期限已经履行了股东会决策和办理工商变更登记手续等必要程序。

案例三：热景生物——技术出资占比达到公司注册资本的100%

北京热景生物技术股份有限公司（简称：热景生物，股票代码688068）于2005年6月23日在北京市市场监督管理局大兴分局登记成立，是从事研发、生产和销售体外诊断试剂及仪器的生物高新技术企业。

发行人2005年6月设立时技术出资占比达到公司注册资本的100%，监管机构就此请发行人及律师对出资瑕疵事项的影响及发行人或相关股东是否因出资瑕疵受到行政处罚、是否构成重大违法行为及本次发行的法律障碍、是否存在纠纷或潜在纠纷进行核查并发表明确意见。

发行人律师回复：

出资瑕疵事项的影响

2005年6月设立时技术出资占比达到公司注册资本的100%。

热景有限股东用于本次出资的无形资产作价合计为50万元，占出资完成后热景有限注册资本的比例为100%，而当时有效的《公司法》(2004年修正）第二十四条第二款规定："以工业产权、非专利技术作价出资的金额不得超过有限责任公司注册资本的百分之二十，国家对采用高新技术成果有特别规定的除外"，因此超过了当时有效的《公司法》规定的比例限制。

当时有效的《国务院办公厅转发科技部等部门关于促进科技成果转化若干规定的通知》（国办发〔1999〕29号）规定，“以高新技术成果向有限责任公司或非公司制企业出资入股的，高新技术成果的作价金额可达到公司或企业注册资本的35%，另有约定的除外”。北京市第十一届人民代表大会常务委员会于2001年1月1日颁布施行的《中关村科技园区条例》第十一条规定：“以高新技术成果作价出资占企业注册资本的比例，可以由出资各方协商约定。”北京市人民政府于2001年3月2日颁布施行的《中关村科技园区企业登记注册管理办法》规定：“以高新技术成果出资设立公司和股份合作企业的，对其高新技术成果出资所占注册资本（金）和股权的比例不作限制，由出资人在企业章程中约定。企业注册资本（金）中以高新技术成果出资的，对高新技术成果应当经法定评估机构评估。”“出资人以高新技术成果出资，应当出具高新技术成果说明书；该项高新技术成果应当由企业的全体出资人一致确认，并应当在章程中写明：经全体出资人确认的高新技术成果可以作为注册资本（金）登记注册。”

2005年6月10日，周晶晶、林长青、魏红山、杨晓兰共同签署《北京热景生物技术有限公司章程》，四人同意共同出资设立热景有限，注册资本50万元。其中，周晶晶以非专利技术出资33.5万元，占注册资本67%；林长青以非专利技术出资13万元，占注册资本的26%；魏红山以非专利技术出资2.5万元，占注册资本的5%；杨晓兰以非专利技术出资1万元，占注册资本的2%。

2005年6月10日，周晶晶、林长青、魏红山、杨晓兰共同签署《高新技术成果说明书及确认书》，一致确认四人共同持有的“基因转殖动物研究与应用技术”为高新技术成果，确认其价值为50万元，同意以该技术成果投入到热景有限，占注册资本的100%。

2005年6月29日，周晶晶、林长青、魏红山、杨晓兰分别与热景有限签署《北京热景生物技术有限公司财产转移协议》，约定四人将其在热景有限登记注册时认缴出资的非专利技术共计50万元转移到热景有限的财产内；自协议签署之日，四人不再对非专利技术享有所有权，以其出资额为限，享有股东权利，承担股东义务。

2005年6月29日，华青会计师事务所有限公司出具《非专利技术资产转移专项审计报告书》（华青财审字（2005）第W473号），确认热景有限已将非专利技术“基因转殖动物研究与应用技术”登记入账，并已办理完毕财产转移手续。

综上所述，热景有限设立时无形资产出资占注册资本的比例虽超过20%，但已按北京市关于中关村园区企业的规定履行必要的程序，并经过有权部门批准，符合

《中关村科技园区条例》及《中关村科技园区企业登记注册管理办法》的规定。因此，律师认为，上述无形资产出资比例问题对公司不构成重大影响。

第三节 股东问题

一、历史沿革

历史沿革除涉及上一节提到的出资问题，还涉及发行人历史上发生的股权转让、增资及整体变更为股份制公司等过程中的情况是否真实，对价是否合理，发行人历次股权变更履行的内部和外部程序是否合法合规，是否存在纠纷或潜在纠纷。

关于股权转让，首先注意定价的合理性。常用的定价方式有按原出资金额转让，按每股净资产账面价值转让和评估价值转让。为了发行上市的转让，一般都会采用溢价的转让方式。如果这个过程中定价过低则可能会出现被认为故意逃避税收的情况。短时间内的股权转让价格差异较大，则有被认为是利益输送的风险。出让方如果获得了溢价收入，还应当缴纳个人所得税。国有股权由于涉及国有资产，关注价格公允性、程序合法性，是否造成国有资产流失。

股东对公司进行增资时，可以按照每股净资产的账面价值、评估价值或协议价格定价。有多个股东同时进行增资的，价格应保持一致，除非存在合理的解释。如果增资的资金来源是向他人借款，还要确认是否已经归还借款，如果未归还借款，需要评估是否会对公司后续的经营及股权的稳定造成不利的影响。

二、 股权清晰

科创板股票发行条件之一是发行人股东持有的发行人股份权属清晰，合法合规，不存在纠纷或潜在纠纷。《科创板首次公开发行股票注册管理办法（试行）》第十二条第二项明确要求，控股股东和受控股股东、实际控制人支配的股东所持发行人的股份权属清晰，最近两年实际控制人没有变更，不存在导致控制权可能变更的重大权属纠纷。

发行人历史沿革中各类股东性质不一样，股权转让适用的法律规定也不一样。

实践中，可能涉及成为股东的主体主要有国有全资企业、国有控股企业、国有参股企业、国资委、财政局、集体企业、农民专业合作社、个人、个人独资企业、合伙企业、外商投资企业、契约型基金、信托计划、资管计划、职工持股会和工会持股等类型。

（一）适格股东的分类

1. 自然人股东

原则上包括限制民事行为能力人和无民事行为能力人在内的自然人都可以以自己的名义成为公司股东，只不过限制民事行为能力人和无民事行为能力人需要通过监护和代理制度由他人代为行使有关权利。自然人股东不包括受到规范性文件禁止的“特殊自然人”，例如公务员、军人、党员领导干部等。

2. 法人和非法人组织股东

（1）企业法人可以成为公司的股东。商业银行原则上不得成为非金融机构和企业的股东，但国家另有规定的除外；

（2）机关法人、社会团体法人、事业单位法人，法律法规明确禁止其从事投资和经营活动的除外；

（3）具备法人条件并经依法登记为法人的农村集体经济组织或村民委员会、具有投资能力的城市居民委员会；

（4）券商直投子公司。担任拟上市公司企业的辅导机构、财务顾问、保荐机构或者主承销商的，自签订有关协议或者实质开展相关业务之日起，公司的直投子公司、直投基金、产业基金及基金管理机构不得再对该拟上市公司进行投资；

（5）个人独资企业、合伙企业可以作为股东，会计师事务所、律师事务所等不得作为其他行业企业的股东；

（6）私募投资基金。发行人股东存在私募投资基金的，应按《私募投资基金监督管理暂行办法》及《私募投资基金管理人登记和基金备案办法（试行）》等相关法律法规或规范性文件履行备案登记程序。

（二）工会和职工持股会

有些拟上市企业的股东存在多个层级，个别直接或间接股东中包括职工持股会或工会。职工持股会属于单位内部团体，不再由民政部门登记管理，其股东构成、出资资金来源、管理机制等情况复杂。工会成为上市公司的股东与其设立和活动的宗旨不符。

考虑到发行条件对发行人股权清晰、控制权稳定有所要求，发行人控股股东或实际控制人存在职工持股会或工会持股情形的，应当予以清理。

对于发行人间接股东存在职工持股会或工会持股情形的，如不涉及发行人实际控制人控制的各级主体，不要求发行人清理，但发行人应当予以充分披露。

对于工会或职工持股会持有发行人子公司股份，经保荐机构、发行人律师核查后认为不构成发行人重大违法违规的，不要求发行人清理，但应当予以充分披露。

根据以上监管问答的回复，一般会采用股权转让或者还原的方式进行清理。其清理的主要步骤通常是首先取得相关部门同意撤销工会或职工持股会持股的批复，然后召开持股职工大会进行清理方式的商议表决，根据表决方案进行股权转让或者还原给每一位职工，在转让和还原的过程中应当获得每一位持股员工的确认。为了杜绝清理过程中的遗漏环节还可以由发行人在报纸上进行公告，并最好对关键环节进行公证。而中介机构需要从工会或职工持股会设立开始对其合法合规性进行如实披露。

（三）委托持股

委托持股与上述的工会和职工持股会持股不同，委托持股的持股人往往是自然人，表面看上去是合规的股东。除非委托持股违反了法律法规的强制性规定或者扰乱了社会公共秩序等，委托持股关系一般可以受到法律的保护，但是因为可能会造成权属不清晰等风险因素，上市审核中倾向于认定股权代持不符合“发行人的股权清晰”的要求。

控股股东和受控股股东、实际控制人支配的股东所持发行人的股份权属清晰。委托持股的解决办法通常是由名义股东将股权转让回实际股东或其关联方，隐名股东实名登记，或者转让给无关联的第三方。股权转让的对价和真实性是保荐机构需要重点关注的问题之一，保荐机构需要作出合理判断并对是否可能造成纠纷发表明确意见。

名义股东将股权转让给他人，实际股东收取转让款的，名义股东缴纳一次个人所得税即可。

（四）对赌协议

对赌协议即“估值调整机制”（Valuation Adjustment Mechanism，VAM），是针对未来不确定的情况进行的权利和义务调整。对赌协议如果设置不当，可能会含有不切实际的业绩目标，如果不达目标，可能会对控股权产生不利影响。

投资机构在投资发行人时约定对赌协议等类似安排的，原则上要求发行人在申报前清理，但同时满足以下要求的可以不清理：

（1）发行人不作为对赌协议当事人；

（2）对赌协议不存在可能导致公司控制权变化的约定；

（3）对赌协议不与市值挂钩；

（4）对赌协议不存在严重影响发行人持续经营能力或者其他严重影响投资者权益的情形。

发行人应当披露对赌协议的签订日期、权利义务、违约责任等条款内容，核查其效力及是否存在潜在的纠纷，该纠纷是否会对股权结构产生不利影响。保荐人及发行人律师应当就对赌协议是否符合上述要求发表明确核查意见。如果对赌协议已经解除，核查解除的真实性及是否遗留影响股权稳定的争议事项。

（五）交叉持股

交叉持股是指在不同的企业之间互相参股，以达到某种特殊目的的现象。

交叉持股有助于公司抵御恶意收购，可以发挥各方的协同效应，建立上下游的关系，形成互动性上涨关系，可以分散企业的经营风险，有助于获取资金和提高资金使用效率。公司与金融机构的交叉持股可以帮助企业引入可靠的资金来源，而母子公司之间的交叉持股可以帮助企业提高资金使用率，用较少的资金获得较大的控制权。

但是，交叉持股容易扭曲公司正常的估值，可能会引致资产虚增、股权结构不清晰、损害债权人利益等问题。《上海证券交易所科创板股票上市规则》明确“上市公司控股子公司不得取得该上市公司发行的股份，确因特殊原因持有股份的，应当在一年内依法消除该情形。前述情形消除前，相关子公司不得行使所持股份对应的表决权”。对已经存在的交叉持股通过转让或减资的方式清理。

（六）自然人股东

对于历史上涉及人数较多自然人股东的发行人，重点关注其股权变动（含工会、职工持股会清理等事项）是否存在争议或潜在纠纷。

保荐机构、发行人律师应对相关自然人股东股权变动所履行程序的合法性、是否存在纠纷或潜在纠纷风险、是否存在委托持股或信托持股情形等进行核查并发表明确意见。对于存在争议或潜在纠纷的，发行人应当提出明确、可行的解决措施，并在招股说明书中进行披露。保荐机构、发行人律师应对相关纠纷对发行人股权清晰稳定的影响、解决措施的可行性发表明确意见。发行人应在招股说明书中披露相关中介机构的核查意见。

自然人股东的核查问题：第一，若相关自然人股东入股、退股均按照当时有效的法律法规履行了相应程序，入股或股权转让协议、款项收付凭证、工商登记资料等法律文件齐备，则保荐机构、发行人律师应对相关自然人股东股权变动的真实性、程序合法性、是否存在纠纷等进行书面核查，并抽取一定比例的股东进行访谈，访谈比例应不低于待核查股东人数及待核查股份总数的30%；第二，若相关自然人股东入股、退股的法律程序存在瑕疵，或相关法律文件不齐备，则保荐机构、发行人律师应对相关自然人股东股权变动的真实性、程序合法性、是否存在纠纷等进行书面核查，并抽取一定比例的股东进行访谈，访谈股东的比例应不低于待核查股东人数及待核查股份总数的70%。

（七）三类股东

根据《上海证券交易所科创板股票发行上市审核问答（二）》等相关规定，“三类股东”指契约型基金、信托计划、资产管理计划。公司原股东存在信托计划、契约型基金和资产管理计划等股东，通常被称为存在“三类股东”，主要集中在曾经在新三板挂牌期间通过交易或者定增等形成。

首先，拟上市主体存在三类股东目前不属于实质性障碍问题，《上海证券交易所科创板股票上市规则（2019年修订）》4.1.8第一款规定：持有上市公司5%以上股份的契约型基金、信托计划或资产管理计划，应当在权益变动文件中披露支配股份表决权的主体，以及该主体与上市公司控股股东、实际控制人是否存在关联关系。

其次，如果契约型基金、信托计划、资产管理计划等“三类股东”持有发行人股份的，原则上应确保公司控股股东、实际控制人、第一大股东不属于“三类股东”，且“三类股东”依法设立并有效存续，已纳入国家金融监管部门有效监管，并已按照规定履行审批、备案或报告程序，其管理人也已依法注册登记。发行人应根据《关于规范金融机构资产管理业务的指导意见》（银发〔2018〕106号）披露“三类股东”相关过渡期安排，以及相关事项对发行人持续经营的影响。《上海证券交易所科创板股票上市规则（2019年修订）》4.1.8第二款规定：契约型基金、信托计划或资产管理计划成为上市公司控股股东、第一大股东或者实际控制人的，除应当履行前款规定义务外，还应当在权益变动文件中穿透披露至最终投资者。单纯从上市规则的规定来看，对于“三类股东”成为科创板上市公司控股股东、第一大股东或者实际控制人的并非违反禁止性规定。但《上海证券交易所科创板股票发行上市审核问答（二）》规定：发行人在全国股份转让系统挂牌期间形成“三类股东”持有发行人股份的，中介机构和发行人应从以下方面核查披露相关信息：核查确认公司控股股东、实际控制人、第一大股东不属于“三类股东”。

发行人应当按照要求对“三类股东”进行信息披露。保荐机构及律师应对控股股东、实际控制人，董事、监事、高级管理人员及其近亲属，本次发行的中介机构及其签字人员是否直接或间接在“三类股东”中持有权益进行核查并发表明确意见。中介机构应核查确认“三类股东”已作出合理安排，可确保符合现行锁定期和减持规则要求。如果这“三类股东”可能会造成控股股东和实际控制人变更，在实务中往往需要通过股份还原或转让的方式进行清理，但是应注意过程合规并保证不会造成不必要的纠纷。

对于控股股东、实际控制人设立在国际避税区且持股层次复杂的，保荐机构和发行人律师应当对发行人设置此类架构的原因、合法性及合理性、持股的真实性，是否存在委托持股、信托持股，是否有各种影响控股权的约定，以及股东的出资来源等问题进行核查，说明发行人控股股东和受控股股东、实际控制人支配的股东所持发行人的股份权属是否清晰，以及发行人如何确保其公司治理和内控的有效性，并发表核查意见。

最后是“三类股东”的核查方式。结合上交所对“三类股东”的核查要求，科创板对于“三类股东”的核查方式具体如下：

（1）取得并核查“三类股东”的备案文件、管理人章程及登记文件、从事资产管理业务资质文件、基金管理合同、信托合同、资产管理合同、托管合同等资料，至中国证券投资基金业协会网站等公开信息平台进行网络检索，以核查“三类股东”是否依法设立并有效存续，是否已纳入国家金融监管部门有效监管，是否已按照规定履行审批、备案或报告程序，其管理人是否依法注册登记；

（2）要求“三类股东”的管理人填写调查问卷，调查问卷中最好逐项包含《关于规范金融机构资产管理业务的指导意见》（银发〔2018〕106号，下称《指导意见》）中规定的各项合规性要求，并要求管理人披露“三类股东”的投资人并追溯最终的自然人、国资监管机构、上市公司等。根据调查问卷、基金管理合同、信托合同、资产管理合同、托管合同等核查“三类股东”是否存在不符合《指导意见》而需要在过渡期内进行整改的情形，需取得“三类股东”的过渡期整改计划并从“三类股东”的合计持股比例，是否向发行人委派董事、高级管理人员，以及是否参与发行人经营管理等方面来分析对发行人的生产经营、股权稳定、实际控制人等事项及发行人持续经营的影响；

（3）将“三类股东”追溯至最终的自然人、国资监管机构或上市公司等投资人与发行人的控股股东、实际控制人、第一大股东、董事、监事、高级管理人员及其近亲属、本次发行的中介机构及其签字人员名单进行交叉比对，并取得“三类股东”的管理人、发行人的控股股东、实际控制人、第一大股东、董事、监事、高级管理人员、本次发行的中介机构及其签字人员出具的关于发行人控股股东、实际控制人、董事、监事、高级管理人员及其近亲属、本次发行的中介机构及其签字人员是否直接或间接在“三类股东”中持有权益的书面确认函；

（4）取得“三类股东”签署的关于锁定期及遵守减持规则的承诺。

相关案例：存在“三类股东”的科创板过会企业，比如西部超导材料科技股份有限公司（注册生效），在科创板审核中已经问询的苏州工业园区凌志软件股份有限公司和先临三维科技股份有限公司（截至2019年10月23日）。

（八）违规公开发行

《公司法》第78条规定，设立股份有限公司，应当有二人以上二百人以下作为发起人，其中须有半数以上的发起人在中国境内有住所。

《证券法》第10条规定，公开发行证券，必须符合法律、行政法规规定的条件，并依法报经国务院证券监督管理机构或者国务院授权的部门核准；未经依法核准，任何单位和个人不得公开发行证券。

有下列情形之一的，为公开发行：

（1）向不特定对象发行证券的；

（2）向特定对象发行证券累计超过二百人的；

（3）法律、行政法规规定的其他发行行为。

《国务院办公厅关于严厉打击非法发行股票和非法经营证券业务有关问题的通知》第三条第（二）项规定，严禁变相公开发行股票。向特定对象发行股票后股东累计不超过200人的，为非公开发行。非公开发行股票及其股权转让不得采用广告、公告、广播、电话、传真、信函、推介会、说明会、网络、短信、公开劝诱等公开方式或变相公开方式向社会公众发行。严禁任何公司股东自行或委托他人以公开方式向社会公众转让股票。向特定对象转让股票，未依法报经证监会核准的，转让后公司股东累计不得超过200人。

对机构股东背后的自然人人数进行穿透计算，穿透的一般原则为穿透核查至自然人、国资委、股份公司、上市公司。非专门投资于拟上市公司的已备案基金及已登记基金管理人认定为1名股东，专项投资于拟上市公司的基金一般是应当穿透计算人；专项投资于拟上市公司的一般应当穿透计算，非专门投资于发行人的有限公司一般未进行穿透；境外主体一般不需穿透计算人数，但专门投资于发行人的境外主体一般需要穿透；员工持股平台需穿透至最终自然人。可不穿透计算人数的股东具有以下几个特征：

（1）非专门投资于发行人；

（2）属已备案的基金或基金管理人；

（3）成立时间远早于投资于发行人的时间；

（4）具有其他合理目的，从而可以证明并不存在故意规避200人限制的情形。

股权结构中存在工会代持、职工持股会代持、委托持股或信托持股等股份代持关系，或者存在通过“持股平台”间接持股的安排以致实际股东超过200人的，应当已经将代持股份还原至实际股东，将间接持股转为直接持股，再穿透计算人数。以私募股权基金、专项资产管理计划，以及其他金融计划进行持股的，如果该金融计划是依据相关法律法规设立并规范运作，且已经接受证券监督管理机构监管的，可不进行股份还原或转为直接持股，也不需要穿透计算人数。

三、 突击入股

突击入股主要是指拟上市公司在上市申报材料前一段时间内获得该公司的股份的情形。

申报前入股，主要考察申报前一年新增的股东，全面核查发行人新股东的基本情况、产生新股东的原因、股权转让或增资的价格及定价依据，有关股权变动是否是双方真实意思表示，是否存在争议或潜在纠纷及关联关系。申报前6个月内入股的锁定36个月（增资扩股的从工商变更登记手续之日起算，实际控制人受让的从上市之日起算）。

申报后，通过增资或股权转让产生新股东的，原则上发行人应当撤回发行上市申请，重新申报。但股权变动未造成实际控制人变更，未对发行人控股权的稳定性和持续经营能力造成不利影响，且符合下列情形的除外：新股东产生系因继承、离婚、执行法院判决或仲裁裁决、执行国家法规政策要求或由省级及以上人民政府主导，且新股东承诺其所持股份上市后36个月之内不转让、不上市交易（继承、离婚原因除外）。

四、 持股形式

公司员工、投资人及其他股东在持股时一般考虑三种类型：自然人直接持股、有限公司和有限合伙企业两种间接持股。三种不同类型的持股在税负承担、股权稳定性、控制权等诸多方面各有利弊。

（一）自然人股东

自然人股东持股形式如图8－1所示。

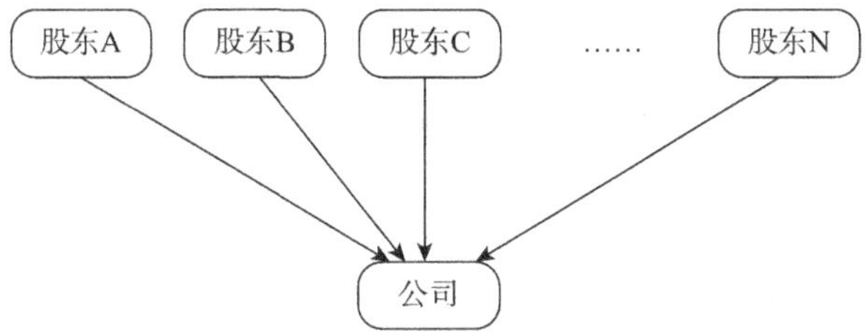

图 8－1　自然人持股形式

根据税法等规定直接持股股东（自然人股东）可能面临以下税负：

1. 所得税

（1）股权转让个人所得税

股东进行限售股的股权转让时，需要缴纳 20% 的财产转让所得税。

限售股解禁后一般将应纳税所得额减去股权转让的成本再乘以 20% 所得的值为股权转让所得税，但是如果股东无法提供成本的凭证，税务机关通常会按照 15% 来核定成本，因此最终税率为 20% ×（1－15%），即 17%。

（2）股息红利所得税

按照目前的税收政策，自然人股东如果从公开发行和转让市场上取得上市公司股票，持有期小于 1 个月的按 20% 的税率全额计入应纳税所得额；如果持股期限大于 1 个月但是小于 12 个月的，减按 50% 计入应纳税所得额，即 10%；持有期大于 12 个月的，则免征所得税。

自然人股东持有的限售股在解禁前减按 50% 计入应纳税所得额，即 10%；解禁后与上市公司的股票相同。

2. 增值税

根据《营业税改征增值税试点过渡政策的规定》，个人从事金融商品转让业务，免征增值税。

（二）有限公司股东

有限公司股东形式如图 8－2 所示。

1. 所得税（限售股）

（1）按照 15% 的核定成本扣除，公司在股权转让后所需要缴纳的税率为 25% ×（1－15%），即 21.25%。

（2）公司向股东 C 分红时，股东 C 还需要缴纳 20% 的个人所得税。

（3）图中的有限责任公司从上市公司取得分红时免征企业所得税，但是分配给自然人股东时，自然人股东需要缴纳 20% 的个人所得税。

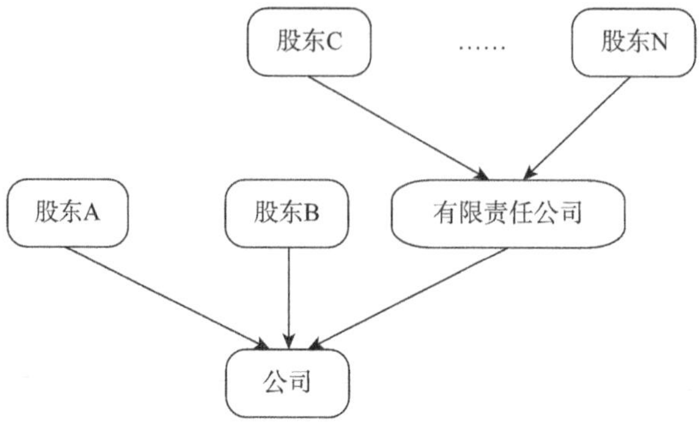

图8－2　有限公司股东形式

2. 增值税

股权转让时公司缴纳6%的增值税，按附加税12%的比例，增值税及附加税累计为6.72%。

综上所述，企业所得税加增值税和附加税再加上个人所得税［个人所得税的计算方式为【1－（1－15%）（1－25%）】×20%＝7.25%］，自然人通过公司转让限售股最终承担的税率为35.22%。

（三）有限合伙股东

有限合伙股东形式如图8－3所示。

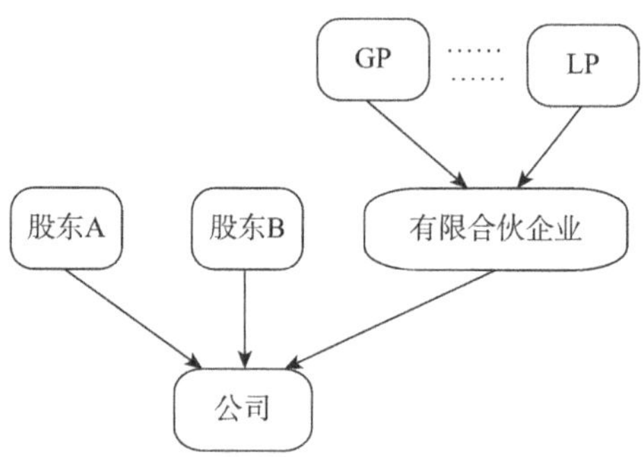

图8－3　有限合伙股东形式

1. 所得税（限售股）

（1）转让个人所得税

有限合伙企业每一纳税年度的收入总额减去成本、费用，以及损失后的余额，作为投资者个人的生产经营所得，比照个人所得税法的“个体工商户的生产经营所得”应税项目，适用5%～35%的五级超额累进税率，计算征收个人所得税。

地方上为了鼓励股权激励投资类合伙企业，在合伙企业转让限售股时，对不执行合伙事务的个人合伙人和执行合伙事务的个人合伙人区别征税，分别按照20%的财产转让所得或者5%～35%的个体工商户的生产经营所得征税。

（2）股息红利所得税

合伙企业对外投资分回的利息或者股息、红利缴纳20%的个人所得税，因此自然人通过合伙企业持股时，从上市公司取得的股息红利的个人所得税率为20%。

2. 增值税

有限合伙的增值税与有限责任公司的增值税相同，即股权转让时公司缴纳6%的增值税，按附加税12%的比例，增值税及附加税累计为6.72%。

综上所述，若按20%的税率征收个人所得税，整体税负为17%的个人所得税加上6.72%的增值税和附加税，为23.72%；若按照5%～35%超额累计税率表计算，整体税负则为10.97%～36.47%。

（四）优劣势对比分析

1. 控制权

三种持股方式对比，自然人持股的管控能力最低，公司的控制权易分散，有限责任公司持股相对于自然人直接持股来说可以集中控制权，有限合伙的持股方式对控制权的集中优势比较明显，公司进行股权激励的时候多数采用这一方式。

2. 税务筹划

自然人持股虽然只需要缴纳个税，但是税务筹划空间比较小；以有限公司作为平台进行持股，双重征税的整体税务较高，但是可以将收益计入公司的应纳税所得额和公司的经营收益一起纳税，可以弥补以前年度亏损，也可以扣除其他费用，税收筹划空间较大，甚至可以享受创投企业税收优惠；以合伙企业作为持股平台相对于有限责任公司来说税负较低，由于可以享受税收优惠，所以有较大的税收筹划空间，但是前期和减持的时候税费负担都较重，税收优惠项目较少，有限合伙人没有主动权。

五、 相关案例

案例一：沃尔德——对赌协议及解除

北京沃尔德金刚石工具股份有限公司（简称：沃尔德，股票代码688028）主营业务为超高精密和高精密超硬刀具及超硬材料制品的研发、生产和销售业务。

发行人的申报材料显示，2011年7月6日，沃尔德有限股东与华创盛景、达晨银雷、深圳分享、启迪汇德、华创策联、金信祥泰共同签署《增资协议之补充协议》。2014年5月5日，沃尔德有限股东与华创盛景、达晨银雷、深圳分享、启迪汇德、华创策联、金信祥泰共同签署《协议书》。2015年3月31日，由于前述《增资协议之补充协议》不符合企业上市的相关要求且业绩补偿《协议书》执行完毕，沃尔德有限股东与原各方PE股东共同签署《终止协议》。该协议生效后，原《增资协议之补充协议》中任何条款均不再发生效力。

由于增资过程中涉及对赌情况，于是监管机构问询：

(1) 上述对赌协议的权利义务条款、违约责任，以及对赌条款触发生效情形等约定情况，发行人及其相关股东和实际控制人是否存在触发对赌条款的违约情形；

(2) 发行人历史沿革中是否还存在未披露的含有对赌条款的相关增资及股权转让协议，目前是否存在相关对赌协议的承诺或其他利益安排；

(3) 发行人与相关主体之间签署的终止对赌条款的协议主要内容，前述对赌条款的终止方式是否合法有效；

(4) 发行人的对赌协议是否均已清理完成；未清理的对赌协议是否符合相关规定的要求，是否对发行人的控股权稳定产生不利影响；

(5) 发行人目前的控股权结构是否清晰、稳定，是否存在潜在的争议或纠纷，是否存在应披露而未披露的情形。

发行人律师经核查后认为：

(1) 发行人对上述对赌协议的权利义务条款、违约责任，以及对赌条款触发生效情形等约定情况进行了披露，共涉及股权转让相关的对赌、增资相关的对赌，并说明发行人及其相关股东和实际控制人不存在触发对赌条款的违约情形。

(2) 根据发行人全体股东出具的声明，除已做披露的含有对赌条款的相关增资及股权转让协议外，发行人历史沿革中不存在未披露的含有对赌条款的相关增资及发行人历史沿革中是否还存在未披露的含有对赌条款的相关增资及股权转让协议、目前是否存在相关对赌协议的承诺或其他利益安排股权转让协议，目前发行人不存在相关对赌协议的承诺或其他利益安排。

(3) 发行人与相关主体之间签署的终止对赌条款的协议主要内容、前述对赌条款的终止方式是否合法有效情况如下：

①2011年6月股权转让事宜对赌条款的终止。

2015年3月31日，陈继锋、启迪汇德、金信祥泰、沃尔德有限共同签署《终止协议》，约定如下：

A. 鉴于各方于2011年6月28日签署了《关于北京沃尔德超硬工具有限公司之股权转让协议》及《关于北京沃尔德超硬工具有限公司之股权转让协议之补充协议》，于2014年5月5日签署了《协议书》，约定自陈继锋向启迪汇德等退还

2841697.29元股权转让款之日起，上述补充协议第一条对各方不再具有法律约束力；沃尔德有限拟公开发行股票并上市，上述补充协议中的相关约定不符合中国证监会的审核政策；

B. 各方确认《关于北京沃尔德超硬工具有限公司之股权转让协议》已履行完毕。各方同意本协议生效日为《关于北京沃尔德超硬工具有限公司之股权转让协议之补充协议》的终止日；

C.《关于北京沃尔德超硬工具有限公司之股权转让协议之补充协议》根据本协议终止后，其中任何条款均不再发生效力，即不再对各方具有法律约束力，一方相应免除其他任何一方在该补充协议项下的各项义务，并放弃追索的权利；

D.《关于北京沃尔德超硬工具有限公司之股权转让协议之补充协议》根据本协议终止后，一方放弃在任何时间、任何地点，通过任何方式向其他任何一方及其股东、董事、管理人员、雇员、合伙人、成员、子公司、附属公司、代理商、代表处、债权受让方、债务承担方等提出与该补充协议相关的、已知或未知的任何违约、赔偿、归还等权利主张或诉讼请求及其他类似行为；

E.《关于北京沃尔德超硬工具有限公司之股权转让协议之补充协议》根据本协议终止后，一方不得将其在本协议项下所放弃的权利主张或请求转让予其他任何一方或第三方行使。

②2011年7月增资事宜对赌条款的终止。

2015年3月31日，达晨银雷、华创盛景、天津分享、启迪汇德、华创策联、金信祥泰、陈继锋、杨诺、唐文林、陈涛、李清华、张宗超、彭坤、乔金勇、陈士磊、何敏、沃尔德有限共同签署《终止协议》，约定如下：

A. 鉴于各方于2011年7月6日签署了《关于北京沃尔德超硬工具有限公司之增资协议》及《关于北京沃尔德超硬工具有限公司之增资协议之补充协议》，于2014年5月5日签署了《协议书》，约定自达晨银雷等收到该协议约定的定向分红款之日起，上述补充协议第一条对各方不再具有法律约束力；沃尔德有限拟公开发行股票并上市，上述补充协议中的相关约定不符合中国证监会的审核政策；

B. 各方确认《关于北京沃尔德超硬工具有限公司之增资协议》已履行完毕。各方同意本协议生效日为《关于北京沃尔德超硬工具有限公司之增资协议之补充协议》的终止日；

C.《关于北京沃尔德超硬工具有限公司之增资协议之补充协议》根据本协议终止后，其中任何条款均不再发生效力，即不再对各方具有法律约束力，一方相应免除其他任何一方在该补充协议项下的各项义务，并放弃追索的权利；

D.《关于北京沃尔德超硬工具有限公司之增资协议之补充协议》根据本协议终

止后，一方放弃在任何时间、任何地点，通过任何方式向其他任何一方及其股东、董事、管理人员、雇员、合伙人、成员、子公司、附属公司、代理商、代表处、债权受让方、债务承担方等提出与该补充协议相关的、已知或未知的任何违约、赔偿、归还等权利主张或诉讼请求及其他类似行为；

E.《关于北京沃尔德超硬工具有限公司之增资协议之补充协议》根据本协议终止后，一方不得将其在本协议项下所放弃的权利主张或请求转让予其他任何一方或第三方行使。

③2014 年 8 月增资事宜对赌条款的终止。

2015 年 3 月 31 日，苏州禾源、启迪汇德、陈继锋、杨诺、沃尔德有限共同签署《终止协议》，约定如下：

A. 鉴于各方于 2014 年 8 月 22 日签署了《关于北京沃尔德超硬工具有限公司之增资协议》及《关于北京沃尔德超硬工具有限公司之增资协议之补充协议》，沃尔德有限拟公开发行股票并上市，上述补充协议中的相关约定不符合中国证监会的审核政策；

B. 各方确认《关于北京沃尔德超硬工具有限公司之增资协议》已履行完毕。各方同意本协议生效日为《关于北京沃尔德超硬工具有限公司之增资协议之补充协议》的终止日；

C.《关于北京沃尔德超硬工具有限公司之增资协议之补充协议》根据本协议终止后，其中任何条款均不再发生效力，即不再对各方具有法律约束力，一方相应免除其他任何一方在该补充协议项下的各项义务，并放弃追索的权利；

D.《关于北京沃尔德超硬工具有限公司之增资协议之补充协议》根据本协议终止后，一方放弃在任何时间、任何地点，通过任何方式向其他任何一方及其股东、董事、管理人员、雇员、合伙人、成员、子公司、附属公司、代理商、代表处、债权受让方、债务承担方等提出与该补充协议相关的、已知或未知的任何违约、赔偿、归还等权利主张或诉讼请求及其他类似行为；

E.《关于北京沃尔德超硬工具有限公司之增资协议之补充协议》根据本协议终止后，一方不得将其在本协议项下所放弃的权利主张或请求转让予其他任何一方或第三方行使。

根据相关方出具的声明，上述相关各方签署《终止协议》系相关各方真实的意思表示，不存在任何欺诈、胁迫、任何一方乘人之危、存在重大误解、恶意串通损害国家、集体或者第三人利益、以合法形式掩盖非法目的、损害社会公共利益等可能导致协议无效或可能被变更、撤销的情形。

鉴于以上情况，律师认为，相关各方对上述对赌条款予以终止的方式合法有效。

（4）就相关方所签署的含有对赌条款的相关补充协议，达晨银雷、华创策联、华创盛景、天津分享、启迪汇德、达孜泰兴达、苏州禾源于2019年4月1日分别出具《确认函》，确认如下：

①截至本确认函签署之日，本企业、本企业的股东/合伙人、实际控制人及/或关联方（上述各方及/或单方，以下均简称“我方”）与沃尔德、沃尔德其他股东、实际控制人及/或关联方（上述各方及/或单方，以下均简称“沃尔德方”）不存在就调整（包括但不限于回购）沃尔德股权、支付利益补偿或其他任何性质的“对赌”约定，也不存在要求沃尔德方支付“固定回报”之类等违反法律、法规及规范性文件的额外特殊安排。

②我方与沃尔德方就投资事宜达成的口头约定、备忘录、协议及/或合同（如有）等，均被报送工商行政管理部门的相关协议及章程取代，且在报送工商行政管理部门的相关协议及章程签署的同时或之后，双方未曾就本确认函第1条所述事宜达成任何共识，也未曾就此签署其他任何文件。

本确认函系我方真实、自愿的意思表示，对我方具有法律拘束力。本确认函自本企业签署之日起生效，且一经签署即不可变更，亦不可撤销。

综上所述，律师认为，相关方所签署的对赌协议均已清理完成。

案例二：睿创微纳——股权代持

烟台睿创微纳技术股份有限公司（简称：睿创微纳，股票代码688002），成立于2009年12月11日，现持有原烟台市工商行政管理局核发的《营业执照》（统一社会信用代码：91370600699650399E）。根据该营业执照的记载，发行人住所为烟台开发区贵阳大街11号，法定代表人为马宏，注册资本为38500万元，经营范围为用于传感光通信、光显示的半导体材料、光电子器材、光电模板与应用系统、红外成像芯片与器件，红外热像仪整机与系统研发、生产和销售，与之相关的新技术、新产品的研发；货物、技术进出口。

根据发行人的现有股东名册内容，发行人截至《法律意见书》出具之日共计有股东共95名，其中自然人股东77名，非自然人股东18名，发行人历史沿革中涉及人数较多的自然人股东，于是监管机构要求保荐机构及发行人律师对相关自然人股东股权变动所履行程序的合法性、相关自然人股东股权变动的真实性、是否存在纠纷或潜在纠纷风险、是否存在委托持股或信托持股等情形进行核查并发表明确意见。而律师根据此问询回复中披露了发行人股东的多次股权代持情况，于是监管机构要求进一步披露：

(1) 该等股权代持的背景情况，包括代持原因、代持协议的主要内容、是否通过代持规避相关法律法规等；

(2) 该等股权代持是否彻底清理，清理过程是否符合法律法规的规定，是否双方真实意思表示，是否存在纠纷或潜在纠纷；

(3) 发行人目前是否仍存在股份代持、信托持股等情形，发行人实际控制人马宏与郑加强、彭佑霞等是否存在其他协议安排，马宏直接或间接持有发行人的股份权属是否清晰。

发行人律师答复：

(1) 律师查验了发行人股本演变过程中涉及部分股东代他人持有股权的相关资料，包括置备于市场监督机关的档案、有关转股凭证、实际资金缴付凭证、股东出具的说明等，并就涉及股权代持的问题向相关股东进行了访谈。

经核查，发行人历史沿革中存在的股权代持情况如下：

①孙仕中、尚昌根代方平持股过程及原因。

2009年12月11日，孙仕中及尚昌根受方平委托，分别以股东身份发起设立睿创有限。其中，孙仕中认缴出资10000万元，尚昌根认缴出资5000万元。股东首期出资3000万元，其中孙仕中出资2000万元，尚昌根出资1000万元。2010年1月，孙仕中再次以股东名义实缴出资4667万元，尚昌根以股东名义实缴出资2333万元。2010年3月1日，孙仕中及尚昌根分别与方平及烟台开发区国有资产经营管理公司（简称“开发区国资公司”）签订转让协议，孙仕中将其持有的睿创有限已实缴出资6667万元转让给方平，将其持有的认缴出资3333万元转让给开发区国资公司；尚昌根将其持有的睿创有限已实缴出资3333万元转让给方平，将其持有的认缴出资1667万元转让给开发区国资公司。根据上述股东出具的相关确认文件、实际出资的资金流水凭证，以及律师对其实施的访谈内容，孙仕中及尚昌根名下所持有的睿创有限股权的所有权自始归属于方平所有，对应的投资款项全部为方平提供，孙仕中和尚昌根仅为代持股权的名义股东，未实际投入资金，所有的投资及转让行为均是根据方平的指令实施。孙仕中、尚昌根和方平均已确认上述代持股关系，并确认代持关系自2010年3月已解除，各相关方未因股权代持行为产生任何争议和纠纷。根据方平就上述股权代持行为进行的说明，孙仕中、尚昌根与方平系朋友关系。睿创有限是烟台开发区政府招商引资入烟台市设立，2009年年底，为了便于睿创有限尽快成立，而方平仍在外地工作，因此方平选择通过孙仕中、尚昌根代其办理了睿创有限的设立手续。在方平前往烟台工作后解除股权代持，以个人名义直接持股。由于股权代持时间较短，各方在代持过程中未签署股权代持协议。

②彭佑霞代郑加强持股过程。

A. 2011 年 7 月，方平将其持有的睿创有限 2600 万元出资转让给彭佑霞，彭佑霞在本次受让股权过程中并未实际支付对价，受让股权的对价实际为郑加强承担；

B. 2014 年 7 月，彭佑霞将其持有的睿创有限 600 万元出资转让给马宏。本次转让股权行为系受郑加强委托实施；

C. 2014 年 9 月，彭佑霞将其持有的睿创有限 1000 万元出资转让给李维诚，本次转让股权行为系受郑加强委托实施；

D. 2015 年 1 月，彭佑霞将其持有的睿创有限 500 万元出资转让给李维诚，本次转让股权行为系受郑加强委托实施；

E. 2015 年 6 月，马宏将其持有的睿创有限出资转让给彭佑霞 500 万元，本次受让股权行为系受郑加强委托实施。

经律师核查，根据上述股东出具的相关确认文件、实际出资的资金流水凭证，以及律师对其实施的访谈内容，彭佑霞名下所持有的睿创有限股权的所有权自始归属于郑加强所有，对应的投资款项全部为郑加强及其配偶提供，彭佑霞仅为代持股权的名义股东，未实际投入资金，所有的投资及转让行为均是根据郑加强的指令实施。彭佑霞及郑加强均已确认上述代持股关系，并确认代持关系已解除，各相关方未因股权代持行为产生任何争议和纠纷。

根据郑加强就上述股权代持行为进行的说明，彭佑霞系郑加强配偶的亲属。郑加强当时根据方平的约定受让睿创有限股权，但郑加强由于自身工作原因无法顾及睿创有限的经营管理，故委托其亲属彭佑霞代其持有股份。由于是亲属关系，双方在代持过程中未签署股权代持协议。

③郑霞代郑加强持股过程。

A. 2015 年 6 月，彭佑霞将其持有的睿创有限 1000 万元出资转让给郑霞，本次股权转让系受郑加强委托实施；

B. 2018 年 4 月，郑霞将其所持有的发行人 1000 万股股份转让给郑加强，本次股权转让系受郑加强委托实施。

经律师核查，根据上述股东出具的相关确认文件、实际出资的资金流水凭证，以及律师对其实施的访谈内容，郑霞受让并持有的睿创有限股权的所有权归属于郑加强所有，在该等股权受让自彭佑霞及向郑加强转让过程中均未支付对价。郑霞仅为代持股权的名义股东。郑霞及郑加强均已确认上述代持股关系，并确认代持关系已解除，各相关方未因股权代持行为产生任何争议和纠纷。

根据郑加强就上述股权代持行为进行的说明，郑霞系郑加强的妹妹，代持股权由彭佑霞转郑霞持有的原因系家庭内部的安排，因此通过转郑霞代持的方式解除了与彭佑霞的股权代持关系，整个过程并未签署代持协议。2018 年 4 月，郑加强已不在原单位任职，因此决定恢复个人的股东地位，即通过受让方式受让郑霞所持股权。

经律师核查，上述代持行为不存在通过代持规避相关法律法规的情形。

（2）根据律师对发行人历史沿革中股权代持各相关方访谈的结果，方平及其股权代持人孙仕中、尚昌根，郑加强及其股权代持人彭佑霞、郑霞均已确认原存在各方之间的股权代持关系已终止，原有股权代持及解除代持关系的过程均系各方真实意思表示，解除代持过程所采用的转让股权方式履行了必要的法律程序，在上述股权代持关系形成及解除过程中涉及的睿创有限其他股东未对代持行为提出异议和争议，前述股权代持及解除代持过程不存在纠纷或潜在纠纷。

（3）律师查验了发行人当前的股东名册，查验了全体股东入股的资金凭证及协议等资料，并就发行人当前股东所持股权的所有权是否清晰事宜对发行人全体股东实施了核查。经核查，发行人股东当前所持发行人股份权属清晰，不存在股份代持、信托持股等情形。

（4）根据律师对发行人实际控制人马宏与郑加强、彭佑霞的访谈，上述人员均确认，除已披露情形外，马宏及郑加强、彭佑霞不存在其他协议安排。同时，马宏已承诺其直接持有及间接持有的发行人股份的所有权均无争议，所持发行人股份权属清晰。

律师认为，发行人历史沿革中的股权代持行为不存在通过代持规避相关法律法规的情形。该等股权代持关系已清理完毕，代持关系清理方式符合相关法律法规的规定，清理过程系代持双方真实意思的表示，不存在争议或潜在纠纷。发行人当前的股权结构清晰，不存在股份代持、信托持股情况。发行人实际控制人与其他股东就所持股份所有权不存在其他协议安排。

案例三：杰普特——“三类股东”的合理性与合规性

深圳市杰普特光电股份有限公司（简称：杰普特，股票代码688025）于2006年4月18日成立，主要从事光电子元器件、激光器、测量设备、激光加工设备、自动化装备的生产。

招股说明书披露，2017年5月23日，公司召开临时股东大会，同意公司股东变更事项。其中：

（1）无锡清源受让东海瑞京（代表“东海专项资管计划”）持有的公司73.17万股股份；

（2）瑞莱欣茂协议受让前海瑞莱（代表“前海瑞莱新三板1号基金”）持有的公司73.17万股股份。

请发行人说明：在全国中小企业股份转让系统挂牌前即存在契约型基金、信托计划、资产管理计划等“三类股东”的原因，“三类股东”的入股和退股价格是否存在差异，存在差异的原因，退股后是否存在纠纷或潜在纠纷。如存在，请按相关规则要求进行披露。

发行人律师回复：

①发行人在股转系统挂牌前即存在契约型基金、信托计划、资产管理计划等“三类股东”的原因。

A. 东海专项资管计划投资原因；

根据东海瑞京提供的资料并经律师核查，东海专项资管计划为专项资产管理计划，持有经中国证监会基金部行政审批的资产管理计划财产备案登记表，于2015年6月12日向中国基金业协会办理了备案，备案编号为S89570，管理人为东海瑞京，主要投资于具有良好发展前景和较大增值潜力的已挂牌或拟挂牌新三板企业，如有闲置资金可以投资商业银行发行的中短期固定收益理财产品或其他高流动性、低风险理财产品。

根据发行人实际控制人黄治家、东海瑞京所作说明并经律师访谈，东海瑞京（代表东海专项资管计划）投资入股发行人主要因为看好公司未来发展前景，经评估调研后决定入股杰普特有限。

B. 前海瑞莱新三板1号基金投资原因。

根据前海瑞莱提供的资料并经律师核查，前海瑞莱新三板1号基金为契约型私募基金，已按照《证券投资基金法》和《私募投资基金监督管理暂行办法》等法律、法规的要求履行了备案手续，备案编号为S83148，管理人为前海瑞莱。前海瑞莱新三板1号基金投资范围包括但不限于“未上市公司股权及有限合伙企业的LP份额，挂牌新三板企业的定向增发、协议转让及挂牌新三板的存量股票；在基金资金闲置时，基金财产可投资于银行存款及银行保本类理财产品、货币市场基金。在严格控制风险的前提下，力争为基金份额持有人创造较高的收益和绝对回报”。根据发行人实际控制人黄治家及前海瑞莱所作说明并经律师访谈，前海瑞莱新三板1号基金投资入股发行人主要因看好公司未来发展前景，经评估调研后决定入股杰普特有限。

②东海专项资管计划、前海瑞莱新三板1号基金入股和退股价格是否存在差异，存在差异的原因，退股后是否存在纠纷或潜在纠纷。

2015年12月8日，杰普特有限召开股东会，会议同意公司注册资本增加154.32万元，公司注册资本由1111.11万元增至1265.43万元，其中东海瑞京代表东海专项资管计划以现金500万元认缴新增注册资本154320元，前海瑞莱代表前海瑞莱新三板1号基金以现金500万元认缴新增注册资本154320元，增资价格均为32.4元/股注册资本。

东海专项资管计划、前海瑞莱新三板1号基金增资入股杰普特有限时，对应的公司整体估值约为4.1亿元。

2017年5月24日，东海瑞京代表东海专项资管计划与无锡清源签订《杰普特股份转让协议》，约定将其持有的发行人731700股股份转让给无锡清源，转让价格为15.74元/股。同日，前海瑞莱代表前海瑞莱新三板1号基金与瑞莱欣茂签订《股份转让协议》，约定将其持有的发行人731700股股份转让给瑞莱欣茂，转让价格为15.736元/股。

上述股份转让价格系相关方在考虑公司发展前景基础上参考2017年5月其他投资者对发行人的增资价格（即预估发行人2017年主营业务利润及未来预期盈利状况的基础上协商确定公司整体估值约为12.85亿元），经协商确定。

根据发行人、上述相关方所作说明并经律师核查，东海专项资管计划、前海瑞莱新三板1号基金入股及退股价格差异系由于发行人快速发展，估值大幅提升所致；东海专项资管计划、前海瑞莱新三板1号基金退股后，未与股份受让方、发行人或其他第三方存在纠纷或潜在纠纷。

第九章

持续经营

第一节　经营业务的行业分类

《科创板公司招股说明书》格式准则第50条要求发行人应披露所属行业及确定所属行业的依据。《上海证券交易所科创板股票上市规则》第8.1.1条规定：上市公司应当主动披露对股票交易价格或者投资者决策有重大影响的行业信息。上市公司根据行业分类归属，参照适用交易所制定的行业信息披露指引。

一、行业分类指引

按照证监会行业分类，我国上市公司共分为19个大门类；上市公司的分类标准是该公司某类业务的营业收入占总收入的比重。

1. 分类原则与方法

《上市公司行业分类指引》（2012年10月26日证监会公告〔2012〕31号以下简称《指引》）以上市公司营业收入等财务数据为主要分类标准和依据，所采用财务数据为经过会计师事务所审计并已公开披露的合并报表数据。

（1）当上市公司某类业务的营业收入比重大于或等于50%，则将其划入该业务相对应的行业；

（2）当上市公司没有一类业务的营业收入比重大于或等于50%，但某类业务的收入和利润均在所有业务中最高，而且均占到公司总收入和总利润的30%以上（包含本数），则该公司归属该业务对应的行业类别；

（3）不能按照上述分类方法确定行业归属的，由上市公司行业分类专家委员会根据公司实际经营状况判断公司行业归属；归属不明确的，划为综合类。

2. 监管机构

（1）中国证监会统筹指导上市公司行业分类工作，负责制定、修改和完善《指引》，对《指引》及相关制度进行解释，对外发布上市公司行业分类结果；

（2）中国上市公司协会负责按照《指引》组织对上市公司进行行业分类，向中国证监会报送上市公司行业分类结果，并向证券交易所、中证指数公司等相关机构通报上市公司行业分类结果；

（3）中国上市公司协会建立上市公司行业分类专家委员会（以下简称专家委员

会），由有关部委、证券期货监管系统和证券经营机构的专家组成。专家委员会负责就上市公司行业分类制度的修订提出意见和建议；依据专业判断，确定上市公司行业分类结果。

3. 行业分类流程

（1）上市公司行业分类按季度进行。每年3月20日、6月10日、9月20日和12月20日为当季行业分类工作起始日；原则上应于季度末完成当季上市公司行业分类工作；

（2）行业分类包括初次分类和定期调整；

（3）初次分类是对新上市公司的行业分类，依据公司《招股说明书》进行。公司上市首日在每季度行业分类工作起始日（不含当日）之前的，纳入当季行业分类；上市首日在行业分类工作起始日至季末之间的，转入下一季度进行行业分类；

（4）定期调整是对已上市公司行业分类结果的重新确认或变更。原则上未发生重大资产重组的公司，每年依据上市公司年报调整一次，纳入第二季度的行业分类工作；完成重大资产重组的公司，依据重大资产重组相关公告，纳入最近季度的上市公司行业分类；

（5）行业分类的初评、沟通、确认和结果公布。

中国上市公司协会在行业分类工作起始日当日召开上市公司行业分类专家委员会会议，形成行业分类初评结果；从起始日开始（不含当日），7日内完成与上市公司沟通工作，并形成由专家委员会确认的分类结果；从起始日开始（不含当日）第8日将上市公司行业分类最终结果报送中国证监会。

中国证监会于每季度末公布上市公司行业分类结果。

二、 行业信息披露指引

目前根据行业分类，上交所为八个行业制定了信息披露指引，分别如下：

根据《关于发布上市公司行业信息披露指引第二十一号至第二十八号及修订部分上市公司行业信息披露指引的通知》（上证发〔2018〕116号），为引导上市公司披露行业经营性信息，提高信息披露有效性，根据法律法规和《上海证券交易所股票上市规则》等规定，上海证券交易所制定了《上市公司行业信息披露指引第二十一号——集成电路》《上市公司行业信息披露指引第二十二号——航空、船舶、铁路运输设备制造》《上市公司行业信息披露指引第二十三号——医疗器械》《上市公司行业信息披露指引第二十四号——食品制造》《上市公司行业信息披露指引第二十五号——黄金珠宝饰品》《上市公司行业信息披露指引第二十六号——影视》《上市公司行业信息披露指引第二十七号——家具制造》《上市公司行业信息披露指引第二十八号——有色金属》，并对《上市公司行业信息披露指引第四号——电力》《上市公司行业信息披露指引第七号——医药制造》《上市公司行业信息披露指引第十一号——光伏》《上市公司行业信息披露指引第十二号——服装》作了修订。

三、 相关案例

嘉元科技——行业分类的准确合理性及影响

广东嘉元科技股份有限公司（简称：嘉元科技，股票代码688388），法定代表人廖平元，公司注册资本23087.6万元人民币，2011年3月7日，发行人整体变更为股份公司并在梅州市工商局领取了股份公司营业执照。发行人经营范围为“研究、制造、销售：电解铜箔制品；经营本企业自产产品及技术的出口业务；经营本企业生产所需的原辅材料、仪器仪表、机械设备、零配件及技术的进口业务（国家限定公司经营和国家禁止进出口的商品除外；不单列贸易方式）。

发行人在招股说明书的所处行业部分陈述公司主要从事各类高性能电解铜箔的研究、生产和销售，主要产品为超薄锂电铜箔和极薄锂电铜箔，主要用于锂离子电池的负极集流体，是锂离子电池行业重要基础材料。同时，公司生产少量PCB用标准铜箔产品。

于是监管机构就“行业分类”向其问询，请发行人比照中国证监会发布的《上市公司行业分类指引》行业目录及分类原则，说明公司所属行业的分类是否准确，是否影响投资者的价值判断。

发行人律师回复：

经核查，发行人的主要产品为电解铜箔，采取电解法生产，且产品主要用于锂离子电池的负极集流体，是锂离子电池行业重要的基础材料；同时，公司生产少量PCB用标准铜箔产品。根据中国证监会发布的《上市公司行业分类指引》（2012年修订）行业目录及分类原则，发行人所属行业为“C39计算机、通信和其他电子设备制造业”。根据国家统计局发布的《国民经济行业分类》（GB/T4754－2017），发行人的主营业务属于“39计算机、通信和其他电子设备制造业”之“398电子元件及电子专用材料制造”之“3985电子专用材料制造”。其中，“3985电子专用材料制造”具体指用于电子元器件、组件及系统制备的专用电子功能材料、互联与封装材料、工艺及辅助材料的制造，包括半导体材料、光电子材料、磁性材料、锂电池材料、电子陶瓷材料、覆铜板及铜箔材料、电子化工材料等。与发行人同行业的上市公司超华科技所属行业为计算机、通信和其他电子设备制造业。

综上所述，信达律师经核查后认为，发行人行业分类准确，不影响投资者的价值判断。

第二节　行业政策及其对持续经营的影响

《科创板公司招股说明书》格式准则第 50 条要求发行人应披露所属行业的行业主管部门、行业监管体制、行业主要法律法规政策及对发行人经营发展的影响。

一、 行业政策

产业政策指政府通过资源在各产业间和产业部门内部配置过程的干预调节市场机制的缺陷和不足，使资源得到合理配置，从而促进经济增长和优化经济结构的手段和策略。简单来说，就是国家鼓励哪些行业发展，不鼓励哪些行业发展的政策规定。

公司申请公开发行股票并上市，必须符合国家产业政策。国家鼓励和重点支持的产业将得到优先支持，以下产业（或业务）的发行上市将受到限制：

（1）国家限制发展和要求淘汰的产业；（详见国家发改委最新颁布的《产业结构调整指导目录》）

《产业结构调整指导目录》由鼓励、限制和淘汰三类目录组成。不属于鼓励类、限制类和淘汰类，且符合国家有关法律、法规和政策规定的，为允许类。允许类不列入《产业结构调整指导目录》。判断公司生产经营是否符合国家产业目录及具体产业政策的规定，一般不得为限制类或淘汰类。如果公司所属行业属于限制类，但是其募集资金并非用于该限制类投资项目，而是用于与之有关的技改、研发或营销，并不提高有关产品的产能，一般也不会构成实质性障碍。

（2）政策法规特别限制的业务，比如国家风景名胜区的门票经营权，报纸、杂志采编业务等。

二、 经营范围和资质

1. 审批

公司的经营范围可能涉及行政审批，需要取得有关批准，而行政审批又可分为前置审批和后置审批。在公司登记时，前置审批指的是公司申请登记时，经营项目需要有关部门先行批准。后置审批指的是公司申请登记时，经营项目不需要有关部门先行批准，而是在营业执照颁发后，公司实际从事该项目经营时才需取得有关部门批准。

2014年以来，国务院分三批审议决定将一些工商登记前置审批事项调整或明确为后置审批，并印发了《国务院关于取消和调整一批行政审批项目等事项的决定》（国发〔2014〕27号、国发〔2014〕50号、国发〔2015〕111号）。除法律另有规定和国务院决定保留的工商登记前置审批事项外，其他事项一律不作为工商登记前置审批。据此，国家工商总局梳理编制了《工商登记前置审批事项目录》（以下简称《目录》），对《目录》内事项，应当依法报经相关审批部门审批，凭许可文件、证件向工商部门申请登记。

2. 超出经营范围经营

根据《公司登记管理条例》第68条的规定，公司登记事项发生变更时，未依照本条例规定办理有关变更登记的，由公司登记机关责令限期登记；逾期不登记的，处以1万元以上10万元以下的罚款。其中，变更经营范围涉及法律、行政法规或者国务院决定规定须经批准的项目而未取得批准，擅自从事相关经营活动，应及时办理工商变更登记，需取得批准的经营项目应及时办理批准手续。

如果公司存在超出经营范围经营的情况而受到处罚的，可以由相关部门出具证明文件，说明情况，证明该行为不属于重大违法行为。

3. 分支机构经营范围

分支机构的经营范围不得超出公司的经营范围，但对于审批机关单独批准分支机构经营许可项目的，可以凭分支机构的许可经营项目的批准文件、证件申请增加相应经营范围，并在申请增加的经营范围后标注“分支机构经营”字样。

4. 经营资质

公司从事特殊行业或特殊业务的，应向有关主管部门申请取得有关资质许可方可开展经营。如食品生产企业一般需取得《食品生产许可证》《食品流通许可证》等。

三、 主营业务及其变化的判断

我国的创业板要求发行人主要经营一种业务，而科创板并没有这样的明确要求。但是，科创板要求企业具有科技创新性。

发行人需要清晰、准确、客观地披露主营业务、主要产品或服务的情况，包括：

（1）主营业务、主要产品或服务的基本情况，主营业务收入的主要构成；

（2）主要经营模式，如盈利模式、采购模式、生产或服务模式、营销及管理模式等，分析采用目前经营模式的原因、影响经营模式的关键因素、经营模式和影响因素在报告期内的变化情况及未来变化趋势。发行人的业务及其模式具有创新性的，还应披露其独特性、创新内容及持续创新机制；

（3）设立以来主营业务、主要产品或服务、主要经营模式的演变情况；

（4）主要产品的工艺流程图或服务的流程图。

科创板规则要求，发行人的主营业务在最近两年内没有发生重大不利变化。如果发生重大变化，将会体现在上述主营行业、产品和服务、主要客户和供应商、主营业务收入规模和构成、经营模式、工艺流程、核心技术、原材料等发生重大变化，如直销模式改变为经销模式，亦是重大变化。

证监会在创业板规则中将“一种业务”界定为“同一类别业务”或相关联、相近的集成业务。中介机构核查判断是否为“一种业务”时，应充分考虑相关业务是否系发行人向产业上下游或相关业务领域自然发展或并购形成，业务实质是否属于相关度较高的行业类别，各业务之间是否具有协同效应等，实事求是进行把握。这在判断创业板上市公司是否主要经营“一种业务”时适用，同时，在判断前后是否发生业务种类的重大变化时，亦可参考适用。一种业务之外经营其他不相关业务的，最近两个会计年度以合并报表计算同时符合以下标准：其他业务（另外一种业务）收入占营业收入总额不超过一定比例（30%）；其他业务利润占利润总额不超过一定比例（20%）。“技工贸”发展路径可以看作是同一种业务。

根据《证券期货法律适用意见》第 3 号：发行人报告期内存在对同一公司控制权人下相同、类似或相关业务进行重组情况的，如同时符合下列条件，视为主营业务没有发生重大变化：

（1）被重组方应当自报告期期初起即与发行人受同一公司控制权人控制，如果被重组方是在报告期内新设立的，应当自成立之日即与发行人受同一公司控制权人控制；

（2）被重组进入发行人的业务与发行人重组前的业务具有相关性（相同、类似行业或同一产业链的上下游）。

根据《上海证券交易所科创板股票发行上市审核问答》：对于同一控制下企业合并，发行人企业合并行为应按照《企业会计准则第 20 号——企业合并》相关规定进行处理。其中，同一控制下的企业合并，参与合并的企业在合并前后均受同一方或相同的多方最终控制且该控制并非暂时性的。

根据《〈企业会计准则第 20 号——企业合并〉应用指南》的解释，“同一方”

是指对参与合并的企业在合并前后均实施最终控制的投资者。“相同的多方”通常是指根据投资者之间的协议约定，在对被投资单位的生产经营决策行使表决权时发表一致意见的两个或两个以上的投资者。“控制并非暂时性”是指参与合并的各方在合并前后较长的时间内受同一方或相同的多方最终控制。较长的时间通常指一年以上（含一年）。

根据《企业会计准则实施问题专家工作组意见第1期》解释，通常情况下，同一控制下的企业合并是指发生在同一企业集团内部企业之间的合并。除此之外，一般不作为同一控制下的企业合并。

在对参与合并企业在合并前控制权归属认定中，如存在委托持股、代持股份、协议控制（VIE模式）等特殊情形，发行人应提供与控制权实际归属认定相关的充分事实证据和合理性依据，中介机构应对该等特殊控制权归属认定事项的真实性、证据充分性、依据合规性等予以审慎判断、妥善处理和重点关注。

四、大客户依赖对持续经营的影响

发行人存在客户集中度较高情形的，保荐机构应重点关注该情形的合理性、客户的稳定性和业务的持续性，督促发行人做好信息披露和风险揭示。

对于非因行业特殊性、行业普遍性导致客户集中度偏高的，保荐机构在执业过程中，应充分考虑该单一大客户是否为关联方或者存在重大不确定性客户；该集中是否可能导致其未来持续经营能力存在重大不确定性。

对于发行人由于下游客户的行业分布集中而导致的客户集中具备合理性的特殊行业（如电力、电网、电信、石油、银行、军工等行业），发行人应与同行业可比上市公司进行比较，充分说明客户集中是否符合行业特性，发行人与客户的合作关系是否具有一定的历史基础，是否有充分的证据表明发行人采用公开、公平的手段或方式独立获取业务，相关的业务是否具有稳定性及可持续性，并予以充分的信息披露。

针对因上述特殊行业分布或行业产业链关系导致发行人客户集中情况，保荐机构应当综合分析考量以下因素的影响：一是发行人客户集中的原因，与行业经营特点是否一致，是否存在下游行业较为分散而发行人自身客户较为集中的情况及其合理性；二是发行人客户在其行业中的地位、透明度与经营状况是否存在重大不确定性风险；三是发行人与客户合作的历史、业务稳定性及可持续性，相关交易的定价原则及公允性；四是发行人与重大客户是否存在关联关系，发行人的业务获取方式是否影响独立性，发行人是否具备独立面向市场获取业务的能力。

保荐机构如发表意见认为发行人客户集中不会对持续经营能力构成重大不利影响的，应当提供充分的依据说明上述客户本身不存在重大不确定性，发行人已与其建立长期稳定的合作关系，客户集中具有行业普遍性，发行人在客户稳定性与业务持续性方面没有重大风险。发行人应在招股说明书中披露上述情况，充分揭示客户集中度较高可能带来的风险。

五、 相关案例

案例一：昊海生科——行业政策制度对生产经营的影响

上海昊海生物科技股份有限公司（简称：昊海生科，股票代码688366）主要从事小容量注射剂、原料药、生物工程产品、Ⅲ类6822植入体内或长期接触体内的眼科光学器具、6864可吸收性止血、防粘连材料的研究、生产及货物及技术的进出口业务，医疗器械的经营，乙醇（无水）的批发（租用存储设施），化工原料及产品（除危险化学品）、化妆品的销售。

鉴于发行人在招股说明书的行业政策影响部分提到了国务院医改办、卫计委等鼓励医疗机构药品采购推行“两票制”和以上海为代表的地区推行“带量采购”的影响，于是监管机构请发行人披露现行的“两票制”、带量采购政策对发行人生产经营的具体影响，未来高值医用耗材等医疗器械可能实行的带量采购政策对发行人业务的具体影响，并在招股说明书中完善风险揭示。

发行人律师回复：

（1）现行的“两票制”、带量采购政策对发行人生产经营的具体影响，未来高值医用耗材等医疗器械可能实行的带量采购政策对发行人业务的具体影响。

①两票制对公司的影响。

2016年12月26日，国务院医改办、国家卫生计生委等多部门联合印发《关于在公立医疗机构药品采购中推行“两票制”的实施意见（试行）》（国医改办发〔2016〕4号），该意见明确“两票制”是指药品生产企业到流通企业开一次发票，流通企业到医疗机构开一次发票。

截至目前，各地区出台的“两票制”改革主要集中在药品流通领域。医疗器械领域的“两票制”目前在陕西省、福建省、安徽省等20多个省份的部分地区逐步推进实施。

公司的产品中仅玻璃酸钠注射液及外用重组人表皮生长因子两种产品为药品，其余产品均为医疗器械产品及医疗器械原材料。

如果未来“两票制”在医疗器械流通领域大范围严格推行，将会进一步影响发行人的销售模式及财务指标。“两票制”对公司经营主要影响分析如下：

A. 对销售模式的影响；

公司采取经销与直销并举的销售模式。在“两票制”下，从生产企业到流通企业开一次发票，流通企业到医疗机构开一次发票，传统的经销商将逐渐转变为产品专业服务商。部分医疗机构覆盖范围小，无配送能力，无法满足公司“两票制”下产品的销售需求的经销商将被淘汰。公司需逐步加强直销队伍建设，以填补原有经销商留下的销售空白，并积极开拓新市场。

B. 对财务指标的影响。

a）对营业收入、毛利率的影响：在“两票制”下，公司将以更接近终端中标价的价格将产品销售给配送商，由配送商销售给终端，在终端中标价格不变的情况下会使营业收入和毛利率相应提升；

b）对应收款项的影响：目前公司对于经销模式下的销售主要采用现款现货的方式进行结算，仅对少数信用较好的经销商给予一定的信用期，故应收款项较少。“两票制”模式下，配送商一般会要求公司提供3～6个月的信用期，如果“两票制”全面实施，公司应收款项规模将相应增加；

c）对销售费用的影响：“两票制”下，配送商不负责公司产品的市场推广及终端医院服务，转而由生产企业自主负责或委托专业服务商负责并由公司推广费用，如果“两票制”全面实施，公司需承担更多的市场推广及终端医院服务，市场费用相应会有所增加。

②带量采购对公司的影响。

2018年11月15日，以上海为代表的11个试点地区委派代表组成的联合采购办公室发布了《4+7城市药品集中采购文件》。其中规定：“根据已批准通过国家药品监督管理局仿制药质量和疗效一致性评价目录和化学药品新注册分类批准的仿制药品目录，经联采办会议通过，以及咨询专家，确定采购品种（指定规格）及约定采购量。”

截至目前，公司的产品均不在“4+7”带量采购目录中。

未来，随着“4+7”带量采购政策在11个试点城市的全部落地，全国非“4+7”试点城市也开始陆续跟进降价，未来高值医用耗材等医疗器械也可能实行带量采购政策。若公司产品未来被纳入带量采购范围，将对该等产品的销售形成一定的降价压力，但销售数量会有所增长。

③未来高值医用耗材等医疗器械可能实行的带量采购政策对发行人业务的具体影响。

医药企业生产经营各个方面均受各类地方、区域和国家法规的管制，包括药品或医疗器械产品生产商的许可及认证要求和程序、操作和安全标准，以及环境保护法规。随着医改方案、基本药物目录、医保目录、“两票制”、带量采购等重大行业政策的陆续出台，我国医药卫生体制改革正逐步深入开展，改革涉及药品，以及医疗器械的审批、注册、制造、包装、许可及销售等环节。报告期内，公司产品暂未执行带量采购，若未来高值医用耗材等医疗器械实行带量采购政策，可能造成公司产品价格下降，无法满足政府投标资格，产品招投标中落标或中标价格大幅下降等情况。此外，随着“两票制”在全国的推广实施，若未来“两票制”在医疗器械流通领域大范围严格推行，将会进一步影响公司的销售模式及财务指标。如果公司未能及时根据医药行业不断出台的监管政策进行自我调整，可能导致公司合规成本增加，产品需求减少，对公司的财务状况及经营业绩造成不利影响。

（2）律师经查阅“两票制”及带量采购政策相关政策文件，核查发行人主要产品类别，访谈公司高级管理人员，了解发行人产品是否适用于“两票制”及带量采购，分析“两票制”、带量采购政策对发行人生产经营的影响后，认为报告期内，“两票制”、带量采购政策未对发行人生产经营构成重大不利影响。未来高值医用耗材等医疗器械可能实行的带量采购政策将对发行人相关产品形成降价压力。

案例二：江苏天奈——国家政策对生产经营产生的影响和风险

江苏天奈科技股份有限公司（简称：天奈科技，股票代码688116），前身系天奈有限，成立于2011年1月6日，2017年12月28日按经审计的账面资产净值折股整体变更为股份有限公司，注册资本17389.359万元人民币。

公司的经营范围是纳米材料（纳米碳管、石墨烯）及其复合材料的研发、生产及销售本公司自产产品；提供本公司技术的技术服务、技术咨询、技术培训、技术转让。

招股说明书中陈述公司主要从事纳米级碳材料及相关产品的研发、生产及销售，是一家具有自主研发和创新能力的高新技术企业。公司产品包括碳纳米管粉体、碳纳米管导电浆料、石墨烯复合导电浆料、碳纳米管导电母粒等。

发行人在招股说明书的“第四节风险因素/二、经营风险”章节从产品结构与分类、产能布局及技术储备方面披露了国家新能源汽车补贴退坡政策对发行人生产经营产生的影响及风险。

于是监管机构就这一行业政策请发行人明确以下问题：

（1）补充披露报告期内，按照新能源汽车等下游应用领域划分的收入构成情况；

（2）补充说明并披露2019年3月26日财政部等四部委发布《关于进一步完善新能源汽车推广应用财政补贴政策的通知》（财建〔2019〕138号）对发行人主要产品的价格、竞争格局、市场容量、主要客户的资信状况及回款能力、发行人业绩的具体影响，是否构成发行人所处行业经营环境的重大变化，是否对发行人的持续经营能力构成重大不利影响。

发行人律师经查阅同行业公开披露数据，取得了相关行业报告，对发行人的技术、业务人员进行了访谈，取得了发行人对监管机构问题的说明。

发行人认为公司目前收入主要来源于动力锂电池领域。新能源汽车补贴退坡政策的实施将影响新能源汽车消费者的购车价格及其购车热情，导致新能源汽车产品销售价格下降，价格下降将由汽车厂商和汽车产业链供应商共同承担，补贴政策的退坡可能会对公司目前产品的销售价格产生不利影响。产能布局方面，公司目前碳纳米管导电浆料的产能为12000吨，并拟通过募投项目的实施新增18000吨产能。目前公司对产能的规划和布局主要是基于动力锂电池行业发展迅速且公司产品对传统导电剂的逐步替代效果良好，如果新能源汽车补贴退坡政策使得公司下游动力锂电池行业发展不及预期以致公司新增产能无法有效消化，可能会对公司的生产经营产生不利影响。

公司目前的研发方向为制备研发长径比更高、导电性能更好的碳纳米管，以满足未来动力锂电池对能量密度要求越来越高的需求。如果未来新能源汽车补贴退坡政策的实施使得锂电池作为现有新能源汽车电池的技术路线发生变化，公司存在相关前期研发投入无法有效转化为经营成果的风险。

律师综合发行人说明及核查结论，认为国内新能源汽车补贴新政策不构成发行人所处行业经营环境的重大变化，不会对发行人的持续经营能力构成重大不利影响。

第十章

资产完整性

第一节　资产独立及其主要影响因素

《科创板注册管理办法》第十二条要求发行人资产完整，不存在主要资产、专利技术、商标等的重大权属纠纷。生产型企业具备与生产经营有关的主要生产系统、辅助生产系统和配套设施，合法拥有与生产经营有关的主要土地、厂房、机器设备，以及商标、专利、非专利技术的所有权或者使用权，具有独立的原料采购和产品销售系统；非生产型企业具备与经营有关的业务体系及主要相关资产。

发行人应披露对主要业务有重大影响的主要固定资产、无形资产等资源要素的构成，分析各要素与所提供产品或服务的内在联系，是否存在瑕疵、纠纷和潜在纠纷，是否对发行人持续经营存在重大不利影响。发行人与他人共享资源要素的，如特许经营权，应披露共享的方式、条件、期限、费用等。

另外，科创板上市企业在资产方面有独特的要求。《科创板企业上市推荐指引》要求保荐机构应当优先推荐三大类科技创新型企业。《科创板注册管理办法》规定要优先支持符合国家战略，拥有关键核心技术，科技创新能力突出，主要依靠核心技术开展生产经营的企业。从已发布的核查要求及设立科技创新咨询委员会的动向来看，发行人是否拥有先进的核心技术将是影响其能否成功上市的关键因素之一。

发行人应披露主要产品或服务的核心技术及技术来源，结合行业技术水平和对行业的贡献，披露发行人的技术先进性及具体表征。披露发行人的核心技术是否取得专利或其他技术保护措施、在主营业务及产品或服务中的应用和贡献情况。

发行人应披露核心技术的科研实力和成果情况，包括获得的重要奖项、承担的重大科研项目、核心学术期刊论文发表情况等。发行人应披露正在从事的研发项目、所处阶段及进展情况、相应人员、经费投入、拟达到的目标；结合行业技术发展趋势，披露相关科研项目与行业技术水平的比较；披露报告期内研发投入的构成、占营业收入的比例。与其他单位合作研发的，还应披露合作协议的主要内容，权利义务划分约定及采取的保密措施等。

发行人应披露核心技术人员、研发人员占员工总数的比例，核心技术人员的学历背景构成，取得的专业资质及重要科研成果和获得奖项情况，对公司研发的具体贡献，发行人对核心技术人员实施的约束激励措施，报告期内核心技术人员的主要变动情况及对发行人的影响。

发行人应披露保持技术不断创新的机制、技术储备及技术创新的安排等。

案例一：嘉元科技——用于生产的房屋未办理产权登记的影响

广东嘉元科技股份有限公司（简称：嘉元科技，股票代码688388），法定代表人廖平元，公司注册资本23087.6万元人民币，2011年3月7日，发行人整体变更为股份公司并在梅州市工商局领取了股份公司营业执照。

公司主要从事各类高性能电解铜箔的研究、生产和销售，最终应用在新能源汽车、3C数码产品、储能系统、通讯设备、汽车电子等终端应用领域。同时，公司生产少量PCB用标准铜箔产品。发行人在招股说明书中披露，“截至本招股说明书签署之日，发行人已于2019年4月30日就其锅炉车间之房屋产权取得粤（2019）梅州市梅县区不动产权第0012034号《不动产权证》。发行人目前正常使用锅炉车间、机修车间；机修车间未取得产权证书对发行人的日常生产经营并未产生重大不利影响”。

发行人尚在办理机修车间相关房屋的产权登记。因机修车间所在土地已作为担保物抵押给贷款银行，相关土地使用权证原件由银行保管，为办理产权登记需向银行借出原件；截至本招股说明书签署之日，银行内部仍在审批相关证件原件借出事项。于是监管机构就“招股说明书披露，公司正在就其使用的锅炉车间、机修车间办理相关产权登记，该处房产为在发行人拥有使用权的土地上建造”请发行人披露以下信息：

（1）相关锅炉车间、机修车间是否对发行人日常生产经营产生重大影响；

（2）未办理产权登记的原因；

（3）是否存在无法办理，影响其使用状态的情况。

发行人律师回复：

（1）关于相关锅炉车间、机修车间对发行人生产经营的影响。

根据发行人说明，两车间主要情况如下：

①锅炉车间主要放置一套加热用电锅炉及一套高低压供电设备。电锅炉用于生产系统溶液的保温，仅在特定情况下需要开启，使用率低；高低压供电设备单独用于三厂车间水处理设备的供电，根据三厂生产所需来开启。

②机修车间主要用于配件加工、辊轴日常保养和五金材料储存。

经核查，发行人已于2019年4月30日就其锅炉车间之房屋产权取得粤（2019）梅州市梅县区不动产权第0012034号《不动产权证》。截至本补充法律意见书出具日，发行人正常使用锅炉车间、机修车间；机修车间未取得产权证书对发行人的日常生产经营未产生重大不利影响。

（2）关于未办理产权登记的原因。

根据发行人说明，发行人尚在办理机修车间相关房屋的产权登记。因机修车间所在土地已作为担保物抵押给贷款银行，相关土地使用权证原件由银行保管，为办理产权登记需向银行借出原件；截至本补充法律意见书出具日，银行内部仍在审批相关证件原件借出事项。

（3）关于是否存在无法办理，影响其使用状态的情况。

经律师核查发行人提供的建设工程规划许可证、竣工验收备案表等文件，发行人已就机修车间履行了报建、竣工验收等手续。律师认为，发行人的机修车间不存在无法办理房屋产权证书的实质性法律障碍。截至本补充法律意见书出具日，发行人正常使用该锅炉车间、机修车间，不存在影响其使用状态的情况。

根据梅州市梅县区住房和城乡规划建设局于2019年1月23日出具的证明，发行人及其子公司金象铜箔报告期内不存在违反国家和地方有关城乡规划法律、法规等规定的行为，不存在因违反国家和地方有关城乡规划法律、法规等规定而受到处罚。

律师经核查后认为，发行人机修车间未取得房屋产权证书未对发行人的生产经营产生重大不利影响；发行人取得机修车间相关房屋之产权证书不存在实质性法律障碍；机修车间尚未取得权属证书不会对本次发行构成障碍。

案例二：中国通号——资产无法取得产权证书及租赁房产无产权证书的影响

中国铁路通信信号股份有限公司（简称：中国通号，股票代码688009），2010年12月29日在北京市工商局注册登记，是依照《公司法》及其他有关规定，经国务院国资委《关于设立中国铁路通信信号股份有限公司的批复》（国资改革〔2010〕1492号）批准，由通号集团、诚通集团、中国国新、国机集团及中金佳成发起设立的股份有限公司，注册资本878981.9万元人民币。

公司的主营业务是在中国从事轨道交通控制系统工程。

截至2018年12月31日，发行人建筑面积合计392332.66平方米的房屋尚未取得所有权证，占自有房屋总面积的37.89%，其中建筑面积合计约10142.93平方米（占比0.98%）的房屋办理权属证书存在障碍；租赁房屋中建筑面积合计80899.21平方米（占1000平方米以上的租赁房屋总面积的46.71%）的房屋，出租方未能提供有效的房屋所有权证；面积合计370631平方米（占土地总面积的16.25%）的3宗土地为划拨地。

于是监管机构就以上未取得所有权的物业向发行人询问：

（1）公司及其下属企业生产经营用房及相关土地使用权办理权属登记的进展；

（2）公司房屋、土地使用权是否存在抵押？如是，披露抵押的基本情况，包括被担保债权情况、担保合同约定的抵押权实现情形、抵押权人是否有可能行使抵押权及其对公司生产经营的影响；

（3）铜仁划拨地的来源、实际用途、未来利用规划。

请保荐机构和发行人律师核查以下问题：

（1）发行人及其下属企业未办证房产取得权属证书是否存在法律障碍，是否存在被要求拆除的法律风险，对发行人正常生产经营是否存在不利影响；

（2）该等事项是否影响发行人的资产完整性和独立持续经营能力，是否构成本次发行上市的法律障碍，并发表明确核查意见。

发行人律师答复：

（1）公司及其下属企业生产经营用房及相关土地使用权办理权属登记的进展；

①根据发行人及其控股子公司生产经营用房及相关土地使用权的不动产权证书及说明，截至报告期期末，发行人及其控股子公司在境内拥有尚未取得房屋所有权证的房屋共有27项。

②根据发行人提供的书面资料及说明，发行人及其下属公司办理权属证书存在障碍的房屋共10项，截至本补充法律意见书出具之日，该等房屋的权属证书办理无进一步的进展。

（2）根据发行人提供的书面材料，截至报告期期末，发行人及其控股子公司拥有的房屋、土地使用权不存在抵押情况；

（3）发行人律师通过《国有建设用地划拨决定书》《建设用地规划许可证》《建设工程规划许可证》《建筑工程施工许可证》，以及铜仁市发展和改革委员会的项目立项文件，以及铜仁市环境保护局的环评批复文件、《开发合同》等详细介绍铜仁划拨地的来源、实际用途、未来利用规划；

（4）公司租赁房产的权属信息、证载用途或规划用途、用地性质；

根据发行人提供的资料，并经律师向出租方函证，截至报告期期末，发行人及其控股子公司在中国境内向第三方承租的建筑面积在1000平方米以上房屋的权属信息、证载用途或规划用途、用地性质的情况详见附件一。

（5）发行人及其下属企业未办证房产取得权属证书是否存在法律障碍，是否存在被要求拆除的法律风险，对发行人正常生产经营是否存在不利影响。

根据发行人提供的书面材料，截至报告期期末，发行人及其下属企业未取得房屋权属证书的房屋共计有27项，面积合计392332.66平方米。其中，对于正在办理权属证书的房屋，截至报告期期末，该等房屋报批、报建手续齐全，相关主体取得权属证书不存在实质性法律障碍。对于办理权属证书存在障碍的房屋，该等房屋建设手续不全，根据《中华人民共和国城乡规划法》等相关法律、法规、规范性文件的有关规定，未取得《建设工程规划许可证》或者未按照《建设工程规划许可证》的规定进行建设的，由县级以上地方人民政府城乡规划主管部门责令停止建设；尚可采取改正措施消除对规划实施的影响的，限期改正，处建设工程造价百分之五以上百分之十以下的罚款；无法采取改正措施消除影响的，限期拆除，不能拆除的，没收实物或者违法收入，可以并处建设工程造价百分之十以下的罚款。针对上述未取得产权证书的房产，通号集团已经出具承诺，本次发行完成后，如中国通号及其控股子公司因本次发行完成前持有的房产存在无法办理相关房产权属证书，或其他房产瑕疵情形，致使中国通号及其控股子公司在完善相关瑕疵房产法律手续过程中所产生的赔偿、罚款、税费等费用的，或因存在前述情况遭受包括但不限于赔偿、罚款、支出、利益受损等实际损失的，由通号集团负责解决由此发生的纠纷，并承担所产生的费用和开支，且在承担相关费用和开支后不向发行人或其控股子公司追偿，保证发行人或其控股子公司不会因此遭受损失。

综上所述，律师认为，截至报告期期末，上述正在办理权属证书的房屋报批、报建手续齐全，相关主体取得权属证书不存在实质性法律障碍；上述建设手续存在瑕疵的房屋建筑存在被政府主管部门责令整改、拆除及处以罚款的风险，但上述建设手续不全的房产面积为10142.93平方米，仅占中国通号及其控股子公司所有房屋面积的0.98%，且上述房产的主要用途包括办公、辅助用房、退休职工活动场所等，不涉及生产经营直接使用的厂房、科研用房等用途，可替代性较强，不会对公司的生产经营造成重大不利影响，且通号集团已经出具了上述承诺，因此，发行人上述房屋存在的建设手续瑕疵不构成本次发行上市的法律障碍。

根据发行人及其控股子公司提供的房产、土地权属证书及相关书面文件、租赁合同、租赁房屋权属证明文件、通号集团的承诺等材料并经律师函证，查询相关网站等，律师认为，发行人报告期内上述自有及租赁房产存在的尚未办理权属证书、未办理租赁备案等瑕疵事项不会影响发行人的资产完整性和独立持续经营能力，未构成本次发行上市的实质性法律障碍。

案例三：海尔生物医疗——使用实际控制人业务系统对发行人独立性的影响

青岛海尔生物医疗股份有限公司（简称：海尔生物，股票代码688139）成立于2005年10月28日，前身是青岛海尔特种电器有限公司，是海尔集团旗下海尔金控控股布局的生物科技产业，以建立物联网时代的生物科技综合解决方案生态品牌为愿景，以诚信生态、共享平台为价值观，以智敬生命、生物科技物联网生态价值创领者为使命，是专注于用户体验，始于低温存储、基于IoT平台转型的生物科技综合解决方案服务商。

报告期内，海尔集团曾授权发行人使用其管理系统。监管机构请发行人说明海尔集团业务系统对公司的重要性程度，无偿使用期结束后，发行人是否准备继续使用该业务系统，维护使用或新建系统的费用估算及其对公司生产经营的影响。

发行人律师回复：

1. 海尔集团业务系统对公司的重要性程度

根据发行人与海尔集团签署的《业务系统授权使用协议》，以及发行人的说明与承诺，发行人目前无偿使用海尔集团的人单合一系统（OMS）、模块商资源网（GO）、仓库管理系统（WMS）、制造执行系统（MES）、研发管理系统（PLM）、人力系统项下部分模块。对于上述系统，发行人拥有独立的系统权限，以发行人自身名义登录并使用系统，配合生产经营具体环节的执行。

上述授权系统承担了公司订单管理、采购管理、生产管理、成品出入库管理、研发管理等环节的部分具体职能，对发行人的生产经营的主要环节起到了支持作用，具有一定的重要性。

2. 系统未投入发行人的原因

根据发行人的说明与承诺，上述系统的最终所有权人为海尔集团，海尔集团本身不开展业务，但是负责系统的初始开发和后续运营维护，并根据海尔集团下属企业生产经营活动的具体需求，授权海尔集团下属企业使用相应系统。包括发行人在内的海尔集团下属企业目前均通过海尔集团授权的形式使用相关系统，因此未投入发行人。

3. 发行人未来对上述业务系统的使用规划

根据发行人的说明与承诺，若上述系统能够持续满足公司各项业务实际发展需求，在持续保证公司独立性经营的前提下，未来发行人仍计划继续使用上述业务系统。

根据公司与海尔集团于2018年8月30日签署的《业务系统授权使用协议》，相关系统授权有效期为3年，在授权协议到期终止前，双方可共同协商续签协议，以保证协议终止后发行人可继续按照协议约定的条款使用授权系统，且发行人无须承担系统的维护费用。

同时，海尔集团已经出具承诺，承诺在协议到期后，仍将无偿授权发行人使用上述系统，并承担相应的系统维护升级费用，确保公司未来仍然能够持续使用上述业务系统。

4. 关于系统维护使用费用的说明

根据公司与海尔集团于2018年8月30日签署的《业务系统授权使用协议》，发行人在协议有效期内无偿使用海尔集团系统，且使用期间的系统维护升级费用由海尔集团承担。此外，海尔集团已经出具承诺，承诺在协议到期后，仍将无偿授权发行人使用上述系统，并承担相应的系统维护升级费用，确保发行人未来仍然能够按照现有状态持续无偿使用上述业务系统。

综上所述，律师认为，发行人系无偿使用该等授权系统，且由海尔集团承担系统维护费用。

5. 发行人使用海尔集团业务系统对发行人独立性的影响

根据发行人的说明与承诺，发行人虽然使用海尔集团业务系统，但未对发行人独立性产生影响，理由如下：

(1) 公司自主制定了独立的采购、生产、销售、研发等管理制度并予以严格执行。公司根据自身业务模式，建立了《采购管理控制程序》《供应商管理（审核）流程》《国内市场经销商管理平台》等业务管理制度，并予以严格实施，相关业务制度中均已经明确了公司为采购、生产、研发、销售的责任主体，拥有独立自主的决策权；

(2) 报告期内，从实际业务情况来看，采购、生产、研发、销售等决策及审批均由公司独立作出和执行。对于上述经授权使用的业务系统，公司拥有独立的账号与权限，对存在与客户、供应商交互的OMS系统和GO系统，公司以“海尔生物医疗”的名义维护系统信息；

(3) 保密性条款的约定。《业务系统授权使用协议》已明确约定，在公司使用授权系统期间，未经公司事先书面同意，海尔集团公司不得擅自访问授权系统，或从授权系统中擅自提取与公司相关的任何信息，并应对授权系统中存储或传递的所有与公司相关的信息承担保密义务。

此外，根据发行人的说明与承诺，以及海尔集团的承诺，发行人系海尔集团内唯一从事生物医疗低温存储设备研发、生产和销售的主体，因此，海尔集团不存在使用发行人授权系统中的相关信息从事与发行人主营业务构成同业竞争的行为。

综上所述，发行人使用海尔集团业务系统未对独立性产生重大不利影响。

监管机构在第二轮问询中进一步对发行人询问：无偿使用海尔集团业务系统是否导致公司生产系统、辅助生产系统和配套设施不满足独立性要求，如何与海尔集团进行隔离，如何防止海尔集团查看修改相关业务数据，如何对系统超级管理员进行管理，如何进行系统的分级授权与管理，采用何种费用分担方式。

发行人律师回复：

(1) 根据发行人出具的说明与承诺，并经律师访谈发行人技术部门相关人员，发行人虽然使用海尔集团的部分业务系统，但发行人在授权业务系统中均拥有独立的账号及系统权限，相关业务流程均由发行人自主发起并独立完成审批，海尔集团及海尔集团内其他企业均无权干涉，发行人能够与海尔集团及海尔集团内其他企业实现有效隔离。

生产方面，发行人拥有或合法使用与生产经营相关的厂房、生产线、机器设备及配套设施，并独立实施生产计划制定、排产、生产过程管理、产品出入库等各项生产流程。发行人在生产过程中使用集团拥有的仓库管理系统及制造执行系统，上述系统仅对存货出入库、产品的生产过程进行记录，发行人独立对仓储及生产过程进行管理，因此上述系统的使用未影响或干涉发行人的生产过程和生产决策。

综上所述，发行人无偿使用海尔集团业务系统不会导致发行人生产系统、辅助生产系统和配套设施不满足独立性要求。

（2）另根据发行人出具的说明与承诺，并经律师访谈技术部门相关人员，发行人在与海尔集团进行隔离、防止海尔集团查看修改相关业务数据方面采取了以下措施：

①发行人建立了健全的内部信息管理制度并予以有效执行，发行人建立了《信息系统用户权限管理规范》《信息系统运维管理制度》《备份策略》《信息系统安全管理制度》等多项内部信息管理制度，并得到了有效执行。

发行人在授权业务系统中拥有独立的账号及系统权限，并且对业务信息实施源头控制。一旦业务信息录入系统并经确认，任何对于信息的修改必须由信息发起人向发行人的信息系统负责人申请权限，获批后方可对业务信息进行修改，任何对信息的修改都将在系统中留痕。发行人信息部门负责人不会批准包括海尔集团在内的任何非本公司人员对信息系统内业务数据的修改申请。此外，发行人会定期对业务数据进行备份，并协同相关部门对各系统数据情况进行检查。

②发行人与海尔集团签署的《业务系统授权使用协议》明确约定了海尔集团所承担的保密义务。

根据发行人与海尔集团签署的《业务系统授权使用协议》，以及发行人出具的说明与承诺，在发行人使用授权系统期间，未经发行人事先书面同意，海尔集团不得擅自访问授权系统，或从授权系统中擅自提取与公司相关的任何信息，并应对授权系统中存储或传递的所有与公司相关的信息，包括但不限于发行人的公司资料、业务信息、财务数据、技术资料、经营信息、商业秘密或者以任何其他形式的媒介或载体所传递的信息等承担保密义务。海尔集团因执行《业务系统授权使用协议》而从发行人取得、了解或接触到的任何资料和信息均为保密信息（能够从公开渠道接触或取得的信息除外），对具有重要经济及商业价值的保密信息，海尔集团承诺将采取各种合理的保密措施予以保密。未经发行人事先书面同意，海尔集团不得以任何目的使用该等保密信息，亦不得向任何第三方泄露、移交或转让保密信息。

③海尔集团出具的说明与承诺。

针对授权发行人使用业务系统事项，海尔集团已出具了说明与承诺："本集团严格遵守与授权系统相关的保密义务。在海尔生物医疗使用授权系统期间，本集团未通过上述系统干涉海尔生物医疗的研发、采购、生产、销售等各项生产经营活动，进而影响海尔生物医疗的独立性。未来，在未经海尔生物医疗事先书面同意的情形下，本集团将不会通过上述系统对海尔生物医疗相关业务数据进行查看或修改，并将持续保障海尔生物医疗的独立性。目前，本集团已经建立并实施了有效的系统分级授权与管理制度，对系统超级管理员开展了有效管理，能够保障海尔生物医疗持续独立的使用授权系统，确保海尔生物医疗与本集团及集团内其他企业有效隔离。"

综上所述，发行人建立了健全的内部信息管理制度并予以有效执行，海尔集团已出具承诺不会查看修改相关业务数据，并将持续保障海尔生物医疗的独立性。

（3）根据发行人出具的说明与承诺，并经律师访谈技术部门相关人员，发行人采取以下措施对系统超级管理员进行系统的分级授权与管理：

①对系统超级管理员的管理。

海尔集团系统的超级管理员账号、密码和使用权限被严格控制。账号由专人负责管理，密码由双人分段保管，在履行规定的审批程序后方可启用，且系统超级管理员仅能对系统配置进行查看或修改，不具备查看或修改业务操作数据的权限。在账号操作期间进行全程监控，包括双人在岗操作、录屏、操作留痕、操作日志与数据备份存档等。集团定期对存档的操作日志和数据进行审计，复核超级管理员账号使用的合规性。

②系统的分级授权与管理。

A. 账号类别与权限范围。

海尔集团为不同类别的账号划分了相应的权限范围，如表10－1所示。

表10－1　海尔集团为不同类别的账号划分相应的权限范围

账号类别	权限范围
超级账号	指拥有最高权限的静态账号，可以对系统所有配置进行查看、变更，但是无权限修改系统内的业务信息
特权账号	指经超级账号授权后，可查看、变更系统的某一部分功能，此类账户主要用于系统日常管理、维护和巡检，以及维护系统账号、凭证、权限等
普通账号	指允许业务人员使用而不影响系统配置的操作系统业务功能的账号
监控账号	监控系统使用的被监控系统的认证账号，除监控系统和相关运维人员外，任何人和系统不得使用此类账号
运维账号	运维人员用于登录系统进行系统运维操作的账号

B. 系统账号及权限的授权原则。

海尔集团基于以下原则对系统账号及权限进行授权管理：

账号统一原则：为便于落实和跟踪用户使用信息系统责任，对于同一用户，在不同的信息系统中，应分配和使用统一账号，即统一登录名称。

最小授权原则：为确保信息系统安全，防止过度授权导致的信息泄漏，在授权流程中仅授予用户能够正常执行业务流程操作的最小权限。

职责分离原则：为建立相互制约的机制，用户管理中的申请人员、审批人员、操作人员、审计人员应相互分离；开发人员和运维人员应相互分离，且开发人员不应有生产系统权限。

C. 系统账号及权限的授权审批流程。

任何系统账号及权限的开通与申请必须经过海尔集团信息管理部门的最终审批。海尔集团以业务主体（公司）为单位对使用系统的不同业务主体进行账号与权限的审批管理，各业务主体仅能提交本公司范围内账号与权限的开通申请，任何形式的跨公司交叉申请均不会被批准。

发行人员工在申请系统账号及相关权限时，应填写统一的审批表单，交由发行人信息技术负责人统一提交申请，并需经发行人业务部门负责人、海尔集团信息安全中心、海尔集团服务器组审批后方可使用。在整个授权审批流程中遵循了授权流程中的职责分离原则。

（4）根据发行人出具的说明与承诺，报告期内，发行人均无偿使用海尔集团上述业务系统，并由海尔集团承担相应的系统维护升级费用。根据双方于 2018 年 8 月 30 日签署的有效期为 3 年的《业务系统授权使用协议》，发行人在协议有效期内仍可无偿使用海尔集团上述业务系统，并由海尔集团承担相应的系统维护升级费用。此外，海尔集团已经出具承诺，承诺在《业务系统授权使用协议》到期后，集团仍将继续无偿授权公司使用上述系统，并承担相关的维护成本。

监管机构在第三轮问询中就共用业务系统再次向发行人询问：共用业务系统对发行人的重要性程度，海尔集团及其关联方使用集团业务系统的具体情况，相应的收费模式和管理制度，青岛海尔等海尔集团体系内各上市公司是否自建业务系统，是否亦存在共用集团业务系统的情况，共用系统的具体类别，是否免费使用，是否存在超级账号及其对应的管理机制。

（1）共用业务系统对发行人的重要性程度。

发行人拥有能够支持业务独立运营的自有系统，并独立承担该等系统运营及系统安全维护。发行人无偿使用海尔集团部分授权系统是为了进一步完善业务流程电子化，提高管理效率，该等系统对发行人的生产经营起到辅助性作用。集团授权系统与发行人自有系统间均未直接连接，相关数据由发行人手动导入自有系统，能够保证自有系统的独立性，使用相关系统并不会干涉和影响发行人业务的独立性。具体情况如下：

①发行人系统使用情况。

经律师访谈发行人的信息技术负责人，发行人拥有自有的 SAP－500 系统、财务管理系统、售后系统、物流系统，其中SAP－500系统包括销售模块、采购模块、生产模块、成本模块、财务模块，能够以财务流为核心，对发行人业务从销售订单的下达、采购需求的分析与采购、生产的执行，以及交付进行全流程的独立管理，实现了业务信息与财务信息的交换。发行人于2015年自行购置了SAP－500系统，并在报告期内持续使用。财务管理系统能够独立完成预算管理、费用管理、订单管理、报账管理、立项管理等各项财务管理工作；售后系统能够独立完成网点管理、工单管理、备件管理、回访管理、旧件管理等售后管理工作；可以通过物流系统独立完成物流供应商管理、运单执行管理、运费管理等物流相关工作。发行人对上述自有系统具有独立的管理权限，独立承担该等系统运营及系统安全维护。

同时为了进一步完善业务流程电子化，提升管理效率，发行人使用海尔集团的人单合一系统（OMS）、模块商资源网（GO）、仓库管理系统（WMS）、制造执行系统（MES）、研发管理系统（PLM）、人力系统项下部分模块。发行人无偿使用的集团授权系统主要是为实现相关业务环节的在线管理，对发行人生产经营起到辅助性作用，并且根据“海尔生物医疗产业化项目”的建设规划，发行人在搬迁至新工厂后，将使用自建生产、仓储、人力资源系统替代海尔集团的仓库管理系统（WMS）、制造执行系统（MES）和人力资源系统。

集团授权系统与发行人自有系统间均未直接连接，通过数据由发行人手动录入的形式实现信息传递，以保证自有SAP－500系统的独立性。各系统的信息流均最终汇总到公司最高管理层级核心集成系统SAP－500系统。

②相关系统的具体职能及与公司业务流程的关系。

根据发行人的说明并经律师访谈发行人的信息技术负责人，发行人所使用系统的具体职能及与公司业务流程的关系如表10－2所示。

表10－2　发行人所使用系统的具体职能及公司业务流程的关系

系统类型	系统名称	系统职能	系统承担职能与公司业务流程的关系
发行人自有	SAP－500系统	公司最高管理层级的核心集成系统，覆盖了销售、采购、生产、成本、财务等管理工作	SAP－500以财务流为核心，对业务从销售订单的下达、采购需求的分析与采购到生产的执行与交付实现全流程的独立管理
	财务管理系统	财务工作管理	发行人通过财务管理系统独立完成预算管理、费用管理、订单管理、报账管理、立项管理等各项财务管理工作
	售后系统	售后工作管理	发行人通过售后系统独立完成网点管理、工单管理、备件管理、回访管理、旧件管理等售后管理工作
	物流系统	物流工作管理	发行人通过物流系统独立完成物流供应商管理、运单执行管理、运费管理等物流相关工作

续表

系统类型	系统名称	系统职能	系统承担职能与公司业务流程的关系
授权使用	人单合一系统（OMS）	客户订单管理	发行人与境内主要经销商均签署了年度经销协议。发行人享有独立的系统管理权限，国内经销商通过 OMS 系统初始下单后，发行人将订单导出并手工录入自有 SAP－500 系统
	模块商资源网（GO）	采购工作管理	发行人拥有自己的供应商名录并独立开展供应商管理，发行人与主要供应商均签署了采购框架协议。发行人享有独立的系统权限，以自身名义通过 GO 平台发布线上供应商招标、比价信息
	仓库管理系统（WMS）	产成品出入库管理	发行人享有独立的系统管理权限；发行人对产成品下线入库、发货出库进行管理
	制造执行系统（MES）	产品生产过程管理	发行人享有独立的系统管理权限；发行人对自有产品生产加工过程进行管理
	研发管理系统（PLM）	研发工作流程管理	发行人搭建了自有的研发设计平台；在 PLM 系统享有独立的系统管理权限，在系统中进行新品立项、研发项目执行的跟踪管理
	人力系统	人力资源管理	发行人享有独立的系统管理权限；通过人力系统开展人力资源管理相关工作

（2）海尔集团及其关联方使用集团业务系统的具体情况、相应的收费模式和管理制度。

根据海尔集团出具的说明，为了提高管理效率，海尔集团授权集团下属企业根据业务实际需要无偿使用相应系统。

经律师核查，海尔集团制定了《海尔集团信息系统用户权限管理规范——用户规范》《海尔集团信息系统用户权限管理规范——运维规范》等相关制度对业务系统及授权行为进行严格管理，确保各授权主体能够独立、安全使用相关业务系统，如图 10－1 所示，实现各主体间信息的完全隔离。

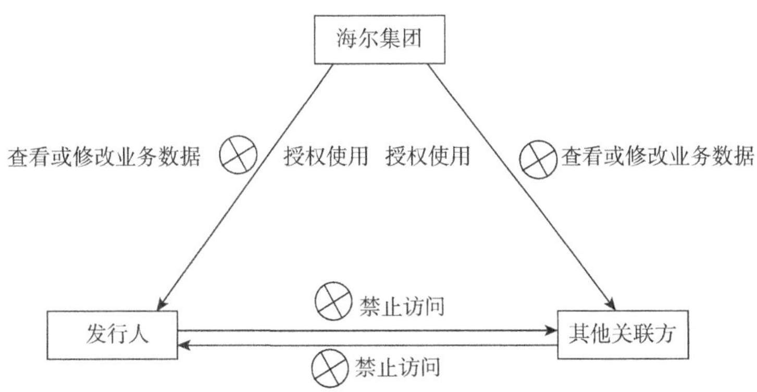

图 10－1　各授权主体独立、安全使用海尔集团业务系统示意

海尔集团以业务主体（公司）为单位对使用系统的不同业务主体进行账号与权限的审批管理，各业务主体仅能提交本公司范围内账号与权限的开通申请，任何形式的跨公司交叉申请均不会被批准。集团内各公司在授权业务系统中均拥有独立的账号及系统权限，使用授权系统时，相关业务流程由各公司自主发起并独立完成审批，海尔集团及海尔集团内其他企业无权干涉。

（3）青岛海尔等海尔集团体系内各上市公司是否自建业务系统，是否亦存在共用集团业务系统的情况，共用系统的具体类别是什么，是否免费使用？

经律师核查，海尔集团下属上市公司包括青岛海尔（已更名为“海尔智家股份有限公司”）、海尔电器集团有限公司（以下简称海尔电器）、星普医科的核心业务系统均为独立自建。

根据海尔集团及相关方的说明，为了提高管理效率，海尔集团成员企业（包括上市公司）可以根据需要选择无偿使用海尔集团信息系统。目前，除海尔集团于2019年收购的星普医科外，青岛海尔、海尔电器的部分业务无偿使用海尔集团的人单合一系统（OMS）、模块商资源网（GO）。

（4）是否存在超级账号及其对应的管理机制？

根据海尔集团出具的说明，对于发行人所使用海尔集团系统，海尔集团拥有对相关系统的超级账号，并对超级账号进行统一管理。根据海尔集团信息管理制度，超级账号为拥有最高权限的静态账号，可以对系统配置进行优化升级，但是无权限查看或修改系统内的业务信息。海尔集团制定了相关制度对超级账号进行严格管理。

根据海尔集团信息管理制度，集团对超级账号进行统一管理，系统的超级管理员账号、密码和使用权限被严格控制。账号由专人负责管理，密码由双人分段保管，在履行规定的审批程序后方可启用，且系统超级管理员仅能对系统配置进行查看或修改，不具备查看或修改业务数据的权限。在账号操作期间进行全程监控，包括双人在岗操作、录屏、操作留痕、操作日志与数据备份存档等。集团定期对存档的操作日志和数据进行审计，复核超级管理员账号使用的合规性。

综上所述，对于集团自有系统，海尔集团拥有超级账号，并对超级账号进行统一管理。

（5）海尔集团出具的相关承诺。

针对授权发行人使用业务系统事项，海尔集团出具如下承诺：“本集团严格遵守与授权系统相关的保密义务。在海尔生物医疗使用授权系统期间，本集团未通过上述系统干涉海尔生物医疗的研发、采购、生产、销售等各项生产经营活动，进而影响海尔生物医疗的独立性。未来，在未经海尔生物医疗事先书面同意的情形下，本集团将不会通过上述系统对海尔生物医疗相关业务数据进行查看或修改，并将持续保障海尔生物医疗的独立性。目前，本集团已经建立并实施了有效的系统分级授权与管理制度，对系统超级管理员开展了有效管理，能够保障海尔生物医疗持续独立的使用授权系统，确保海尔生物医疗与本集团及集团内其他企业有效隔离。"

综上所述，发行人拥有能够支持业务独立运营的自有系统，并独立承担该等系统运营及系统安全维护。发行人无偿使用海尔集团部分授权系统是为了进一步完善业务流程电子化，提高管理效率，该等系统对发行人的生产经营起到辅助性作用。集团授权系统与发行人自有系统间均未直接连接，相关数据由发行人手动导入自有系统，能够保证自有系统的独立性，使用相关系统并不会干涉和影响发行人业务的独立性。为了提高管理效率，海尔集团授权集团下属企业根据业务实际需要无偿使用相应系统。海尔集团制定了多项制度对业务系统及授权行为进行严格管理，确保各授权主体能够独立、安全使用相关业务系统，实现各主体间信息的完全隔离。海尔集团下属上市公司青岛海尔、海尔电器、星普医科的核心业务系统均为独立自建。目前，除海尔集团于2019年收购的星普医科外，青岛海尔、海尔电器的部分业务无偿使用海尔集团的人单合一系统（OMS）、模块商资源网（GO）。对于发行人所使用海尔集团系统，海尔集团拥有相关系统的超级账号，并建立了严格的管理机制对超级账号进行统一管理。另外，发行人在搬迁至新工厂后，将使用自建生产、仓储、人力资源系统替代海尔集团的仓库管理系统（WMS）、制造执行系统（MES）和人力资源系统。

第二节 无形资产取得方式

申报科创板的IPO企业拥有的核心技术通常是通过自主研发、转让和授权方式取得，但是，核心技术来源的确定性和稳定性对企业经营业务会产生重大影响，需要进行核实。

一、自主研发的原始取得方式

核心技术如果是自主研发，则要关注从无到有的研发过程，即从研发资金、团队，研发从立项到执行的活动，设备、零部件、原材料和技术资料等角度来论证核心技术是否为自主研发。同时，还要关注是否属于核心技术研发人员原用人工作单位的职务发明。

在履行本职工作、单位交付的其他任务中作出的发明创造，或者在退职、退休或者调动工作后一年内作出的与其在原单位承担的本职工作或者原单位分配的任务有关的发明创造均为职务发明创造。

《专利法》所述的物质技术条件是指单位的资金、设备、零部件、原材料或者不对外公开的技术资料等，本单位是指发明人隶属单位、借调单位、聘请单位，发明创造的完成“主要是”利用了本单位的物质技术条件，即全部或者大部分利用了单位的物质技术条件，且这种利用对发明创造而言是必不可少的、起决定性作用的条件。如果发明人或设计人仅少量利用本单位的物质技术条件，而且这种利用对发明创造的完成的关系不大或者没有起到决定性的作用，则该发明创造不认为是职务发明创造。

对是否存在职务发明的核查关注重点如下：

（1）核心技术人员掌握该核心技术或产权登记的时间；

（2）核心技术人员与原单位签订的劳动合同、技术保密协议及竞业限制协议；

（3）如果通过以上方式不能得出明确结论，则可以从原单位或/及发行人所提供物质技术条件来证明；

（4）最后，能够直接降低重大不利风险的方式是取得该核心技术人员原单位就该项核心技术非原单位之职务发明创造的专项说明或确认函。

二、 转让取得的方式

若核心技术来源于转让，应重点关注以下内容：

（1）转让方所拥有的核心技术权属是否清晰，是否拥有该技术完整的权利，以及该核心技术是否存在任何权利限制而被禁止转让的情形；

（2）检查转让合同等文件是否存在限制性或前提性条件等条款，并对这些条款是否会对企业经营造成重大不利影响进行论证和评估；

（3）核查核心技术权属变更登记手续情况；

（4）核查核心技术受让价格的公允性，排除通过技术转让进行不正当利益输送等情形。

三、 授权使用的方式

如发行人的核心技术系通过授权使用的方式取得，则应重点关注以下内容：

（1）与转让相类似，应首先核查授权文件及权属情况、授权范围和内容、期间；

（2）该技术已经投入使用情况，对未来生产经营的重大影响，是否存在重大不利影响，是否有可持续性，是否可以自研技术进行替代；

（3）如果能够证明发行人可以独立研发替代技术，则可以证明其对该类技术不存在重大依赖，从而降低了重大不利风险。

如果发行人的控股股东或实际控制人未将与发行人主营业务相关的土地、房产、机器设备、商标等资产投入企业，则难免产生关联交易，从而使资产独立性产生影响。

发行人存在从控股股东、实际控制人租赁或授权使用资产的，中介机构应当予以关注。存在以下两种情况的：一是生产型企业的发行人，其生产经营所必需的主要厂房、机器设备等固定资产系向控股股东、实际控制人租赁使用；二是发行人的核心商标、专利、主要技术等无形资产是由控股股东、实际控制人授权使用，中介机构应结合相关资产的具体用途、对发行人的重要程度、未投入发行人的原因、租赁或授权使用费用的公允性、是否能确保发行人长期使用、今后的处置方案等，充分论证该等情况是否对发行人资产完整和独立性构成重大不利影响，督促发行人做好信息披露和风险揭示，并就发行人是否符合科创板发行条件审慎发表意见。

四、相关案例

案例一：安集科技——合作研发成果归属

安集微电子科技（上海）股份有限公司（简称：安集科技，股票代码688019）成立于2006年2月7日，由安集有限整体变更而来，公司注册资本3983.128万元人民币，经营范围是集成电路用相关材料的研究、设计、生产、销售自产产品，并提供相关的技术服务与技术咨询。

报告期内发行人与上海大学、华东理工大学、苏州市永达氨基酸厂、长江存储科技有限责任公司和RHODIAOPERATIONS等机构合作研发相关技术，其中发行人与上海大学、华东理工大学的合作均已到期，与苏州市永达氨基酸厂和长江存储科技有限责任公司主要是采购、销售产品过程中的技术合作。

就发行人的研发费用问题，监管机构要求说明：

（1）与上海大学、华东理工大学合作研发的具体成果是否形成了专利或非专利技术，相关技术成果权利归属与许可使用情况，相关技术成果的应用领域，是否为发行人业务所需的核心技术；与上海大学合作研发协议中关于研发成果权利归属与许可使用的约定；

（2）RHODIAOPERATIONS的科研背景，与其合作研发的技术是否属于核心技术或对核心技术起到重要作用的辅助技术，目前合作研发进度与成果情况，研发成果权利归属与许可使用的约定；

（3）相关合作研发的费用总额与具体费用支付情况，与供应商、客户之间的合作研发是否涉及发行人核心技术、产品配方等机密，发行人是否采取了积极有效的保密措施；相关合作研发是否对发行人自主掌握核心技术与核心技术保密构成重大不利影响。

发行人律师回复：

（1）与上海大学、华东理工大学合作研发的具体成果是否形成了专利或非专利技术，相关技术成果权利归属与许可使用情况，相关技术成果的应用领域，是否为发行人业务所需的核心技术；与上海大学合作研发协议中关于研发成果权利归属与许可使用的约定。

①与上海大学、华东理工大学合作研发的具体成果是否形成了专利或非专利技术，相关技术成果权利归属与许可使用情况，相关技术成果的应用领域，是否为发行人业务所需的核心技术。

A. 与上海大学的合作研发。

根据律师与公司研发人员的访谈，发行人与上海大学合作研发的具体成果是研究开发了溶胶型氧化铈磨料，并在氧化物抛光液中应用。

本次合作研发提交了1项发明专利申请，尚在申请过程中，具体情况如表10－3所示。

表10－3　与上海大学合作研发成果专利情况

序号	专利申请名称	专利申请号	专利权人	申请日期
1	氧化铈纳米介孔球的制备方法	201711382372.5	发行人、上海大学	2017/12/20

根据安集有限、上海安集与上海大学签署的《科研项目合作协议书》，在项目执行过程中形成的科技成果及知识产权归安集有限所有。上述发明专利“氧化铈纳米介孔球的制备方法”的专利权人为发行人与上海大学，系为完成项目验收要求，发行人同意上海大学成为该项非核心专利的权利人，对于该项非核心专利，双方对权利的行使未做约定。

该技术成果的应用领域为抛光液，上述发明专利不属于发行人业务所需的核心技术。

B. 与华东理工大学的合作研发。

根据律师与公司研发人员的访谈，发行人与华东理工大学合作研发的具体成果是研究开发了超纯电子级柠檬酸，并用于抛光液和清洗液的优化升级。

本次合作研发提交2项发明专利申请，均在申请过程中，具体情况如表10－4所示。

表10－4　与华东理工大学合作研发的成果专利情况

序号	专利申请名称	专利申请号	专利权人	申请日期
1	一种电子级柠檬酸的制备方法	201711452572.3	上海安集、华东理工大学	2017/12/28
2	一种电子级柠檬酸的制备方法	201711452747.0	上海安集、华东理工大学	2017/12/28

根据上海安集与华东理工大学签署的《技术开发合同》，项目执行过程中，形成的科技成果及知识产权归双方共用，技术开发成果的技术秘密使用权、转让权归双方共有。如果5年内上海安集未量产，允许双方共同转让。该类技术成果的应用领域为抛光液、清洗液，上述发明专利不属于发行人业务所需的核心技术。

②与上海大学合作研发协议中关于研发成果权利归属与许可使用的约定。

根据上海安集与上海大学签署的《上海大学——安集微电子新材料联合研发中心合作框架协议》，上海安集与上海大学合作开发的各类技术成果归双方共同所有，对于技术成果的产业化，上海安集拥有优先于其他实体的权力，经双方同意后才可以向第三方转移技术。双方将联合申请各类专利等知识产权，具体分配方式根据具体项目另签协议。

根据安集有限、上海安集与上海大学签署的《科研项目合作协议书》，在项目执行过程中形成的科技成果及知识产权归安集有限所有，上海大学研发人员享有其完成相关成果所发表的论文及申请的专利等的署名权。上海大学在发表论文或以其他任何形式使用本项目成果时，应在事前获得安集有限书面许可，具体利益分享方式和比例三方另行商定。

综上所述，律师认为，与上海大学、华东理工大学合作研发的具体成果已说明正在申请相关专利；相关技术成果权利归属与许可使用情况已说明，相关技术成果的应用领域已说明，不属于发行人业务所需的核心技术；与上海大学合作研发协议中关于研发成果权利归属与许可使用的约定已说明。

（2）RHODIAOPERATIONS的科研背景，与其合作研发的技术是否属于核心技术或对核心技术起到重要作用的辅助技术，目前合作研发进度与成果情况，研发成果权利归属与许可使用的约定。

①RHODIAOPERATIONS的科研背景。

根据公司的说明，RHODIAOPERATIONS 是一家从事无机材料化学方面的公司，在颗粒悬浮液的制备方法和用途方面具备专门技术。RHODIAOPERATIONS 能提供发行人在产品中定制化原材料，因此双方签署了《联合开发协议》。

②合作研发的技术是否属于核心技术或对核心技术起到重要作用的辅助技术，目前合作研发进度与成果情况。

根据公司的说明，RHODIAOPERATIONS 能提供发行人在产品中定制化原材料，不属于核心技术或对核心技术起到重要作用的辅助技术。双方正在针对定制化原材料进行测试，目前尚未有成果。

③研发成果权利归属与许可使用的约定。

A. 研发成果权利归属：

根据 RHODIAOPERATIONS 和上海安集签署的《联合开发协议》（《JointDevelopment Agreement》）约定，双方应共同拥有所有共同成果，并应研究保护这些成果的最佳方法。如果双方选择为任何共同成果申请专利，双方应确定申请专利的一方，并可以以自己的名义，在双方共同约定的有关国家提交包含该等共同成果的专利申请，以及采取与该等专利申请和所有与将被授予专利的起诉、维权和辩护有关的一切行动。双方应平均分摊申请方为此目的而产生的所有外部费用。各方有权以自身名义并在自行承担费用的情况下，在另一方不愿提交专利申请的国家提交包含共同成果的专利申请。

B. 研发成果许可使用：

根据 RHODIAOPERATIONS 和上海安集签署的《联合开发协议》（《JointDevelopment Agreement》）约定，RHODIAOPERATIONS 可在无须向上海安集作出解释的情况下直接或间接地自由使用任何 RHODIAOPERATIONS 成果；上海安集可在无须向 RHODIAOPERATIONS 作出解释的情况下，直接或间接地自由使用任何上海安集成果。双方应能够自由地使用任何共同成果，出于该等目的，申请方应向另一方授予任何专利申请及将要授予的任何专利的非独占性且免费的许可。

综上所述，律师认为，RHODIAOPERATIONS 的科研背景已说明与其合作研发的技术不属于核心技术或对核心技术起到重要作用的辅助技术，目前合作研发进度与成果情况，研发成果权利归属与许可使用的约定已说明。

（3）相关合作研发的费用总额与具体费用支付情况，与供应商、客户之间的合作研发是否涉及发行人核心技术、产品配方等机密，发行人是否采取了积极有效的保密措施；相关合作研发是否对发行人自主掌握核心技术与核心技术保密构成重大不利影响。

相关合作研发的费用总额与具体费用支付情况。

律师审阅了相关合作研发的协议，取得了上述合作研发项目的银行流水凭证。相关合作研发的费用总额与具体费用支付情况如表10-5所示。

表10-5 研发费用支付情况

合作方	起止日期	合作协议的主要内容	协议约定的研发费用总额	具体费用支付
上海大学	自2015年5月1日至2018年4月30日	重点研发以纳米科技为核心的新材料产品，同时为产品研发提供战略分析及分析检测支持	研发费用总额根据项目的大小和周期而定。上海安集资金主要用于项目研发及产品分析检测，上海大学资金主要用于中心日常办公运行，上海安集提供启动运行费用5万元 根据上海市经济和信息化委员会的批准，给予项目主要承担单位（安集有限）和合作单位（上海大学）以下支持：专项资金支持安集有限150万元，安集有限由自筹资金支持上海大学研发经费75万元	上海安集已支付了5万元；发行人已支付了75万元
华东理工大学	自2015年8月15日至2017年8月14日	研究开发柠檬酸的纯化新技术	项目研究开发经费和报酬合计30万元	发行人已支付华东理工大学20万元，在华东理工大学将项目数据优化到发行人的标准后会支付后续10万元
苏州市永达氨基酸厂	自2017年11月23日至六年后为止	甘氨酸产品项目技术合作	项目合作费为300万元	宁波安集已支付了苏州市永达氨基酸厂10万元
RHODIA OPERATIONS	自2018年9月14日至五年内完成	开发用于集成电路器件半导体材料（例如晶圆）的化学机械平坦化的工艺和产品中的配方	各方应承担各自因本项目而产生的直接或间接成本和费用。RHODIA-OPERATIONS根据其向上海安集提供的样品数量，要求向上海安集收取所提供样品的成本	尚未有费用支出
长江存储	自2018年12月28日起五年	双方共同研发合同项下的抛光液达到预期工艺要求	费用及支付方式由双方另行确定，目前尚未有明确的约定	尚未有费用支出

第十一章

关联交易与同业竞争

发行人的主营业务应当保持稳定，并独立于控股股东、实际控制人及其控制的其他企业，与控股股东、实际控制人及其控制的其他企业间不存在对发行人构成重大不利影响的同业竞争或者显失公平的关联交易。

发行人应披露是否存在与控股股东、实际控制人及其控制的其他企业从事相同、相似业务的情况。如存在，应对不存在对发行人构成重大不利影响的同业竞争作出合理解释，并披露发行人防范利益输送、利益冲突及保持独立性的具体安排等。发行人应披露控股股东、实际控制人作出的避免新增同业竞争的承诺。

关联交易常常被用来粉饰报表，操纵业绩，故一直是重点关注事项之一。发行人应根据交易的性质和频率，按照经常性和偶发性分类披露关联交易及关联交易对其财务状况和经营成果的影响。

第一节　关联关系和关联交易

一、关联交易的认定及依据

《公司法》《企业会计准则》《上海证券交易所股票上市规则》《上海证券交易所科创板股票上市规则》对关联交易相关事项都有相关规定，在实际发行审核过程中这些规定可以作为参考依据。

《公司法》规定："关联关系是指公司控股股东、实际控制人、董事、监事、高级管理人员与其直接或者间接控制的企业之间的关系，以及可能导致公司利益转移的其他关系。但是，国家控股的企业之间不能因为同受国家控股而被认定为具有关联关系。"

财政部颁布的新《企业会计准则第36号——关联方披露》对关联方的定义为：一方控制、共同控制另一方或对另一方施加重大影响，以及两方或两方以上同受一方控制、共同控制或重大影响的，构成关联方。其中，控制是指有权决定一个企业的财务和经营政策，并能据以从该企业的经营活动中获取利益。根据《上市公司收购管理办法》的规定，控制的认定主要是从“持股50%以上、可以实际支配表决权超过30%、能够决定公司董事会半数以上成员选任、可实际支配的股份表决权足以对股东会决议产生重大影响”四方面进行。

共同控制是指按照合同约定对某项经济活动进行共同的控制，仅在与该项经济活动相关的重要财务和经营决策需要分享控制权的投资方一致同意时存在。

重大影响是指对一个企业的财务和经营决策有参与决策的权力，但并不能控制或者与其他方一起共同控制这些政策的制定。仅仅同受国家控制而不存在其他关联方关系的企业不构成关联方。

根据《上海证券交易所股票上市规则（2012年修订）》第十章的规定，上市公司的关联人包括关联法人和关联自然人。

具有下列情形之一的法人或者其他组织为上市公司的关联法人，如图11－1所示。

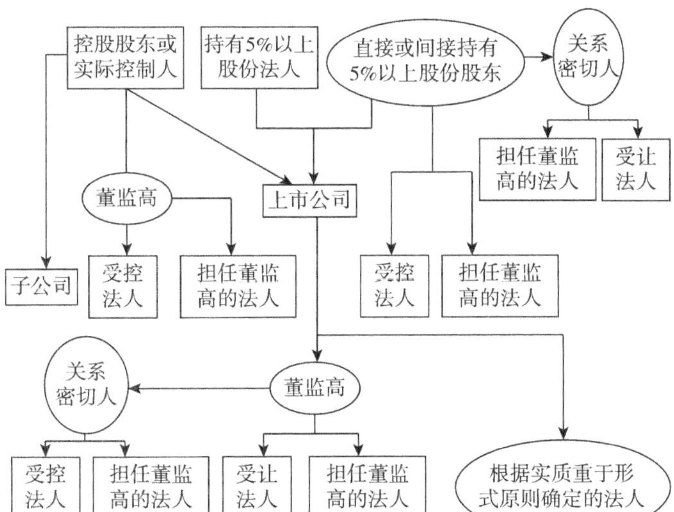

图11－1　法人关联关系

（1）直接或者间接地控制上市公司的法人或者其他组织；

（2）由前项所述法人直接或者间接控制的除上市公司及其控股子公司以外的法人或者其他组织；

（3）上市公司的关联自然人直接或间接控制的，或者担任董事、高级管理人员的，除上市公司且其控股子公司以外的法人或者其他组织；

（4）持有上市公司5%以上股份的法人或者其他组织；

（5）证监会、证券交易所或者上市公司根据实质重于形式的原则认定的其他与上市公司有特殊关系，可能或者已经造成上市公司对其利益倾斜的法人或者其他组织。

具有下列情形之一的自然人，为上市公司的关联自然人，如图11－2所示。

（1）直接或者间接持有上市公司5%以上股份的自然人；

（2）上市公司董事、监事及高级管理人员；

（3）直接或者间接地控制上市公司的法人或者其他组织的董事、监事及高级管理人员；

（4）本条第（1）项、第（2）项所述人士的关系密切的家庭成员，包括配偶、父母及配偶的父母、兄弟姐妹及其配偶、年满18岁的子女及其配偶、配偶的兄弟姐妹和子女配偶的父母；

（5）中国证监会、证券交易所或者上市公司根据实质重于形式的原则认定的其他与上市公司有特殊关系，可能造成上市公司对其利益倾斜的自然人。

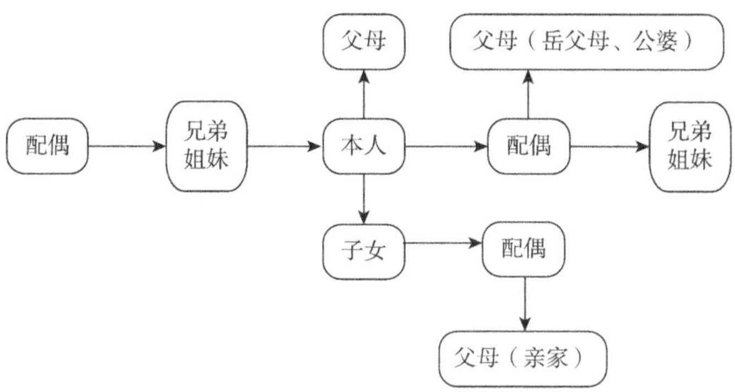

图11－2　自然人关联关系

具有以下情形之一的法人或其他组织或者自然人视同上市公司的关联人：

（1）根据与上市公司或者其关联人签署的协议或者作出的安排，在协议或者安排生效后，或在未来十二个月内，将具有关联关系情形的；

（2）过去十二个月内，曾经具有关联关系情形的。

上市公司董事、监事、高级管理人员、持股5%以上的股东及其一致行动人、实际控制人，应当将其与上市公司存在的关联关系及时告知公司，并由公司报交易所备案。

根据《上海证券交易所科创板股票上市规则》，关联交易披露标准如下：

上市公司与关联人发生的交易（提供担保除外）达到下列标准之一的，应当及时披露：

（1）与关联自然人发生的成交金额在30万元以上的交易；

（2）与关联法人发生的成交金额占上市公司最近一期经审计总资产或市值0.1%

以上的交易，且超过300万元。

上市公司与关联人发生的交易金额（提供担保除外）占上市公司最近一期经审计总资产或市值1%以上的交易，且超过3000万元，应当提供评估报告或审计报告，并提交股东大会审议。

《企业会计准则第36号——关联方披露》第四条规定下列各方构成企业的关联方，如图11－3所示。

（1）该企业的母公司；

（2）该企业的子公司；

（3）与该企业受同一母公司控制的其他企业；

（4）对该企业实施共同控制的投资方；

（5）对该企业施加重大影响的投资方；

（6）该企业的合营企业；

（7）该企业的联营企业；

（8）该企业的主要投资者个人及与其关系密切的家庭成员。主要投资者个人是指能够控制、共同控制一个企业或者对一个企业施加重大影响的个人投资者；

（9）该企业或其母公司的关键管理人员及与其关系密切的家庭成员；

关键管理人员是指有权力并负责计划、指挥和控制企业活动的人员。

与主要投资者个人或关键管理人员关系密切的家庭成员是指在处理与企业的交易时可能影响该个人或受该个人影响的家庭成员。

（10）该企业主要投资者个人、关键管理人员或与其关系密切的家庭成员控制、共同控制或施加重大影响的其他企业。

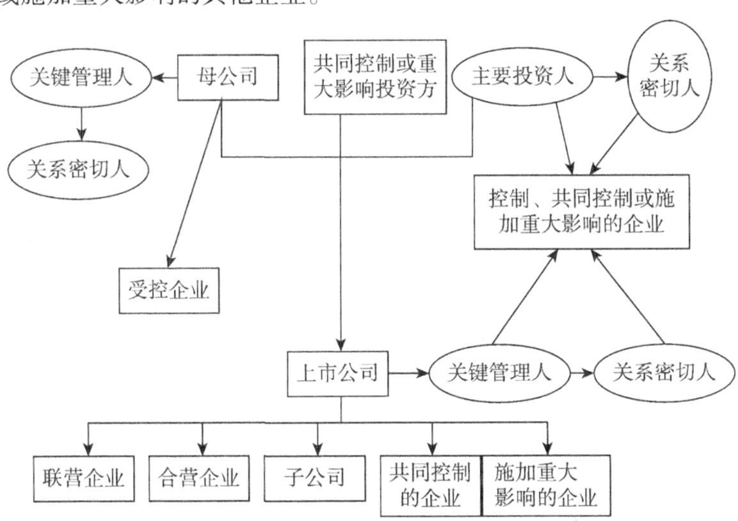

图11－3　企业关联关系

根据《会计准则》，仅与企业存在下列关系的各方，不构成企业的关联方：

（1）与该企业发生日常往来的资金提供者、公用事业部门、政府部门和机构；

（2）与该企业发生大量交易而存在经济依存关系的单个客户、供应商、特许商、经销商或代理商；

（3）与该企业共同控制合营企业的合营者。

根据《上市公司信息披露管理办法》的规定，中国证监会监管和规范的关联方是指能够控制上市公司或影响上市公司的决策而损害上市公司利益的各方，在这里不包括上市公司的子公司、合营企业、联营企业。根据此精神，对重要的子公司参股股东亦应进行相应核查。

关联交易是指关联方之间转移资源、劳务或义务的行为，而不论是否收到价款。根据《企业会计准则第36号——关联方披露》和《上海证券交易所股票上市规则(2012年修订)》规定，关联交易的类型主要包括以下几点：

（1）购买或者出售资产；

（2）对外投资（含委托理财、委托贷款、对子公司投资等）；

（3）提供财务资助；

（4）提供担保；

（5）租入或者租出资产；

（6）签订管理方面的合同（含委托经营、受托经营等）；

（7）赠与或者受赠资产；

（8）债权或者债务重组；

（9）研究与开发项目的转移；

（10）签订许可协议；

（11）购买原材料、燃料、动力；

（12）销售产品、商品；

（13）提供或者接受劳务；

（14）委托或者受托销售；

（15）关联双方共同投资；

（16）其他通过约定可能造成资源或者义务转移的事项等。

购销商品、提供劳务等经常性关联交易应分别披露报告期内关联方名称、交易内容、交易价格的确定方法、交易金额、占当期营业收入或营业成本的比重、占当期同类型交易的比重，以及关联交易增减变化的趋势，与交易相关应收应付款项的余额及增减变化的原因，以及上述关联交易是否仍将持续进行。

偶发性关联交易应披露关联方名称、交易时间、交易内容、交易金额、交易价格的确定方法、资金结算情况、交易产生的利润及对发行人当期经营成果的影响、交易对公司主营业务的影响。

发行人应披露报告期内所发生的全部关联交易的简要汇总表。

发行人应披露报告期内发生的关联交易是否履行了公司章程规定的程序，以及独立董事对关联交易履行的审议程序是否合法及交易价格是否公允的意见。

发行人应披露报告期内关联方的变化情况。由关联方变为非关联方的，发行人应比照关联交易的要求持续披露与上述原关联方的后续交易情况，以及相关资产、人员的去向等。

二、 解决方案

1. 规范化处理

如果能满足关联交易自愿公平、交易价格公允、交易条件公平合理、交易动机和程序合法合规、交易后果不损害公司及非关联方利益等要素，这样的关联交易就属于正当的关联交易。不得利用关联交易来操控利润（粉饰报表）和逃避税收。公司应当根据有关法律法规、规范性文件及公司章程等规定制定《关联交易制度》，并严格遵守。

同时要不断地降低关联性，逐步降低向关联方采购或销售的占比。关联交易占比过高，如高于30%，可能会构成上市障碍。有些项目在立项之初可能需要借助关联关系推动立项和审批，随后可逐步降低公司关联交易金额占比，降低关联性。

2. 内部化处理

若关联企业的业务对拟上市公司业务和经营的可持续性不可或缺，则可通过并购进行内部化处理，将关联企业变为全资子公司。在此情形下，内部化处理是最好的方式。

3. 非关联化处理

如果关联企业经营的业务与发行人的业务在价值链上相关度不高，且不以关联企业的盈利作为重要盈利来源，剥离关联企业对主营业务和收入都不会造成重大不利影响，则在此种情形下，采取转让给无关联的第三方的方式是比较合适的。如发生转让，则要关注受让的股东、交割程序、后续运作是否规范等事项。剥离之后应做到在资产、人员、机构、业务、财务等各个方面保持独立；转让过程合规、价格公允合理，确保剥离是真实的、合理的，不能在程序上和文件层面进行形式化应付或仅为满足上市条件而剥离，实际上仍由实际控制人的亲属或指定的其他人代持，从而继续控制关联企业，甚至在上市后再回购恢复。

非关联化处理之后，如果与剥离后的公司继续进行交易，则要关注交易价格公允性及非关联化的真实性、合法性和合理性，受让主体的身份，对发行人独立性、完整性等的影响，是否存在潜在关联的迹象，比如继续共用商标或商号等。

非关联化后，相关企业可不作为关联方披露，但披露关联交易对公司的影响时，应将非关联化的这部分交易视同关联方交易做披露。

4. 注销

在实务中，某些关联方可能从未开始经营过业务或者已停止经营业务，尤其是存在一些被行政处罚的不良影响，且被清算注销也不会产生不良影响，则可以通过清算后注销的方式解决关联交易。注销是最彻底的非关联化处理。

三、 相关案例

案例一：航天宏图——关联交易

北京航天宏图信息技术股份有限公司（简称：航天宏图，股票代码688066），发行人系由宏图有限以截至2015年12月31日经审计的账面净资产值折股整体变更设立的股份有限公司。2016年3月22日，发行人在北京市工商局海淀分局领取了注册号为91110108671708384H的《营业执照》。

公司为国内领先的遥感和北斗导航卫星应用服务商，致力于卫星应用软件国产化和卫星应用软件产业化，研发并掌握了具有完全自主知识产权的基础软件平台和核心技术，依托平台为政府、军队、企业提供系统设计开发和数据分析应用服务，如图11－4所示。

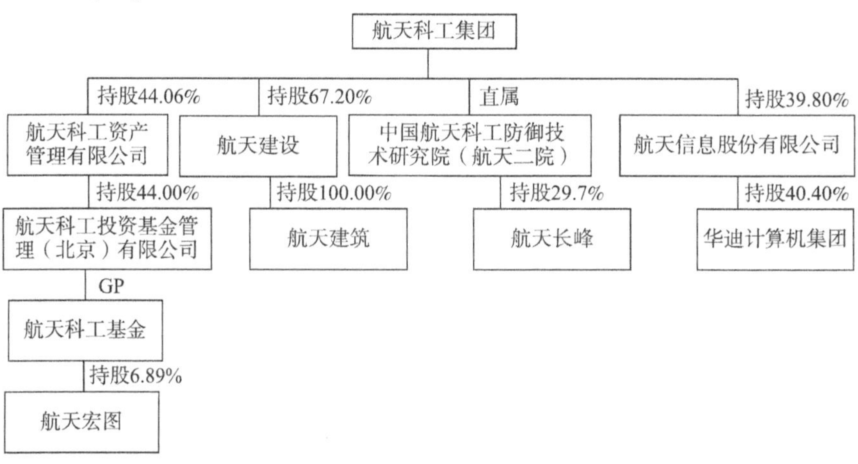

图11－4　公司与航空科工系客户之间的股权关系

根据问询回复，发行人认为航天科工集团无法对航天科工创投的合伙人大会和投资决策实施控制，航天科工基金经营决策独立于航天科工集团，理由之一为因航天宏图再融资、减资等导致航天基金所持航天宏图股权变动时，无须履行国有资产评估备案程序或国资管理部门批准程序。此外，发行人与航天科工系客户的毛利率波动较大，2018 年明显高于其他客户。原因为 2017 年度公司承担了较多可行性研究项目，该类项目通常收费较低，仅为初步设计项目的 3% ~20%，致使 2017 年度毛利率偏低。

于是监管机构就以上企业是否存在关联交易进一步请发行人说明：

（1）根据航天科工创投的合伙协议等文件约定的基金管理人职责、航天科工创投行使所持发行人股份表决权的程序，说明航天科工投资基金管理（北京）有限公司能否控制航天科工创投所持发行人的股份表决权；

（2）结合航天科工基金所持航天宏图股权因主动增持变动时，是否需要履行国有资产评估备案程序或者国资管理部门批准程序，进一步说明航天科工基金经营决策是否独立于航天科工集团；

（3）根据航天科工创投、航天科工投资基金管理（北京）有限公司和航天科工集团航天科工资产管理有限公司的决策程序，说明上述公司能否对发行人与航天科工集团客户之间的交易施加影响；

（4）对比 2018 年可行性研究项目与 2017 年可行性研究项目的数量和金额，进一步说明毛利率波动的原因；

（5）分业务类型对比航天科工系客户毛利率和其他客户的毛利率、定价依据，进一步说明发行人和航天科工系客户的交易价格是否公允；

（6）结合上述问题，说明发行人与航天科工系客户之间是否存在引起利益倾斜的关系，是否存在利益输送。

发行人律师回复意见：

（1）根据航天科工基金的合伙协议等文件约定的基金管理人职责、航天科工基金行使所持发行人股份表决权的程序，说明航天科工投资基金管理（北京）有限公司能否控制航天科工创投所持发行人的股份表决权。

发行人律师认为《北京航天科工军民融合科技成果转化创业投资基金（有限合伙）合伙协议》（2012 年 12 月签订，并于 2013 年 6 月、2014 年 10 月重新签订）（以下简称《基金协议》）已经对避免关联交易作出了相关的规定。

律师通过查阅《基金协议》并关注国家企业信用信息公示系统，2014 年 7 月航天科工基金向宏图有限投资时，航天科工基金的普通合伙人为航天科工高新投资管理（北京）有限公司（后于 2015 年 11 月更名为航天科工投资基金管理（北京）有限公司，以下统称为“航天科工基金管理公司”）。根据航天科工基金管理公司确认：

①航天科工基金管理公司的董事会决定基金对发行人的投资、退出等重大事宜；②航天科工基金管理公司的总经理或总经理办公会审议批准前述事项之外的其他事宜；③发行人提交航天科工基金审议的股东大会、董事会议案，需事先提交给航天科工基金管理公司相关部门及总经理进行审批，形成表决意见后，由航天科工基金管理公司授权的相关人士参加发行人股东大会和董事会，并按照前述表决意见对该等议案进行表决。

根据《基金协议》及航天科工基金管理公司确认，律师认为：航天科工基金对宏图有限的投资额未超过人民币10000万元，对发行人的股权投资及退出等事宜应由航天科工基金的执行事务合伙人航天科工基金管理公司决定；航天科工基金管理公司对相关议案进行事前审议，并授权相关人士根据其表决意见在发行人股东大会和董事会上进行表决，因此，航天科工基金管理公司能够实际控制航天科工基金所持发行人的股份表决权。

（2）结合航天科工基金所持航天宏图股权因主动增持变动时，是否需要履行国有资产评估备案程序或者国资管理部门批准程序，进一步说明航天科工基金经营决策是否独立于航天科工集团。

①航天科工基金持有航天宏图股权需要履行的审批程序。

经核查，律师认为，按照国资发产权〔2007〕108号、国资厅产权〔2008〕80号、《企业国有资产交易监督管理办法》等规定，航天科工基金不属于国有及国有控股企业，其向宏图有限投资及股权比例变动无须履行国有资产评估备案程序或者国资管理部门批准程序；按照《基金协议》，由于航天科工基金对宏图有限的投资额未超过人民币10000万元，本次投资事宜应由航天科工基金的执行事务合伙人航天科工基金管理公司决定；航天科工基金管理公司第一届第七次董事会对本次投资进行审议符合相关法律法规和《基金协议》的规定。

②航天科工基金的经营决策是否独立于航天科工集团。

基于查阅《航天科工基金管理公司章程》及《基金协议》，律师认为，航天科工基金对发行人的股权投资及退出事宜由其执行事务合伙人航天科工基金管理公司的董事会审议决定，航天科工资产管理有限公司未持有航天科工基金管理公司股东会的半数表决权，且向航天科工基金管理公司推荐的董事人数未超过全体董事的半数，因此航天科工资产管理有限公司无法对航天科工基金及其执行事务合伙人航天科工基金管理公司实施控制，航天科工基金的经营决策独立于航天科工集团。

（3）根据航天科工基金、航天科工投资基金管理（北京）有限公司和航天科工资产管理有限公司的决策程序，说明上述公司能否对发行人与航天科工集团客户之间的交易施加影响。

基于本部分第（1）、（2）项的回复，律师认为：航天科工基金对发行人的投资及退出事宜由航天科工基金管理公司董事会进行决策，航天科工资产管理有限公司未能控制航天科工基金管理公司股东会和董事会的过半数表决权，因此，航天科工基金对发行人事务的决策独立于航天科工资产管理有限公司和航天科工集团，航天科工资产管理有限公司和航天科工集团不能对发行人与航天科工系客户之间的交易施加影响。

（4）对比2018年可行性研究项目与2017年可行性研究项目的数量和金额，进一步说明毛利率波动的原因。

根据发行人确认，公司承担系统咨询设计项目可分为可行性研究和初步设计两种类型，2017年和2018年，公司对航天科工系客户确认收入的可行性研究项目和初步设计项目的数量、金额、毛利率等情况，如表11－1所示。

表11－1　2017年、2018年公司对航天科工系客户确认收入的可行性研究项目和初步设计项目情况

单位：万元

年度	类别	可行性研究项目	初步设计项目	合计
2018年度	合同数量	28	32	60
	收入金额	1291.60	19576.62	20868.22
	收入占比	6.19%	93.81%	100.00%
	单个合同平均收入	46.13	611.77	347.80
	毛利率	53.18%	75.24%	73.87%
2017年度	合同数量	31	21	52
	收入金额	1374.13	2119.15	3493.29
	收入占比	39.34%	60.66%	100.00%
	单个合同平均收入	44.33	100.91	67.18
	毛利率	56.46%	65.13%	61.72%

由表11－1可见公司系统咨询设计业务毛利率呈现出两个特点：

①初步设计项目毛利率高于可行性研究项目毛利率。2017年、2018年，公司初步设计项目毛利率分别为65.13%、75.24%，高于同期可行性研究项目毛利率56.46%、53.18%，其原因主要在于两个方面：一是同一项目的可行性研究成果可用于初步设计，且咨询设计团队已对该项目深入了解，能够减少初步设计项目成本；二是可行性研究项目一般收费较低，仅为初步设计项目的3%～20%，毛利率较低。

②毛利率与项目收费金额通常呈现正相关，即项目收费金额越高，则毛利率越高。咨询设计项目所需完成的设计过程、执行流程、报告框架差异不大，设计任务、难度与业务收入不呈现同比增长，这就使得项目所需人工，即项目成本，会慢于收

入增长。随着业务合同平均金额的提高，毛利率一般会有所增长。

2018年公司对航天科工系客户的咨询设计业务毛利率为73.87%，高于2017年的61.72%，主要原因在于：其一，初步设计项目毛利率总体高于可行性研究项目，2018年度初步设计项目收入占比为93.81%，高于2017年的60.66%；其二，2018年度公司系统咨询设计业务合同平均收入为347.80万元，高于2017年的67.18万元，合同平均收入的增长带动毛利率的提高。

（5）分业务类型对比航天科工系客户毛利率和其他客户的毛利率、定价依据，进一步说明发行人和航天科工系客户的交易价格是否公允。2016—2018年，公司对航天科工系客户及其他客户的毛利率分业务类型对比如表11-2所示。

表11-2 公司对航天科工系客户及其他客户毛利率

单位：万元

年度	业务类型	客户名称	当期收入	毛利率
2018年度	系统咨询设计	航天科工系客户	20868.22	73.81%
		其他客户	6.65	69.29%
		合计	20874.87	73.81%
	应用系统开发	航天科工系客户	241.43	-16.06%
		其他客户	14587.43	44.05%
		合计	14828.86	43.07%
2017年度	系统咨询设计	航天科工系客户	3493.28	61.20%
		其他客户	113.92	51.90%
		合计	3607.20	60.91%
	应用系统开发	航天科工系客户	114.89	32.45%
		其他客户	23265.94	60.11%
		合计	23380.83	59.98%
2016年度	系统咨询设计	航天科工系客户	6839.20	72.55%
		其他客户	279.14	63.93%
		合计	7118.34	72.21%
	应用系统开发	航天科工系客户	362.43	24.80%
		其他客户	6547.69	58.10%
		合计	6910.12	56.35%

①系统咨询设计业务。

A. 公司对航天科工系客户的系统咨询设计业务毛利率略高于其他客户，但无重大差异。

2016—2018 年，公司系统咨询设计业务对航天科工系客户的毛利率分别为 72.55%、61.20%、73.81%，对其他客户的毛利率分别为 63.93%、51.90%、69.29%。公司对航天科工系客户的系统咨询设计业务毛利率略高于其他客户，主要由于：

a）公司与航天科工系客户长期合作，积累了丰富的合作经验，能提高项目执行效率，降低项目成本；

b）公司向航天科工系客户提供的系统设计业务相较于其他客户具有强延续性，团队设计经验积累能够降低成本，进而提升毛利率水平；

c）公司向航天科工系客户提供的系统设计业务相较于其他客户项目规模更大，项目成本增长慢于收入增长；

d）公司向航天科工系客户提供的系统设计业务相较于其他客户技术复杂程度更高，进入门槛更高。

B. 定价依据。

公司对航天科工系客户的系统咨询设计业务定价过程及依据为：

a）航天科工系客户通过招投标获得绝大部分的可行性研究或初步设计合同，合同定价以招投标价格为准，定价公允；

b）航天科工系客户在投标时对各子任务进行报价，中标后，其通常以各子任务签约合同价格作为最高限价，选定各子任务供应商并确定价格，定价公允；

c）航天科工系客户均通过比选、投标或竞争性谈判方式选择服务商，公司通过自身服务及产品质量取得航天科工系客户的订单，交易价格公允。

②应用系统开发业务。

A. 公司对航天科工系客户的应用系统开发业务毛利率低于其他客户。

2016—2018 年，公司应用系统开发业务对航天科工系客户的毛利率分别为 24.80%、32.45%、-16.06%，对其他客户的毛利率分别为 58.10%、60.11%、44.05%。公司对航天科工系客户的应用系统开发业务毛利率低于其他客户，主要系公司为航天科工系客户提供应用系统开发的金额较低，受单一项目毛利率影响较大。影响毛利率的项目的具体情况如表 11-3 所示。

表 11-3 公司为航天科工系客户提供应用系统开发业务情况

客户名称	项目名称	收入确认年份	收入确认金额	毛利率	毛利率较低的原因
华迪计算机集团有限公司	北斗综合减灾应用业务系统开发服务	2016 年	286.43 万元	15.41%	该项目开发涉及部分北斗二号业务内容，公司参与北斗三号业务较多、而对北斗二号熟悉程度较低，故将部分业务内容外包，导致该项目技术服务费较多，毛利率较低

续表

客户名称	项目名称	收入确认年份	收入确认金额	毛利率	毛利率较低的原因
北京电子工程总体研究所	海上危机处理指挥系统研制	2017 年	50.96 万元	11.53%	该项目包含较大比例的硬件采购，外采硬件的价格固定，且硬件配置需求较高，导致该项目毛利率较低
华迪计算机集团有限公司	WEM 工程计算中心设备采购及定制软件开发合同项目	2018 年	216.43 万元	-24.49%	该项目系大工程的一个组成部分，由多个实施单位共同参与，实施后期由于项目总体进度拖延，接口联调超过预期，且甲方机房环境多次调整，导致项目实施后期需要进行较长时间配合用户完成数据接入和处理工作，返工次数较多，不可预见成本上升，2018 年发生亏损

B. 定价依据。

公司对航天科工系客户的应用系统开发业务定价主要是公司根据项目预算情况，与航天科工系客户协商确定，交易定价是双方真实意思表示，定价公允。

③公司与航天科工系客户的交易价格公允。

经核查，公司对航天科工系客户的业务毛利率与其他客户相比无重大差异，双方业务定价大多参考外部招投标价格，经航天科工系客户审评后确定，定价公允。

(6) 结合上述问题，说明发行人与航天科工系客户之间是否存在引起利益倾斜的关系，是否存在利益输送。

基于本部分第 (1) 至 (5) 项的回复，律师认为，航天科工基金对发行人的投资及退出事宜由航天科工基金管理公司董事会进行决策，航天科工资产管理有限公司和航天科工集团不能控制航天科工基金管理公司股东会和董事会的过半数表决权，航天科工基金对发行人事务的决策独立于航天科工资产管理有限公司、航天科工集团和航天科工系客户；公司与航天科工系客户的交易定价公允，双方交易真实；发行人与航天科工系客户之间不存在引起利益倾斜的关系，不存在利益输送。

案例二：杭可科技——关联交易的公允性等

浙江杭可科技股份有限公司（简称：杭可科技，股票代码 688006），发行人系由杭可有限以截至 2015 年 5 月 31 日经审计的账面净资产值折股整体变更设立的股份有限公司。2015 年 12 月 7 日，杭州工商局向发行人核发了营业执照（统一社会信用代码：913301005865048038），发行人依法设立。公司的主营业务为锂离子电池生产线后处理系统设计、研发、生产与销售。

报告期内，发行人与关联方存在采购原材料、房产租赁、水电费、租赁汽车、受让商标专利、购买房屋、购买土地使用权、支付资金占用费、关联担保等关联交易。合肥信联持有发行人2.2529%的股份，西藏国轩持有合肥信联31.25%的股份，合肥国轩持有西藏国轩90.00%的股份。2017—2018年，国轩集团相关公司是发行人的第三大客户。

于是监管机构请发行人说明：

（1）招股说明书是否严格按照《公司法》《企业会计准则》及中国证监会有关规定披露关联方，合肥国轩高科动力能源有限公司等客户是否应当认定为关联方；

（2）合肥国轩高科动力能源有限公司等客户与西藏国轩、合肥国轩的关系，该等客户与发行人、发行人的实际控制人是否存在利益安排，是否存在其他发行人客户直接或间接持有发行人股份的情形；

（3）上述交易的合理性及公允性，以及相关交易的交易内容、交易金额、交易背景、相关交易与发行人主营业务之间的关系。请结合可比市场公允价格、第三方市场价格、关联方与其他交易方的价格等，说明相关交易的公允性；

（4）报告期内，上述交易是否履行了必要的决策程序，相关内部控制制度是否健全且得到有效执行；

（5）请结合上述交易产生的收入、利润总额等，披露该等交易是否影响发行人的经营独立性，发行人是否构成对关联方的依赖，是否存在通过该等交易调节发行人收入利润或成本费用、对发行人利益输送的情形，以及未来该等关联交易的变动趋势，必要时请作重大事项提示。请保荐机构、发行人律师对上述事项进行核查，说明核查方式、过程及依据，并就发行人是否存在严重影响独立性或显示公平的关联交易发表明确意见。

发行人律师回复：

（1）招股说明书是否严格按照《公司法》《企业会计准则》及中国证监会有关规定披露关联方，合肥国轩高科动力能源有限公司等客户是否应当认定为关联方。

①合肥国轩高科动力能源有限公司等客户与发行人的关系。

根据企业信用信息公示系统、天眼查网站的检索查询及国轩高科股份有限公司（股票简称：国轩高科；股票代码：002074）上市公司年度报告等资料，合肥国轩高科动力能源有限公司等客户与发行人的关系如下：

合肥国轩高科动力能源有限公司为上市公司国轩高科股份有限公司的全资子公司，航天国轩（唐山）锂电池有限公司、南京国轩电池有限公司、青岛国轩电池有限公司等公司均为合肥国轩高科动力能源有限公司的控股或全资子公司。

经核查，国轩高科股份有限公司的实际控制人为李缜；西藏国轩为合肥国轩集团有限公司（以下简称“合肥国轩”）的控股子公司，合肥国轩的控股股东和实际控制人也是李缜。因此合肥国轩高科动力能源有限公司与西藏国轩、合肥国轩均为同一控制下的关联方。西藏国轩作为有限合伙人持有发行人股东合肥信联31.25%的合伙份额，合肥信联持有发行人2.2529%的股份。

②根据《公司法》《企业会计准则》《上市公司信息披露管理办法》《上海证券交易所科创板股票上市规则》的相关规定并经律师核查，合肥信联不认定为发行人的关联方，因此，西藏国轩、李缜及其控制的合肥国轩、合肥国轩高科动力能源有限公司等均无须认定为发行人的关联方。

律师认为，发行人已按照《公司法》《企业会计准则》《上市公司信息披露管理办法》《上海证券交易所科创板股票上市规则》的规定披露关联方。

(2) 合肥国轩高科动力能源有限公司等客户与西藏国轩、合肥国轩的关系，该等客户与发行人、发行人的实际控制人是否存在利益安排，是否存在其他发行人客户直接或间接持有发行人股份的情形。

如前所述，合肥国轩高科动力能源有限公司及其下属的航天国轩（唐山）锂电池有限公司、南京国轩电池有限公司、青岛国轩电池有限公司等公司与西藏国轩、合肥国轩均为同一控制下的关联方。

根据发行人及其实际控制人出具的书面说明、律师对合肥国轩高科动力能源有限公司的走访并经律师核查，发行人及其实际控制人与合肥国轩高科动力能源有限公司不存在利益安排，不存在其他发行人客户直接或间接持有发行人股份的情形。

(3) 上述交易的合理性及公允性，以及相关交易的交易内容、交易金额、交易背景、相关交易与发行人主营业务之间的关系。请结合可比市场公允价格、第三方市场价格、关联方与其他交易方的价格等，说明相关交易的公允性。

①发行人与合肥国轩高科动力能源有限公司等公司交易的合理性。

报告期内，合肥国轩高科动力能源有限公司、航天国轩（唐山）锂电池有限公司、南京国轩电池有限公司、青岛国轩电池有限公司等公司均向发行人采购后处理系统设备。

合肥国轩高科动力能源有限公司及其子公司航天国轩（唐山）锂电池有限公司、南京国轩电池有限公司、青岛国轩电池有限公司等公司是上市公司国轩高科以新能源动力电池业务为主的子公司。国轩高科以自主研发的正极材料作为关键原材料制造电芯，再经过pack成组后形成动力电池模组，加上成熟的BMS电池管理系统得到电池包。作为新能源汽车领域的关键零部件，国轩高科产品广泛应用于纯电动商用车、乘用车、物流车和混合动力汽车等新能源汽车领域，并与国内多家主要新能源整车企业建立了长期战略合作关系。此外，国轩高科产品还应用于储能电站、通讯基站、风光互补、移动电源等领域。

因此，作为锂离子电池生产商的合肥国轩高科动力能源有限公司及其子公司向锂离子电池后处理系统供应商的发行人购买后处理系统设备，具有合理性。

②发行人与合肥国轩高科动力能源有限公司交易的主要内容及与发行人主营业务的关系。

根据发行人提供的与合肥国轩高科动力能源有限公司的业务合同及书面说明，发行人与合肥国轩高科动力能源有限公司（含其子公司）交易的主要内容及与发行人主营业务的关系如下：

A. 报告期内发行人与合肥国轩高科动力能源有限公司（含其子公司）交易的金额及产品内容，如表11－4所示。

表11－4 发行人与合肥国轩（含其子公司）交易

单位：万元

项目	2018年	2017年	2016年
充放电设备	6621.49	9715.87	
其他设备、配件及其他业务收入	437.25	158.12	84.30
合计	7058.74	9874.00	84.30

由表11－4可见，发行人向合肥国轩高科动力能源有限公司（含其子公司）销售的主要为充放电设备，与发行人的主要产品一致。

B. 报告期内发行人与合肥国轩高科动力能源有限公司（含其子公司）交易的公允性。

报告期内，发行人与合肥国轩高科动力能源有限公司及其下属公司销售的主要产品为充放电设备，相关毛利率情况如表11－5所示。

表11－5 发行人与合肥国轩及其下属公司销售的主要产品情况

单位：万元

时间	向合肥国轩高科动力能源有限公司销售充放电设备销售收入	向合肥国轩高科动力能源有限公司销售充放电设备毛利率	当年全部充放电设备销售毛利率
2018年度	6621.49	52.76%	51.25%
2017年度	9715.87	45.93%	51.58%
2016年度	-	-	-

由表11－5可见，报告期内发行人向合肥国轩高科动力能源有限公司及其下属公司销售充放电设备的毛利率与发行人全部充放电设备的销售毛利率较为接近，在51%左右。

发行人向合肥国轩高科动力能源有限公司及其下属公司销售的充放电设备的主要型号为5V30A的化成设备，单价约在1098元/通道～1162元/通道。发行人向非关联方江西安驰新能源科技有限公司销售的主要化成设备亦为5V30A，其他参数指标与合肥国轩高科动力能源有限公司及其下属公司的也基本一致，发行人向江西安驰新能源科技有限公司销售的化成设备销售单价约为1162元/通道，与合肥国轩高科动力能源有限公司及其下属公司的单价较为接近。

综上所述，发行人与合肥国轩高科动力能源有限公司的交易较为公允。

（4）报告期内，上述交易是否履行了必要的决策程序，相关内部控制制度是否健全且得到有效执行。

《浙江杭可科技股份有限公司独立董事关于2016至2018年公司与合肥国轩高科动力能源有限公司（含其子公司）相关交易事项的独立意见》指出：

①根据《公司法》《企业会计准则》《上市公司信息披露管理办法》《上海证券交易所科创板股票上市规则》等的规定，合肥信联股权投资合伙企业（有限合伙）不认定为公司的关联方，因此，西藏国轩创业投资有限公司、李缜及其控制的合肥国轩集团有限公司、合肥国轩高科动力能源有限公司等均无须认定为发行人的关联方。

②根据对2016年至2018年公司与合肥国轩高科动力能源有限公司（含其子公司）实际发生的交易情况的梳理及审查，我们认为，公司与合肥国轩高科动力能源有限公司（含其子公司）于近三年的交易情况是基于正常的市场交易条件及有关协议的基础上进行的，交易的价格公允，未偏离市场独立第三方的价格，遵循了公平、公开、公正的市场原则，符合商业惯例；该等交易符合公司的实际需要，未损害公司利益和中小股东利益；该等交易事项已按照相关规定履行公司的内部批准程序，程序符合《公司法》《公司章程》和其他的公司制度的规定。

根据《浙江杭可科技股份有限公司总经理工作细则》等发行人内部制度文件，报告期内，上述充放电设备的销售合同均按照发行人内部制度相关规定经总经理审批后签署并执行。

经核查，律师认为，上述交易履行了必要的发行人内部决策程序，发行人相关内部控制健全并得到了有效执行。

（5）请结合上述交易产生的收入、利润总额等，披露该等交易是否影响发行人的经营独立性，发行人是否构成对关联方的依赖，是否存在通过该等交易调节发行人收入利润或成本费用、对发行人利益输送的情形，以及未来该等关联交易的变动趋势，必要时请作重大事项提示。

①与合肥国轩高科动力能源有限公司的交易占比及对经营独立性的影响。

根据发行人与合肥国轩高科动力能源有限公司（含其子公司）的业务合同并经核查，报告期内，发行人与合肥国轩高科动力能源有限公司的交易占当期收入的比例情况，如表11－6所示。

表 11 -6　发行人与合肥国轩高科动力能源有限公司交易占比

项目	2018 年	2017 年	2016 年
向合肥国轩高科动力能源有限公司（含其子公司）销售金额（万元）	7058. 74	9874. 00	84. 30
当期营业收入（万元）	110930. 62	77098. 28	41021. 53
占比（%）	6. 36	12. 81	0. 21

由表 11 -6 可见，近两年，发行人与合肥国轩高科动力能源有限公司（含其子公司）的交易占当期收入的比例不超过 13%，占比不高，且 2017 年及 2018 年合肥国轩高科动力能源有限公司（含其子公司）只是发行人第三大及第四大客户，故发行人对合肥国轩高科动力能源有限公司（含其子公司）的销售不会对发行人的经营独立性造成重大影响。

②是否存在通过该等交易调节发行人收入利润或成本费用、对发行人利益输送的情形。

如前所述，杭可科技与合肥国轩高科动力能源有限公司不属于关联方，不存在关联关系，同时杭可科技向其销售的毛利率与当年平均毛利率基本相当，交易价格较为公允，因此，不存在通过该等交易调节发行人收入利润或成本费用、对发行人利益输送的情形。

③未来该等交易的变动趋势。

根据发行人与合肥国轩高科动力能源有限公司的业务合同并经核查，截至本补充法律意见书出具日，发行人与合肥国轩高科动力能源有限公司正在履行的主要合同共 3 份，合同金额合计 12600 万元。根据发行人的说明，预计双方将继续在公平、合理的基础上发展新的业务合作。

第二节　同业竞争

一、 科创板对同业竞争的要求及判断标准

1. 科创板对同业竞争的要求标准有所放宽

《上市公司治理准则》第二十七条规定，上市公司业务应完全独立于控股股东。

控股股东及其下属的其他单位不应从事与上市公司相同或相近的业务。控股股东应采取有效措施避免同业竞争。而《科创板首次公开发行股票注册管理办法》规定："实际控制人及其控制的其他企业间不存在对发行人构成重大不利影响的同业竞争。"由此可知，从政策规定的角度，对于拟上市主体不构成重大不利影响的是允许存在一定程度的同业竞争。

2. 同业竞争的认定及限制范围

同业竞争是指公司的控股股东、实际控制人及其控制的其他企业所从事的业务与该公司业务相同或相似，双方构成或可能构成直接或间接的竞争关系，具有利益冲突，可能对公司的业务开展及股东的利益产生不利影响。

根据《公司法》等相关规定，涉及同业竞争的主体范围主要包括公司董事、监事和高级管理人员，持有5%以上股权的主要股东，以及控股股东和实际控制人的近亲属。其中，不仅需要对公司董事、监事及高级管理人员直接或间接控制的企业的经营业务进行调查，还需对其是否在其他与公司经营同类业务的企业担任职位进行调查。从证监会的反馈意见来看，发行人控股股东、实际控制人的夫妻双方的近亲属范围通常包括配偶、父母、子女、兄弟姐妹、祖父母、外祖父母、孙子女、外孙子女。另外，对于股权高度分散的公司，其主要股东或其近亲属需要避免与上市公司构成同业竞争。实践中，判断是否是主要股东，要结合企业的股权分布来综合分析。对于第二、第三大股东一般不做合规性要求，只关注影响，进行信息披露。对于近亲属的认定也应该依据亲密程度、重要性、业务紧密程度等具体分析。在判断时，实质重于形式，考虑重大影响，从业务性质、对象、替代性等角度进行判断。

同业竞争的存在会对公司业务独立性产生很大的影响，使公司不能有效、独立地开展业务，也会对公司的收入造成一定的损失，从而最终损害到股东的利益。在核查同业竞争时，不仅要关注营业执照范围是否存在重叠，更重要的是核查其实际从事的业务。在认定同业竞争时，需要就主营业务的性质、客户群体、产品的可替代性、市场差别及对公司、股东的影响等方面综合分析。

《科创板首次公开发行股票注册管理办法》规定："实际控制人及其控制的其他企业间不存在对发行人构成重大不利影响的同业竞争。"该规定明确了同业竞争范围主要是实际控制人及其控制的其他企业，且明确了仅在存在"构成重大不利影响的同业竞争"才会影响发行条件。在确定是否构成"重大不利"情形时，《上海证券交易所科创板股票发行上市审核问答》要求结合竞争方与发行人的经营地域、产品或服务的定位，同业竞争是否会导致发行人与竞争方之间的非公平竞争，是否会导致发行人与竞争方之间存在利益输送，是否会导致发行人与竞争方之间相互或者单方让渡商业机会情形，对未来发展的潜在影响等方面进行分析，如果竞争方的同类收入或毛利占发行人该类业务收入或毛利的比例达30%以上的，如无充分相反证据，原则上应认定为构成重大不利影响。但是此处对于“同类”的认定标准的把握仍然存在一定的灵活性。

二、 相关处理方式

1. 论述不存在同业竞争

论述在行业、主营业务及主要产品、经营模式、业务定位及发展战略、生产流程、技术和设备等方面不同，在历史上相互独立发展，不存在相互持股的关系，不存在共用的购销渠道，不存在共同的供应商和客户，没有共用商标、商号、专利等无形资产，不存在独立性问题和关联交易。此外，控股股东、实际控制人，以及涉及同业竞争问题的主体、董事、监事、高级管理人员、其他对公司有重大影响的股东、关系亲密的自然人出具《避免同业竞争的承诺函》。

2. 论述存在同业但不竞争

如果存在“同业不竞争”或“不存在实质性同业竞争”的情形，则需要进行充分论证。不能仅以细分行业、细分产品、细分客户、细分区域等方面的不同来界定同业不竞争，生产、技术、研发、设备、渠道、客户、供应商等因素都要进行综合考虑，要基于实质重于形式的原则进行综合判断，其关键是判断是否存在现实或潜在的利益冲突、商业机会竞争或让渡。对于利用其他亲属关系，或者以解除婚姻关系为由来规避同业竞争的，应从严掌握，要求在报告期内均不存在同业竞争，且相关企业之间完全独立规范运作，不存在混同的情形。

3. 整合处理

如果存在同业竞争，可以通过并购或注销等方式来处理。对于直系亲属存在同业竞争的，必须进行整合。兄弟姐妹及其他近亲属独立发展，没有关联交易，且业务紧密度和关系紧密度不高，可以不整合。

如果拟上市公司并购关联方，可以促进业务发展，则将关联方并购是最好的解决方案。如果基于种种考虑，不进行并购，也可以将相关资产或股份转让给非关联方，使得自身不构成与拟上市公司的关联关系。在通过资产、股份转让的方式解决同业竞争问题时，应着重注意不存在股份代持、虚假转让的情形。

如果当前构成竞争的业务不属于主要经营业务，注销或停业不会对业务和持续经营造成影响的，还可以通过将这部分存在同业竞争的业务进行注销或停业处理，或改变其经营范围，放弃竞争业务。

除以上解决方案外，拟上市公司还可以在有关股东协议、公司章程等文件中规定避免同业竞争的措施，并由控股股东对同业竞争作出有效承诺，不以任何方式直接或间接地从事或参与和拟上市公司竞争的任何业务活动。竞争企业也可以通过承诺协议的形式，对自身的产品结构、市场区域、目标群体等进行合理划分，承诺今后不会与拟上市公司产生直接或间接竞争及利益冲突。

三、相关案例

案例一：虹软科技——是否存在同业竞争

虹软科技股份有限公司（简称：虹软科技，股票代码688088），发行人实际控制人、控股股东控制的其他企业为HomeRun US、HKR US、Alpha、Arcluminary Company Limited、杭州虹润、杭州美帮、Perfect365。上述企业中，除杭州美帮、Perfect365外，其他企业均为控股型公司，无实际经营业务。

招股说明书披露，杭州美帮、Perfect365主要从事“Perfect365”虚拟美妆APP的开发及运营，该APP属应用类工具软件，主要面向境外消费者，并通过发布广告等方式获利，与发行人所专注的计算机视觉算法业务在研发、销售、客户及运营方式等各方面均存在差别。监管机构为进一步查清发行人与上述企业是否存在同业竞争，请发行人补充披露：

（1）杭州美帮、Perfect365的详细信息和主要财务数据；

（2）杭州美帮、Perfect365与发行人所在行业的特点、竞争格局和发展趋势，未从事相同或相似业务的具体原因；

（3）杭州美帮、Perfect365在历史沿革、资产、人员、主营业务（核心技术、产品、客户、供应商等）、财务、机构等方面与发行人的关系；

（4）杭州美帮、Perfect365与发行人在产品或服务的销售地区、研发、销售、客户及运营方式等方面的差异。

请保荐机构、发行人律师结合杭州美帮、Perfect365与发行人的经营地域、产品或服务的定位、研发、销售、客户及运营方式，说明是否构成同业竞争，如构成同业竞争，是否会导致发行人与杭州美帮、Perfect365之间的非公平竞争，是否会导致发行人与杭州美帮、Perfect365之间存在利益输送，是否会导致发行人与杭州美帮、Perfect365之间相互或者单方让渡商业机会情形，并发表明确意见。

发行人律师回复：

（1）杭州美帮、Perfect365的详细信息和主要财务数据。

杭州美帮、Perfect365的具体情况如表11－7所示。

表 11－7　杭州美帮、Perfect365 基本情况表

序号	公司名称	注册地/主要生产经营地	统一社会信用号/公司注册编号	成立时间	注册资本/授权股数	实收资本/已发行股本	持股比例	主营业务
1	杭州美帮	浙江省杭州市西湖区西斗门路 3 号天堂软件园 A 幢 16 楼	91330108MA27WDT28K	2015/12/2	400 万元	400 万元	杭州虹润 50.50%	照片化妆类 APP 的开发及运营
2	Perfect365	2101 Jefferson365 Dr. Menlo Park, CA USA	3907956	2016/5/16	1000 万股	230 万美元	杭州美帮 100%	化妆类 APP 的开发及运营

最近一年主要财务数据如表 11－8 所示。

表 11－8　杭州美帮、Perfect365 主要财务数据

序号	子公司	总资产	净资产	净利润
		2018 年 12 月 31 日	2018 年 12 月 31 日	2018 年度
1	杭州美帮	668.17 万元	－1098.58 万元	－1373.95 万元
2	Perfect365	92.64 万美元	－162.17 万美元	－60.37 万美元

（2）杭州美帮、Perfect365 与发行人所在行业的特点、竞争格局和发展趋势，未从事相同或相似业务的具体原因。

杭州美帮、Perfect365 主要从事“Perfect365”照片美化和修饰 APP 的开发和运营，发行人主要从事视觉人工智能算法的研究与开发。发行人与杭州美帮、Perfect365 所在行业的特点、竞争格局和发展趋势上均存在较大差异，具体情况如表 11－9 所示。

表 11－9　杭州美帮、Perfect365 与发行人所在行业特点、竞争格局和发展趋势

	行业的特点	竞争格局	发展趋势
发行人	从事视觉人工智能算法的研究与开发，面向企业客户，客户主要为三星、华为等手机厂商，其盈利模式是将其视觉人工智能算法技术与客户特定设备深度整合，通过合约的方式授权给客户，允许客户将相关算法软件或软件包装载在约定型号的智能设备上使用，以此收取技术和软件使用授权费用	视觉人工智能市场格局已经初步形成，核心技术、产品化能力、产业生态链合作均成为行业的核心壁垒。除发行人外，行业中国内企业主要有商汤科技、旷视科技等，国外企业主要有 CorePhotonics Ltd.、Morpho, Inc.、EyeSight Technologies Ltd.	随着摄像头数量的增长及深度摄像头的普及，视觉人工技术随着硬件的变化而不断更新。行业内企业将把相关技术与各类视觉传感器融合，为智能手机、智能汽车或 IoT 行业的 B 端客户提供更多功能 3

续表

	行业的特点	竞争格局	发展趋势
杭州美帮、Perfect365	主要从事照片美化和修饰APP的开发和运营，属应用类工具软件，客户主要为个人用户，其盈利模式主要为向个人用户提供美肤化妆的妆面，个人用户通过付费下载妆面，或商业客户通过APP发布广告	除杭州美帮、Perfect365外，行业内主要有美图秀秀、美颜相机、相机360、Faceu激萌等竞争对手	为C端用户提供图像美化或美妆应用，并向社交、电商等领域衍生

综上所述，发行人与杭州美帮、Perfect365所在行业的特点、竞争格局和发展趋势上均存在显著差异，因此发行人与杭州美帮、Perfect365未从事相同或相似业务。

(3) 杭州美帮、Perfect365在历史沿革、资产、人员、主营业务（核心技术、产品、客户、供应商等）、财务、机构等方面与发行人的关系。

①历史沿革。

2015年12月，发行人子公司上海多媒体出资200万元设立杭州美帮。2016年5月，Perfect365成立；Perfect365自成立至今，始终为杭州美帮100%控股的子公司。2017年12月，发行人将其持有的杭州美帮的股权进行转让，转让前，发行人间接持有杭州美帮50.50%的股权，转让完成后，发行人不再持有杭州美帮及Perfect365的任何股权。因此，自杭州美帮成立至转让前，杭州美帮一直为发行人的控股子公司，且发行人通过杭州美帮控制Perfert365。

②资产。

截至报告期末，发行人拥有独立的经营场所、专利、注册商标、计算机软件著作权，以及其他资产的合法所有权或使用权，具备独立完整的研发、测试及配套设施。发行人资产产权清晰，业务和生产经营所必需的资产权属完全由公司独立享有，不存在与杭州美帮、Perfect365共用资产的情形。

③人员。

截至报告期末，发行人人员独立，发行人员工不存在同时在发行人和杭州美帮、Perfect365任职和领薪的情况。

④主营业务（核心技术、产品、客户、供应商）。

在核心技术方面：发行人核心技术以视觉人工智能算法技术为主，杭州美帮、Perfect365核心技术以美化和修饰APP相关技术为主。

在产品、客户和供应商方面：杭州美帮、Perfect365主要从事“Perfect365”照片美化和修饰APP的开发和运营，该APP聚焦于照片的修图与美化处理，属应用类工具软件，面向消费者，客户主要为个人用户，其盈利模式主要为向个人用户提供美肤化妆的妆面，个人用户通过付费下载妆面，或通过商业客户发布广告等方式获利，供应商主要为境外的广告平台，如Facebook。而发行人主要从事视觉人工智能算法的研究与开发，面向企业客户，客户主要为三星、华为等手机厂商，其盈利模式是将其视觉人工智能算法技术与客户特定设备深度整合，通过合约的方式授权给客户，允许客户将相关算法软件或软件包装载在智能设备上使用，以此收取技术和软件使用授权费用，发行人主要供应商为物业所有人，服务器及硬件设备供应商。

综上所述，发行人在核心技术、产品、客户及供应商方面与杭州美帮、Perfect365 存在显著差异。

⑤财务。

发行人设立了独立的财务会计部门，配备了专职的财务会计人员和财务负责人，并建立了独立完整的会计核算制度和管理体系，与杭州美帮、Perfect365 不存在重叠的情况。

⑥机构。

发行人依法设立了股东大会、董事会、监事会，以及总经理领导下的各个职能部门等机构，独立运行。截至报告期末，发行人具有独立的经营场所，独立办公，与杭州美帮、Perfect365 不存在机构混同的情形。

（4）杭州美帮、Perfect365 与发行人在产品或服务的销售地区、研发、销售、客户及运营方式等方面的差异。

杭州美帮、Perfect365 与发行人在产品或服务的销售地区、研发、销售、客户及运营方式等方面的差异情况，如表 11 - 10 所示。

表 11 - 10　杭州美帮、Perfect365 与发行人经营情况差异

	杭州美帮、Perfect365	虹软科技
销售地区	海外	中国大陆、中国台湾、韩国、日本、美国等地区和国家
销售模式	通过 APP 向个人用户提供美肤化妆的妆面，个人用户通过付费下载妆面；商业客户通过 APP 发布广告等方式获利	将其视觉人工智能算法技术与客户特定设备深度整合，通过合约的方式授权给客户，允许客户将相关算法软件或软件包装载在约定型号的智能设备上使用，以此收取技术和软件使用授权费用
客户情况	客户主要为使用 APP 的个人用户，或通过 APP 发布广告的商业客户	客户主要为三星、华为等手机厂商
运营方式	通过广告和宣传提升知名度，增加 APP 下载率和使用率	根据客户需求进行持续的研究开发和跟进

(5) 核查意见。

经本所经办律师核查，杭州美帮、Perfect365与发行人在经营地域、产品或服务的定位、研发、销售、客户及运营方式等方面均存在较大差异，杭州美帮、Perfect365与发行人所专注的视觉人工智能算法的研究与开发的相关性较小，其业务与发行人从事的业务之间不存在替代性、竞争性、利益冲突的情况。因此本所经办律师认为：杭州美帮、Perfect365与发行人之间不存在同业竞争。

第十二章

公司治理

科创公司拟在科创板上市应当保持健全、有效、透明的治理体系和监督机制，保证股东大会、董事会、监事会规范运作，督促董事、监事和高级管理人员履行忠实、勤勉义务，保障全体股东合法权利，积极履行社会责任，保护利益相关者的基本权益。

第一节　治理体系及机构独立

一、　独立的治理机构

科创板上市要求的独立的治理体系前提应该是机构独立。发行人应当建立独立的、健全的内部经营管理机构。不少企业存在多家关联公司，但属于“一套班子、多块牌子”，或存在“混合经营、合署办公、交叉管理”的情形。机构独立要求发行人与控股股东、实际控制人及其控制的其他企业相互分开且独立运作，自主运作，不存在干预或上下级隶属关系。不能独立自主运作的，往往容易发生利益输送、损害股东权益的情况。

这种情况下，规范的重点在于关注发行人内部是否建立了独立的经营管理机构，这些机构能否独立自主地行使权利，控股股东、实际控制人及其控制的其他企业是否与发行人共用产销系统、机构或者人员，控股股东、实际控制人是否通过非正常程序对上市公司治理机构施加不当影响。

二、　人员独立

为避免拟上市企业的高级管理人员、核心技术人员等因为缺乏独立性使公司或股东的权益受损，拟上市企业的总经理、副总经理、财务负责人和董事会秘书等高级管理人员不得在控股股东、实际控制人及其控制的其他企业中担任除董事、监事以外的其他职务，不得在控股股东、实际控制人及其控制的其他企业领薪；发行人的财务人员不得在控股股东、实际控制人及其控制的其他企业中兼职。若相关人员违反独立性要求，应尽早处理，避免在报告期内长期存在不合规情形。

三、 相关案例

案例一：航天宏图——实际控制人为中科院研究人员

北京航天宏图信息技术股份有限公司（简称：航天宏图，股票代码 688066），发行人系由宏图有限以截至 2015 年 12 月 31 日经审计的账面净资产值折股整体变更设立的股份有限公司。2016 年 3 月 22 日，发行人在北京市工商局海淀分局领取了注册号为 91110108671708384H 的《营业执照》。

公司为国内领先的遥感和北斗导航卫星应用服务商，致力于卫星应用软件国产化和卫星应用软件产业化，研发并掌握了具有完全自主知识产权的基础软件平台和核心技术，依托平台为政府、军队、企业提供系统设计开发和数据分析应用服务。

招股说明书披露，公司实际控制人张燕女士，身份证号码：11010819750227××××，1975 年出生，中国国籍，无境外永久居留权，硕士学历，经济学专业毕业；2008 年 1 月至 2012 年 4 月任公司董事长，1997 年 7 月至今就职于中国科学院地理科学与资源研究所，现任工程师。于是监管机构就张燕的兼职情况作出如下问询：

（1）张燕在外任职及创办企业是否符合相关规定及政策；

（2）是否与任职单位约定保密、知识产权保护等事项，如有，请披露并说明是否存在违反相关约定的情形。

律师回复意见：

（1）张燕在外任职及创办企业是否符合相关规定及政策。

公司实际控制人张燕自 1997 年 7 月至今就职于中国科学院地理科学与资源研究所。全国人大常委会、国务院、中国科学院及中国科学院地理科学与资源研究所出台了一系列关于科研院所事业单位在职人员对外投资与兼职的规定和政策，具体内容如下：

①《中华人民共和国促进科技成果转化法》的相关规定。

第十九条：国家设立的研究开发机构、高等院校所取得的职务科技成果，完成人和参加人在不变更职务科技成果权属的前提下，可以根据与本单位的协议进行该项科技成果的转化，并享有协议规定的权益。该单位对上述科技成果转化活动应当予以支持。科技成果完成人或者课题负责人不得阻碍职务科技成果的转化，不得将职务科技成果及其技术资料和数据占为己有，侵犯单位的合法权益。

第二十条：研究开发机构、高等院校的主管部门，以及财政、科学技术等相关行政部门应当建立有利于促进科技成果转化的绩效考核评价体系，将科技成果转化情况作为对相关单位及人员评价、科研资金支持的重要内容和依据之一，并对科技成果转化绩效突出的相关单位及人员加大科研资金支持。

国家设立的研究开发机构、高等院校应当建立符合科技成果转化工作特点的职称评定、岗位管理和考核评价制度，完善收入分配激励约束机制。

第四十二条：企业、事业单位应当建立健全技术秘密保护制度，保护本单位的技术秘密。职工应当遵守本单位的技术秘密保护制度。

企业、事业单位可以与参加科技成果转化的有关人员签订在职期间或者离职、离休、退休后一定期限内保守本单位技术秘密的协议；有关人员不得违反协议约定，泄露本单位的技术秘密和从事与原单位相同的科技成果转化活动。职工不得将职务科技成果擅自转让或者变相转让。

②《国务院关于印发实施<中华人民共和国促进科技成果转化法>若干规定的通知》的相关规定。

第七条：国家设立的研究开发机构、高等院校科技人员在履行岗位职责、完成本职工作的前提下，经征得单位同意，可以兼职到企业等从事科技成果转化活动，或者离岗创业，在原则上不超过3年时间内保留人事关系，从事科技成果转化活动。研究开发机构、高等院校应当建立制度规定或者与科技人员约定兼职、离岗从事科技成果转化活动期间和期满后的权利和义务。离岗创业期间，科技人员所承担的国家科技计划和基金项目原则上不得中止，确需中止的应当按照有关管理办法办理手续。

积极推动逐步取消国家设立的研究开发机构、高等院校及其内设院系所等业务管理岗位的行政级别，建立符合科技创新规律的人事管理制度，促进科技成果转移转化。

第八条：对于担任领导职务的科技人员获得科技成果转化奖励，按照分类管理的原则执行：国务院部门、单位和各地方所属研究开发机构、高等院校等事业单位（不含内设机构）正职领导，以及上述事业单位所属具有独立法人资格单位的正职领导，是科技成果的主要完成人或者对科技成果转化作出重要贡献的，可以按照促进科技成果转化法的规定获得现金奖励，原则上不得获取股权激励。其他担任领导职务的科技人员，是科技成果的主要完成人或者对科技成果转化作出重要贡献的，可以按照促进科技成果转化法的规定获得现金、股份或者出资比例等奖励和报酬。对担任领导职务的科技人员的科技成果转化收益分配实行公开公示制度，不得利用职权侵占他人科技成果转化收益。

③《关于改进和完善高校、科研院所领导人员兼职管理有关问题的问答》的相关规定。

A. 高校、科研院所正职经批准可兼任与本单位或者本人教学科研领域相关的社会团体和基金会等职务，兼职数量一般不超过3个，兼职不得领取薪酬。高校、科研院所领导班子其他成员经批准可兼任与本单位或者本人教学科研领域相关的社会团体和基金会等职务，兼职数量一般不超过3个；根据工作需要，经批准也可在本单位出资的企业（包括全资、控股和参股企业）或参与合作举办的民办非企业单位兼职，兼职数量一般不超过1个。个人不得在兼职单位领取薪酬。

高校、科研院所所属的院系所及内设机构领导人员在社会团体、基金会、民办非企业单位和企业兼职，根据工作需要和实际情况，按干部管理权限由党委（党组）审批，兼职数量应适当控制；个人按照有关规定在兼职单位获得的报酬应当全额上缴本单位，由单位根据实际情况给予适当奖励。高校、科研院所领导人员在高水平学术期刊担任编委或在国际学术组织兼职，兼职数量可根据实际情况适当放宽。高校、科研院所领导人员职务发生变动，其兼职管理应当按照新任职务的相应规定掌握；职务变动后按规定不得兼任的有关职务，应当在3个月内辞去。

B. 高校、科研院所正职和领导班子成员中属中央管理的干部，所属单位中担任法人代表的正职领导，是科技成果的主要完成人或者对科技成果转化作出重要贡献的，可以按照促进科技成果转化法的规定获得现金奖励，原则上不得获取股权激励；领导班子其他成员、所属院系所和内设机构领导人员的科技成果转化，可以获得现金奖励或股权激励，但获得股权激励的领导人员不得利用职权为所持股权的企业谋取利益。高校、科研院所正职和领导班子成员中属中央管理的干部，所属单位中担任法人代表的正职领导，在担任现职前因科技成果转化获得的股权，可在任现职后及时予以转让，转让股权的完成时间原则上不超过3个月；股权非特殊原因逾期未转让的，应在任现职期间限制交易；限制股权交易的，也不得利用职权为所持股权的企业谋取利益，在本人不担任上述职务1年后解除限制。

④《中国科学院领导人员兼职和科技成果转化激励管理办法》的相关规定。

第二条：本办法适用于院属事业单位（以下简称单位）领导班子成员，以及所长助理、内设党政部门领导人员等中层领导人员（以下统称领导人员）。

第三条：单位领导班子成员经批准可兼任与本单位或本人科研教学领域相关的社会团体、基金会等职务，兼职数量一般不超过3个；在高水平学术期刊（影响因子位于本领域期刊的前列，下同）担任编委或在国际学术组织兼职的，兼职数量可根据实际情况适当放宽。

第四条：单位正职（主要指所长、党委书记或担任法定代表人的其他领导人员，下同）一般不得在企业兼职，若确有需要，经批准可在主营业务涉及有关领域的本单位出资企业（包括全资、控股和参股企业，下同）兼职。

第八条：单位中层领导人员在社会团体、基金会、民办非企业单位和企业兼职的，根据工作需要和实际情况，按干部管理权限由所在单位审批，兼职数量应适当控制；个人按照有关规定在兼职单位获得的报酬应当全额上缴本单位，由单位根据实际情况给予适当奖励。

⑤《中国科学院地理科学与资源研究所在职职工兼职管理规定》的相关规定。

第四条：全职承担战略性先导科技专项、国家重大科技项目或我所“一三五”重要任务的骨干人员，不得从事影响完成上述项目或任务的兼职活动。从事有关领域项目或担任的工作涉及国家秘密的工作人员，不得在境外机构、组织或外资企业从事兼职活动。

第五条：所领导原则上不得在企业兼职。经院方批准，可在本单位全资、控股及参股企业代表出资方从事非经营管理性兼职活动。

经律师核查，现行规定中仅对科研院所事业单位的领导人员（含领导班子成员，以及所长助理、内设党政部门领导人员等中层领导人员）或骨干人员的对外投资及兼职作出限制，对非领导和非骨干工作人员的对外投资及兼职并无明确限制。

就张燕对外投资及兼职事宜，中国科学院地理科学与资源研究所已于2019年4月28日出具《情况说明》：“张燕自1997年7月起在我所工作，现为我所地图室工程师。在我所工作期间，张燕未担任任何领导职务，未承担我所科技专项工作。张燕于2008年1月创办并持股北京世纪网图信息技术有限公司（后整体变更为“北京航天宏图信息技术股份有限公司”），2008年1月至2012年4月担任北京世纪网图信息技术有限公司（后更名为“北京华迪宏图信息技术有限公司”）的执行董事/董事长、法定代表人，张燕上述持股及任职不违反我所的规定。”

（2）张燕是否与任职单位约定保密、知识产权保护等事项，如有，请披露并说明是否存在违反相关约定的情形。

根据张燕出具的书面确认，张燕未承担任职单位中国科学院地理科学与资源研究所的科研工作，其与任职单位未就保密、知识产权保护等事项进行特别约定。

中国科学院地理科学与资源研究所已于2019年4月28日出具《情况说明》：“张燕在本所任职期间，未违反本所保密、知识产权保护等事项；我所与北京航天宏图信息技术股份有限公司不存在涉及保密、知识产权等方面的任何争议或潜在纠纷。”

案例二：中国通号——兼职豁免

中国铁路通信信号股份有限公司（简称：中国通号，股票代码688009），2010年12月29日在北京市工商局注册登记，是依照《公司法》及其他有关规定，经国务院国资委《关于设立中国铁路通信信号股份有限公司的批复》（国资改革〔2010〕1492号）批准，由通号集团、诚通集团、中国国新、国机集团，以及中金佳成发起设立的股份有限公司，注册资本878981.9万元人民币。

公司的主营业务是在中国从事轨道交通控制系统工程。

尹刚先生，56岁，自2015年5月起担任公司执行董事及总裁，主持公司日常生产经营管理，自2017年6月起担任公司党委副书记。自2018年6月至2018年7月兼任通号（北京）轨道工业集团有限公司董事长。2010年12月至2015年5月，尹先生担任公司副总裁、党委常委，其间自2012年1月至2012年11月兼任北京全路通信信号研究设计院有限公司董事长，自2011年4月至2013年5月兼任公司董事会秘书。尹先生自2017年6月起担任通号集团总经理、董事、党委副书记，自2001年8月至2015年5月，担任通号集团副总经理；自1996年12月至2001年8月，历任沈阳铁路信号工厂（沈阳铁路信号有限责任公司前身）副厂长、厂长。

根据问询回复，发行人的总裁尹刚自2015年5月起担任发行人总裁。2017年6月8日，国务院国资委出具国资任字〔2017〕79号任命决定文件，任命尹刚为通号集团董事，提名其为通号集团总经理，2017年6月26日，通号集团第一届董事第一次会议同意聘任尹刚为通号集团总经理。

监管机构就尹刚的兼职行为请发行人补充提供中国证监会上市公司监管部《关于申请豁免中国铁路通信信号集团有限公司高级管理人员兼职限制的复函》。就上述人员任职情况是否符合《科创板首次公开发行股票注册管理办法（试行）》第十二条第（一）项的规定予以核查并发表明确意见。

发行人律师答复：

《科创板首次公开发行股票注册管理办法（试行）》（中国证券监督管理委员会令第153号）第十二条第（一）项规定，“发行人业务完整，具有直接面向市场独立持续经营的能力：（一）资产完整，业务及人员、财务、机构独立，与控股股东、实际控制人及其控制的其他企业间不存在对发行人构成重大不利影响的同业竞争，不存在严重影响独立性或者显失公平的关联交易”。

根据发行人提供的书面材料及说明，律师就发行人总裁尹刚担任控股股东总经理事宜是否符合前述规定进行了核查。经核查，律师认为：

（1）中国通号合法独立拥有与业务经营有关的土地、房屋、注册商标、专利、著作权等相关资产。中国通号建立了独立的劳动人事制度和独立的工资管理制度，在劳动、人事、工资管理等方面独立于控股股东及其控制的其他企业；除中国通号总裁尹刚在控股股东担任总经理外，中国通号的其他高级管理人员未在控股股东及其控制的其他企业担任除董事、监事以外的其他职务，未在控股股东及其控制的其他企业处领取薪酬；中国通号的财务人员未在控股股东及其控制的其他企业中兼职。中国通号已设立独立的财务会计部门，配备了专职的财务会计人员，并已建立了独立的财务核算体系，能够独立作出财务决策；中国通号具有规范的财务会计制度和对子公司的财务管理制度；中国通号依法独立设立银行账户，不存在与控股股东及其控制的其他企业共用银行账户的情况。中国通号已按照《公司法》等法律、法规、规范性文件及《公司章程》的规定，设立了股东大会、董事会、监事会等机构，聘请了高级管理人员，根据自身经营管理的需要设置战略、财务、业务等职能部门，独立行使经营管理职权，不存在与控股股东、实际控制人及其控制的其他企业之间机构混同的情形。中国通号独立从事《营业执照》所核定的经营范围中的业务，具有完整的业务体系和面向市场独立经营的能力；

（2）中国通号为通号集团下属的核心主业经营主体，同时也是通号集团控制的唯一上市公司，通号集团的主营业务主要通过中国通号及控股子公司进行。通号集团控制的其他企业的主营业务主要包括生产零配件（如变压器、线圈、单元控制台）及提供后勤服务，以及提供物业租赁服务，与发行人的主营业务不一致且其业务与发行人业务量比较占比极低，且通号集团已经出具了避免同业竞争的承诺。报告期内，发行人作为联交所上市公司，按照联交所上市规则及公司内部制度执行关联交易审议及披露程序。中国通号与通号集团的关联交易已经严格履行关联交易决策程序并签署了关联交易协议，通号集团已经出具承诺严格遵循中国通号的关联交易制度。此外，通号集团、尹刚已就高级管理人员勤勉尽职和不损害中国通号及其中小股东利益出具书面承诺。发行人上述总裁兼职情况不会对发行人完整的业务体系和直接面向市场独立持续经营的能力产生重大不利影响；

（3）就发行人总裁尹刚担任控股股东总经理事宜，国务院国资委出具《关于提请对中国铁路通信信号集团有限公司高级管理人员兼任整体上市公司高级管理人员予以豁免的函》，“为进一步加强中央企业领导班子建设，完善公司法人治理结构和机制，更好地落实全面从严治党责任，经研究，现提出中国铁路通信信号集团有限公司作为豁免对象”；中国证监会上市公司监管部出具《关于申请豁免中国铁路通信信号集团有限公司高级管理人员兼职限制的复函》（上市部函〔2019〕321号），“对尹刚同志同时在通号集团和中国通号担任高级管理人员职务不持异议”。因此，发行人总裁尹刚担任控股股东总经理事宜已得到中国证监会上市公司监管部及国务院国资委等监管机构的认可和豁免。

综上所述，律师认为，中国通号资产完整，人员、财务、机构、业务独立于通号集团及其控制的其他企业，发行人与通号集团及其控制的其他企业间不存在对发行人构成重大不利影响的同业竞争，不存在严重影响独立性或者显失公平的关联交易，中国通号具有完整的业务体系和直接面向市场独立持续经营的能力，且发行人已取得国务院国资委和中国证监会上市公司监管部就发行人总裁兼职事项的豁免，因此，发行人符合《科创板首次公开发行股票注册管理办法（试行)》第十二条第（一）项的规定。

由于本案具有一定的特殊性，作者认为不宜参照适用总经理兼职豁免。

第二节　董事、监事、高级管理人员资格

一、董事、监事、高级管理人员任职资格

《公司法》的规定。

1. 任职资格

《公司法》第 146 条规定：有下列情形之一的，不得担任公司的董事、监事、高级管理人员。

（1）无民事行为能力或者限制民事行为能力；

（2）因贪污、贿赂、侵占财产、挪用财产或者破坏社会主义市场经济秩序，被判处刑罚，执行期满未逾五年，或者因犯罪被剥夺政治权利，执行期满未逾五年；

（3）担任破产清算的公司、企业的董事或者厂长、经理，对该公司、企业的破产负有个人责任的，自该公司、企业破产清算完结之日起未逾三年；

（4）担任因违法被吊销营业执照、责令关闭的公司、企业的法定代表人，并负有个人责任的，自该公司、企业被吊销营业执照之日起未逾三年；

（5）个人所负数额较大的债务到期未清偿。

公司违反前款规定选举、委派董事、监事或者聘任高级管理人员的，该选举、委派或者聘任无效。

董事、监事、高级管理人员在任职期间出现本条第一款所列情形的，公司应当解除其职务。

《公司法》147条规定：董事、监事、高级管理人员应当遵守法律、行政法规和公司章程，对公司负有忠实义务和勤勉义务。

董事、监事、高级管理人员不得利用职权收受贿赂或者其他非法收入，不得侵占公司的财产。

2. 禁止行为

《公司法》148条规定：董事、高级管理人员不得有下列行为：

（1）挪用公司资金；

（2）将公司资金以其个人名义或者以其他个人名义开立账户存储；

（3）违反公司章程的规定，未经股东会、股东大会或者董事会同意，将公司资金借贷给他人或者以公司财产为他人提供担保；

（4）违反公司章程的规定或者未经股东会、股东大会同意，与本公司订立合同或者进行交易；

（5）未经股东会或者股东大会同意，利用职务便利，自营或者为他人经营与所任职公司同类的业务；

（6）接受他人与公司交易的佣金归为已有；

（7）擅自披露公司秘密；

（8）违反对公司忠实义务的其他行为。

董事、高级管理人员违反前款规定所得的收入应当归公司所有。

《公司法》第21条规定：公司的控股股东、实际控制人、董事、监事、高级管理人员不得利用其关联关系损害公司利益。

违反前款规定，给公司造成损失的，应当承担赔偿责任。

《上海证券交易所上市公司董事选任与行为指引（2013年修订）》第10~11条规定：第十条除第十一条规定外，有下列情形之一的，不得被提名为董事候选人：

（1）三年内受中国证监会行政处罚；

（2）三年内受证券交易所公开谴责或两次以上通报批评；

（3）处于中国证监会认定的市场禁入期；

（4）处于证券交易所认定不适合担任上市公司董事期间。

本条所述期间，以拟审议相关董事提名议案的股东大会召开日为截止日。

第十一条　上市公司的在任董事出现第十条第一款第（一）、（二）项规定的情形之一，董事会认为该董事继续担任董事职务对公司经营有重要作用的，可以提名其为下一届董事会的董事候选人，并应充分披露提名理由。

前述提名的相关决议除需经出席股东大会的股东所持股权过半数通过外，还需经出席股东大会的中小股东所持股权过半数通过。

除前述内容之外，董事、监事、高级管理人员任职还需要遵守《公务员法》《关于加强高等学校反腐倡廉建设的意见》《中国共产党党员领导干部廉洁从政若干准则》《关于规范财政部工作人员在企业兼职行为的暂行办法》《企业法人法定代表人登记管理规定》和《企业年检管理办法》等相关规定。

二、 董事、 监事、 高级管理人员竞业禁止

对于科技创新型企业，尤其需要关注发行人股东、董事、监事、高级管理人员及核心技术人员是否存在承担竞业禁止义务及违反竞业禁止义务的情形。为此，需要对股东进行背景调查，了解股东原任职单位所担任的职务及具体工作内容，是否签署竞业限制和保密协议，未直接受让公司股权是否因为要规避竞业限制、保密责任。

对于曾任职于其他公司的董事、监事、高级管理人员，发行人应说明其离职原因，与前任职单位是否签署了竞业限制协议，是否与之前任职单位存在职务发明归属问题争议。在核查这些情况时，需要了解相关人员的简历、保密协议和竞业限制协议等内容及原单位经营范围、原单位社保缴纳记录及员工离职证明等相关信息。

如果发行人需要与本单位高级管理人员及核心人员签订竞业限制协议，首先在主体方面，将人员限制于高级管理人员、高级技术人员和其他负有保密义务的人员，竞业限制适用期间设置为在职期间和离职后两年内，通过概括加列举的方式对范围和地域进行限制。在公司认为没有限制必要时，应当及时通知劳动者解除竞业限制义务，以避免被劳动者追偿补偿金。

三、 独立董事

1. 独立董事原则性规定

《关于在上市公司建立独立董事制度的指导意见》第一部分第二条规定，独立董事原则上最多在五家上市公司兼任独立董事，并确保有足够的时间和精力有效地履行独立董事的职责。

《关于在上市公司建立独立董事制度的指导意见》第一部分第三条规定，各境内上市公司应当按照本指导意见的要求修改公司章程，聘任适当人员担任独立董事，其中至少包括一名会计专业人士（会计专业人士是指具有高级职称或注册会计师资

格的人士)。在二〇〇二年六月三十日前，董事会成员中应当至少包括两名独立董事；在二〇〇三年六月三十日前，上市公司董事会成员中应当至少包括三分之一独立董事。

2. 独立董事的任职资格

《关于在上市公司建立独立董事制度的指导意见》第二部分规定，担任独立董事应当符合下列基本条件：

（1）根据法律、行政法规及其他有关规定，具备担任上市公司董事的资格；

（2）具有本《指导意见》所要求的独立性；

（3）具备上市公司运作的基本知识，熟悉相关法律、行政法规、规章及规则；

（4）具有五年以上法律、经济或者其他履行独立董事职责所必需的工作经验；

（5）公司章程规定的其他条件。

独立董事及拟担任独立董事的人士应当按照中国证监会的要求，参加中国证监会及其授权机构所组织的培训。同时《上市公司独立董事培训实施细则》规定，各上市公司独立董事必须参加任职资格培训和后续培训并获得资格证书才能上岗。

3. 独立董事独立性方面的要求

《关于在上市公司建立独立董事制度的指导意见》第三部分规定，下列人员不得担任独立董事：

（1）在上市公司或者其附属企业任职的人员及其直系亲属、主要社会关系（直系亲属是指配偶、父母、子女等；主要社会关系是指兄弟姐妹、岳父母、儿媳女婿、兄弟姐妹的配偶、配偶的兄弟姐妹等)；

（2）直接或间接持有上市公司已发行股份1%以上或者是上市公司前十名股东中的自然人股东及其直系亲属；

（3）在直接或间接持有上市公司已发行股份5%以上的股东单位或者在上市公司前五名股东单位任职的人员及其直系亲属；

（4）最近一年内曾经具有前三项所列举情形的人员；

（5）为上市公司或者其附属企业提供财务、法律、咨询等服务的人员；

（6）公司章程规定的其他人员；

（7）中国证监会认定的其他人员。

4. 独立董事的提名和选举程序

《关于在上市公司建立独立董事制度的指导意见》第四部分规定，公司在提名、选举独立董事时应注意以下事项：

（1）上市公司董事会、监事会、单独或者合并持有上市公司已发行股份1%以上的股东可以提出独立董事候选人，并经股东大会选举决定；

（2）独立董事的提名人在提名前应当征得被提名人的同意。提名人应当充分了解被提名人职业、学历、职称、详细的工作经历、全部兼职等情况，并对其担任独立董事的资格和独立性发表意见，被提名人应当就其本人与上市公司之间不存在任何影响其独立客观判断的关系发表公开声明。

在选举独立董事的股东大会召开前，上市公司董事会应当按照规定公布上述内容；

（3）在选举独立董事的股东大会召开前，上市公司应将所有被提名人的有关材料同时报送中国证监会、公司所在地中国证监会派出机构和公司股票挂牌交易的证券交易所。上市公司董事会对被提名人的有关情况有异议的，应同时报送董事会的书面意见。中国证监会在15个工作日内对独立董事的任职资格和独立性进行审核。对中国证监会持有异议的被提名人，可作为公司董事候选人，但不作为独立董事候选人。在召开股东大会选举独立董事时，上市公司董事会应对独立董事候选人是否被中国证监会提出异议的情况进行说明。对于本《指导意见》发布前已担任上市公司独立董事的人士，上市公司应将前述材料在本《指导意见》发布实施起一个月内报送中国证监会、公司所在地中国证监会派出机构和公司股票挂牌交易的证券交易所；

（4）独立董事每届任期与该上市公司其他董事任期相同，任期届满，连选可以连任，但是连任时间不得超过六年。

5. 董秘与独董的资格培训

为确保科创板并试点注册制工作平稳实施，上交所开设科创板董事会秘书任职资格培训和科创板独立董事任职资格培训两类培训项目。

（1）科创板董秘任职资格培训。

内容是科创板上市公司信息披露及持续监管等相关业务规则。拟采用“现场教学+现场考试”的模式，后续视情况调整为“网络教学+现场考试”的培训模式，最终完成科创板董秘资格课程学习并考核合格的学员将获得上交所颁发的科创板董事会秘书资格证明。科创板董秘资格证明和沪深交易所其他董秘资格证明互不通用。

（2）科创板独董任职资格培训。

内容是科创板上市公司信息披露及持续监管等相关业务规则。拟担任科创板上市公司独董人员，如已持有上交所或深交所独董资格证明，则只需学习完成科创板网络课程；如未持有上述证明，则需先获得上交所或深交所独董资格证明，再学习完成科创板网络课程。最终，完成科创板网络课程学习的学员将获得上交所出具的相应培训记录证明，科创板公司独董持上交所或深交所独董资格证明和科创板培训记录证明任职。

四、董事、监事、高级管理人员变化的影响

《科创板首次公开发行股票注册管理办法》要求发行人最近两年内董事、高级管理人员及核心技术人员均没有发生重大不利变化。从以往主板和创业板的审核原则来看，新增的董事、高级管理人员来自原股东委派或发行人内部培养产生的，原则上不构成重大变化；管理层因退休、调任等原因发生岗位变化的，不轻易认定为重大变化，但披露对公司生产经营的影响；变动人数比例较大（比如三分之一），或核心人员发生变化并且对发行人的生产经营产生重大不利影响的，应视为发生重大变化。

申请在科创板上市的企业，应当根据企业生产经营需要和相关人员对企业生产经营发挥的实际作用，确定核心技术人员范围，并在招股说明书中披露认定情况和认定依据。原则上，核心技术人员通常包括公司技术负责人、研发负责人、研发部门主要成员、主要知识产权和非专利技术的发明人或设计人、主要技术标准的起草者等。

对发行人的董事、高级管理人员及核心技术人员是否发生重大不利变化的认定，应当本着实质重于形式的原则，综合两方面因素分析：一是最近两年内的变动人数及比例，在计算人数比例时，以上述人员合计总数作为基数；二是上述人员离职或无法正常参与发行人的生产经营是否对发行人生产经营产生重大不利影响。

变动后新增的上述人员来自原股东委派或发行人内部培养产生的，原则上不构成重大不利变化。发行人管理层因退休、调任等原因发生岗位变化的，原则上不构成重大不利变化，但发行人应当披露相关人员变动对公司生产经营的影响。

如果最近两年内发行人上述人员变动人数比例较大或上述人员中的核心人员发生变化，进而对发行人的生产经营产生重大不利影响的，应视为发生重大不利变化。

五、相关案例

案例一：容百科技——竞业禁止

宁波容百新能源科技股份有限公司（简称：容百科技，股票代码688005），发行人系容百锂电整体变更设立的股份有限公司。发行人的营业范围是锂电池材料、锂电池及配件的研发、制造、加工；动力电池的研发及制造。

招股说明书披露，发行人实际控制人白厚善曾任北京当升材料科技股份有限公司董事、总经理；发行人董事及副总经理张慧清曾任当升科技生产厂长、总经理助

理、生产总监、运营总监、副总经理等职；发行人副总经理刘德贤曾任当升科技总裁助理。当升科技为发行人2017年度前五大客户。核心技术人员陈明峰，2016年5月至2018年4月，任浙江美都海创锂电科技有限公司副总经理；2018年5月至2018年12月，任浙江德升新能源科技有限公司副总经理。

监管机构就以上人员可能涉及竞业限制向发行人询问：

(1) 实际控制人、部分董事及高级管理人员、核心人员是否曾与当升科技之间签署竞业禁止协议，发行人与当升科技之间是否存在专利、技术、竞业禁止、劳动用工及其他方面的争议纠纷；发行人与当升科技之间的业务往来的真实性与价格公允性，发行人与当升科技之间是否存在共用客户、供应商情况，是否存在不当利益输送，或者替发行人承担成本、费用的情况；

(2) 陈明峰等核心技术人员是否与以前任职单位签署了竞业禁止协议，其主要成果是否涉及职务发明，是否存在侵害发行人或第三方合法权益的情形。

请保荐机构及发行人律师对上述情况进行核查并发表明确意见。

发行人律师答复：

(1) 实际控制人、部分董事及高级管理人员、核心人员是否曾与当升科技之间签署竞业禁止协议，发行人与当升科技之间是否存在专利、技术、竞业禁止、劳动用工及其他方面的争议纠纷；发行人与当升科技之间的业务往来的真实性与价格公允性，发行人与当升科技之间是否存在共用客户、供应商情况，是否存在不当利益输送，或者替发行人承担成本、费用的情况。

①实际控制人、部分董事及高级管理人员、核心人员与当升科技的竞业禁止及专利、技术、劳动用工等方面的争议纠纷情况。

律师通过查阅发行人实际控制人、董事（不含独立董事）、高级管理人员和核心技术人员填具的调查问卷，取得白厚善、张慧清、刘德贤与当升科技发生工资往来的个人银行卡流水、离职证明、劳动合同等资料，及对白厚善、张慧清、刘德贤及当升科技相关人员进行访谈确认，搜寻当升科技公开披露信息，查询国家知识产权局网站、中国裁判文书网等网站进行了核查，具体如下：

发行人前述人员中，白厚善、张慧清、刘德贤三人曾在当升科技任职。其中，白厚善为发行人实际控制人兼董事长，2012年3月辞任当升科技总经理，2013年7月辞任董事职务并从当升科技离职；张慧清任发行人董事兼副总经理，2012年3月从当升科技离职；刘德贤任发行人副总经理，2004年从当升科技离职，2017年任职发行人，期间任职于其他企业。白厚善、张慧清、刘德贤均未与当升科技签署过竞业禁止协议，且离职后并未收到当升科技支付的竞业禁止补偿。经律师查询相关信息公开渠道及访谈确认，当升科技与发行人不存在专利、技术、竞业禁止、劳动用工及其他方面的争议纠纷。

②发行人与当升科技的业务往来的交易真实、价格公允，不存在利益输送或者替发行人承担成本、费用的情况。

经律师核查发行人与当升科技的业务合同、发票及运货单、财务记账凭证、发行人报告期内销售明细表、《申报审计报告》等资料，实地走访核查发行人主要客户、供应商，发行人与当升科技的业务往来情况如下：

发行人主营业务为锂电池正极材料及其前驱体的研发、生产和销售，报告期内发行人所生产的前驱体除自用外，还销售给其他三元正极材料企业。当升科技同为国内三元正极材料行业的知名企业，报告期内曾向发行人采购前驱体用于生产三元正极材料。经比较发行人和同类产品其他客户的销售价格，不存在重大差异，确认发行人与当升科技之间的交易真实、定价公允。

因发行人与当升科技同处于锂电池正极材料行业，下游锂电池行业与上游镍、钴、锂等金属盐材料行业都呈现较高程度的市场集中度。因此，发行人与当升科技存在共同客户、供应商的情况具有行业合理性。

此外，当升科技为央企北京矿冶科技集团有限公司（原北京矿冶研究总院）控股的上市公司，报告期内虽曾向发行人采购一定数量的三元材料前驱体，但在三元正极材料方面与发行人具有竞争关系，不存在为发行人承担成本和费用，或者不当输送利益的情形。

综上所述，律师经核查认为，发行人实际控制人、董事（不含独立董事）及高级管理人员、核心人员未与当升科技之间签署竞业禁止协议；发行人与当升科技之间不存在专利、技术、竞业禁止、劳动用工及其他方面的争议纠纷；发行人与当升科技之间的业务往来交易真实、价格公允；因上下游行业市场集中度较高的原因，发行人与当升科技存在共同客户、供应商的情况具有行业合理性；发行人与当升科技之间不存在不当利益输送，或者替发行人承担成本、费用的情况。

(2) 陈明峰等核心技术人员是否与以前任职单位签署了竞业禁止协议，其主要成果是否涉及职务发明，是否存在侵害发行人或第三方合法权益的情形。

律师通过查阅发行人核心技术人员签署的知识产权声明、填具的调查问卷，取得中国国籍核心技术人员与原任职单位工资往来的个人银行卡流水、离职证明、劳动合同等资料，查验核心技术人员身份证明、护照复印件或者外国人居留证，对核心技术人员进行访谈，查询国家知识产权局网站、中国裁判文书网等，发行人核心技术人员与以前任职单位（最近五年内）相关情况如下：

①是否与以前任职单位签署了竞业禁止协议。

发行人的7名核心技术人员中，刘相烈、李琮熙为韩国国籍，孙保国为澳大利亚国籍，该等人员以前任职单位为中国境外企业；白厚善、田光磊、袁徐俊、陈明峰为中国国籍，以前任职单位为中国境内企业。该等人员未与以前任职单位签署竞业禁止协议。

②其主要成果是否涉及职务发明、是否存在侵害发行人或第三方合法权益的情形。

发行人核心技术人员涉及职务发明情况如下：

A. 白厚善为原任职单位当升科技拥有的若干项专利的发明人，该等专利为白厚善在当升科技任职期间的职务发明，相关知识产权归属于当升科技。白厚善于发行人期间无职务发明。经访谈确认及网络查询，截至目前当升科技与白厚善不存在专利、技术、竞业禁止、劳动用工及其他方面的争议纠纷；

B. 陈明峰 2016 年 4 月从金和锂电离职，此后任职于浙江美都海创锂电科技有限公司、浙江德升新能源科技有限公司，并于 2018 年 12 月回到发行人处任职。陈明峰为浙江美都海创锂电科技有限公司、浙江德升新能源科技有限公司拥有的若干项专利发明人，相关知识产权作为职务发明归属于以前任职单位。陈明峰入职发行人后亦存在若干项职务发明，该等职务发明知识产权归属于发行人。陈明峰原任职单位浙江德升新能源科技有限公司已确认，其与陈明峰未签署任何竞业禁止协议，与陈明峰不存在专利、技术、竞业禁止、劳动用工及其他方面的任何争议、纠纷及潜在争议与纠纷；

C. 田光磊为原任职单位中国计量大学拥有的若干项专利发明人，该等专利均为田光磊在中国计量大学任职期间的职务发明。田光磊自 2013 年起作为博士后研究人员在金和新材处工作（金和锂电设立后，该博士后科研工作站变更至发行人名下，田光磊于 2017 年期满出站），在站期间田光磊的劳动关系仍在中国计量大学，直至 2018 年 2 月变更至发行人。田光磊确认，其在作为发行人博士后研究人员期间存在一项职务发明，相关知识产权已归属于发行人，不存在侵害中国计量大学等第三方合法权益的情形；其在中国计量大学任职期间的主要成果主要为学术研究成果所申请的专利，知识产权归属于中国计量大学，不存在侵害发行人或第三方合法权益的情况；

D. 袁徐俊于 2008 年起即任职金和新材，为金和新材多项专利发明人，该等专利为袁徐俊在金和新材任职期间所发明创造，且已经由发行人从金和新材处受让取得（受让专利情况详见本补充法律意见书正文部分“九、《审核问询函》第 13 条”相关回复）。2014 年 9 月，金和新材出资成立金和锂电后，袁徐俊劳动关系变更至金和锂电，其后不存在袁徐俊所发明的专利权归属金和新材的情形，其职务发明不存在侵害发行人或第三方合法权益的情形；

E. 李琮熙（韩国籍）原任职单位均为韩国公司，其为原任职单位拥有的若干项专利的发明人，该等专利为李琮熙在原任职单位任职期间的职务发明，相关知识产权已经归属于原任职单位。李琮熙为发行人的若干韩国专利申请权的发明人。根据对李琮熙的访谈，因中韩两国锂电池正极材料的市场环境、技术路线存在差异，其在发行人处从事的研究、开发工作与其在原韩国公司研发的专利、技术等差异较大，其在发行人的职务发明不存在侵害第三方合法权益的情形；

F. 刘相烈（韩国籍）于2009年年底从原任职单位韩国L&F公司离职，此后创办了EMT株式会社，并被发行人收购。刘相烈从L&F公司离职至今已近10年。刘相烈已确认，其在以前任职单位不存在职务发明。刘相烈在发行人主要从事研发管理工作，未形成职务发明，不存在侵害第三方合法权益的情况；

G. 孙保国（澳大利亚籍）已确认，其在以前任职单位不存在职务发明，目前为发行人一项专利申请权的发明人，相关知识产权归属发行人，不存在侵害第三方合法权益的情况。

发行人核心技术人员均确认其在以前任职单位期间执行的任务或者主要利用以前任职单位的物质技术条件所完成相关成果，相关知识产权已归属于以前任职单位；在发行人任职期间所完成相关成果的知识产权已归属于发行人，截至目前不存在争议、纠纷或者潜在争议纠纷，相关职务发明不存在侵犯发行人或者第三方合法权益的情形。

此外，发行人核心技术人员已签署相关知识产权声明，确认其本人受聘于容百科技不会违反其本人对前雇主的任何竞业禁止义务，容百科技不会因雇用本人而引发任何诉讼，容百科技如因雇用本人而引发任何法律责任由其本人承担；如因其本人违反对第三方的保守商业秘密的义务而导致的任何法律责任，将由其本人承担，因此给容百科技造成损失的可向其本人追偿；其本人受聘于容百科技不会违反其对前雇主的任何知识产权归属协议所确定的义务，任何因本人违反该等知识产权归属协议的义务而导致的法律责任，将由其本人承担，因此给容百科技造成损失的可向其本人追偿。

综上所述，律师认为，陈明峰等核心技术人员未与以前任职单位签署竞业禁止协议；部分核心技术人员的主要研发成果虽涉及发行人或者以前任职单位的职务发明，但不存在侵害发行人或第三方合法权益的情形。

案例二：华兴源创——独董任职资格的合规性

苏州华兴源创科技股份有限公司（简称：华兴源创，股票代码688001），是由华兴有限依法整体变更设立。发行人主营业务为平板显示及集成电路的检测设备研发、生产和销售。

发行人独立董事陈立虎从1993年至今担任苏州大学法学教授、博导。请保荐机构及发行人律师核查陈立虎在发行人处的任职是否获得了苏州大学出具的相关文件确认，苏州大学对陈立虎的兼职事宜是否予以认可，并就陈立虎作为独立董事是否符合关于独立董事任职资格的相关规定发表意见。

经律师核查并根据苏州大学王健法学院于2018年3月19日出具的《证明》，发行人独立董事陈立虎系该院全职教职员工，不具有副处级或副处级以上行政职级，亦不在该院或苏州大学其他院系担任行政职务，不属于中共中央组织部《关于进一步规范党政领导干部在企业兼职（任职）问题的意见》（中组发〔2013〕18号）、《中共教育部党组关于进一步加强直属高校党员领导干部兼职管理的通知》（教党〔2011〕22号）、《教育部办公厅关于开展党政领导干部在企业兼职情况专项检查的通知》（教人厅函〔2015〕11号）等规范性文件中所述的“党政领导干部”，其担任发行人独立董事并领取独立董事津贴不违反前述规范性文件及该校相关规章制度，亦无其他违反前述规范性文件及该校相关规章制度的情形。

经律师核查，根据律师对陈立虎的访谈，以及律师在中国执行信息公开网等相关网站的公开信息查询，并根据陈立虎提供的任职资格证明及出具的声明与承诺，陈立虎已完成上交所上市公司独立董事培训并取得相关培训证书，不存在不符合独立董事任职资格的情形。

经律师核查并根据苏州市公安局姑苏分局娄门派出所于2019年1月出具的《违法犯罪记录证明》，“未发现陈立虎有法律、法规、规章规定的相关违法犯罪记录”。

基于上述核查，律师认为，陈立虎担任发行人独立董事已获得苏州大学王健法学院的认可，陈立虎符合关于独立董事任职资格的相关规定。

案例三：致远互联——独董变化的影响

北京致远互联软件股份有限公司（简称：致远互联，股票代码688369）于2002年4月2日在海淀分局登记成立。法定代表人徐石，公司经营范围包括技术开发、技术转让、技术咨询、技术服务；计算机技术培训（不得面向全国招生）；基础软件服务；应用软件服务；计算机系统服务；销售计算机、软件及辅助设备、电子产品、机械设备；出租商业用房；货物进出口、技术进出口。

根据招股说明书披露内容，最近两年内，独立董事变动频繁，特别是由立明3月9日受聘，3月19日辞任；2017年刘古泉、陶维浩、李兴旺、江茂强等人辞去副总经理职务；刘古泉、陶维浩除持有发行人股份外，仍在公司任职，并分别为恒泰祥云、明泰祥云的执行事务合伙人；现任独立董事王咏梅对外兼任5家公司的独立董事；本届董事、监事、高级管理人员任期至2019年9月12日。

于是监管机构请发行人说明独立董事发生频繁变动的具体原因，报告期内独立董事履职的详细情况，对公司治理所起实际作用；独立董事及管理团队的变化情况对公司生产经营的影响；董事、监事、高级管理人员换届安排，是否存在管理团队发生重大变化的风险；王咏梅等独立董事是否具备足够精力参与公司的经营管理。

发行人律师答复：

（1）独立董事变动情况、履职情况、对公司治理所起实际作用。

①独立董事的变动情况。

经核查，截至本补充法律意见书出具之日，发行人共发生4次独立董事变动，具体如下：

A. 2017年5月6日，蒋蜀革（自2016年9月13日起担任独立董事）因个人原因辞去独立董事职务。2017年5月31日，发行人召开2017年第二次临时股东大会，选举何劲松为新任独立董事；

B. 2018年1月10日，蔡剑（自2016年9月13日起担任独立董事）因个人原因辞去独立董事职务。2018年1月30日，发行人召开2018年第一次临时股东大会，选举董衍善为新任独立董事；

C. 2019年2月15日，何劲松（自2017年5月31日起担任独立董事）因个人原因辞去独立董事职务。2019年3月9日，发行人召开2019年第一次临时股东大会，选举由立明为新任独立董事；

D. 由立明于2019年3月9日担任发行人独立董事后，经发行人及相关中介机构与其沟通，发现报告期内由立明关系密切的家庭成员控制的企业曾为发行人提供服务。鉴于上述交易可能影响由立明作为独立董事的独立性，由立明于2019年3月19日主动辞去独立董事职务。2019年3月30日，发行人召开股东大会，选举尹好鹏为新任独立董事。

②独立董事的履职情况。

经核查，发行人历任独立董事均在任职期间根据《公司章程》《独立董事议事规则》、各专门委员会的议事规则等相关规定履行独立董事职责，按时出席董事会和其任职的各专门委员会的会议，不存在《独立董事议事规则》规定的连续3次未亲自出席董事会会议等需被撤换的情形；历任独立董事在任职期间对相关议案发表明确的意见，对关联交易、未分配利润、董事及高级管理人员的薪酬与考核方案、委托理财等事项发表独立意见。

综上所述，发行人历任独立董事能够谨慎、认真、勤勉地行使职权，不存在无法履职的情形。

③对公司治理所起实际作用。

根据发行人《公司章程》《独立董事议事规则》、各专门委员会议事规则的规定，发行人独立董事主要履行以下职责：

A. 应当按时出席董事会会议，了解公司的生产经营和运作情况，主动调查、获取做出决策所需要的情况和资料；

B. 具有重大关联交易由独立董事认可后方可提交董事会讨论等特别职权；

C. 对董事会未做出现金利润分配预案、公司董事/高级管理人员的薪酬、关联交易等事项发表独立意见；

D. 履行各董事会专门委员会赋予的相关职责；

E. 法律、行政法规、部门规章或《公司章程》等内控制度规定的其他事项。

经核查，报告期内，独立董事充分履行了上述职责，谨慎、认真、勤勉地行使发行人赋予的权利，对公司治理起到了重要作用。

（2）独立董事及管理团队的变化情况对公司生产经营的影响。

经核查，报告期内，发行人共发生 4 名独立董事变动。

经核查，报告期内，发行人共发生 5 名高级管理人员变动，具体如下：

①2017 年 2 月 28 日，发行人为提高公司竞争力而引入新任副总经理，召开第一届董事会第五次会议，聘任向奇汉为副总经理。

②2017 年 3 月 24 日，陶维浩、刘古泉因个人原因辞去副总经理职务。

③2017 年 8 月 1 日，李兴旺因个人原因辞去副总经理职务。

④2017 年 12 月 31 日，江茂强因个人原因辞去副总经理职务。

如前所述，上述报告期内的独立董事和高级管理人员的变更原因合理，包括为提高公司竞争力而引入新任副总经理 1 名，4 名副总经理由于个人原因辞职（但其中 2 名仍在公司任职）；发行人包括徐石、黄涌、杨祉雄、严洁联、胡守云、淦勇、李平在内的主要管理层保持了稳定。

根据《审计报告》，2016 年度、2017 年度和 2018 年度，公司的营业收入分别为 37659.28 万元、46691.52 万元和 57809.25 万元，净利润分别为 1820.82 万元、4442.38 万元和 7601.22 万元。最近三年，公司营业收入和净利润均逐年递增，盈利能力不断提高，发行人的生产经营不存在重大不利变化。据此，独立董事及管理团队的变化情况未对公司生产经营产生不利影响。

（3）董事、监事、高级管理人员换届安排，是否存在管理团队发生重大变化的风险。

经核查，发行人现任董事（即第一届董事会）、监事（即第一届监事会）和高级管理人员的任期均为三年，至2019年9月到期。根据《公司章程》和《股东大会议事规则》等内控制度，发行人的董事由董事会、单独或者合并持股3%以上的股东提名，由股东大会选举；独立董事由董事会、单独或者合并持股1%以上的股东提名，由股东大会选举；股东代表监事由监事会、单独或者合并持股3%以上的股东提名，由股东大会选举；职工代表监事由职工代表大会选举；总经理、董事会秘书由董事长提名，副总经理、财务负责人等高级管理人员由总经理提名，高级管理人员由董事会聘任。

发行人的股权结构相对稳定，徐石作为控股股东，直接持有发行人30.8454%的股份，最近两年一直为发行人第一大股东，可以提名发行人的董事、监事；自发行人设立以来，徐石一直担任发行人董事长和总经理职务，可以提名高级管理人员；徐石是公司管理团队的核心，引领公司的发展方向并对公司的经营决策有重大影响，系发行人的实际控制人。发行人现有管理团队经验丰富，在公司任职时间较长且稳定，能够很好地履行其职责。经公司确认，截至目前没有具体的董事、监事、高级管理人员换届安排，届时将根据《公司章程》和《股东大会议事规则》《董事会议事规则》《监事会议事规则》等内控制度选举董事、监事和聘任高级管理人员。基于上述理由，并根据发行人的确认，除非董事、监事及高级管理人员因个人原因辞职或发生重大变动情形导致其无法胜任目前的职位，发行人董事、监事及高级管理人员不会发生重大变动，不会因换届导致管理团队发生重大变化。

（4）王咏梅等独立董事是否具备足够精力参与公司的经营管理。

根据《关于在上市公司建立独立董事制度的指导意见》，独立董事原则上最多在5家上市公司兼任独立董事，并确保有足够的时间和精力有效地履行独立董事的职责。经核查，截至本补充法律意见书出具之日，王咏梅除在发行人担任独立董事外，还在3家A股上市公司和1家新三板公司担任独立董事，该情形不违反《关于在上市公司建立独立董事制度的指导意见》的前述规定，也不影响其担任发行人独立董事的资格。

根据发行人的工商档案文件、相关会议记录及说明，王咏梅（自2016年9月起担任公司独立董事）、董衍善（2018年1月起担任公司独立董事）和尹好鹏（自2019年3月起担任公司独立董事）在担任公司独立董事期间，能按照会议通知要求按时出席发行人董事会会议及其任职的董事会专门委员会会议，并列席股东大会会议，认真审阅会议材料，独立审议会议议案，对需要独立董事发表意见的相关事项出具了独立意见，不存在不能履行独立董事勤勉义务的情形。

根据王咏梅、董衍善、尹好鹏的确认，其有足够精力在发行人处担任独立董事并在任职期间根据相关规定履行独立董事职责。

第三节 实际控制人的认定

一、 实际控制人的概念和认定要求

1. 实际控制人的概念和一般规定

《公司法》第216条第三款规定："实际控制人，是指虽不是公司的股东，但通过投资关系、协议或者其他安排，能够实际支配公司行为的人"。

实践中，很多人混淆了控股股东与实际控制人的含义。根据《公司法》第216条第二款的规定："控股股东，是指其出资额占有限责任公司资本总额百分之五十以上或者其持有的股份占股份有限公司股本总额百分之五十以上的股东；出资额或者持有股份的比例虽然不足百分之五十，但依其出资额或者持有的股份所享有的表决权已足以对股东会、股东大会的决议产生重大影响的股东"。可见，是否直接持有公司股份是控股股东与实际控制人的根本区别。

2. 科创板控制的认定标准

《上海证券交易所科创板股票上市规则（2019年修订)》规定：上市公司应当根据股权结构、董事和高级管理人员的提名任免，以及其他内部治理情况，客观、审慎地认定控制权归属。具有下列情形之一的，构成控制：

（1）持有上市公司50%以上的股份，但是有相反证据的除外；

（2）实际支配上市公司股份表决权超过30%；

（3）通过实际支配上市公司股份表决权能够决定董事会半数以上成员的任免；

（4）依其可实际支配的上市公司股份表决权足以对公司股东大会的决议产生重大影响；

（5）可以实际支配或者决定上市公司的重大经营决策、重要人事任命等事项；

（6）中国证监会和上交所认定的其他情形。

《科创板股票发行上市审核问答》对实际控制人的认定提出如下意见：

实际控制人是拥有公司控制权的主体。在确定公司控制权归属时，应当本着实事求是的原则，尊重企业的实际情况，以发行人自身的认定为主，由发行人股东予以确认。保荐机构、发行人律师应通过对公司章程、协议或其他安排，以及发行人股东大会（股东出席会议情况、表决过程、审议结果、董事提名和任命等）、董事会（重大决策的提议和表决过程等）、监事会及发行人经营管理的实际运作情况的核查对实际控制人认定发表明确意见。

发行人股权较为分散但存在单一股东控制比例达到30%的情形的，若无相反的证据，原则上应将该股东认定为控股股东或实际控制人。存在下列情形之一的，保荐机构应进一步说明是否通过实际控制人认定而规避发行条件或监管并发表专项意见：

（1）公司认定存在实际控制人，但其他股东持股比例较高与实际控制人持股比例接近的，且该股东控制的企业与发行人之间存在竞争或潜在竞争的；

（2）第一大股东持股接近30%，其他股东比例不高且较为分散，公司认定无实际控制人的。

二、 共同控制人

认定标准：

如果公司股权较为分散，没有一方直接持股或间接控制表决股份达到50%以上，但是，有多个股东在报告期内通过公司章程规定、协议约定或者其他安排形成了一致行动关系，且上市后一定期间内仍能通过股份锁定维持一致行动关系，则可认定为共同控制。

法定或约定形成的一致行动关系并不必然导致多人共同拥有公司控制权的情况，发行人及中介机构不应为扩大履行实际控制人义务的主体范围或满足发行条件而作出违背事实的认定。通过一致行动协议主张共同控制的，无合理理由的（如第一大股东为纯财务投资人），一般不能排除第一大股东为共同控制人。实际控制人的配偶、直系亲属，如其持有公司股份达到5%以上或者虽未超过5%但是担任公司董事、高级管理人员并在公司经营决策中发挥重要作用，除非有相反证据，原则上应认定为共同实际控制人。

共同实际控制人签署一致行动协议的，应当在协议中明确发生意见分歧或纠纷时的解决机制。对于作为实际控制人亲属的股东所持的股份，应当比照实际控制人自发行人上市之日起锁定36个月。保荐机构及发行人律师应重点关注最近两年内公司控制权是否发生变化，存在为满足发行条件而调整实际控制人认定范围嫌疑的，应从严把握，审慎进行核查及信息披露。

三、 无实际控制人

如果发行人股权结构较为分散，不存在控股股东和实际控制人，发行人单一股东无法控制股东大会，无法控制董事会，且公司的股东之间和董事之间无一致行动安排，则此情形可认定为无实际控制人。

如果发行人不存在拥有公司控制权的人或者公司控制权的归属难以判断的，如果符合以下情形，可视为公司控制权没有发生变更：

（1）发行人的股权及控制结构、经营管理层和主营业务在首发前 3 年内没有发生重大变化；

（2）发行人的股权及控制结构不影响公司治理有效性；

（3）发行人及其保荐人和律师能够提供证据充分证明；

（4）国有企业股权无偿划转或重组情况下实际控制权未变更的认定。

根据《上海证券交易所科创板股票上市规则》的有关规定，发行人控股股东和实际控制人所持股份自发行人股票上市之日起 36 个月内不得转让。对于发行人没有或难以认定实际控制人的，为确保发行人股权结构稳定、正常生产经营不因发行人控制权发生变化而受到影响，要求发行人的股东按持股比例从高到低依次承诺其所持股份自上市之日起锁定 36 个月，直至锁定股份的总数不低于发行前股份总数的 51%。

位列上述应予以锁定 51% 股份范围的股东，符合下列情形之一的，不适用上述锁定 36 个月规定：员工持股计划；持股 5% 以下的股东；非发行人第一大股东且符合一定条件的创业投资基金股东。其中，“符合一定条件的创业投资基金股东”是指符合《私募基金监管问答——关于首发企业中创业投资基金股东的认定标准》的创业投资基金。

四、“一股独大”的情形

如果控股股东或实际控制人持股过高，可能会造成“一股独大”，“三会”形同虚设的情形。这种情况下，控股股东、实际控制人可能漠视中小股东权利，通过隐匿的不公允的关联交易侵占上市公司利益，或者不配合履行信息披露义务，侵犯中小股东知情权，控股股东、实际控制人指使进行违法活动。这种情况下，要改善股权结构，规范公司治理行为，建立和实施有效的内部控制制度，提高外部董事和外部经营管理者参与公司治理和经营管理的比例，加强对中小股东的利益保护，加强信息披露和风险提示。

五、实际控制人曾存在代持的情形

发行人股东存在股权代持情形的，发行人须详细披露代持原因、代持情况等，如经查实，股东之间明确表示了认可代持关系，没有异议，且代持的股东之间没有任何纠纷和争议，通常会被要求将股份恢复至实际持有人，一般不认定公司控制权发生变更。

六、相关案例

案例一：交控科技股份——无实际控制人的认定

交控科技股份有限公司（简称：交控科技，股票代码688015），原名“北京交控科技股份有限公司”，2016年9月14日更名为“交控科技股份有限公司”，现持有北京市工商局丰台分局于2019年3月25日核发的统一社会信用代码为91110106697684368N的《营业执照》。

发行人经营范围为经营SMT生产线（轨道交通列车运行控制系统）（仅限在丰台区科技园海鹰路6号院北京总部国际3号楼一层经营）；技术开发、技术服务、技术检测、技术咨询、技术转让；销售机械设备；货物进出口，技术进出口，代理进出口。

发行人主营业务是以具有自主知识产权的CBTC技术为核心，专业从事城市轨道交通信号系统的研发、关键设备的研制、系统集成，以及信号系统总承包。

发行人律师在法律意见书中披露根据发行人提供的工商资料、发行人报告期的董事会及股东大会文件等资料并经律师核查：

（1）发行人股权结构分散，不存在单一股东持股超过30%的情形；

（2）持有发行人5%以上股份的股东为京投公司、爱地浩海、交大资产、交大创新、郜春海、唐涛，其中京投公司与基石基金系一致行动人，合计持有发行人26.6639%的股份；交大资产与交大创新系一致行动人，合计持有发行人14.6207%的股份；前述持股5%以上股东单独持股或与其一致行动人合计持股均未超过30%，均无法控制发行人股东大会或对股东大会决议产生决定性影响；

（3）发行人不存在单一股东能够决定发行人董事会半数以上成员选任的情形，发行人根据其内部决策制度作出相关决策，发行人任何单一股东无法控制股东大会和董事会，任何一名股东均未通过其提名的董事控制公司的董事会，亦无法对股东大会和董事会决议产生决定性影响；

（4）最近两年发行人股权及控制结构、高级管理人员和主营业务未发生重大变化，无实际控制人的股权结构不影响公司治理的有效性。律师事务所认为，发行人无实际控制人。

监管机构对无实际控制人的情况请发行人结合公司的股权结构、章程规定、公司治理情况、股东大会及董事会决议情况，董事及高级管理人员的提名及任免情况，披露认定发行人无实际控制人的原因及依据是否充分，上市后保持股权和控制结构稳定的安排措施及可行性；说明无实际控制人的持续性，对公司治理有效性是否构成影响。

请保荐机构和发行人律师进行核查，并就发行人是否符合《科创板首次公开发行股票注册管理办法》第十二条“最近两年实际控制人没有发生变更”等相关规定、是否通过认定无实际控制人规避发行条件或监管发表明确意见。

发行人律师回复如下：

(1) 认定发行人无实际控制人的原因及依据。

根据发行人的工商调档文件，发行人现行有效的《公司章程》，发行人内部治理制度，发行人全体股东填写的调查表，发行人历次董事会、股东会、股东大会的签到册，表决票及决议文件，董事及高级管理人员的提名，任免文件，发行人的说明，并经律师与发行人主要股东的访谈，认定发行人无实际控制的原因如下：

①发行人不存在单一股东单独持股或股东及其一致行动人合计持股超过50%的情形；

②发行人股权结构分散，不存在单一股东实际支配发行人股份表决权超过30%的情形；

③持有发行人5%以上股份的股东为京投公司、爱地浩海、交大资产、交大创新、部春海、唐涛，其中京投公司与基石基金系一致行动人，合计持有发行人26.6639%股份；交大资产与交大创新系一致行动人，合计持有发行人14.6207%股份；前述持股5%以上股东单独持股或与其一致行动人合计持股均未超过30%，实际支配发行人股份表决权均未超过30%，均无法控制发行人股东大会或对股东大会决议产生决定性影响；

④发行人不存在单一股东能够决定发行人董事会半数以上成员选任的情形，发行人根据其内部决策制度作出相关决策，发行人任何单一股东无法控制股东大会和董事会、任何一名股东均未通过其提名的董事控制公司的董事会，亦无法对股东大会和董事会决议产生决定性影响；

⑤最近两年发行人股权及控制结构、高级管理人员和主营业务未发生重大变化，且历次董事会、监事会、股东会及股东大会均未出现过僵局的情形，内部决策程序均能正常履行并作出有效决议；

⑥最近两年发行人董事及高级管理人员的提名和任免均履行了必要的内部决策程序，发行人董事、股东均积极出席了历次董事会、股东会及股东大会、所有董事

和股东均按照各自的意愿进行充分沟通、发表意见并行使表决权，不存在持股比例较高的一个或几个股东控制发行人董事会、股东会、股东大会或对其施加决定性影响的情况，无实际控制人的股权结构不影响公司治理的有效性。

⑦报告期内，发行人的股权结构、董事会成员、经营管理层及主营业务均未发生重大变化：

A. 报告期内，公司股权结构稳定，未发生变化；

B. 报告期内，公司董事始终保持为9名，其中董事长郜春海、董事兼董事会秘书李春红、京投公司委派董事王燕凯均保持不变。另外3名股东委派董事因派出单位人事变动有所更换，其中交大资产将委派董事由沈永清更换为王予新，京投公司将委派董事由宣晶更换为任宇航，爱地浩海将委派董事由张鸥更换为王梅。虽然股东委派董事的具体人员有所变动，但并不影响公司的经营决策和发展战略；

C. 报告期内，公司的高级管理人员中，顿飞、秦红全为京投公司推荐。副总经理姜波因身体原因主动辞去副总经理职务。公司高级管理人员的任职并未发生重大变化，公司的经营管理方式、经营方针和发展战略也并未因上述调整而发生变化。因此，公司高级管理人员未发生重大变化；

D. 公司的主营业务是以具有自主知识产权的CBTC技术为核心，专业从事城市轨道交通信号系统的研发、关键设备的研制、系统集成，以及信号系统总承包。自成立以来，发行人主营业务未发生变化。

基于上述情况，本所认为，发行人无实际控制人，认定发行人无实际控制人的原因及依据充分。

（2）上市后保持股权和控制结构稳定的安排措施及可行性。

根据发行人各股东出具的股份锁定承诺函，合计持有发行人前51%股份的股东及其一致行动人的股份锁定期均为36个月，并承诺了股份锁定期自动延长的相关条件。通过前述股份锁定的安排，保持发行人在上市后的股权结构稳定，保证股东大会作为决策层的稳定性。

根据发行人历次董事会、监事会、股东会、股东大会的签到册、表决票及决议文件、发行人制定的董事会议事规则、监事会议事规则、股东大会议事规则、发行人的说明并经律师核查，发行人依法制定了健全的内部管理制度；公司设置了独立董事，强化对董事会及经理层的约束和监督；公司董事、监事选任实施累积投票制，任何股东均不能通过实际支配公司股份表决权决定公司董事会半数以上成员选任。公司历次董事会、监事会、股东会、股东大会均按照《公司法》和公司章程规定的职权履行职责，该等董事会、监事会、股东会、股东大会会议议案均是由与会董事、监事、股东合法表决通过。

根据发行人提供的组织架构图、内部治理制度、发行人的说明并经律师核查，发行人制定了包括组织架构、治理结构、管理制度、财务制度等在内的较为健全有效的内部控制体系，以确保发行人的经营活动有章可循。

京投公司及其一致行动人基石基金、郜春海、交大资产、交大创新已就不谋求发行人控制权出具《关于不谋求交控科技股份有限公司控制权的承诺》，承诺内容如下：

①截至本承诺函出具之日，除在《交控科技股份有限公司首次公开发行股票并在上海证券交易所科创板上市招股说明书（申报稿）》（以下简称《招股说明书（申报稿）》）中已披露的一致行动关系和关联关系外，本单位（本人）与交控科技其他现有股东不存在任何上市规则或相关法律法规、规范性文件规定的关联关系，不存在其他一致行动的协议或者约定，不存在虽未登记在本单位（本人）名下但可以实际支配的交控科技股份表决权；

②在交控科技上市完成之日起60个月内，本单位（本人）不以任何形式谋求成为发行人的控股股东或实际控制人，不以控制为目的增持发行人股份；

③在交控科技上市完成之日起60个月内，本单位（本人）将独立行使股东权利，不与除《招股说明书（申报稿）》中已经披露的一致行动人外的任何其他交控科技股东签订一致行动协议或通过投票权委托等其他方式谋求交控科技的控制权；

④在交控科技上市完成之日起60个月内，本单位（本人）及本单位（本人）的一致行动人不增加在交控科技董事会提名的董事数量。

基于上述情况，本所认为，发行人已就上市后保持股权和控制结构稳定作出了相关安排措施，该等安排措施有利于发行人上市后的股权和控制结构保持稳定，具有可行性。

（3）说明无实际控制人的持续性，对公司治理有效性是否构成影响。

根据发行人各股东出具的股份锁定承诺函，合计持有发行人前51%股份的股东及其一致行动人已就股份锁定期分别出具承诺："本单位/本人所持发行人股份自发行人首次公开发行股票并在科创板上市之日起三十六个月内，不转让或者委托他人管理本单位/本人直接和间接持有的发行人首发前股份，也不提议由发行人回购该部分股份。"前述股份锁定安排有利于发行人上市后的股权和控制结构保持稳定。此外，发行人上市后各股东的股权比例将被进一步稀释，各股东更难取得发行人的控制权。

根据发行人内部治理制度、发行人制定的董事会议事规则、监事会议事规则、股东大会议事规则、发行人历次董事会、监事会、股东会、股东大会的签到册、表决票及决议文件、发行人的说明，并经律师与发行人各业务主管负责人的访谈，发行人依法制定了健全的内部管理制度，各项内部管理制度均良好有效运行，该等制度能够保障发行人的生产经营得到有效治理；发行人历次董事会、监事会、股东会及股东大会均未出现过僵局的情形，内部决策制度运行良好，内部决策程序均能正常履行并作出有效决议。

京投公司及其一致行动人基石基金、郜春海、交大资产、交大创新已就不谋求发行人控制权出具《关于不谋求交控科技股份有限公司控制权的承诺》，承诺内容如下：

①截至本承诺函出具之日，除在《交控科技股份有限公司首次公开发行股票并在上海证券交易所科创板上市招股说明书（申报稿)》（以下简称《招股说明书（申报稿)》）中已披露的一致行动关系和关联关系外，本单位（本人）与交控科技其他现有股东不存在任何上市规则或相关法律法规、规范性文件规定的关联关系，不存在其他一致行动的协议或者约定，不存在虽未登记在本单位（本人）名下但可以实际支配的交控科技股份表决权；

②在交控科技上市完成之日起60个月内，本单位（本人）不以任何形式谋求成为发行人的控股股东或实际控制人，不以控制为目的增持发行人股份；

③在交控科技上市完成之日起60个月内，本单位（本人）将独立行使股东权利，不与除《招股说明书（申报稿)》中已经披露的一致行动人外的任何其他交控科技股东签订一致行动协议或通过投票权委托等其他方式谋求交控科技的控制权；

④在交控科技上市完成之日起60个月内，本单位（本人）及本单位（本人）的一致行动人不增加在交控科技董事会提名的董事数量。

综上所述，本所认为，发行人无实际控制人的情形具有持续性，不会对公司治理的有效性构成不利影响。

(4）请发行人律师进行核查，并就发行人是否符合《科创板首次公开发行股票注册管理办法》第十二条“最近两年实际控制人没有发生变更”等相关规定、是否通过认定无实际控制人规避发行条件或监管发表明确意见。

①发行人符合《科创板首次公开发行股票注册管理办法》第十二条“最近两年实际控制人没有发生变更”等相关规定。

根据发行人的工商调档文件、发行人的内部治理文件、发行人制定的董事会议事规则、监事会议事规则、股东大会议事规则、发行人最近两年历次董事会、监事会、股东大会的签到册、表决票及决议文件、发行人的说明，并经律师对发行人主要股东及发行人各业务主管负责人的访谈，发行人最近两年股权结构和控制结构未发生变化，发行人最近两年各项内部管理制度均良好有效运行，董事会、监事会及股东大会均能有效作出决议，不存在某个股东单独或某几个股东共同控制发行人生产经营和内部决策的情形，发行人最近两年无实际控制人的状态没有发生过变更。

基于前述情况，本所认为，发行人符合《科创板首次公开发行股票注册管理办法》第十二条“最近两年实际控制人没有发生变更”的相关规定。

②发行人不存在通过认定无实际控制人规避发行条件或监管发表明确意见的情形。

A. 发行人不存在通过认定无实际控制人规避同业竞争问题的情形。

公司第一大股东为京投公司及其一致行动人基石基金，第二大股东郜春海，第三大股东交大资产及其一致行动人交大创新，上述股东合计持有公司56.1086%的股权。报告期内，前述股东与公司不存在同业竞争。具体情况如下：

a）京投公司及其一致行动人基石基金。

根据京投公司和基石基金的工商资料、股东调查表并经律师在国家企业信用信息公示系统（http://www.gsxt.gov.cn/index.html）查询，京投公司的主营业务为承担以轨道交通为主的基础设施投融资、土地与物业开发经营等相关资源经营与服务职能，负责北京市地铁等轨道交通建设完成后的运营管理。京投公司及基石基金控制的其他企业中不存在与公司从事相同或相似业务的企业，与公司不存在同业竞争。

b）郜春海。

根据郜春海的股东调查表并经律师在国家企业信用信息公示系统（http://www.gsxt.gov.cn/index.html）查询，郜春海全职就职于发行人，不存在控制的其他企业。

c）交大资产及其一致行动人交大创新。

根据交大资产及交大创新的工商资料、股东调查表并经律师在国家企业信用信息公示系统（http://www.gsxt.gov.cn/index.html）查询，交大资产和交大创新均为北京交通大学的对外投资平台，主营业务均为投资业务及投资咨询服务。交大资产和交大创新控制的其他企业中不存在与公司从事相同或相似业务的企业，与公司不存在同业竞争。

京投公司及其一致行动人基石基金、郜春海、交大资产及其一致行动人交大创新均出具了《关于避免同业竞争的承诺函》，承诺：“本单位及本单位控制的其他企业或经济组织（不含交控科技及其子公司，下同）没有在中国境内外从事任何与交控科技（含其子公司，下同）相同或相似的业务。”同时，针对未来可能存在的潜在同业竞争，前述股东承诺：“本单位及本单位控制的其他企业或经济组织（如有）今后的任何时间不会直接或间接的以任何方式（包括但不限于独资、合资、合作和联营）参与或进行任何与交控科技从事的现有业务有实质性竞争或可能有实质性竞争的业务活动；如果本单位现在及未来存在任何与交控科技主营业务相同或相似的业务机会，将立即通知交控科技并无条件将该等业务机会提供给交控科技。”

结合《科创板股票发行上市审核问答（二）》第5答（一）的相关规定，发行人持股合计前51%以上股东京投公司及其一致行动人基石基金、郜春海、交大资产及其一致行动人交大创新及其控制的企业与发行人不存在同业竞争，发行人不存在通过认定无实际控制人规避同业竞争问题的情形。

B. 发行人不存在通过认定无实际控制人规避其他发行条件或监管的情形。

根据《科创板首次公开发行股票注册管理办法》《科创板股票上市规则》的相关规定，与控股股东、实际控制人相关的发行条件和监管如下：

a)《科创板首次公开发行股票注册管理办法》第十二条第一款规定：“资产完整，业务及人员、财务、机构独立，与控股股东、实际控制人及其控制的其他企业间不存在对发行人构成重大不利影响的同业竞争，不存在严重影响独立性或者显失公平的关联交易。”

根据《审计报告》、发行人主要股东填写的调查表、发行人的说明与承诺、发行人主要股东的承诺，经律师与发行人职能部门负责人及发行人主要股东进行的访谈，发行人资产完整，业务及人员、财务、机构独立，与主要股东及其控制的其他企业间不存在对发行人构成重大不利影响的同业竞争，不存在严重影响独立性或者显失公平的关联交易，符合《科创板首次公开发行股票注册管理办法》第十二条第一款的规定。

b)《科创板首次公开发行股票注册管理办法》第十二条第二款规定：“控股股东和受控股股东、实际控制人支配的股东所持发行人的股份权属清晰，最近两年实际控制人没有发生变更，不存在导致控制权可能变更的重大权属纠纷。”

根据发行人的工商调档文件、发行人及发行人主要股东的承诺并经律师在国家企业信用信息公示系统（http://www.gsxt.gov.cn/index.html）查询，发行人主要股东和受主要股东支配的股东所持发行人的股份权属清晰，最近两年发行人无控股股东、无实际控制人的情况没有发生变更，不存在导致控制权可能变更的重大权属纠纷，符合《科创板首次公开发行股票注册管理办法》第十二条第二款的规定。

c)《科创板首次公开发行股票注册管理办法》第十三条第二款规定：“最近三年内，发行人及其控股股东、实际控制人不存在贪污、贿赂、侵占财产、挪用财产或者破坏社会主义市场经济秩序的刑事犯罪，不存在欺诈发行、重大信息披露违法或者其他涉及国家安全、公共安全、生态安全、生产安全、公众健康安全等领域的重大违法行为。”

根据发行人、京投公司、基石基金、交大资产、交大创新提供的《企业信用报告》、发行人、京投公司、基石基金、交大资产、交大创新及郜春海的承诺、并经律师在国家企业信用信息公示系统（http://www.gsxt.gov.cn/index.html）、中国裁判文书网（http://wenshu.court.gov.cn/）、最高人民法院全国法院被执行人信息查询网站（http://zhixing.court.gov.cn/search/）、中国执行信息公开网（http://zxgk.court.gov.cn/）、中国证监会证券期货市场失信记录查询平台网站（http://neris.csrc.gov.cn/shixinchaxun/）、信用中国网站（http://www.creditchina.gov.cn/）查询，最近三年内，发行人、京投公司、基石基金、交大资产、交大创新及部春海不存在贪污、贿赂、侵占财产、挪用财产或者破坏社会主义市场经济秩序的刑事犯罪，不存在欺诈发行、重大信息披露违法或者其他涉及国家安全、公共安全、生态安全、生产安全、公众健康安全等领域的重大违法行为，符合《科创板首次公开发行股票注册管理办法》第十三条第二款的规定。

d）《科创板股票上市规则》第2.4.4条规定："上市公司控股股东、实际控制人减持本公司首发前股份的，应当遵守下列规定：（一）自公司股票上市之日起36个月内，不得转让或者委托他人管理其直接和间接持有的首发前股份，也不得提议由上市公司回购该部分股份。"

鉴于发行人无控股股东、实际控制人，合计持有发行人前51%股份的股东及其一致行动人已就股份锁定期分别出具承诺："本单位/本人所持发行人股份自发行人首次公开发行股票并在科创板上市之日起三十六个月内，不转让或者委托他人管理本单位/本人直接和间接持有的发行人首发前股份，也不提议由发行人回购该部分股份。"该等股东作出的承诺符合《科创板股票上市规则》第2.4.4条的规定。

综上所述，本所认为，发行人符合《科创板首次公开发行股票注册管理办法》第十二条"最近两年实际控制人没有发生变更"的相关规定；发行人不存在通过认定无实际控制人规避发行条件或监管发表明确意见的情形。

案例二：赛诺医疗——红筹拆除前后实际控制人情况

赛诺医疗科学技术股份有限公司（简称：赛诺医疗，股票代码688108）专业从事介入医疗领域III类医疗器械的研发、生产及销售。公司于2007年9月由留美博士孙箭华先生在天津经济开发区创办，注册资本3000万美元。现有2300m^2研发、生产基地，其中包括1000m^2万元级净化车间，配备超过5000万元人民币的研发、生产和检测设备；生产及质量控制全部聘用高精尖人才，经过专业培训上岗。公司坚持自主创新、恪守品质、走国际化道路，致力于推进中国介入行业技术的发展，打造"中国创造"的品牌，提高在国际范围内的影响力。

发行人的招股书披露，发行人控股股东伟信阳光直接持有发行人25.25%的股份。发行人实际控制人孙箭华合计控制发行人33.37%的股份。于是监管机构请发行人补充披露孙箭华完整的任职经历，说明2017年4月红筹架构拆除前，赛诺控股层面是否存在表决权特殊安排，红筹架构拆除前后发行人实际控制人是否变更。

发行人律师回复：

（1）核查过程：

①查阅了发行人自设立以来的三会文件、董事提名文件等；

②查阅了赛诺控股红筹架构拆除前的融资文件、股东协议、公司章程中包含的表决权特殊安排，以及主要优先股股东出具的关于控制权相关事宜的声明；

③查阅了红筹架构拆除前赛诺控股层面的历次董事会、股东会表决情况；

④查阅了发行人及其前身的董事会设置、表决情况；

⑤审阅了发行人的现行《公司章程》。

（2）核查内容及结果：

红筹架构拆除前，孙箭华通过WellSun持有赛诺控股36.98%的股权（如剔除预留ESOP部分，则持股比例为41.60%），为赛诺控股单一持股比例高的股东，而其他赛诺控股股东之间除DenluxMicroport和DenluxCapital外并无关联，彼此之间亦未就共同控制公司达成任何协议安排或约定。故此赛诺医疗作为赛诺控股的全资子公司，孙箭华通过WellSun和赛诺控股间接持有赛诺医疗36.98%权益（如剔除预留ESOP部分，则持股比例为41.60%），为持股份额大的间接股东。

根据CSFStent、DenluxMicroport、DechengCapital、GreatNoble分别于2014年12月30日签署的《SHARE HOLDER DECLARATION AND CONFIRMATION》，确认其作为优先股股东本质上均为赛诺控股的财务投资者，拥有的优先权和保护条款是为了保护投资利益而并无意图介入参与赛诺控股的实际经营，不愿意也从未试图使用该等权利对赛诺控股的管理、经营和控制产生影响；上述股东始终认可并尊重孙箭华为赛诺控股的实际控制人，对于其在赛诺控股经营和发展方面的实际控制地位不会提出任何形式的异议，也不会通过单方行动或与其他方合作（包括但不限于签署一致行动协议，以及事实上的一致行动）的方式增加持股比例进而损害孙箭华的实际控制人地位。

自赛诺有限2007年9月设立至今，孙箭华一直担任该公司董事长、总经理、法定代表人。根据赛诺医疗《公司章程》及《预算管理制度》《财务报销制度》等内部管理制度，孙箭华对赛诺医疗设立以来的日常经营管理事项、人事任免和董事会决策拥有重大影响力。

红筹架构拆除前赛诺有限的董事均由其唯一法人股东赛诺控股委派，故可以理解为赛诺控股层面的决策控制权对赛诺医疗具有传导性。红筹架构拆除前赛诺控股有5名董事，包括孙箭华、李华、XUWEI（DenluxMicroport委派）、AndrewLo（CSF-Stent委派）和CUIXIANGMIN（DechengCapital委派），外部投资者委派的董事占赛诺控股董事会多数席位。如前所述，赛诺控股的优先股股东及优先股股东委派的董事对公司的重大经营事项、人事任免、对外担保、对外投资、修改章程、关联交易等事项享有特殊表决权。但是赛诺控股历史上历次股东会、董事会决议，上述特殊权利从未行使过。自赛诺控股设立以来，孙箭华作为董事长提议的议案及所做的报告，均获得出席会议董事的全票通过，未发生过由于优先股股东、优先股股东委派董事未投赞成票而导致议案未能在董事会、股东会通过的情形。所以，从公司实际运营的角度而言，孙箭华作为实际持有赛诺控股大份额股份的股东，仍可对赛诺控股的重大事项，如对外投资、增加经营范围、公司治理、修改章程、人事任免、经营策略等方面具有重大影响，而优先股股东在部分重大事项上保护性权利的设置仅是从保护投资方利益不被减损的角度设置，其设置的意义及形式均不以取代或试图取得公司控制权为目的。

综上所述，律师认为，赛诺控股层面的优先股股东虽然在董事会及股东会部分事项的表决上享有部分特殊权利，但孙箭华仍可对赛诺控股的重大事项具有重大影响。故此，在红筹架构拆除前孙箭华先生系赛诺控股实际控制人并进而实际控制赛诺有限，与红筹架构拆除后实际控制人保持一致，未发生变化。

第十三章

财务与会计

第一节 财务会计状况

一、 财务会计独立性

财务独立性表现为企业具有规范的财务会计制度和独立的财务核算体系，拥有独立的银行账户从而避免与控股股东、实际控制人及其控制的其他企业存在混同使用的情形，不仅母公司的财务独立，分公司、子公司也单独建立了相应的财务管理制度。若发行人无法实现财务独立，往往会被监管机构质疑关联交易、资金占用、同业竞争、治理混乱、重大依赖等问题存在。

对缺乏财务独立性的拟上市公司，应建立规范的财务会计制度和独立的财务核算体系；建立单独的银行账户，与分公司、母公司，以及其他控股股东、实际控制人及其控制的企业区别使用，避免财务决策和资金使用受到干预；尽量减少关联交易、资金占用、同业竞争、重大依赖等问题的发生。

二、 财务会计基础

《科创板首次公开发行股票注册管理办法》要求发行人基础工作规范，财务报表的编制和披露符合企业会计准则和相关信息披露规则的规定，在所有重大方面公允地反映了发行人的财务状况、经营成果和现金流量，并由注册会计师出具标准无保留意见的审计报告。

创业企业的财务会计工作不规范是普遍现象，创业企业普遍存在会计基础薄弱、会计处理不当、会计制度不健全等现象。财务会计基础不规范的主要表现形式如下：

1. 会计基础薄弱

未按《会计基础工作规范》要求设置会计机构，配备相应的会计人员，未按要求收集和整理会计的原始凭证，未按规定编制会计的记账凭证和会计报表，凭证和财会信息审核不规范，原始资料失真，会计核算基础资料不实，会计报表之间存在数据不一致、钩稽关系缺失的情形。

2. 会计政策、会计估计及会计差错更正

现行会计准则原则性导向的制定基础赋予了企业根据实际情况合理变更会计政策和会计估计的选择权。同时，也给了一些企业利用不合理的会计政策和会计估计变更操纵利润、粉饰财务报表的机会。因此，在坏账准备、折旧计提、无形资产摊销、利息资本化等方面制定合理的会计政策和会计估计对拟上市企业极为重要，能影响财务报表的质量。

不少企业在会计差错更正中比较随意。比较常见的是更正成本、费用、税费等多达几十项。财务报表中前述项目的更改，公司当期的净利润、未分配利润等项目也必然随之改变。如此，会计差错更正常常成为调增利润的手段。

（1）发行人在申报前的上市辅导和规范阶段如发现存在不规范或不谨慎的会计处理事项并进行审计调整的，应当符合《企业会计准则第 28 号——会计政策、会计估计变更和会计差错更正》和相关审计准则的规定，并保证发行人提交首发申请时的申报财务报表能够公允地反映发行人的财务状况、经营成果和现金流量。申报会计师应按要求对发行人编制的申报财务报表与原始财务报表的差异比较表出具审核报告并说明差异调整原因，保荐机构应核查差异调整的合理性与合规性。

同时，报告期内发行人会计政策和会计估计应保持一致性，不得随意变更，若有变更应符合企业会计准则的规定。变更时，保荐机构及申报会计师应关注是否有充分、合理的证据表明变更的合理性，并说明变更会计政策或会计估计后，能够提供更可靠、更相关的会计信息的理由；对会计政策、会计估计的变更，应履行必要的审批程序。如无充分、合理的证据表明会计政策或会计估计变更的合理性，或者未经批准擅自变更会计政策或会计估计的，或者连续、反复地自行变更会计政策或会计估计的，视为滥用会计政策或会计估计。

发行人应在招股说明书中披露重要会计政策、会计估计变更或会计差错更正情形及其原因。

（2）首发材料申报后变更、更正的具体要求。

首发材料申报后，发行人如存在会计政策、会计估计变更事项，应当依据《企业会计准则第 28 号——会计政策、会计估计变更和会计差错更正》的规定，对首次提交的财务报告进行审计调整或补充披露，相关变更事项应符合专业审慎原则，与同行业上市公司不存在重大差异，不存在影响发行人会计基础工作规范性及内控有效性情形。保荐机构和申报会计师应当充分说明专业判断的依据，对相关调整变更事项的合规性发表明确的核查意见。在此基础上，发行人应提交更新后的财务报告。

首发材料申报后，发行人如出现会计差错更正事项，应充分考虑差错更正的原因、性质、重要性与累积影响程度。对此，保荐机构、申报会计师应重点核查以下方面并明确发表意见：会计差错更正的时间和范围，是否反映发行人存在故意遗漏或虚构交易、事项或者其他重要信息，滥用会计政策或者会计估计，操纵、伪造或篡改编制财务报表所依据的会计记录等情形；差错更正对发行人的影响程度，是否符合《企业会计准则第28号——会计政策、会计估计变更和会计差错更正》的规定，发行人是否存在会计基础工作薄弱和内控缺失，相关更正信息是否已恰当披露等问题。

首发材料申报后，如发行人同一会计年度内因会计基础薄弱、内控不完善、必要的原始资料无法取得、审计疏漏等原因，除特殊会计判断事项外，导致会计差错更正累积净利润影响数达到当年净利润的20%以上（如为中期报表差错更正则以上一年度净利润为比较基准）或净资产影响数达到当年（期）末净资产的20%以上，以及滥用会计政策或者会计估计及因恶意隐瞒或舞弊行为导致重大会计差错更正的，应视为发行人在会计基础工作规范及相关内控方面不符合发行条件。

3. 收入确认问题

很多企业在收入确认上往往根据收款、开票情况确认收入，而不是根据权责发生制来确认收入。对于跨期的产品销售、劳务提供和工程施工等，没有按照节点或完工百分比确认收入，从而在收入确认时点上产生错误，使收入和成本费用不匹配，导致会计信息失真。

4. 会计处理不规范

在研发费用资本化和费用化、各种费用的计提和摊销、资产减值的计提等环节随意性大，缺少规范性。还有一些问题，如不开发票、原始凭证缺失、不及时入账、使用个人银行账号处理公司事务、设置账外账等现象比较常见。

三、财务状况和财务指标

1. 应收账款

科创板上市财务标准中，除第五套标准外，均有营业收入的要求。应收账款过大往往意味着公司收入的变现能力很差，现金流不足，而且常常被认为存在营业收入造假风险，而且是最没有技术含量和资金实力的造假方法。应收账款过大，可能存在未达到收入确认条件而提前确认收入的情形，甚至存在期末集中发货让客户或经销商囤货帮忙营造收入的情形。应收账款太大，往往会加大会计师等中介机构的核查力度，应收账款的函证和客户的走访覆盖面一般会大幅增加，以防止出现造假未发现的情形。

如果应收账款的存在是因特定因素，比如某一行业交易惯例，则需要对比同行业公司说明行业交易特点。

如果应收账款的变动与营业收入的变动不一致，则需要说明差异原因。对应收账款应进行账龄分析和客户资信、履约情况分析，揭示坏账风险。发行人应当对应收账款制定相关管理措施。

2. 利润情况

对于拟按科创板第一套财务标准申请上市的企业，利润或盈利能力仍是必要的考虑因素。营业收入是利润的基础，故有必要针对营业收入、扣非净利润和利润率的增长情况进行分析。

毛利率问题反映了企业的市场竞争地位和产品的盈利能力。同行业可比公司的毛利率对比是反映企业盈利能力的直观方法之一，拟上市企业大多会在自己的招股说明书中披露自身与同行业公司的业绩对比，而那些毛利率与同行相比有偏差的拟上市企业会被关注。

如果毛利率发生重大变动，则需要结合产品单价、单位成本变动、市场竞争形势、同行业公司情况，说明毛利率大幅变动的原因及合理性；如果毛利率远高于同行可比公司，则须对比同行业可比公司，结合市场竞争形势，说明发行人毛利率远高于可比公司的原因及合理性，并说明高毛利是否具有可持续性。

3. 现金流

对于拟按科创板第三套财务标准申请上市的企业，最近三年经营活动产生的现金流量累计净额不得小于一亿元。

四、 相关案例

案例一：苏州天准——实际控制人的财产进行市值增长计划是否影响财务独立性

苏州天准科技股份有限公司（简称：天准科技，股票代码688003），前身是苏州天准精密技术有限公司，注册资本19360万元人民币，公司经营范围是研发、生产、销售测量和检测设备、测量和检测系统、机器人与自动化装备、自动化立体仓库及仓储物流设备、大型自动化系统、激光技术及装备、光电传感器、计算机软硬件产品、信息技术与网络系统、光学产品、电子产品、机械产品，并提供以上产品的技术服务、技术咨询、租赁、附属产品的出售，自营和代理各类商品及技术的进出口业务。

发行人在2015年11月（股转系统挂牌期间）曾通过并实施市值增长分享计划，并于2017年11月终止。根据律师工作报告，该计划目的在于使员工能够承担经营责任的同时享受公司业绩增长的收益，从而促进公司的进一步发展。授予对象包括公司管理人员及骨干人员，权利来源为徐一华持有的发行人股东天准合智的部分财产份额对应的收益权，具体包含股份分红权和股份增值权。分红权合计兑现约58万元（税后），股权增值权未兑现。从分红授予表可见，获得授予的人员有95人，其中33人于2016年3月至2017年8月期间离职。

监管机构对此询问由徐一华以其股份进行实施市值增长分享计划的原因，是否涉及实际控制人替发行人承担费用，是否影响发行人的财务独立性。

发行人律师回复：

根据律师核查公司2015年第六次临时股东大会审议通过的《苏州天准科技股份有限公司市值增长分享计划》《分享计划实施细则》及徐一华与部分员工签订的《市值增长分享计划参与协议》等市值增长分享计划的相关文件，并经律师访谈发行人实际控制人徐一华，发行人实施市值增长分享计划的主要目的是使员工能够在承担经营责任的同时获取公司未来成长收益，从而促进公司的进一步发展。由于发行人当时系股转系统挂牌公司，如采用定向发行等方式涉及程序复杂，考虑到手续便捷等因素，经发行人股东大会审议通过，采用实际控制人徐一华以其通过天准合智间接持有的天准科技股票对应的收益权作为市值增长分享计划授予权利的来源。

经律师核查授予对象在实施市值增长分享计划前后工资收入的变化情况，授予对象在市值增长分享计划实施前后的薪酬水平没有明显变化，同时发行人基于财务谨慎性考虑，已将市值增长分享计划实施过程中授予对象获得的分红作股份支付处理。因此，不存在实际控制人为发行人承担费用的情况，不影响发行人财务的独立性。

案例二：睿创微纳——整体变更中会计处理、会计差错更正的合规性

烟台睿创微纳技术股份有限公司（简称：睿创微纳，股票代码688002）成立于2009年12月11日，现持有原烟台市工商行政管理局核发的《营业执照》（统一社会信用代码：91370600699650399E）。根据该营业执照的记载，发行人住所为烟台开发区贵阳大街11号，法定代表人为马宏，注册资本为38500万元，经营范围为用于传感光通信、光显示的半导体材料、光电子器材、光电模板与应用系统、红外成像芯片与器件，红外热像仪整机与系统研发、生产和销售，与之相关的新技术、新产品的研发，货物、技术进出口。

招股说明书披露，发行人在整体变更时存在未弥补亏损。2016年4月30日股改基准日，睿创有限经华普天健审计的净资产为31106.69万元，未分配利润为 -

4282.31万元，经信永中和复核，调减股改基准日未分配利润854.44万元。

于是监管机构要求发行人在招股说明书中充分披露股改基准日未分配利润为负的形成原因，该情形是否已消除，整体变更后的变化情况和发展趋势，与报告期内盈利水平变动的匹配关系，对未来盈利能力的影响，整体变更的具体方案及相应的会计处理、整改措施（如有），并充分揭示相关风险。

请保荐机构及发行人律师对下述事项进行核查并发表明确意见：整体变更相关事项是否经董事会、股东会表决通过，相关程序是否合法合规，改制中是否存在侵害债权人合法权益情形，是否与债权人存在纠纷，是否已完成工商登记注册和税务登记相关程序，整体变更相关事项是否符合《中华人民共和国公司法》等法律法规规定。

请保荐机构及申报会计师核查以下事项并发表明确意见：

（1）整体变更的会计处理、会计差错更正是否符合企业会计准则的规定；

（2）2018年9月10日调整整体变更设立方案的依据，信永中和复核报告出具日期为2019年的原因；

（3）《申报财务报表与原始财务报表的差异比较表》是否如实反映整体变更、会计差错更正事项。

发行人会计师答复：

（1）整体变更的会计处理、会计差错更正是否符合企业会计准则的规定。

2016年6月15日，华普天健会计师事务所（特殊普通合伙）出具《审计报告》（会审字［2016］3913号），根据该审计报告，以2016年4月30日为审计基准日，睿创微纳公司经审计的净资产为31106.69万元。

2016年6月16日，中联资产评估集团有限公司出具《烟台睿创微纳技术有限公司拟股份制改建项目资产评估报告》（中联评报字［2016］第1428号），以2016年4月30日为评估基准日，公司经评估的资产总额为36451.56万元，负债为4245.15万元，净资产为32206.41万元。

2016年6月16日，睿创有限召开股东会审议并通过决议，同意睿创有限依法整体变更为睿创微纳；以2016年4月30日经审计的账面净资产31106.69万元折成股本27270万股，超出部分3836.69万元计入股份公司的资本公积。

综上所述，此次整体变更系睿创有限以母公司单体报表上所呈现账面净资产折股而来，符合会计准则的相关规定。

此次会计差错的原因：自主研发的无形资产费用化调减未分配利润3485801.36元；调整原计入营业外收入的政府补助计入与资产相关的递延收益，调减未分配利润2462564.10元；确认股份支付调减未分配利润2596000.00元（同时增加资本公积），以上调整均出自审慎性的考虑，符合会计准则的相关规定。

经核查，我们认为以上调整均出自审慎性的考虑，发行人股改整体变更的会计处理、会计差错更正符合会计准则的相关规定。

（2）2018年9月10日调整整体变更设立方案的依据，信永中和复核报告出具日期为2019年的原因。

根据本所对发行人2015年和2016年的财务状况的审计结果，出于审慎性的考虑，调整了华普天健会计师事务所（特殊普通合伙）于2016年6月15日出具的《审计报告》（会审字［2016］3913号）中的审计结果，因会计差错的发生期间为2015年和2016年1月—4月，故发行人调整了整体变更方案并经发行人董事会和股东大会审议通过。

根据发行人的资本市场运作规划，发行人原拟以2015年、2016年、2017年和2018年1月—6月为报告期申报创业板，故我所在2018年9月之前已完成审核工作，发行人董事会和股东大会亦以我所的审核结果进行审议并通过了整体变更的调整方案，但是发行人出于自身资本运作的考虑，未按照原计划申报，故我所未正式出具复核报告，因我所只有在报告确定出具时才会申请报告编号，故而未能在2018年9月10日前正式出具。至2019年，发行人拟正式申报科创板，复核报告的正式报告已确定出具，故而从我所内部系统申请后，自动生成与申请的时间段相匹配的报告号。

（3）《申报财务报表与原始财务报表的差异比较表》是否如实反映整体变更、会计差错更正事项。

经核查，我们认为整体变更的会计处理、会计差错更正符合企业会计准则的规定；出于审慎性的考虑发行人于2018年9月10日调整了整体变更设立方案；《申报财务报表与原始财务报表的差异比较表》已如实反映整体变更、会计差错更正事项。

案例三：恒安嘉新——因会计处理问题不予注册

2017年3月3日，恒安嘉新有限股东一致作出决定，同意将恒安嘉新有限整体变更为股份有限公司。因此发行人恒安嘉新（北京）科技股份公司（简称：恒安嘉新，不予注册），系以恒安嘉新有限的全体股东金红、宋爱平、刘长永、陈晓光、高俊峰、杨满智、王宇、蔡琳、王阿丽、吕雪梅、钱明杰、戴海彬、赵国营、刘晓蔚、张秋科、林银峰、王勇、吴涛、依俐、李成圆、启明星辰、红杉盛德、天津诚柏、中移创新、林芝利新、联通创新、华宇博雄、宝惠元基、嘉兴兴和、华泰瑞麟、嘉兴容湖、谦益投资作为发起人，由有限责任公司整体变更设立的股份有限公司。

2017年3月31日，公司取得了北京市工商局海淀分局核发的统一社会信用代码为91110108678762578N的《营业执照》。根据该执照记载，公司住所为北京市海淀区北三环西路25号27号楼五层5002室，法定代表人为金红，注册资本为7500万元，类型为其他股份有限公司（非上市），成立日期为2008年8月7日，经营范围为“技术开发、技术服务、技术咨询、技术转让；计算机系统服务；销售计算机、软件及辅助设备、电子产品、机械设备、安全技术防范产品；电脑动画设计。（企业依法自主选择经营项目，开展经营活动；依法须经批准的项目，经相关部门批准后依批准的内容开展经营活动；不得从事本市产业政策禁止和限制类项目的经营活动）”，营业期限自2008年8月7日至长期。

恒安嘉新于2018年12月28日、12月29日签订当年签署验收报告的4个重大合同，金额15859.76万元，2018年年底均未回款，且未开具发票，公司将上述4个合同收入确认在2018年。

2019年，恒安嘉新以谨慎性为由，经董事会及股东大会审议通过，将上述4个合同收入确认时点进行调整，相应调减2018年主营收入13682.84万元，调减净利润7827.17万元，扣非后归母净利润由调整前的8732.99万元变为调整后的905.82万元，调减金额占扣非前归母净利润的89.63%。

2016年，发行人实际控制人金红将567.20万股股权分别以象征性1元的价格转让给了刘长永等16名员工。在提交上海证券交易所科创板上市审核中心的申报材料、首轮问询回复、二轮问询回复中发行人都认定上述股权转让系解除股权代持，因此不涉及股份支付；三轮回复中，发行人、保荐机构、申报会计师认为时间久远，能够支持股份代持的证据不够充分，基于谨慎性考虑，会计处理上调整为在授予日一次性确认股份支付5970.52万元。

证监会在审阅申请文件过程中查阅了恒安嘉新的重大合同、股份支付和相应的会计处理后于2019年8月30日向恒安嘉新发出《关于不予同意恒安嘉新（北京）科技股份公司首次公开发行股票注册的决定》，理由如下：

（1）发行人于2018年12月28日、12月29日签订当年签署验收报告的4个重大合同，金额15859.76万元，2018年年底均未回款，且未开具发票，公司将上述4个合同收入确认在2018年。2019年，发行人以谨慎性为由，经董事会及股东大会审议通过，将上述4个合同收入确认时点进行调整，相应调减2018年主营收入13682.84万元，调减净利润7827.17万元，扣非后归母净利润由调整前的8732.99万元变为调整后的905.82万元，调减金额占扣非前归母净利润的89.63%。发行人将该会计差错更正认定为特殊会计处理事项的理由不充分，不符合企业会计准则的要求，发行人存在会计基础工作薄弱和内控缺失的情形。

以下为发行人在招股说明书中披露2019年1月—6月净利润变动原因：

2019年1月—6月公司毛利率由2018年同期的43.18%增长至55.79%，同时期间费用较2018年同期基本持平，故归属于母公司所有者的净利润显著增长。2019年1月—6月毛利率较高的项目分析如表13-1所示。

表13-1　2019年1月—6月毛利率较高的项目分析

单位：万元

项目名称	收入	成本	毛利率	毛利率较高的原因
中国电信2018年度恶意程序项目	6335.23	1857.73	70.68%	本项目为扩容项目，公司在该项目中选用了处理能力更强、接入密度更高的硬件平台；设备集成度逐年提高，设备单台处理能力由10G提升为40G；设备形态由原有的单链路分别部署分析和处置设备升级换代为单链路仅部署单台分析和处置一体设备，从而降低了硬件成本；同时，主要硬件采购价格的下降也促进扩容项目毛利率的上升，故项目毛利率较高
中国联通2018年度僵木蠕项目	4801.28	1820.19	62.09%	本项目为扩容项目，涉及全国10个省，项目内容为在往期平台的基础上增加采集、汇聚分流等专用设备，由于复用了大量前期设备，本项目又应用了高性能的100G汇聚分流设备，减少了设备数量。同时引入新版NTA高性能采集设备，在同等硬件成本下采用更高配置实现高效并发处理，同时底层软件引擎的优化迭代也提升采集综合效能，节省了设备投入，最终全国只使用了395台40G高性能采集机、43台100G汇聚分流设备。此外，各省涉及实施的机房也相对集中，实施简单，周期短，故项目毛利率较高
中国电信2018年度僵木蠕项目	2546.35	806.15	68.34%	本项目属于扩容项目，项目方案进行了优化设备，由上期单台处理能力10G升级为单台处理能力40G，在同等硬件成本下采用更高配置实现高效并发处理，同时底层软件引擎的优化迭代也提升采集综合效能，节省了设备投入成本，加之软件部分可以复用，故项目毛利率较高

（2）2016年，发行人实际控制人金红将567.20万股股权分别以象征性1元的价格转让给了刘长永等16名员工。在提交给上海证券交易所科创板上市审核中心的申报材料、首轮问询回复、二轮问询回复中发行人都认定上述股权转让系解除股权代持，因此不涉及股份支付；三轮回复中，发行人、保荐机构、申报会计师认为时间久远，能够支持股份代持的证据不够充分，基于谨慎性考虑，会计处理上调整为在授予日一次性确认股份支付5970.52万元。发行人未按招股说明书的要求对上述前期

会计差错更正事项进行披露。

该公司存在的以上情形与《科创板首次公开发行股票注册管理办法（试行)》(证监会令第153号）第二章的相关规定不符。根据《全国人民代表大会常务委员会关于授权国务院在实施股票发行注册制改革中调整适用〈中华人民共和国证券法〉有关规定的决定》《全国人民代表大会常务委员会关于延长授权国务院在实施股票发行注册制改革中调整适用〈中华人民共和国证券法〉有关规定期限的决定》《关于在上海证券交易所设立科创板并试点注册制的实施意见》和《科创板首次公开发行股票注册管理办法（试行)》(证监会令第153号）等有关规定，现依法对该公司首次公开发行股票的注册申请作出不予注册的决定。

第二节　资金管理

一、 公司借款

公司借款，或称资金拆借，主要指两种情形：一是公司向外部单位或内外部个人借入款项，用于解决公司资金需求；二是公司向外部单位或内外部个人出借款项。

对于公司向他人借入款项的，只要合理解释没有损害公司的利益一般不会存在问题。而对于公司资金出借款项给他人的，如果是非关联方，一般要求中介机构对借款的原因、资金往来形式、借款决策程序及利息约定、合法合规性及是否会给公司带来潜在的风险发表意见。

很多情况下，该借款所涉及的外部单位或内外部人员如果是关联单位或个人，如控股股东、实际控制人或董事、监事或高级管理人员，则构成关联交易。《公司法》规定股份公司不得直接或通过子公司向董事、监事、高级管理人员提供借款。公司的控股股东、实际控制人及其控制的其他企业等公司关联方向公司借款的行为，构成资金占用。

对于前述借款涉及合法性问题，发行人控股股东和实际控制人应出具承诺函，承诺承担因借款行为给发行人带来的经济损失或处罚。

资金占用在股改中应当予以规范，至迟在申报之前清理完毕，同时根据同期贷款利率向关联方收取利息，确保发行人的利益没有受损，且须承诺在未来不会直接或以委托贷款、委托投资、代还债务、开具无真实交易背景的商业承兑汇票等形式将资金直接或间接地提供给控股股东及其他关联方使用，也不会要求发行人为关联方垫支工资、福利、保险、广告等期间费用，也不得互相代为承担成本和其他支出。发行人应当建立相关制度，如在《公司章程》《股东大会议事规则》《董事会议事规则》《关联交易管理制度》等对公司关联交易作出严格规定，防止资金占用问题再度发生。

二、 个人账户

公司使用个人银行账户或个人卡进行款项结算，收付款项，也是比较常见的情形，其目的往往是避税，也有可能是业务对象是个人，或兼而有之。而相关法律、法规及规范性文件规定，公司董事、高级管理人员不得将公司资金以其个人名义或者以其他个人名义开立账户存储。公司除法定的会计账簿外，不得另立会计账簿。对公司资产，不得以任何个人名义开立账户存储。

使用个人账户收付公司资金涉及会计工作规范性及内部控制有效性的问题，无法确保资金安全，也使得公司营业收入的真实性和完整性难以核查，且如为偷逃税款目的，则公司存在税务风险。

对于使用个人账户的情形，需要了解其必要性、原因、金额占比，核查收付情况的真实性和个人账户收到的内部控制措施，最终是减少此类情形的发生，并进行清理。

三、 现金结算

现金结算在针对个人的采购、销售等活动中是比较常见的。现金结算是相对于通过银行转账结算而言的。

根据《现金管理暂行条例》相关规定，下列范围内可以使用现金：

（1）职工工资、津贴；

（2）个人劳务报酬；

（3）根据国家规定颁发给个人的科学技术、文化艺术、体育等各种奖金；

（4）各种劳保、福利费用，以及国家规定的对个人的其他支出；

（5）向个人收购农副产品和其他物资的价款；

（6）出差人员必须随身携带的差旅费；

（7）结算起点人民币1000元以下的零星支出，结算起点可以由中国人民银行予以调整；

（8）中国人民银行确定需要支付现金的其他支出。

如果超过限额，应当以支票或者银行本票支付，除非经开户银行审核。违者被视为违法活动，有关机构可以处以罚款。

现金结算使公司的收入确认的真实性存疑，需要其他凭证佐证。如果现金结算占比高，则发行人需要合理解释现金结算占比较高的原因，并在股改前后对现金结算问题进行清理和整改，逐步降低现金结算的比例，直到完全实现银行转账支付。同时，公司应针对现金结算问题制定有关内部控制制度，如采购、销售及其他情形下的现金使用内部控制流程等。

四、 第三方回款

第三方回款通常是指发行人收到的销售回款的支付方（如银行汇款的汇款方、银行承兑汇票或商业承兑汇票的出票方式或背书转让方）与签订经济合同的往来客户不一致的情况。第三方回款使合同约定的权利、义务关系在物流和资金流的落实上发生了主体的不一致，该问题会引发上市审核部门对公司的财务数据的真实性、财务内控有效性等的关注，甚至是质疑。

1. 第三方回款应当符合的条件

企业在正常经营活动中存在的第三方回款，通常情况下应考虑是否符合以下条件：

（1）与自身经营模式相关，符合行业经营特点，具有必要性和合理性，例如境外客户指定付款等；

（2）第三方回款的付款方不是发行人的关联方；

（3）第三方回款与相关销售收入钩稽一致，具有可验证性，不影响销售循环内部控制有效性的认定，申报会计师已对第三方回款及销售确认相关内部控制有效性发表明确核查意见；

（4）能够合理区分不同类别的第三方回款，相关金额及比例处于合理可控范围，最近一期通常不高于当期收入的15%。

2. 可以不纳入第三方回款统计的情形

以下情况可不作为最近一期第三方回款限制比例的统计范围：

（1）客户为个体工商户或自然人，其通过家庭约定由直系亲属代为支付货款，经中介机构核查无异常的；

（2）客户为自然人控制的企业，该企业的法定代表人、实际控制人代为支付货款，经中介机构核查无异常的；

（3）客户所属集团通过集团财务公司或指定相关公司代客户统一对外付款，经中介机构核查无异常的；

（4）政府采购项目指定财政部门或专门部门统一付款，经中介机构核查无异常的；

（5）通过应收账款保理、供应链物流等合规方式或渠道完成付款，经中介机构核查无异常的。

3. 中介机构核查要求

如发行人报告期存在第三方回款，保荐机构及申报会计师通常应重点核查以下方面：

（1）第三方回款的真实性，是否存在虚构交易或调节账龄情形；

（2）第三方回款形成收入占营业收入的比例；

（3）第三方回款的原因、必要性及商业合理性；

（4）发行人及其实际控制人、董事、监事、高级管理人员或其他关联方与第三方回款的支付方是否存在关联关系或其他利益安排；

（5）境外销售涉及境外第三方的，其代付行为的商业合理性或合法合规性；

（6）报告期内是否存在因第三方回款导致的货款归属纠纷；

（7）如签订合同时已明确约定由其他第三方代购买方付款，该交易安排是否具有合理原因；

（8）资金流、实物流与合同约定及商业实质是否一致。

同时，保荐机构及申报会计师还应详细说明对实际付款人和合同签订方不一致情形的核查情况，包括但不限于抽样选取不一致业务的明细样本和银行对账单回款记录，追查至相关业务合同、业务执行记录及资金流水凭证，获取相关客户代付款确认依据，以核实和确认委托付款的真实性、代付金额的准确性及付款方和委托方之间的关系，说明合同签约方和付款方存在不一致情形的合理原因及第三方回款统计明细记录的完整性，并对第三方回款所对应营业收入的真实性发表明确核查意见。保荐机构应当督促发行人在招股说明书中充分披露第三方回款相关情况。

五、 相关案例

案例一：传音控股——现金交易收入的合理性

深圳传音控股股份有限公司（简称：传音控股，股票代码688036），由传音有限整体变更设立，自2013年8月21日成立。其在招股说明书中介绍，报告期内，公司主要从事以手机为核心的智能终端的设计、研发、生产、销售和品牌运营，主要产品为TECNO、itel和Infinix三大品牌手机，销售区域主要集中在非洲、南亚、东南亚、中东和南美等全球新兴市场。基于在新兴市场积累的领先优势，公司围绕主营业务积极实施多元化战略布局，创立了数码配件品牌Oraimo，家用电器品牌Syinix，以及售后服务品牌Carlcare等。公司自主研发HiOS、itelOS和XOS等智能终端操作系统，围绕OS操作系统开发应用商店、游戏平台、广告分发平台及手机管家等工具类软件。同时公司与网易等多家国内领先的互联网公司积极开发和孵化移动互联网产品，在音乐、游戏、短视频、内容聚合及其他应用领域进行出海战略合作。基于用户流量和数据资源开展的移动互联网业务是公司经营业绩增长的新动力。

根据问询回复，报告期各期经销商数量分别为306家、1113家、2349家。发行人现金交易占最近一期收入的比例为0.35%，第三方回款占最近一期收入的比例为12.98%。

于是监管机构要求发行人补充披露：

（1）经销商定价机制（包括营销、运输费用承担和补贴等）、物流方式（是否直接发货给终端客户）等情况；

（2）境外销售收款情况，包括发行人境外产品销售收款方式（现金、银行存款等）、采用何种货币、主要收款银行，产品销售地是否有外汇管制，相关收入款项汇入国内是否受限等；

（3）境外销售主体的税收缴纳是否合法合规，是否存在补缴或处罚风险；

（4）境外销售主体的盈利情况、利润使用计划及分红安排，境外子公司向母公司利润分配是否受到当地政策及法律法规的限制；

（5）境外销售产生的物流费用与资金流是否真实，是否与现金流量表相关科目匹配。请发行人进一步说明报告期各期现金收入及第三方回款的金额及占比，结合现金交易占售后维修收入的金额及占比说明现金交易收入的合理性。

发行人律师回复：

报告期各期现金收入及第三方回款的金额及占比，结合现金交易占售后维修收入的金额及占比说明现金交易收入的合理性。

（1）现金收入情况。

经律师对公司财务负责人访谈，公司目前现金收入由售后维修收入产生，现金收入整体占比较低，最近一期现金收入占营业收入的比例为0.35%。报告期各期，公司现金收入金额分别为131153.59万元、3356.90万元、7863.11万元，占营业收入比例分别为11.27%、0.17%、0.35%。由于客户交易习惯等原因，公司报告期初对非洲经销商客户销售存在现金收款情况，鉴于公司经销商客户均为法人机构，2016年以来为控制收款风险、加强资金管理，逐步对现金收款予以规范，2016年10月之后公司产品销售不再接受现金收款，现金收入为提供保外维修服务时形成的售后维修收入，因此占营业收入比例较低。公司售后网点分布在印度、非洲等多个国家和地区，为当地终端个人用户提供保外维修服务，单笔交易金额较小，且个人用户小额交易多以现金为主，因此报告期各期现金交易占售后维修收入比例分别为92.37%、87.87%、89.18%，售后维修收入主要为现金收入具有合理性。

经核查，公司针对现金交易制定了严格的内部管理制度，并建立了严格的授权批准程序，办理现金业务的不相容岗位已作分离。对于报告期初产品销售现金交易，客户根据订单向收款人员缴纳现金，收款人员为其开具收据；对于报告期内售后维修现金交易，售后受理维修手机后，开具工单且客户签字，按照公司规定核实工单报价，由客户向收银员缴纳现金，收银员为其开具收据。对于现金收款交易取得的现金，财务及时缴存银行或由专人保管于保险箱内，现金限额管理且每日进行盘点。

（2）第三方回款情况。

经律师与公司财务负责人访谈，报告期内，公司对非洲等境外经销商客户销售时，主要向客户收取美元货款，而部分境外客户所在国家由于美元外汇紧缺，存在委托第三方代为支付货款情形，公司第三方回款情况与其自身经营模式相关，具有合理的商业理由并符合行业特点。公司严格控制和规范第三方回款，在签订合同时向客户强调以自有银行账户付款，确需通过第三方付款的，要求提供与第三方签订的代付款协议。2016年度、2017年度、2018年度、2019年1月—3月，公司第三方回款金额分别为231820.24万元、294940.70万元、293936.26万元、62793.67万元，占营业收入的比例分别为19.92%、14.71%、12.98%、12.81%，呈逐期下降趋势。

经核查，公司针对客户第三方回款制定了严格的内部控制制度，客户通过第三方付款需提供与第三方签订的代付款协议，并将第三方付款银行账号在公司处备案，公司收到代付款项后检查相关订单、付款凭证等资料，并与第三方代付款协议、备案银行账户信息等进行核对，核对无误后方安排向客户发货。

案例二：广州方邦——关联方资金拆借及代垫

广州方邦电子股份有限公司（简称：方邦股份，股票代码688020），是由方邦有限整体变更设立的股份有限公司。发行人主营业务为高端电子材料的研发、生产及销售，专注于提供高端电子材料及应用解决方案。发行人现有产品包括电磁屏蔽膜、导电胶膜、极薄挠性覆铜板及超薄铜箔等，属于高性能复合材料，其中电磁屏蔽膜是发行人报告期内的主要收入来源。发行人所属产业为战略性新兴产业，根据国家统计局发布的《战略性新兴产业分类（2018）》，电磁屏蔽膜、极薄挠性覆铜板、超薄铜箔等均为重点产品。

发行人在招股说明书中披露，2016 年发行人存在关联方资金拆借及代垫的情形，如表 13－2 所示。

表 13－2　2016 年发行人关联方资金拆借及代垫情况

单位：万元

关联方	2016 年				
	拆出金额	拆出收回金额	利息金额	往来原因	使用期限
苏陟	20.00	20.00	－	个人借款	6.5 个月
李冬梅	60.00	60.00		个人借款	6.5 个月
高强	65.00	65.00		个人借款	2～7 个月

于是监管机构请发行人说明：

（1）关联方占用发行人资金的原因；

（2）王明霞代发行人子公司垫付款项的内容、原因；

（3）发行人相关内控制度是否健全并有效执行。

请保荐机构及发行人律师核查并就发行人是否符合《科创板首次公开发行股票注册管理办法（试行）》第 11 条之“内部控制制度健全且被有效执行”、第 12 条“不存在严重影响独立性或者显失公平的关联交易”等相关规定发表明确意见，说明核查过程、依据。

发行人律师回复：

（1）关联方占用发行人资金的原因。

报告期内，关联方占用发行人资金的具体情况如表 13－3 所示。

表 13－3　关联方占用发行人资金情况

单位：万元

关联方	2016 年				
	拆出金额	拆出收回金额	利息金额	往来原因	使用期限
苏陟	20.00	20.00	－	个人借款	6.5 个月
李冬梅	60.00	60.00		个人借款	6.5 个月
高强	65.00	65.00		个人借款	2～7 个月

经访谈了解，苏陟、李冬梅、高强向公司借款是为了购房需要，而当时公司长

时间未分红，因此苏陟、李冬梅、高强基于资金周转需要于2016年向发行人拆入资金，截至2016年8月16日，上述关联方资金占用已全部清理完毕。此后不存在关联方占用发行人资金的情况。

（2）王明霞代发行人子公司垫付款项的内容、原因。

惟实电子成立后，因经营资金需求，2013—2015年，惟实电子股东王明霞为其代垫运营费用合计82.35万元。2015年12月，发行人收购了惟实电子。惟实电子成为发行人子公司后，其股东缴足了注册资本，于2016年归还了上述代垫款项。

（3）发行人相关内控制度是否健全并有效执行。

①发行人董事会、股东大会均已对前述关联方资金往来予以确认，独立董事发表了有关关联交易的独立意见。

②发行人现行公司章程及根据《上市公司章程指引》制定的上市后适用的《公司章程（草案）》均规定，公司的控股股东、实际控制人员不得利用其关联关系损害公司利益。违反规定的，给公司造成损失的，应当承担赔偿责任。

公司控股股东及实际控制人对公司和公司其他股东/社会公众股股东负有诚信义务。控股股东应严格依法行使出资人的权利，控股股东不得利用利润分配、资产重组、对外投资、资金占用、借款担保等方式损害公司和其他股东/社会公众股股东的合法权益，不得利用其控制地位损害公司和其他股东/社会公众股股东的利益。

同时，《公司章程》《股东大会议事规则》《董事会议事规则》明确规定了关联交易的表决和回避程序，并制定了《独立董事工作制度》《关联交易决策制度》，对公司与关联方的关联交易内容、董事会及股东大会批准关联交易的权限，以及董事会、股东大会审议关联交易的决策程序、关联董事的回避表决程序、独立董事对关联交易发表独立意见等均作出明确规定，并得到了有效执行。

③为进一步规范发行人与关联方的资金往来行为，发行人控股股东、实际控制人、5%以上股东、全体董事、监事、高级管理人员均签署了《关于规范关联交易的承诺函》，

承诺：不以向公司拆借、占用公司资金或采取由公司代垫款项、代偿债务等方式侵占公司资金；遵守方邦电子之《公司章程》，以及其他关联交易管理制度，保证不通过关联交易损害方邦电子或其他股东的合法权益。

④为进一步保证公司资金不被关联方占用，公司制定了《防范大股东及其他关联方资金占用制度》，明确了防范大股东及关联方资金占用的原则、责任和措施、责任追究与处罚等。

⑤天健会计师出具了无保留结论的《内部控制鉴证报告》，认为公司报告期末在所有重大方面保持了有效的内部控制。

经核查，发行人的《公司章程》《股东大会议事规则》《董事会议事规则》和《关联交易决策制度》等内部制度对公司关联交易权限、程序作了严格的相关规定，发行人严格执行有关制度，发行人控股股东、实际控制人、5%以上股东、全体董事、监事、高级管理人员已出具相关承诺，并制定了《防范大股东及其他关联方资金占用制度》，发行人的资金管理制度完善。发行人报告期初与关联方的资金往来已经发行人董事会、股东大会确认，独立董事发表独立意见。前述关联方资金往来清理后，公司现不存在资金被关联方以借款、代偿债务、代垫款项或其他方式占用的情形，不存在严重影响独立性或者显失公平的关联交易，公司内部控制制度得到了有效执行。

（4）核查程序及核查意见。

①核查程序。

信达律师查阅了发行人的财务报表及《审计报告》《内部控制鉴证报告》、发行人与关联方之间资金往来的记账凭证及银行单据，并对相关当事人进行了访谈，了解资金拆借的原因，核查了与资金拆借的决策程序相关的会议文件、发行人相关资金管理制度等。

②核查意见。

经核查，信达律师认为，发行人符合《科创板首次公开发行股票注册管理办法（试行）》第11条之“内部控制制度健全且被有效执行”及第12条“不存在严重影响独立性或者显失公平的关联交易”等相关规定。

案例三：深圳微芯生物——受托支付方式获得贷款的合规性

深圳微芯生物科技股份有限公司（简称：微芯生物，股票代码688321）系由XIANPING LU、深圳海粤门、海德睿博、海德康成、海德睿达、海德睿远、海德鑫成、海德同鑫、博奥生物、永智元丰、LAV、祥峰基金、圣明创业、招银一号、招银共赢、建信康颖、倚锋太和、倚锋睿意、德同新能、德同凯得、德同富坤、深圳观时、DSJ、创业一号、深创投、红土孔雀、共青城富晟、群峰创富共同发起并将其共同投资的微芯有限依法整体变更设立的股份有限公司。其主营业务是为患者提供可承受的、临床急需的原创新分子实体药物。

发行人在发行过程中存在公司与上海银行股份有限公司深圳分行签订的流动资金借款合同，约定以受托支付方式发放贷款。监管机构要求发行人说明合规性及整改措施。

发行人律师回复：

(1) 受托支付的具体情况。

报告期内，公司与上海银行股份有限公司深圳分行签订的流动资金借款合同，约定以受托支付方式发放贷款。

在履行上述借款合同过程中，公司将海粤门作为流动资金贷款的受托支付对象，由借款银行将贷款资金受托支付给海粤门，海粤门在收到贷款资金后将相关款项转给公司。

2016年及2017年，发行人与海粤门之间的受托支付发生额为2900万元和2000万元，均用于支付采购款、发放工资等各项经营支出，未违反与贷款银行之间关于贷款资金用途的约定，且相关贷款合同均正常履行，并已足额还本付息，未损害贷款银行的利益。

公司相关中介机构认为，该等受托支付行为在公司报告期内并未持续发生，具有偶发性特点，且2018年度发行人未再发生相关情形。上述受托支付情形不会对公司内控制度的有效性造成重大不利影响，亦不属于主观故意或恶意行为，不构成重大违法违规。

(2) 具体的整改措施。

发行人已及时收回了相关款项并用于贷款合同约定的用途，发行人上述情形所涉及的资金本息已由发行人全部归还给贷款银行。上海银行股份有限公司深圳分行出具了《确认函》:“上述借款合同项下支付方式均采用受托支付，截至本确认函出具之日，前述款项已按照借款合同的约定全部清偿，我行确认对上述事宜知悉并无异议，并且上述借款合同依约正常履行，未损害本行的权益，就上述借款合同及其履行不存在任何纠纷或潜在纠纷。”

上述受托支付事项均发生在发行人整体变更为股份有限公司之前。发行人整体变更为股份有限公司后建立了《内部控制制度》《财务管理制度》《货币资金管理制度》等制度，进一步完善了公司的内部控制水平，2018年度发行人未再发生相关情形。

毕马威华振会计师事务所（特殊普通合伙）出具了“毕马威华振专字第1900320号”《内部控制审核报告》，认为公司于2018年12月31日在所有重大方面保持了按照《企业内部控制基本规范》标准建立的与财务报表相关的有效的内部控制。

经核查，公司相关中介机构认为：

①发行人已充分披露了相关受托支付交易形成的原因、资金流向和使用用途，并已就相关事项进行了相应的整改；

②发行人报告期内的受托支付行为未违反《贷款通则》《支付结算办法》等相关法律法规、规章制度，不属于主观故意或恶意行为，不构成重大违法违规，不存在

被处罚情形；相关贷款银行已出函确认其权益未受到损害、相关借款合同的履行不存在任何纠纷和潜在纠纷；

③发行人已及时收回了相关款项并用于贷款合同约定的用途，所涉及的资金本息已由发行人全部归还给贷款银行，不存在通过资金体外循环粉饰业绩的情形；

④发行人上述情形均发生在整体变更为股份有限公司之前，且距今已超过一个完整会计年度；发行人整体变更为股份有限公司后建立了《财务管理制度》《货币资金管理制度》等内部控制制度，并由毕马威华振出具了标准无保留意见的《内部控制审核报告》，发行人的内部控制满足相关发行条件的要求。

第三节　研发费用

拟在科创板上市的企业注重科技创新，进行研究开发活动，必然产生研发费用。

《财政部关于企业加强研发费用财务管理的若干意见》（财企〔2007〕194 号）规定了企业研发费用（即原“技术开发费”）的范围，要求企业应当明确研发费用的开支范围和标准，严格审批程序，并按照研发项目或者承担研发任务的单位，设立台账归集核算研发费用。该文件列举了研发费用的范围，具体指企业在产品、技术、材料、工艺、标准的研究、开发过程中发生的各项费用，具体包括下列费用：

（1）研发活动直接消耗的材料、燃料和动力费用；

（2）企业在职研发人员的工资、奖金、津贴、补贴、社会保险费、住房公积金等人工费用，以及外聘研发人员的劳务费用；

（3）用于研发活动的仪器、设备、房屋等固定资产的折旧费或租赁费，以及相关固定资产的运行维护、维修等费用；

（4）用于研发活动的软件、专利权、非专利技术等无形资产的摊销费用；

（5）用于中间试验和产品试制的模具、工艺装备开发及制造费，设备调整及检验费，样品、样机及一般测试手段购置费，试制产品的检验费等；

（6）研发成果的论证、评审、验收、评估及知识产权的申请费、注册费、代理费等费用；

（7）通过外包、合作研发等方式，委托其他单位、个人或者与之合作进行研发而支付的费用；

（8）与研发活动直接相关的其他费用，包括技术图书资料费、资料翻译费、会议费、差旅费、办公费、外事费、研发人员培训费、培养费、专家咨询费、高新科技研发保险费用等。

对于企业依法取得知识产权后，在境内外发生的知识产权维护费、诉讼费、代理费、“打假”及其他相关费用支出，从管理费用据实列支，不应纳入研发费用。

一、 加计扣除

国家税收政策中的高新技术企业税收优惠、研发费加计扣除、固定资产投资加速折旧、延长亏损结转年限、留抵退税、投融资优惠等税收优惠措施可以适用拟在科创板上市的企业。

2018 年 9 月 20 日，财政部、科技部和国家税务总局联合颁布了《关于提高研究开发费用税前加计扣除比例的通知》（财税〔2018〕99 号），进一步激励企业加大研发投入，支持科技创新，就提高企业研究开发费用税前加计扣除比例进行了明确规定：

（1）企业开展研发活动中实际发生的研发费用，未形成无形资产计入当期损益的，在按规定据实扣除的基础上，在 2018 年 1 月 1 日至 2020 年 12 月 31 日期间，再按照实际发生额的 75% 在税前加计扣除；形成无形资产的，在上述期间按照无形资产成本的 175% 在税前摊销；

（2）企业享受研发费用税前加计扣除政策的其他政策口径和管理要求按照《财政部、国家税务总局和科技部关于完善研究开发费用税前加计扣除政策的通知》（财税〔2015〕119 号）、《财政部、税务总局和科技部关于企业委托境外研究开发费用税前加计扣除有关政策问题的通知》（财税〔2018〕64 号）、《国家税务总局关于企业研究开发费用税前加计扣除政策有关问题的公告》（国家税务总局公告 2015 年第 97 号）等文件规定执行。

1. 归集范围

国家税务总局于 2017 年 11 月 8 日发布《关于研发费用税前加计扣除归集范围有关问题的公告》（国家税务总局公告 2017 年第 40 号），明确了研发费用税前加计扣除归集范围：

（1）人员人工费用。包括直接从事研发活动人员的工资薪金、基本养老保险费、基本医疗保险费、失业保险费、工伤保险费、生育保险费和住房公积金，以及外聘研发人员的劳务费用。人员不仅包括直接从事研发活动的研究人员、技术人员和辅助人员，还包括接受劳务派遣的外聘研发人员。在工资薪金的支出中，不仅包括基本的工资薪金，还包括按规定可以在税前扣除的对研发人员股权激励的支出。在人员人工费用归集时，要及时、准确、充分地做好人员活动情况的必要记录。对研发人员同时从事非研发活动的，按照实际工时占比等合理方法分配并确认研发费用，不能区分或未分配的不得加计扣除；

（2）直接投入费用。包括研发活动直接消耗的材料、燃料和动力费用；用于中间试验和产品试制的模具、工艺装备开发及制造费，不构成固定资产的样品、样机及一般测试手段购置费，试制产品的检验费；用于研发活动的仪器、设备的运行维护、调整、检验、维修等费用，以及通过经营租赁方式租入的用于研发活动的仪器、设备租赁费。企业研发活动直接形成产品或作为组成部分形成的产品对外销售的，研发费用中对应的材料费用不得加计扣除。已计入研发费用的，可在销售当年以对应的材料费用发生额直接冲减当年的研发费用，不足冲减的，结转以后年度继续冲减；

（3）折旧费用。用于研发活动的仪器、设备的折旧费可以加计扣除。对于依法可加速折旧的仪器、设备，在享受研发费用税前加计扣除政策时，就税前扣除的折旧部分计算加计扣除；

（4）无形资产摊销费用。包括用于研发活动的软件、专利权、非专利技术（含许可证、专有技术、设计和计算方法等）的摊销费用。对符合税法规定且选择缩短摊销年限的，在享受研发费用税前加计扣除政策时，就税前扣除的摊销部分计算加计扣除；

（5）新产品设计费、新工艺规程制定费、新药研制的临床试验费、勘探开发技术的现场试验费；

（6）其他相关费用。包括与研发活动直接相关的技术图书资料费、资料翻译费、专家咨询费、高新科技研发保险费，研发成果的检索、分析、评议、论证、鉴定、评审、评估、验收费用，知识产权的申请费、注册费、代理费，差旅费、会议费，职工福利费、补充养老保险费、补充医疗保险费等费用。此类费用总额不得超过可加计扣除研发费用总额的10%。

上述费用中，对于用于研发活动的仪器、设备、无形资产，无论是租赁的还是购置的，同时用于非研发活动的，按实际工时占比等合理方法在研发费用和生产经营费用间分配，未分配的不得加计扣除。

2. 特殊事项

（1）企业取得的政府补助，会计处理时采用直接冲减研发费用方法且税务处理时未将其确认为应税收入的，应按冲减后的余额计算加计扣除金额；

（2）企业取得研发过程中形成的下脚料、残次品、中间试制品等特殊收入，在计算确认收入当年的加计扣除研发费用时，应从已归集研发费用中扣减该特殊收入，不足扣减的，加计扣除研发费用按零计算；

（3）企业开展研发活动中实际发生的研发费用形成无形资产的，其资本化的时点与会计处理保持一致；

（4）失败的研发活动所发生的研发费用可享受税前加计扣除政策。

3. 委外研发

119号文规定，企业委托外部机构或个人进行研发活动所发生的费用，按照费用实际发生额的80%计入委托方研发费用并计算加计扣除，受托方不得再进行加计扣除。

2018年，财政部、税务总局、科技部印发《关于企业委托境外研究开发费用税前加计扣除有关政策问题的通知》（财税〔2018〕64号），规定自2018年1月1日起，对企业委托境外机构和个人进行研发活动发生的研究开发费用，按照费用实际发生额的80%计入委托方的委托境外研发费用。委托境外研发费用不超过境内符合条件的研发费用三分之二的部分，可以按规定在企业所得税前加计扣除。

4. 行业限制

119号文规定了六个不适用税前加计扣除政策的行业，具体包括：烟草制造业；住宿和餐饮业；批发和零售业；房地产业；租赁和商务服务业；娱乐业，以及财政部和国家税务总局规定的其他行业。前述企业所属行业按照《国民经济行业分类与代码（GB/4754－2017)》的规定执行，而不是照抄按照企业税务登记时的所属行业确定。国家税务总局2015年第97号公告明确规定，财税〔2015〕119号中不适用税前加计扣除政策行业的企业，是指以财税〔2015〕119号文件所列行业业务为主营业务，其研发费用发生当年的主营业务收入，占企业当年依法取得的、不同来源、不同形式的全部收入总额减除不征税收入和投资收益的余额50%（不含）以上的企业。只要不属于上述条件范围内的企业，其研究开发费用均可以适用加计扣除的税收优惠政策。

二、资本化

科创板企业注重科技创新和研究开发，新的会计准则允许符合确认条件的开发活动相关的研发费用资本化，作为资产予以确认。

在实务中，研发费资本化很难把握，需要谨慎处理。人工费通常构成研发费用的主要部分。哪些人员是研发人员？研发人员同时进行多个项目的研究，哪些是对应具体项目的研发费用？人工费之外发生的材料费用，研发活动需要哪些材料？需要多少材料？如果多个项目同时进行，研发费用与其他费用如何划分？研究费用与开发费用如何划分？这些问题涉及的事项都比较复杂。

在上市企业粉饰财务报表的手段中，利用研发支出资本化是较隐蔽的方式之一。很多拟上市企业为了避免嫌疑，谨慎起见，在申报期将研发费用进行费用化处理。

发行人在立项与验收、研究及开发阶段的划分、资本化条件确定、费用归集、分配及核算等相关活动是否具备健全的控制制度；可以通过分析程序分析业绩增长是否主要依赖于研发费用资本化，如果不进行资本化，相关业绩是否难以满足发行条件等，通过这些进行判断。

根据企业会计准则的规定，企业内部研究开发项目的支出应当区分研究阶段支出与开发阶段支出。

研究是指为获取并理解新的科学或技术知识而进行的独创性的有计划调查。开发是指在进行商业性生产或使用前，将研究成果或其他知识应用于某项计划或设计，以生产出新的或具有实质性改进的材料、装置、产品等。

开发阶段是将研究阶段的结果进行开发以生产出新产品，或进行实质性技术的改进阶段。相对于研究阶段而言，开发阶段应当是已完成研究阶段的工作，在很大程度上具备了形成一项新产品或新技术的基本条件。

研究阶段和开发阶段的划分往往因行业特点和企业具体情况而有所不同，关注研究阶段和开发阶段的划分是否合理，是否与项目流程相联系，是否遵循行业惯例。

1. 无形资产的确认

根据企业会计准则规定，企业内部研究开发项目开发阶段的支出，同时满足下列条件的才能确认为无形资产：

（1）完成该无形资产以使其能够使用或出售在技术上具有可行性；

（2）具有完成该无形资产并使用或出售的意图；

（3）无形资产产生经济利益的方式，包括能够证明运用该无形资产生产的产品存在市场或无形资产自身存在市场，无形资产将在内部使用的，应当证明其有用性；

（4）有足够的技术、财务资源和其他资源支持，以完成该无形资产的开发，并有能力使用或出售该无形资产；

（5）归属于该无形资产开发阶段的支出能够可靠地计量。

前述五项条件的判断必须结合相关留痕文件或物品，对照研发项目的基本资料，包括有关协议、董事会纪要、立项文件、可行性研究报告、进度文件、研发项目实际收益及效果等文件，最好能结合外部专家报告。此外，还需要注意资本化期间是否存在与项目进程不匹配的情况。

2. 证监会相关文件规定

《公开发行证券的公司信息披露编报规则第 15 号——财务报告的一般规定》（证

监会公告〔2014〕54号）要求结合公司内部研究开发项目特点，披露划分研究阶段和开发阶段的具体标准，以及开发阶段支出资本化的具体条件。2014年证监会《关于上市公司进一步规范研发费用资本化的监管通报》要求有关公司注意以下几点：

（1）严格制定研发费用资本化制度并规范执行，明确资本化时点、依据和内控流程，注意重点环节的控制及留痕，为研发费用资本化的合理归集提供充分依据；

（2）公司应当明确研发费用的开支范围和标准，严格审批程序，并按照研发项目或者承担研发任务的单位，设立台账归集核算研发费用；

（3）公司应加强成本费用核算基础，加强成本管理，保证开发阶段相关支出的核算和归集准确、清晰；

（4）注意对研发费用资本化形成的相关资产持续关注，按会计准则规定进行减值测试，并在年报中对研发项目相关信息进行披露，避免因过度资本化造成资产虚高。

3. 针对研发费用，中介机构需要核查如下内容

（1）核查发行人研发项目从立项到投产的流程，核查各个研发项目的项目内容、计划投资金额、费用归集情况、关键节点的判断、阶段性成果和运用情况；

（2）核查企业会计政策中研究阶段和开发阶段的划分依据，发行人是否存在研发费用资本化的情况，判断资本化的合理性是否符合会计准则的规定，判断依据和时点是否充分；

（3）获取发行人分项目归集的研发费用明细表，检查研发项目的立项文件、开发计划、费用预算、研发成果报告、第三方鉴定报告等相关文件；检查研发费用构成项目的相关性和合理性，相关性可关注研发项目与发行人的现有产品结构或未来的发展规划是否相关，合理性方面可与同行业可比公司进行比较；核查费用在各项目的划分依据、费用完整性和真实性，对于职工薪酬占比较大的，还要额外关注职工薪酬的真实性和合理性；分析重要研发项目的费用变化原因，如果变化较大，需要警惕可能存在在生产成本和期间费用之间任意调整以操纵营业利润的情形；存在研发费用资本化的项目，需要核查资本化时点的判断标准是否符合准则依据，判断依据是否充分合理；结合费用发生的对方单位，核查是否存在关联方或潜在关联方为发行人承担成本或代垫管理费用的情况。

三、 相关案例

案例一：西部超导——研发费用和补贴等事项

发行人西部超导材料科技股份有限公司（简称：西部超导，股票代码688122）

前身超导有限成立于2003年2月28日。2012年7月6日，超导有限按原账面净资产值折股整体变更为股份有限公司。

公司主要从事高端钛合金材料、超导产品和高性能高温合金材料的研发、生产和销售。公司是我国高端钛合金棒丝材、锻坯主要研发生产基地之一；是目前国内唯一的低温超导线材商业化生产企业，是目前全球唯一的铌钛锭棒、超导线材、超导磁体的全流程生产企业，也是我国高性能高温合金材料重点研发生产企业之一。

报告期内，公司研发费用分别为6296.26万元、8610.47万元和8865.48万元，占营业收入的比例分别为6.44%、8.90%和8.15%，公司重视研发费用的投入，研发费用逐年增长。请发行人披露：

（1）2018年研发费用上升而研发的职工薪酬下降的原因；

（2）报告期内研发人员的变动情况、研发人员薪酬水平，以及与可比公司的对比情况；

（3）研发费用中主要的研发项目与“业务与技术”部分公司目前正在从事的研发项目的关系；

（4）报告期内各期按项目的研发投入及获取的政府补助金额；

（5）部分项目政府补助金额大于公司累计投入金额的原因；

（6）报告期各期合作研发的投入情况，合作研发的成果及知识产权归属等；

（7）请发行人说明研发项目获取政府补助的会计处理方式。

请保荐机构、申报会计师和发行人律师对上述事项进行核查，并对研发投入是否主要围绕核心技术及其相关产品、研发费用的归集是否符合会计准则等相关规定，合作研发是否存在纠纷发表明确意见。

发行人律师回复：

（1）2018年研发费用上升而研发的职工薪酬下降的原因。

2018年研发费用变动原因：

2018年研发费用与2017年相比变动情况如表13－4所示。

表13－4　2017年、2018年研发费用

单位：万元

项目	2018年度		2017年度
	金额	变动比例	金额
原材料费	5348.23	19.72%	4467.10
职工薪酬	973.53	－3.23%	1006.00
试验费	788.92	4.18%	757.24
燃料动力费	638.97	－29.05%	900.57

续表

项目	2018 年度		2017 年度
	金额	变动比例	金额
委外研究/加工费	718.10	-17.46%	870.02
折旧摊销	50.99	-18.09%	62.25
设备调整费	0.04	-99.70%	13.21
其他费用	346.71	-35.08%	534.06
合计	8865.48	2.96%	8610.47

2018 年研发费用中原材料费较 2017 年增长 19.72%，主要原因是：

①2018 年某高温合金研制项目随着公司高性能高温合金项目投产，进行了大批量的试制和验证，因此领用材料金额增长较大；高性能 Nb3Sn 超导线材制备技术研究项目按项目研发进度在 2018 年进行了较大批量的试制，因此领用材料较多；

②子公司聚能高合公司从 2018 年投产并开始进行研发投入，全年领料金额 588.98 万元，致使公司整体研发费用中原材料费用增长较大。

2018 年研发费用中职工薪酬较 2017 年职工薪酬减少 3.23%，主要原因是由于 2018 年研发试制产品形成的收入较 2017 年增加，相应冲减研发费用中职工薪酬的金额由 2017 年的 10.47 万元增加到 2018 年的 83.59 万元，扣除上述因素影响，2018 年研发费用中计提的职工薪酬较 2017 年稍有增长。

2018 年研发费用中燃料动力费较 2017 年减少 29.05%，研发费用中委外研究/加工费较 2017 年减少 17.46%，主要原因是 2017 年时高能加速器用铌钛超导电缆制备技术合作研究项目产生的燃料动力费发生金额 321.72 万元及委外研发费 108.53 万元金额较大，导致 2017 年公司燃料动力费及委外研究/加工费项目金额较大。

（2）报告期内研发人员的变动情况、研发人员薪酬水平，以及与可比公司的对比情况。

①报告期内研发人员的变动情况。

报告期各期末，公司（含子公司）研发人员情况如表 13-5 所示。

表 13-5 公司（含子公司）研发人员情况

岗位	2018 年年末		2017 年年末		2016 年年末	
	人数（人）	比例	人数（人）	比例	人数（人）	比例
技术研发人员	164	21.27%	166	23.61%	157	23.72%

开发支出及研发费用核算的职工薪酬中的人员数量小于上述技术研发人员的数量，原因：开发支出及研发费用按研发项目核算，研发项目多由各级政府部门提供

资金支持，需设定一定金额的研发预算，由于预算金额有限，研发项目中的职工薪酬以主要参与各研发项目的人员确定，即优先将课题组的人员的薪酬费用计入开发支出及研发费用的职工薪酬中。对于既参与生产，又参与技术研发的部分技术人员，其薪酬支出直接计入生产成本，未在研发费用中核算。

报告期内各期，在研发费用中职工薪酬核算的研发人员平均人数（次）如表13－6所示。

表13－6　研发费用中职工薪酬核算的研发人员平均人数

项目	2018年	2017年	2016年
开发支出及研发费用的职工薪酬中的研发人员平均人数（次）	70.08	65.67	55.67

注：开发支出及研发费用的职工薪酬中的研发人员平均人数（次）＝报告期各期各月开发支出及研发费用职工薪酬中的研发人数之和÷12

②研发人员薪酬水平，以及与可比公司的对比情况。

报告期内，发行人研发人员的平均薪酬情况如表13－7所示。

表13－7　发行人研发人员的平均薪酬情况

项目	2018年	2017年	2016年
研发人员平均薪酬（万元/年）	16.20	15.37	14.34

注：计算平均薪酬时薪酬总额不包含研发活动取得的收入冲减的部分。

报告期内，西安市最低工资标准情况如表13－8所示。

表13－8　西安市最低工资标准情况

项目	2018年	2017年	2016年
城镇非私营单位平均薪酬（万元/年）	尚未公布	7.53	6.72

报告期内，根据同行业公司宝钛股份公开信息所计算出的其研发人员平均薪酬情况，如表13－9所示。

表13－9　宝钛股份研发人员平均薪酬情况

项目	2018年	2017年	2016年
研发费用中薪酬（万元）	856.66	794.97	未披露
年初年末平均研发人员（人）	119.5	117	114
研发人员平均薪酬（万元/人）	7.17	6.79	无法取得

数据来源：研发人员薪酬金额来自于宝钛股份《2018年年度报告》财务报表附注中研发费用中薪酬总额，年初年末平均研发人员按宝钛股份2015年至2018年各年年度报告中研发人员人数计算。

从上述数据可以看出，公司重视研发投入，研发人员平均薪酬高于西安市平均薪酬水平，亦高于通过公开数据计算出的宝钛股份研发人员的平均薪酬。

(3) 研发费用中主要的研发项目与“业务与技术”部分公司目前正在从事的研发项目的关系。

公司在招股说明书“第八节财务会计信息与管理层分析”之“十一、盈利能力分析”之“（四）期间费用分析”之“3. 研发费用分析”中披露的主要研发项目为报告期内公司研发投入金额较大的科研项目情况，以及相关项目取得的政府补助情况，若相关研发项目属于公司在报告期内承担的重大科研项目，则研发项目相关信息与招股说明书“第六节业务与技术部分”之“七、公司的技术及研发情况”之“(三) 公司核心技术的科研实力和成果情况”之“2. 承担的重大科研项目情况”有重合关系。

公司在招股说明书“第六节业务与技术部分”之“七、公司的技术及研发情况”之“(三) 公司目前正在从事的研究项目”中披露的研发项目为截至法律意见书签署之日公司重点研发方向，其中涉及的部分项目在报告期末时已启动，但尚未产生大量的研发投入，有些项目则在报告期后才启动，因此与招股说明书“第八节财务会计信息与管理层分析”之“十一、盈利能力分析”之“（四）期间费用分析”之“3. 研发费用分析”中披露的主要研发项目对应关系不大。

(4) 报告期内各期按项目的研发投入及获取的政府补助金额。

报告期内，公司的研发投入均围绕核心技术及三类产品（高端钛合金材料、超导产品及高性能高温合金材料）开展，公司主要的研发项目各期计入研发费用的金额与获取的政府补助金额（扣除支付给合作单位的部分）情况如表13－10所示。

表13－10　公司主要研发项目各期研发费用及获取的政府补助金额

单位：万元

序号	研发项目名称	2016年研发费用金额	2017年研发费用金额	2018年研发费用金额	2016年收到的政府补助金额	2017年收到的政府补助金额	2018年收到的政府补助金额
1	“航空用先进钛基合金集成计算设计与制备”子项目《示范合金的集成设计、制备与构件应用证》	254.53	377.77	156.79	21.02	16.15	24.87

续表

序号	研发项目名称	2016 年研发费用金额	2017 年研发费用金额	2018 年研发费用金额	2016 年收到的政府补助金额	2017 年收到的政府补助金额	2018 年收到的政府补助金额
2	高性能低温超导线材批量化制备关键技术研究	–	–	65.97	–	–	699.00
3	高性能 MRI 用超导线材批量化制备技术	1045.15	23.99	0.47	89.00	–	–
4	高能加速器用铌钛超导电缆制备技术合作研究	157.31	836.06	501.63	500.00	15.00	–
5	高性能 Nb3Sn 超导线材制备技术研究	468.06	191.41	1053.17	303.00	537.00	–
6	高性能青铜法 Nb3Sn 超导线材工程化关键技术研究	92.77	113.49	76.77	100.00	158.00	–
7	整体叶盘及机匣用××大规格棒材研制	–	121.60	138.62	–	–	5.00
8	××钛合金大规格棒材研制及工程化研究	203.72	563.05	374.30	440.00	429.60	233.60
9	××盘用××钛合金棒材研制	190.56	240.18	73.22	–	128.00	152.00
10	××盘用××细晶饼坯研制	106.09	111.19	124.81	172.50	166.00	90.00
11	××合金××吨级铸锭制备和××规格棒材的工艺优化研究	126.92	468.86	71.14	–	–	–
12	××盘用高强度××合金研制	155.66	247.61	886.92	–	15.00	50.00
13	高均匀化 Nb47Ti 合金铸锭制备工艺研究	178.70	302.13	113.13	–	–	–
14	××盘用××饼坯研制	–	371.51	152.24	–	–	–
15	××钛合金××用锻坯研制	–	–	450.83	–	–	–
16	高临界电流 Nb3Sn 超导股线研制	155.09	129.01	169.58	–	–	–
17	Ti60 整体叶盘锻件应用研究	–	245.20	180.77	–	–	12.00
18	MRI 用 NbTi/Cu 单芯棒成品率提升研究	–	118.95	71.23	–	–	–
19	TC18 钛合金棒材锻造工艺优化	25.51	105.12	146.28	–	–	–
20	全流程控制的国产钛合金锻件在大型客机上的工程化应用	124.67	79.09	122.89	–	–	167.00
21	××钛合金压气机××与××构件工程化应用研究	–	254.17	40.27	–	–	–
22	300mm 半导体级单晶硅制备用大型超导磁体	–	290.27	1.37	200.00	–	–

续表

序号	研发项目名称	2016年研发费用金额	2017年研发费用金额	2018年研发费用金额	2016年收到的政府补助金额	2017年收到的政府补助金额	2018年收到的政府补助金额
23	××燃气轮机用高温合金棒材研制	139.65	197.37	229.65	–	–	–
24	Bi系高温超导线带材制备	163.83	140.33	3.04	–	–	–
25	××用高强韧钛合金研制	134.36	–	–	–	–	–
26	千米级MgB2超导线材研制	212.72	89.17	30.23	–	–	–
27	高临界电流Nb3Sn超导股线热处理相变过程及加工方法研究	–	212.46	252.51	–	20.00	–
28	内锡法Nb3Sn用低成本Sn合金制备	231.21	–	–	–	–	–
29	小规格纯铌棒制备工艺研究	15.62	120.71	196.34	–	–	–
30	高性能Nb3Al超导线材研究开发	–	92.62	202.31	–	20.00	–
31	真空感应熔炼工序工艺研究	–	–	234.21	–	–	–
32	保护七分电渣熔炼工艺研究	–	–	164.73	–	–	–
33	高温合金真空自耗炉熔炼工艺研究	–	–	149.99	–	–	–
34	3D打印多孔医用钛合金的构建及骨修复体的研发	–	–	103.69	–	–	–
35	TC21合金棒材技术鉴定及前期物料改锻	108.04	149.04	33.15	–	–	–
36	TC6合金铸锭熔炼工艺研究	125.96	37.15	0.89	–	–	–

（5）部分项目政府补助金额大于公司累计投入金额的原因。

报告期内，公司部分项目政府补助金额大于公司累计投入金额的具体项目及原因如表13－11所示。

表13－11　公司部分项目政府补助金额大于公司累计投入情况

单位：万元

研发项目名称	报告期内累计研发投入	报告期取得的政府补助	报告期取得政府补助大于累计研发投入的原因
××钛合金大规格棒材研制及工程化研究	1185.66	1379.00	收到的政府补助中包含支付给合作单位的款项
××盘用××细晶饼坯研制	366.09	428.50	研发尚未完成，将继续投入，差额计入递延收益

续表

研发项目名称	报告期内累计研发投入	报告期取得的政府补助	报告期取得政府补助大于累计研发投入的原因
高性能低温超导线材批量化制备关键技术研究	65.97	954.00	研发周期自2018年下半年开始，政府补助已于2018年到账且包含支付给合作单位的款项，差额计入递延收益

注：报告期内累计研发投入金额为开发支出中该项目的支出金额，包括转入研发费用的金额，以及研发试制形成的产品转入存货的金额；报告期内累计取得政府补助的金额包含了需根据相关文件支付给合作单位的款项。

截至本补充法律意见书出具之日，公司的上述合作研发项目不存在研发成果纠纷的情况。

（6）报告期各期合作研发的投入情况，合作研发的成果及知识产权归属等。如表13-12所示。

表13-12　合作研发的投入情况、合作研发的成果及知识产权归属

序号	研发项目名称	2016年研发费用	2017年研发费用	2018年研发费用	西部超导工作形成的研发成果	专利权所有人
1	钛合金大尺寸风扇盘和鼓筒用××钛合金棒材研制	1.49	-	-	国防专利三项	西部超导
2	××大规格棒材研制及应用研究	3.43	-	-	国防专利两项	西部超导
3	前机匣锻件用阻燃钛合金××板坯研制	2.3	-	-	国防专利一项	西部超导
4	新型高强韧钛合金棒材研制	4.05	-	-	国防专利一项	西部超导
5	××盘用××细晶饼坯研制	106.09	111.19	124.81	尚未形成专利等研发成果	不适用
6	××用××钛合金棒材及锻件制备技术合作研究	6.51	-	-	国防专利一项 ZL2015107123 26. 1ZL2015205195 62.7	西部超导
7	××钛合金棒材及整体叶盘锻件	94.26	24.37	11.92	国防专利一项	西部超导
8	高性能MRI用超导线材批量化制备技术	1，045.15	23.99	0.47	ZL201410320481.4 ZL201410764512.5 ZL201610781498.9 ZL201420368896.4	西部超导
9	××钛合金大规格棒材研制及工程化研究	203.72	563.05	374.3	ZL201510043775.1	西部超导
10	××盘用××钛合金棒材研制	190.56	240.18	73.22	国防专利两项	西部超导
11	“在传统制造结构件上增材制造精细结构”子项目《面向复合制造的材料匹配设计与控制》	-	-	87.23	尚未形成专利等研发成果	不适用

续表

序号	研发项目名称	2016年研发费用	2017年研发费用	2018年研发费用	西部超导工作形成的研发成果	专利权所有人
12	高性能低温超导线材批量化制备关键技术研究	-	-	65.97	尚未形成专利等研发成果	不适用
13	高能加速器用铌钛超导电缆制备技术合作研究	157.31	836.06	501.63	ZL201510473610.8 ZL201510578035.8 ZL201610781498.9	西部超导
14	全流程控制的国产钛合金锻件在大型客机上的工程化应用	124.67	79.09	122.89	尚未形成专利等研发成果	不适用
15	TC17钛合金××机β锻××盘与××件工程化应用	-	254.17	40.27	尚未形成专利等研发成果	不适用
16	"航空用先进钛基合金集成计算设计与制备"子项目《示范合金的集成设计、制备与构件应用验证》	254.53	377.77	156.79	ZL201610769497.2	西部超导
17	低温系统与高压出线单元设计和制造	-	28.75	52.06	软著登字第2832609号	西部超导
18	整体叶盘及机匣用××大规格棒材研制	-	121.6	138.62	尚未形成专利等研发成果	不适用
19	高性能钛合金××壳体材料应用研究	-	-	81.69	尚未形成专利等研发成果	不适用
20	××整体××锻件与制造技术应用研究	-	245.2	180.77	尚未形成专利等研发成果	不适用
21	××钛合金大规格棒材研制	-	-	450.83	尚未形成专利等研发成果	不适用
22	××钛合金大规格棒坯试制	65.9	70.41	-	尚未形成专利等研发成果	不适用
23	新型高场Nb3Sn加速器二极磁体关键制备技术研究	-	212.46	252.51	尚未形成专利等研发成果	不适用

截至本补充法律意见书出具之日，公司的上述合作研发项目不存在研发成果纠纷的情况。

（7）请发行人说明研发项目获取政府补助的会计处理方式。

公司针对政府补助制定会计政策，并制定《研究开发项目政府补助管理办法》，对研发项目获取政府补助按如下方法进行会计处理：

①与收益相关的政府补助。

A. 用于补偿企业已发生的相关费用或损失的，计入当期损益。用于补偿企业以后期间的相关费用或损失的，确认为递延收益，并在确认相关费用期间计入当期损益。补助金额大于支出金额的余额递延收益项目，转下期继续按上述原则处理；

B. 无指定用途的政府扶持性补助、奖励，收到时作为当期损益；

C. 企业按照固定的定额标准取得的政府补助应当按照应收金额计量，确认为当期损益，否则应当按照实际收到的金额计量。

②与资产相关的政府补助。

A. 相关政府补助形成资产的，在相关资产使用寿命内平均摊销，计入当期损益。如果相关开发支出资本化，则视同与资产相关比照处理；

B. 与资产相关的某项政府补助如果是分期拨入，第一次拨款按资产使用寿命摊销，后续拨款应与首次拨款采用相同的摊销总期限及剩余期限；

C. 对一项工程项目的政府补助，此项工程项目由各种不同使用期限的固定资产构成，以项目验收为时点，根据生产线或项目整体预期使用期限摊销确认当期收益。

③对于综合性项目的政府补助，需要将其分解为与资产相关的部分和与收益相关的部分，分别进行会计处理；难以区分的或资产相关的补助金额所占比例很小，将政府补助整体归类为与收益相关的政府补助，在项目建设期内分期确认为当期收益。

综上所述，律师认为，发行人的研发投入主要围绕核心技术及其相关产品，研发费用的会计处理符合会计准则等相关规定，合作研发不存在纠纷。

第四节　股份支付

对于拟上市发行股票的企业，股份支付是经常遇到的问题之一。股份支付是拟上市公司在上市前通过股权转让、增资等形式实现提供服务的高级管理人员、核心技术人员、主要合作伙伴等直接或间接持股，从而将薪酬成本降低。这种方式有可能实现利用股份支付转移成本，调增利润的目的。

对企业管理层及核心骨干实施股权激励计划是目前比较常见的企业对员工的奖励行为。实施股权激励计划，企业向其雇员支付期权作为薪酬或奖励措施，属于股份支付的范畴。

一、一般规定

财政部《企业会计准则第11号——股份支付》（财会〔2006〕3号）规定，股份支付是企业为获取员工或其他服务提供方的服务而对其授予权益工具或承担以权益工具为基础确定的负债的交易。

股份支付具体分为以权益结算的股份支付和以现金结算的股份支付。其中，以权益结算的股份支付是指企业为换取相应的服务将股权或股票等权益工具低于公允价格转让或赠与给员工或其他服务提供方。以现金结算的股份支付是企业参照权益工具价格，但是用现金或资产支付报酬给员工或其他服务提供方从而换取服务。

从以上内容可以看出，股份支付的特征如下：

（1）股份支付是针对提供服务的员工或业务伙伴；

（2）股份支付的目的是换取服务；

（3）股份支付的价格低于公允价格。

然而，对于公允价格的确定并没有标准答案，实践中常常按经审计或评估的每股净资产值（可适当上浮，如20%左右）结合最近六个月PE入股价格（可适当下浮，如30%左右）确定公允价格，也可适当参考二级市场可比公司股价。当然，企业有时考虑到PE所能带来的资源等因素，也适当下调了PE入股价格；对于引入对赌机制的，往往又将估值抬升了一些。

企业需要按照该股份支付的公允价值与实际支付价值之间的差额确认为管理费用，同时相应地计入非经常性损益。该管理费用往往会对当期净利润产生较大影响，对不少拟上市中小企业可能构成实质性障碍。

股份支付时如果约定高级管理人员在取得股份后有一个服务期的，先行权后分期摊销也可以，但是，在服务期满前高级管理人员离职的，与股份相关的利益必须流回公司，否则需要一次摊销。

在实务中比较多的操作方式是拟上市公司设计股份支付时一次确认股份支付费用，并将其作为非经常性损益列示。

二、不属于股份支付的情形

以下几种情形不属于股份支付：

（1）申报前公司实施虚拟股权计划，将代持股权进行还原，或将境外股权转回的；

（2）继承、分割、赠与、亲属之间转让（即使亲属也在公司任职）；

（3）资产重组（如收购子公司少数股东股权等）、全体股东配股或资产整合过程中的补偿；

（4）控股股东及其关联股东低价转让给高级管理人员为股份支付，但小股东转让给高级管理人员可以不算；

（5）持股方案早已通过，但通过协议控制方式进行，需要兑现；

（6）企业发行权益工具取得其他企业净资产或其他金融工具的交易。

三、审核意见

我们总结了目前已经披露的审核意见，与股份支付相关的内容主要有：

（1）结合报告期内股权变动情况说明是否涉及股份支付；

（2）股份支付的计算依据、方法、权益工具的公允价值及确定方法，与同期可比公司估值是否存在重大差异及原因；

（3）相关股份支付是否计入非经常性损益；

（4）对于存在与股权所有权或收益权等相关的限制性条件的，相关条件是否真实、可行，服务期的判断是否准确，服务期各年/期确认的员工服务成本或费用是否准确；

（5）请发行人充分披露扣除股份支付费用后，报告期各个关键管理人员的薪酬变动情况、关键管理人员整体薪酬逐年下降的原因；

（6）充分披露扣除股份支付费用后，各年管理费用率波动的原因、与同行业可比公司的对比情况分析。

四、相关案例

案例一：佰仁医疗——股份支付会计处理的合规性

北京佰仁医疗科技股份有限公司（简称：佰仁医疗）成立于2005年7月11日，公司法定代表人金磊，注册资本7200万元人民币，前身为北京佰仁医疗科技有限公司。

发行人是一家集心血管疾病植入器械和外科软组织修复材料设计、研发、制造、销售与技术服务为一体的公司，其产品包括人工生物心脏瓣膜（牛心包瓣）、人工生物瓣膜（猪主动脉瓣）、瓣膜成形环、外科生物补片等，该公司产品已通过ISO9001：2008与ISO13485：2003质量管理体系认证。

监管机构在对其核查过程中，就股份支付会计处理的合规性问题发问，请发行人结合同行业公司近期增资或股份转让的估值情况进一步披露员工持股计划增资时的公允价值，分析是否需要按照《企业会计准则》的相关要求确认股份支付费用，测算确认相关股份支付费用对净利润的影响，是否符合所选择的科创板上市标准。

请发行人补充提供员工持股计划相关董事会决议、股东大会决议、员工持股计划方案、增资扩股或股权转让协议及补充协议。

请保荐机构、发行人律师核查并就是否仍符合所选择的科创板上市标准发表明确意见。

发行人律师回复：

经律师对股份公司就员工持股平台增资召开的董事会决议、股东大会决议、员工持股计划方案、《佰奥企业管理合伙协议》的核查、登入互联网对上市公司并购新三板医药制造业及专用设备制药业案例的查询、对《企业会计准则第11号——股份支付》《首发业务若干问题解答》的研究，发行人员工持股平台增资的公允价值及股份支付情况如下：

（1）佰仁医疗在并购市场的同行业市盈率水平。

2018年至2019年3月期间部分A股上市公司并购新三板医药制造业及专用设备制造业的市盈率情况，如表13-13所示。

表13-13　A股上市公司并购新三板医药制造业及专用设备制造业市盈率情况

单位：倍

收购方	标的公司	标的公司行业	标的金额（万元）	实施状态	收购市盈率
振德医疗 603301.SH	美迪斯 836841.OC	医药制造业	10416	实施完成	3.70
八菱科技 002592.SZ	弘天生物 832979.OC	医药制造业	90775.32	股东大会通过	15.22
众生药业 002317.SZ	逸舒制药 832796.OC	医药制造业	2172.17	实施完成	11.61
蓝黛传动 002765.SZ	台冠科技 837903.OC	专用设备制造业	71472.17	实施完成	14.46
平均		-	-	-	11.25
佰仁医疗	申报时间	预计市值分析报告预计市盈率区间：[29.72~58.35]		增资时间	申报前增资市盈率
	2019-04-15			2018-11-21	（静态）9.06
					（动态）8.21

数据来源：上市公司公开披露文件、Choice金融终端。

根据表13-13，股份方式增资时估值的市盈率9.06倍与上市公司并购新三板医药制造业及专用设备制造业的平均市盈率11.25倍无重大差异。考虑到中标的公司美迪斯主要产品为医用敷料产品及体育防护用品，属于第一类医疗器械，其对应3.70倍市盈率相对其他企业偏低，可比性较小，因此剔除该异常值，计算平均收购市盈率为13.76倍。为了便于投资者分析比较，依据谨慎性原则，股份公司管理层根据平均市盈率13.76倍确定本次增资时公司的公允价值。据此，股份公司根据《企业会计准则第11号——股份支付》的规定确认股份支付费用。

（2）测算股份支付对净利润的影响。

根据13.76倍市盈率确定本次增资时股份公司的公允价值，则2018年确认的股份支付费用测算如表13－14所示。

表13－14　2018年股份支付费用测算

单位：元/倍

项目	过程	金额\市盈率\占比
2017年度归属于母公司股东的净利润（扣非后孰低）	1	42201460.30元
A股上市公司并购新三板医药制造业及专用设备制造业的市场平均市盈率	2	13.76倍
公司股东全部权益估值	3＝1×2	580692093.73元
扣除实际控制人占员工持股平台份额后员工持股平台持股比例	4	8.26%
用于股权激励的权益工具公允价值	5＝3×4	47987749.4元
员工持股平台增资支付对价（授予价格）	6	31535000.00元
股份支付费用	7＝5－6	16452749.41元
对净利润的影响	8	16452749.41元

（3）是否符合所选择的科创板上市标准。

根据《预计市值的分析报告》，股份公司在申报科创板时选择《上海证券交易所科创板股票上市规则》第2.1.2条第一款的规定："预计市值不低于人民币10亿元，最近两年净利润均为正且累计净利润不低于人民币5000万元，或者预计市值不低于人民币10亿元，最近一年净利润为正且营业收入不低于人民币1亿元。"

结合上述测算，根据股份公司2017年扣非后孰低净利润并按13.76倍市盈率确定公允价值时，2018年测算计入1645.27万元股份支付费用，2017年及2018年归属于母公司扣非前后孰低的净利润分别为4220.15万元和3339.97万元，均为正数且合计超过5000万元，符合《上海证券交易所科创板股票上市规则》第2.1.2条第一款的规定："预计市值不低于人民币10亿元，最近两年净利润均为正且累计净利润不低于人民币5000万元，或者预计市值不低于人民币10亿元，最近一年净利润为正且营业收入不低于人民币1亿元。"

（4）本次员工持股平台增资所履行的相关程序。

2018年10月31日、2018年11月16日，股份公司分别召开第一届董事会第六次会议、2018年第四次临时股东大会，审议通过《关于公司增资的议案》，同意佰奥企业管理以5.3元/股的价格认缴佰仁医疗新增600万股股份。

（5）是否符合《企业会计准则》的要求。

根据《企业会计准则第11号——股份支付》及其应用指南的相关规定，"以权益结算的股份支付换取职工提供服务的，应当以授予职工权益工具的公允价值计量。权益工具的公允价值应当按照《企业会计准则第22号——金融工具确认和计量》确定”，公司对于授予的不存在活跃市场的限制性股票，可采用授予日同期外部投资者认购价格或合理的方法进行估值确定限制性股票的公允价值。由于没有同期外部投资者进行认购，故股份公司采用其他合理方法确认公允价值。

方法如下：

①股份公司根据《企业会计准则第11号——股份支付》及其应用指南的规定，在确定公允价值时，参考《首发业务若干问题解答》中“合理考虑入股时间阶段、业绩基础与变动预期、市场环境变化、行业特点、同行业并购重组市盈率水平、股份支付实施或发生当年市盈率与市净率指标等因素的影响，采用恰当的估值技术确定公允价值”的要求，以评估价值作为定价主要参考依据。发行人最早于2017年年初启动上市计划时即开始筹划引入员工入股，主要考虑部分老员工长期服务于公司，为发行人核心人力资源，引入其入股有助于加强利益一致性，实现更好的发展。2017年1月19日，用于核心员工持股的平台佰奥企业管理正式设立。2018年2月8日，发行人聘请的咨询机构慧聪书院提供了主体员工持股计划，同日，佰仁有限整体变更为股份有限公司。2018年3月2日，股份公司召开上市中介协调会，讨论员工持股计划，经发行人实际控制人与参与人员协商拟定以4.5元/股价格增资，对应股份公司估值为32400万元。为保证作价公允，2018年7月30日，股份公司聘请的中水致远出具《评估报告》（中水致远评报字〔2018〕第010149号），采用收益法和资产评估基础法两种方法评估，其中收益法评估值为36272.75万元，资产评估基础法评估值为15041.83万元，采用收益法的评估结果作为最终评估结论，即截至评估基准日2018年6月30日公司股东全部权益评估价值为36272.75万元。股份公司增资时估值参考该《评估报告》确定为38160万元。佰奥企业管理取得股份公司股权支付的对价参照《评估报告》确定的权益工具公允价值，因此未确认股份支付费用。

②根据《北京佰奥企业管理中心（有限合伙）合伙协议》，股份公司员工于2018年9月25日认缴佰奥企业管理的份额。截至2018年10月月底，员工投入佰奥企业管理的出资已基本到位。2018年11月5日，国家主席习近平出席首届中国国际进口博览会开幕式并发表主旨演讲，宣布将在上海证券交易所设立科创板并试点注册制。2019年1月30日起，中国证监会逐步发布了《科创板上市公司持续监管办法（试行）》《科创板首次公开发行股票注册管理办法（试行）》等一系列科创板要求和规则，科创板将是一个问询效率较高、注册所需时间较短的板块。同时，科创板股票发行价格是根据投资者市场询价而来。鉴于上述授予日后市场环境的变化，股份公司根据谨慎性原则，采用近期A股上市公司并购新三板医药制造业及专用设备制

造业的市场平均市盈率的方法确定权益工具公允价值（按13.76倍平均市盈率），使用2017年度归属于母公司股东的净利润（扣非孰低）作为基数进行测算，佰奥企业管理取得股份公司股权支付的对价小于权益工具公允价值，按照企业会计准则的相关规定，需确认股份支付费用1645.27万元。具体计算过程及对净利润的影响详见“（2）测算股份支付对净利润的影响”。

基于上述判断过程，股份公司管理层认为，将该并购市场的平均市盈率定为公允价值更为谨慎，鉴于此，股份公司就上述员工持股平台增资事项，确认股份支付费用1645.27万元，符合《企业会计准则第11号——股份支付》的规定。

综上所述，律师认为股份公司2018年确认1645.27万元为股份支付费用后，2017年及2018年归属于母公司扣非前后孰低的净利润分别为4220.15万元和3339.97万元，均为正数且合计超过5000万元，股份公司符合《上海证券交易所科创板股票上市规则》第2.1.2条第一款的规定。

第五节　税务问题

一、补缴税款

上市前进行会计调整并临时补缴税款是一个普遍存在的现象，有的是为了清理因财务核算不健全或会计差错导致的欠税、漏税，有的是将账外收入账内化，提高营业收入和净利润或出于规范化目的。一般而言，对于少量且能够合理说明的补税，不会构成上市的实质障碍，同时取得税务机关的证明，确认该行为不构成税收违法行为。但是，公司原始财务报表与申报财务报表不能差异太大，即补缴税款金额不能太大，否则审核部门会认为财务会计合规性存在严重问题。

《科创板首次公开发行股票注册管理办法》规定发行人生产经营符合法律、法规的规定。被主管机关在行政处罚文书中已认定为重大违法行为的，或根据国家或地方相关主管部门制定的判断标准，结合违法行为事实和情节，属于重大违法行为的，则为重大违法行为。

税务违法违规行为包括欠缴或逃避税款、没有代扣代缴税款、违规开具或使用发票等。针对税收违法违规行为的处理方式一般为：

（1）对税收违法违规行为产生的原因进行合理的解释；

（2）由税务部门出具合规证明；

（3）通过制度和培训进行有效防范；

（4）由控股股东或实际控制人出具相关承诺。

随着税收管理模式“放管服”改革的深入推进，事前审核向事中事后监管、固定管户向分类分级管户、无差别风险管理、经验管理向大数据管理的“四个转变”，拟上科创板企业要加强税收合规意识，结合收入和资产进行核查，严控税收风险。在税收政策的适用上遇到种种疑难或新型问题，企业要和税务机关保持沟通和对话。

二、高新认定

发行人如属于国家重点支持的高新技术领域，持续进行研究开发与技术成果转化，形成企业核心自主知识产权，并以此为基础开展经营活动，如符合相关规定可被认定为高新技术企业，可以减按15%的税率征收企业所得税。中介机构应关注发行人是否真正符合高新技术企业的实质性条件，而不能仅仅因为发行人已取得高新技术企业证书而不进行核查。

科技部、财政部和国家税务总局于2016年发布《高新技术企业认定管理办法》（国科发火〔2016〕32号）和《高新技术企业认定管理工作指引》（国科发火〔2016〕195号），均自2016年1月1日起实施。根据《高新技术企业认定管理办法》第11条的规定，企业必须同时满足以下条件，才能被认定为高新技术企业：

（1）企业申请认定时须注册成立一年以上。

（2）企业通过自主研发、受让、受赠、并购等方式，获得对其主要产品（服务）在技术上发挥核心支持作用的知识产权的所有权。

知识产权须在中国境内授权或审批审定，并在中国法律的有效保护期内。知识产权权属人应为申请企业。在高新技术企业认定中，采用分类评价方式，其中：发明专利（含国防专利）、植物新品种、国家级农作物品种、国家新药、国家一级中药保护品种、集成电路布图设计专有权等按Ⅰ类评价，可以在专利期限内多次用于认定；实用新型专利、外观设计专利、软件著作权等（不含商标）按Ⅱ类评价，在申请高新技术企业时，仅限使用一次。在申请高新技术企业及高新技术企业资格存续期内，知识产权有多个权属人时，只能由一个权属人在申请时使用。

（3）对企业主要产品（服务）发挥核心支持作用的技术属于《国家重点支持的高新技术领域》（现行有效版本发布于2016年2月5日）规定的范围。

主要产品（服务）是指高新技术产品（服务）中，拥有在技术上发挥核心支持作用的知识产权的所有权，且收入之和在企业同期高新技术产品（服务）收入中超过50%的产品（服务）。

（4）企业从事研发和相关技术创新活动的科技人员占企业当年职工总数的比例不低于10%。

科技人员是指直接从事研发和相关技术创新活动，以及专门从事上述活动的管理和提供直接技术服务的，累计实际工作时间在183天以上的人员，包括在职、兼职和临时聘用人员。企业职工总数包括企业在职、兼职和临时聘用人员。在职人员可以通过企业是否签订了劳动合同或缴纳社会保险费来鉴别；兼职、临时聘用人员全年须在企业累计工作183天以上。

企业当年职工总数、科技人员数均按照全年月平均数计算。

月平均数＝（月初数＋月末数）÷2

全年月平均数＝全年各月平均数之和÷12

年度中间开业或者终止经营活动的，以其实际经营期作为一个纳税年度确定上述相关指标。

（5）企业近三个会计年度（实际经营期不满三年的按实际经营时间计算）的研究开发费用总额占同期销售收入总额的比例符合如下要求：

①最近一年销售收入小于5000万元（含）的企业，比例不低于5%；

②最近一年销售收入在5000万元至2亿元（含）的企业，比例不低于4%；

③最近一年销售收入在2亿元以上的企业，比例不低于3%。

其中，企业在中国境内发生的研究开发费用总额占全部研究开发费用总额的比例不低于60%。

高新技术产品（服务）收入包括技术转让收入、技术服务收入、接受委托研究开发收入。高新技术产品（服务）收入占比是指高新技术产品（服务）收入与同期总收入的比值。

总收入是指收入总额减去不征税收入。按照《企业所得税法》规定，即企业以货币形式和非货币形式取得的销售货物收入、提供劳务收入、转让财产收入、权益性投资收益、利息收入、租金收入、特许权使用费收入、接受捐赠收入，以及其他收入，减去财政拨款、依法收取并纳入财政管理的行政事业性收费和政府性基金、国家规定的其他不征税收入。

（6）近一年高新技术产品（服务）收入占企业同期总收入的比例不低于60%。

企业研究开发费用占比是企业近三个会计年度的研究开发费用总额占同期销售收入总额的比值。

研究开发活动是指为获得科学与技术（不包括社会科学、艺术或人文学）新知识，创造性运用科学技术新知识，或实质性改进技术、产品（服务）、工艺而持续进行的具有明确目标的活动。不包括企业对产品（服务）的常规性升级或对某项科研成果直接应用等活动（如直接采用新的材料、装置、产品、服务、工艺或知识等）。

研究开发费用的归集范围包括人员人工费用、直接投入费用、折旧费用与长期待摊费用、无形资产摊销费用、设计费用、装备调试费用与试验费用、委托外部研究开发费用和其他费用（一般不得超过研究开发总费用的20%）。

企业的研究开发费用是以单个研发活动为基本单位分别进行测度并加总计算，按照"企业年度研究开发费用结构明细表"设置高新技术企业认定专用研究开发费用辅助核算账目，提供相关凭证及明细表，依规核算并归集研发费用。

（7）企业创新能力评价应达到相应要求。

企业创新能力主要从知识产权、科技成果转化能力、研究开发组织管理水平、企业成长性等四项指标进行评价。

（8）企业申请认定前一年内未发生重大安全、重大质量事故或严重环境违法行为。

此外，根据《国家税务总局关于高新技术企业资格复审期间企业所得税预缴问题的公告》的规定，高新技术企业应在资格期满前3个月内提出复审申请，在通过复审之前，在其高新技术企业资格有效期内，其当年企业所得税暂按15%的税率预缴。在当年年底前仍未取得高新技术企业资格的，应按规定补缴相应期间的税款。

《企业所得税优惠政策事项办理办法（2018修订）》（国家税务总局公告2018年第23号）规定，企业在2017年以后年度企业所得税汇算清缴中，自高新技术企业认定当年起，通过自行判别、申报享受、相关资料留存备查办理方式，通过填报企业所得税纳税申报表，减按15%的税率征收企业所得税。

高新技术企业发生名称变更或与认定条件有关的重大变化（如分立、合并、重组，以及经营业务发生变化等），应在发生之日起三个月内向认定机构报告，由认定机构负责审核企业是否仍符合高新技术企业条件。企业仅发生名称变更，不涉及重大变化，符合高新技术企业认定条件且公示无异议的，由认定机构重新核发认定证书，编号与有效期不变；有异议的或有重大变化的（无论名称变更与否），由认定机构核实处理，不符合认定条件的，自更名或条件变化年度起取消其高新技术企业资格。

《财政部国家税务总局关于贯彻落实国务院关于实施企业所得税过渡优惠政策有关问题的通知》（财税〔2008〕21号）规定，经济特区和上海浦东新区内新设高新技术企业同时在经济特区和上海浦东新区以外的地区从事生产经营的，应当单独计算其在经济特区和上海浦东新区内取得的所得，并合理分摊企业的期间费用；没有单独计算的，不得享受企业所得税优惠。经济特区和上海浦东新区内新设高新技术企业在按照本通知的规定享受过渡性税收优惠期间，由于复审或抽查不合格而不再具有高新技术企业资格的，从其不再具有高新技术企业资格年度起，停止享受过渡性税收优惠；以后再次被认定为高新技术企业的，不得继续享受或者重新享受过渡性税收优惠。

三、 税收优惠

现行法律法规明确规定地方政府不得越权制定减免税政策或税收优惠政策，但为了招商引资或者为了促进本地企业的发展，不少地方政府还是制定了不符合规定的税收政策。如果存在这种情形，对已享受的地方税收优惠不符合规定这一法律风险事宜应在招股说明书中进行披露。同时，主张相关地方税收优惠以当地普遍适用的税收规定为依据，发行人没有违反规定的主观上过错，不属于重大违法行为。发行人应取得地方税务机关出具的不会追缴优惠税款且发行人在报告期内不存在重大违法行为的证明。由于相关税收优惠政策缺乏法律法规支持，发行人享受的税收优惠存在被主管部门追缴的风险。控股股东和实际控制人应当承诺如未来税务主管机关要求补缴相关税款，则由控股股东和实际控制人无条件承担补缴的责任。

有些发行人严重依赖税收优惠，甚至年度利润总额全部来自于税收优惠，在这种情况下，更重要的是关注这种税收优惠能否持续。

四、 相关案例

案例一：天奈科技——个人所得税

江苏天奈科技股份有限公司（简称：天奈科技，股票代码688116），前身系天奈有限，成立于2011年1月6日，2017年12月28日按经审计的账面资产净值折股整体变更为股份有限公司，注册资本17389.359万元人民币。

公司的经营范围是纳米材料（纳米碳管、石墨烯）及其复合材料的研发、生产及销售本公司自产产品；提供本公司技术的技术服务、技术咨询、技术培训、技术转让。

招股说明书中陈述公司主要从事纳米级碳材料及相关产品的研发、生产及销售，是一家具有自主研发和创新能力的高新技术企业。公司产品包括碳纳米管粉体、碳纳米管导电浆料、石墨烯复合导电浆料、碳纳米管导电母粒等。

通过核查发行人的历史沿革，监管机构请保荐机构和发行人律师核查发行人改制、历次股权转让时、未分配利润转增股本时，控股股东、实际控制人是否缴纳相关个人所得税。如未缴纳的，请在招股说明书中披露控股股东、实际控制人欠缴税款的具体情况和原因，可能导致的被追缴风险，并由控股股东、实际控制人承诺承担补缴义务及处罚责任。

发行人律师回复：

律师核查了发行人的工商档案及相关所得税完税凭证。

核查内容及结果：

经核查，发行人自设立起未发生未分配利润转增股本的情况，发行人于2016年11月拆除红筹架构时，控股股东开曼天奈转让天奈有限的股权已依法缴纳所得税并取得了相关所得税完税凭证。在此之后，发行人未发生控股股东及实际控制人转让股权的情况，控股股东及实际控制人不存在因股权转让及未分配利润转增股本而应履行纳税义务的情形。

2017年12月28日，天奈有限整体变更为股份有限公司。本次改制以2017年11月30日为基准日，按公司经审计的净资产值人民币573228454.31元按1∶0.294258的比例折合股份公司股本168676779元，每股面值为人民币1元，共计168676779股，由各发起人按照各自在天奈有限的出资比例持有相应数额的股份，其余未折股部分的净资产计入变更后股份有限公司的资本公积。

根据国家税务总局于2010年11月30日关于股改缴纳个人所得税的问题答复："盈余公积和未分配利润转增股本应当按'利息、股息、红利所得'项目计征个人所得税，转增资本公积不计征个人所得税。"发行人股改后股份有限公司的股本与股改前的实收资本均为168676779元，不存在使用有限公司净资产中原账面资本公积、盈余公积及未分配利润转增股本的情况。因此，发行人股改过程，自然人股东不涉及纳税义务。

综上所述，律师认为，天奈有限自设立至今未发生未分配利润转增股本的情形；拆除红筹架构时，控股股东开曼天奈转让天奈有限的股权已依法缴纳所得税，除上述情形外，发行人不存在控股股东及实际控制人转让股权的情形；天奈有限整体变更为股份有限公司时，变更前后的公司注册资本保持不变，不存在使用有限责任公司净资产中原账面资本公积、盈余公积及未分配利润转增股本的情况，不涉及控股股东及实际控制人就改制应缴纳相关个人所得税的情形。

案例二：传音控股——税收优惠

深圳传音控股股份有限公司（简称：传音控股，股票代码688036），由传音有限整体变更设立，自2013年8月21日成立。其在招股说明书中介绍，报告期内，公司主要从事以手机为核心的智能终端的设计、研发、生产、销售和品牌运营，主要产品为TECNO、itel和Infinix三大品牌手机，销售区域主要集中在非洲、南亚、东南亚、中东和南美等全球新兴市场。基于在新兴市场积累的领先优势，公司围绕主营业务积极实施多元化战略布局，创立了数码配件品牌 Oraimo，家用电器品牌 Syinix，以及售后服务品牌 Carlcare 等。公司自主研发 HiOS、itelOS 和 XOS 等智能终端操作系统，围绕 OS 操作系统开发应用商店、游戏平台、广告分发平台，以及手机管家等工具类软件。同时公司与网易等多家国内领先的互联网公司积极开发和孵化移动互联网产品，在音乐、游戏、短视频、内容聚合及其他应用领域进行出海战略合作。基于用户流量和数据资源开展的移动互联网业务是公司经营业绩增长的新动力。

招股说明书披露，报告期内，发行人的部分子公司享受企业所得税税收优惠，主要包括高新技术企业税收优惠、西部大开发战略有关企业税收优惠和软件企业税收优惠等。报告期内，发行人的部分子公司享受增值税税收优惠，主要包括生产企业出口退税和软件产品增值税即征即退等。于是监管机构请发行人披露：

（1）根据《高新技术企业认定管理办法》《高新技术企业认定管理工作指引》规定的条件，发行人续期申请高新技术企业资质是否存在障碍；

（2）报告期内发行人享受的税收优惠是否合法合规，是否存在被追缴的风险；

（3）发行人经营业绩是否依赖于税收优惠；

（4）发行人是否存在利用合并范围内相关主体的税收优惠规避税收缴纳义务的情形，并对上述情况发表明确核查意见。请保荐机构、发行人律师核查并发表意见。

发行人律师回复如下：

（1）核查方式。

就题述事项，律师进行了包括但不限于如下查验工作：

①查阅上海市科学技术委员会、上海市财政局、国家税务总局上海市税务局向上海传英发放的《高新技术企业证书》；

②查阅公司及子公司在主管税务机关税收优惠备案文件；

③就公司及子公司享有税收优惠事宜查阅天健出具的《审计报告》《纳税鉴证报告》及发行人提供的相关财务资料；

④就发行人是否存在利用合并范围内相关主体的税收优惠规避税收缴纳义务的情形与公司财务负责人访谈；

⑤查阅深圳传音制造、深圳泰衡诺、上海传英签署的技术开发服务合同、技术外包协议、软件著作权授权使用框架协议；

⑥查阅发行人及相关附属公司经备案的关联交易申报资料；

⑦查阅发行人及相关附属公司主管税务部门出具的合法合规证明。

（2）核查意见。

①关于申请高新技术企业资质的续期事宜。

招股说明书原披露，上海传英取得的《高新技术企业证书》已过有效期，正在办理续期手续。

上海传英已于2019年4月15日收到上海市科学技术委员会、上海市财政局、国家税务总局上海市税务局重新发放的《高新技术企业证书》，发证时间为2018年11月27日，有效期为三年。

上述楷体加粗内容已在招股说明书“第六节业务与技术”之“五、（三）其他对公司生产经营发生作用的资源要素”部分补充披露。

②发行人享受税收优惠的合规性。

报告期内，发行人享受税收优惠的主体为境内附属公司，享受的主要税收优惠情况如表13－15所示。

表13－15　发行人境内所属公司享受的主要税收优惠情况

税种	优惠事项	适用主体	依据	税收优惠政策	享受优惠年度	是否完成备案
企业所得税	高新技术企业税收优惠	深圳泰衡诺	《中华人民共和国企业所得税法》	企业所得税减按15%的税率计缴	2016年、2017年、2018年度和2019年1月—6月	2016年、2017年已备案、2018年、2019年1月—6月根据规定无须备案
		上海传英			2016年、2017年、2018年度和2019年1月—6月	因上海传英选择享受软件企业所得税优惠，未选择享受高新技术企业所得税优惠，故未备案
	西部大开发税收优惠	上海展扬			2016年、2017年、2018年度和2019年1月—6月	因上海展扬选择享受软件企业所得税优惠，未选择享受高新技术企业所得税优惠，故未备案
		北京传嘉			2017年、2018年度和2019年1月—6月	2017年已备案 2018年、2019年1月—6月根据规定无须备案
		深圳传音通讯			2018年度和2019年1月—6月	2018年、2019年1月—6月根据规定无须备案
		重庆传音科技	国家税务总局《关于深入实施西部大开发战略有关企业所得税问题的公告》（国家税务总局公告2012年第12号）	企业所得税减按15%的税率计缴	2017年、2018年度和2019年1月—6月	2017年已备案 2018年、2019年1月—6月根据规定无须备案
	小型微利企业税收优惠	上海小传	财政部、国家税务总局《关于扩大小型微利企业所得税优惠政策范围的通知》（财税〔2017〕43号）	所得减按50%计入应纳税所得额，按20%的税率缴纳企业所得税	2017年、2018年度和2019年1月—6月	2017年、2018年尚未开展业务，2019年1月—6月根据规定无须备案

续表

<table>
<tr><th>税种</th><th>优惠事项</th><th>适用主体</th><th>依据</th><th>税收优惠政策</th><th>享受优惠年度</th><th>是否完成备案</th></tr>
<tr><td rowspan="4">企业所得税</td><td rowspan="4">软件企业税收优惠</td><td>上海传英</td><td rowspan="3">《财政部、国家税务总局关于进一步鼓励软件产业和集成电路产业发展企业所得税政策的通知》（财税〔2012〕27号）、《财政部、国家税务总局关于集成电路设计和软件产业企业所得税政策的公告》（财税〔2019〕68号）</td><td rowspan="3">在2017年12月31日前自获利年度起计算优惠期，第一年至第二年免征企业所得税，第三年至第五年按照25%的法定税率减半征收企业所得税</td><td>2016年、2017年度免征，2018年度、2019年1月—6月为减半征收年度</td><td>2016年、2017年已备案、2018年度、2019年1月—6月根据最新规定无须备案</td></tr>
<tr><td>上海展扬</td><td rowspan="2">2017年、2018年为免税年度、2019年1月—6月为减半征收</td><td>2016年、2017年已备案、2018年度、2019年1月—6月根据最新规定无须备案</td></tr>
<tr><td>北京传嘉</td><td>2017年已备案，2018年因亏损，未享受所得税优惠，未备案，2019年1月—6月根据规定无须备案</td></tr>
<tr><td>深圳传音通讯</td><td></td><td>在2018年12月31日前自获利年度起计算优惠期，第一年至第二年免征企业所得税，第三年至第五年按照25%的法定税率减半征收企业所得税</td><td>2018年、2019年1月—6月为免税年度</td><td>2018年、2019年1月—6月根据规定无须备案</td></tr>
<tr><td rowspan="10">增值税</td><td rowspan="5">软件产品增值税即征即退</td><td>上海传英</td><td rowspan="5">《财政部、国家税务总局关于软件产品增值税政策的通知》（财税〔2011〕100号）</td><td rowspan="5">销售其自行开发生产的软件产品，按17%、16%、13%税率征收增值税后，对其增值税实际税负超过3%的部分实行即征即退政策</td><td rowspan="5">报告期内</td><td>是</td></tr>
<tr><td>上海展扬</td><td>是</td></tr>
<tr><td>北京传嘉</td><td>是</td></tr>
<tr><td>深圳传音通讯</td><td>是</td></tr>
<tr><td>重庆传音通讯</td><td>是</td></tr>
<tr><td rowspan="5">生产企业出口退税</td><td>深圳泰衡诺</td><td rowspan="5">《财政部、国家税务总局关于出口货物劳务增值税和消费税政策的通知》（财税〔2012〕39号）</td><td rowspan="5">出口货物享受“免、抵、退”政策，退税率为17%、16%、15%、13%、9%、5%</td><td rowspan="5">报告期内</td><td>是</td></tr>
<tr><td>惠州埃富拓</td><td>是</td></tr>
<tr><td>深圳传音制造</td><td>是</td></tr>
<tr><td>重庆传音科技</td><td>是</td></tr>
<tr><td>深圳赛尼克斯</td><td>是</td></tr>
</table>

发行人在报告期内享受的税收优惠政策具有合法依据，且已在税务主管机关办理备案手续。

发行人享受的税收优惠政策合法、合规、真实、有效，不存在被追缴的风险。

③发行人经营业绩是否依赖于税收优惠。

A. 企业所得税、软件产品增值税即征即退税收优惠。

报告期内，发行人享受的企业所得税、软件产品增值税即征即退税收优惠金额及其占扣非后净利润比例如表 13－16 所示。

表 13－16　发行人税收优惠金额及占扣非后净利润比例

单位：万元

项目	2019 年 1 月—6 月	2018 年度	2017 年度	2016 年度
税收优惠金额	13739. 38	17866. 13	16037. 86	8675. 58
扣除非经常性损益后净利润	68987. 43	122437. 41	62907. 91	55805. 17
占比	19. 92%	14. 59%	25. 49%	15. 55%

基于上述情况，发行人报告期各年度享受的企业所得税、软件产品增值税即征即退税收优惠金额占扣非后净利润的比例分别为 15. 55%、25. 49%、14. 59%、19. 92%，占比较低，发行人不依赖该部分税收优惠。

B. 生产企业出口退税。

报告期内，手机为发行人主要产品，出口享受“免、抵、退”政策。报告期初，发行人出口手机产品享受 17% 的出口退税率，根据财政部、国家税务总局下发的财税〔2018〕32 号《关于调整增值税税率的通知》，因增值税税率由 17% 调整为 16%，自 2018 年 5 月 1 日开始，发行人出口手机产品出口退税率相应调整至 16%。自 2019 年 4 月 1 日开始，因增值税率调整，出口退税率进一步调整至 13%。

增值税出口退税是国际贸易中经常采用并为世界各国普遍接受的一种退还或免征间接税的税收措施，已被世界许多国家和地区广泛运用，在 WTO 成员国中，出口退税政策已作为国际惯例长期用于促进各国和地区经济的发展。

公司所处行业为通信终端设备制造业。根据《国务院关于加快培育和发展战略性新兴产业的决定》《电子信息制造业“十二五”发展规划》，以及《推动共建丝绸之路经济带和 21 世纪海上丝绸之路的愿景与行动》等国家相关政策性文件，通信行业为国家鼓励行业，手机产品出口被大力支持，2015 年以来，手机产品的增值税出口退税率一直和征税率保持一致。中国手机企业近 10 年来取得了突飞猛进的发展，已成为全球一支不能忽视的力量，手机通信行业将是未来 5G 技术的应用排头兵，是移动互联世界的接入口。因手机通信行业在国家战略中具有特殊地位，可以预见，在未来较长时间内，针对手机通信行业的增值税出口退税政策将不会有重大变化。

由于增值税为价外税，且发行人手机产品出口享受全额退税，不存在“征退差异”，发行人收到的手机产品增值税出口退税不计入损益，不影响公司的经营业绩，发行人对增值税出口退税不存在重大依赖。

④发行人是否存在利用合并范围内相关主体的税收优惠规避税收缴纳义务的情形，并对上述情况发表明确核查意见。

报告期内，发行人境内主要运营主体为深圳传音制造、深圳泰衡诺、重庆传音科技及上海传英，其中深圳泰衡诺享受15%的高新技术企业所得税优惠，上海传英享受15%的高新技术企业所得税优惠及软件产品增值税即征即退增值税税收优惠，重庆传音科技享受15%的西部大开发企业所得税优惠，即除深圳传音制造外，其他境内主要运营主体均享受税收优惠。

深圳传音制造成立于2016年12月19日，主要从事手机产品的生产、制造业务，其原材料部分向国内供应商采购，部分通过公司香港子公司采购，产品主要通过委外加工方式生产，产品生产后，将全部销售给公司香港子公司。对于手机产品包含的软件产品，深圳传音制造委托上海传英进行研发，并根据手机出货量向上海传英支付部分产品研发费用。因深圳传音制造运营初期，相关业务部门、后勤人员相对不足，需要深圳泰衡诺提供业务支持，故深圳传音制造向深圳泰衡诺支付了部分服务费，主要交易类型如表13－17所示。

表13－17　深圳传音委托发行人子公司交易类型

交易类型	定价原则	是否存在规避税费的情形
深圳传音制造委托上海传英进行软件产品研发	成本加成	上海传英承担了软件研发相关的成本与费用，按成本加成定价法确定价格，并结合手机出货量收取研发费用
深圳传音制造委托深圳泰衡诺提供服务	成本加成	交易双方都有合理利润空间，不存在利用税率差别、通过相关子公司内部转移定价规避税费等情况
深圳传音制造向公司香港子公司采购原材料、销售产品	成本加成	深圳传音制造向公司香港子公司采购原材料、销售产品按成本加上应负担的费用、税金，以及合理利润空间确定价格，不存在利用税率差别、通过相关子公司内部转移定价规避税费等情况

经核查，深圳传音制造与上述发行人其他子公司发生的上述交易往来系出于业务需求而发生，具有真实交易背景，上述交易均已向发行人及相关子公司所在地主管税务机关进行备案，发行人相关子公司的主管税务部门均出具了合法纳税的无违法违规证明。公司内部转移的定价不存在显失公允的情况，符合税收法规的要求。

案例三：山石网科——拆除红筹架构的税务问题

山石网科通信技术股份有限公司（简称：山石网科，股票代码688030）前身是山石网科有限，成立于2011年7月20日，发行人以山石网科有限经审计的净资产值折股整体变更为股份有限公司，于2018年12月24日取得苏州市工商行政管理局核发的营业执照（统一社会信用代码：91320505578177101Y），并于2019年1月7日取得了苏州国家高新技术产业开发区商务局出具的《外商投资企业变更备案回执》（编号：苏高新商外备201900006）。

山石网科致力于为用户提供全方位、更智能、零打扰的网络安全解决方案。山石网科的业务涵盖云计算安全、边界安全、内网安全、数据安全、安全运维及安全服务，为来自政府、金融、运营商、互联网、教育等领域超过15000家客户提供高效、稳定的安全防护。山石网科在北京、美国硅谷均设有研发和技术支持中心，业务版图已经覆盖了全球50多个国家。

发行人成立之初搭建了红筹架构，由开曼山石通过香港山石全资设立；2017年1月10日，发行人计划转变为境内上市，开曼山石董事会同意开曼山石及山石网科有限等主体进行拆除红筹架构的重组。于是监管机构请发行人披露：开曼山石回购Sunny Ventures股份，开曼山石回购其他境外股东股份，发行人收购北京山石、山石北京、香港山石、美国山石，香港山石收购开曼山石的资金来源、资金流转情况，是否存在过桥贷款，贷款金额及利息，外汇资金的境内外流转是否符合外汇监管的要求，红筹架构拆除中的纳税情况是否存在税务风险。请保荐机构、发行人律师核查并发表意见。

发行人律师回复：

（1）开曼山石回购Sunny Ventures股份，开曼山石回购其他境外股东股份，发行人收购北京山石、山石北京、香港山石、美国山石，香港山石收购开曼山石的资金来源、资金流转情况。

根据发行人提供的相关交易协议、价款支付凭证，以及发行人的书面确认，截至本补充法律意见书出具之日，除开曼山石回购国创开元股份的回购价款尚未支付完毕，发行人收购山石北京的股权转让价款尚未支付完毕外，开曼山石回购Sunny Ventures股份，开曼山石回购其他股东股份，发行人收购北京山石、香港山石、美国山石，香港山石收购开曼山石的相关回购或转让价款均已支付完毕。根据发行人提供的相关借款协议及发行人的书面确认，前述交易的资金来源系相关支付主体的自有资金和/或过桥贷款。

（2）是否存在过桥贷款，贷款金额及利息。

根据开曼山石与贷款人签署的借款合同等文件，并经发行人的书面确认，为完成拆除红筹架构所需的上述资金流转，除相关主体的自有资金外，开曼山石还存在4笔过桥贷款，贷款金额共计10500000美元。其中5500000美元的贷款年利率为5%，另外5000000美元的贷款年利率为12%。

根据《审计报告》及发行人的书面确认，截至本补充法律意见书出具之日，开曼山石已偿还了前述年利率为5%的5500000美元的贷款本金，5500000美元贷款的利息与另外5000000美元的本金与利息尚未偿还。

（3）外汇资金的境内外流转是否符合外汇监管的要求。

根据发行人提供的相关交易协议及支付凭证，并经发行人书面确认，开曼山石回购Sunny Ventures股份、开曼山石回购境外股东股份、发行人收购北京山石、香港山石收购开曼山石境外股东股份，不涉及外汇资金的境内外流转。

根据发行人提供的业务登记凭证，以及发行人的书面确认，在开曼山石回购境内股东股份，山石网科有限向开曼山石收购香港山石、美国山石、山石北京，香港山石收购开曼山石境内股东股份过程中，涉及外汇资金的境内外流转及外汇登记/备案情况，如表13－18所示。

表13－18　开曼山石回购、山石网科收购外汇资金境内外流转及外汇登记/备案情况

交易情况	主体名称	业务类型	境外主体名称	经办外汇局
开曼山石、香港山石向国创开元回购/收购开曼山石股份	国创开元	境外企业注销	开曼山石	国家外汇管理局苏州市中心支局
开曼山石、香港山石向苏州聚新回购/收购开曼山石股份	苏州聚新	境外企业注销	开曼山石	国家外汇管理局苏州市中心支局
开曼山石、香港山石向苏州元禾回购/收购开曼山石股份	苏州元禾	境外企业注销	开曼山石	国家外汇管理局苏州市中心支局
开曼山石、香港山石向苏州聚坤回购/收购开曼山石股份	苏州聚坤	境外企业注销	开曼山石	国家外汇管理局苏州市中心支局
开曼山石、香港山石向苏州北极光回购/收购开曼山石股份	苏州北极光	境外企业注销	开曼山石	国家外汇管理局苏州市中心支局
山石网科有限收购香港山石	山石网科有限	ODI中方股东对外义务出资	香港山石	国家外汇管理局苏州市中心支局
山石网科有限收购美国山石	山石网科有限	ODI中方股东对外义务出资	美国山石	国家外汇管理局苏州市中心支局
山石网科有限收购山石北京	山石网科	FDI境内机构转股外转中	/	国家外汇管理局苏州市中心支局

综上所述，开曼山石回购Sunny Ventures股份，开曼山石回购其他股东股份，发行人收购北京山石、山石北京、香港山石、美国山石，香港山石收购开曼山石过程中，涉及外汇资金境内外流转的均已取得业务登记凭证，符合外汇监管的要求。

（4）红筹架构拆除中的纳税情况，是否存在税务风险。

①根据山石网科有限与王钟、信通华安、尚喜鹤于2017年11月28日签署的转让协议，王钟、信通华安、尚喜鹤分别将其持有的北京山石3250万元、998万元、752万元注册资本全部转让至山石网科有限。根据发行人提供的《被投资企业股权变动情况报告表》《个人所得税自行纳税申报表（A表）》，王钟、尚喜鹤已分别就该次股权转让向国家税务总局北京市海淀区税务局第四税务所进行申报，王钟、尚喜鹤就本次股权转让的个人所得税应纳税额分别为0元、3248元，根据《中华人民共和国税收完税证明》，尚喜鹤已就本次股权转让缴纳个人所得税3248元。

根据信通华安提供的《中华人民共和国企业所得税年度纳税申报表（A类，2017年版）》并经信通华安的说明，信通华安已就该次股权转让收入在《投资收益纳税调整明细表》之“六、长期股权投资”一栏进行填报，其中“会计确认的处置收入”“税收计算的处置收入”“处置投资的账面价值”“处置投资的计税基础”均为9980000元，“会计确认的处置所得或损失”“税收计算的处置所得”均为0元；《中华人民共和国企业所得税年度纳税申报表（A类，2017年版）》之“加：投资收益”为0元，因此信通华安未就本次股权转让缴纳企业所得税。

②根据Duo Zhuangzhi、Changming Liu与Hua Ji签署的Share Transfer Agreement（股份转让协议），2018年1月30日，Hua Ji以3.0410美元/股的对价受让Duo Zhuangzhi持有的开曼山石30000股普通股；2018年1月31日，Hua Ji以3.0410美元/股的对价受让Changming Liu持有的开曼山石50000股A轮优先股。根据本所与Duo Zhuangzhi、Changming Liu的访谈，Duo Zhuangzhi、Changming Liu系外籍自然人，不是中国纳税居民，因此无须在中国进行纳税申报。

③根据Sunny Ventures与开曼山石于2018年3月29日签署的Share Repurchase Agreement（股份回购协议），开曼山石以5500000美元的对价回购Sunny Ventures持有的759188股C－1轮优先股。根据发行人提供的材料及书面确认，开曼山石就该次回购向国家税务总局北京市海淀区税务局提交了《关于间接股权转让所涉税务申报的说明》，2018年7月24日，国家税务总局北京市海淀区税务局向开曼山石出具了《资料受理清单》，但尚未通知开曼山石缴纳相关税款。

根据发行人提供的开曼山石银行流水及发行人的书面确认，开曼山石已从应向Sunny Ventures支付的5500000美元的回购价款中代扣了550000美元，并将在主管税务机关通知后及时前往缴纳已代扣的所得税款。

④根据香港山石与17名受让方于2018年3月31日签署的《关于山石网科通信技术有限公司之股权转让协议》，开曼山石股东或其指定的主体按照其在开曼山石的持股比例受让香港山石持有的山石网科有限100%的股权，转让价格为24960238.94美元。根据发行人提供的完税凭证及发行人的书面确认，截至本补充法律意见书出具之日，宜兴光控、国创开元、苏州北极光、苏州聚新、苏州聚坤、苏州元禾已就香港山石向其转让山石网科有限股权向税务机关进行申报并代扣代缴企业所得税，发行人已就香港山石向其他股东转让山石网科有限股权所得向税务机关申报并代扣代缴企业所得税，具体如表13-19所示。

表13-19 发行人就香港山石转让山石网科股权所得代扣代缴企业所得税情况

证载纳税人名称	税务机关	实缴金额（元）	完税凭证
国创开元	国家税务总局苏州工业园区税务局第一税务所	998424.44	中华人民共和国税收完税证明［19（0422）32证明00001550］
苏州聚坤	国家税务总局苏州国家高新技术产业开发区税务局	30942.09	中华人民共和国税收完税证明（NO.332055190400091762）
苏州聚新	国家税务总局苏州国家高新技术产业开发区税务局	216594.62	中华人民共和国税收完税证明（NO.332055190400085627）
宜兴光控	国家税务总局宜兴市税务局第一税务分局	833653.37	中华人民共和国税收完税证明（NO.332025190400025075）
苏州北极光	国家税务总局苏州工业园区税务局第一税务所	123768.35	中华人民共和国税收完税证明［19（0423）32证明00002116］
苏州元禾	国家税务总局苏州工业园区税务局第一税务所业务一股	999813.37	中华人民共和国税收完税证明（NO.332055190400096525）
山石网科	国家税务总局苏州国家高新技术产业开发区税务局	4226883.86	中华人民共和国税收完税证明（NO.332055190400064965）

⑤根据开曼山石与山石网科有限于2018年6月7日签署的《山石网络有限公司（Hillstone Networks Inc.）与山石网科通信技术有限公司关于山石网科通信技术（北京）有限公司之股权转让协议》，开曼山石将其持有的山石北京1000万美元出资以3481197.59元的价格转让给山石网科有限。根据国家税务总局苏州国家高新技术产业开发区税务局于2019年4月15日出具的《服务贸易等项目对外支付税务备案》及发行人的书面确认，发行人已就该次股权转让向税务机关进行申报，截至本补充法律意见书出具之日，发行人尚未收到主管税务机关要求其就该次股权转让缴纳所得税的通知。

⑥根据开曼山石、香港山石分别于2018年11月29日与开曼山石原股东签署的

Redemption Agreement（回购协议）、Share Transfer Agreement（股份转让协议），开曼山石、香港山石分别以22963419.84美元、1996819.10美元的总价向开曼山石股东回购/收购其所持开曼山石全部股份。开曼山石原股东就该次股份回购和转让的涉税情况如下：

A. 非居民企业。鉴于开曼山石不持有境内权益，前述2018年11月29日发生的股份回购和股份转让不适用7号令，非居民企业Synergy Capital、Vickers II、Vickers III、Northern Venture、Northern Strategic、Northern Partners、Leading Vanguard不涉及中国法下的所得税纳税申报；

B. 非居民个人。根据本所与发行人税务主管机关、童建、罗东平等人的访谈，非居民个人童建、罗东平、刘向明、Rong Zhou、莫宁、Hua Ji、Hwang Yichien不涉及中国法下的所得税纳税申报；

C. 居民个人。根据田涛提供的《个人所得税自行纳税申报表（A表）》，以及本所与发行人税务主管机关的访谈，田涛已就前述2018年11月29日发生的股份回购和股份转让向国家税务总局苏州国家高新技术产业开发区税务局进行申报，申报应纳税额为0元；

D. 居民企业。根据《财政部、国家税务总局关于合伙企业合伙人所得税问题的通知》（财税〔2018〕159号），合伙企业以每一个合伙人为纳税义务人。合伙企业合伙人是自然人的，缴纳个人所得税；合伙人是法人和其他组织的，缴纳企业所得税。合伙企业生产经营所得和其他所得采取"先分后税"的原则。本次股份回购、转让涉及的境内居民企业国创开元、苏州元禾、苏州聚新、苏州聚坤、苏州北极光均为合伙企业，根据前述合伙企业的书面确认，其本身无须缴纳企业所得税。根据相关合伙企业的书面确认，国创开元、苏州元禾、苏州聚新、苏州聚坤、苏州北极光于该次股份回购及转让取得收入均低于其投资开曼山石的原始投资成本。截至本补充法律意见书出具之日，前述合伙企业均未对该次回购及转让产生的所得（如有）在其合伙人之间进行分配。国创开元、苏州元禾、苏州聚新、苏州聚坤、苏州北极光分别作出承诺，在未来税务机关认为其合伙人应当就该次回购及转让缴纳所得税时，其将为自然人合伙人代扣代缴个人所得税，并督促法人和其他组织合伙人尽快补缴相关税款；若因其过错导致其合伙人未及时缴纳相关税款而对发行人造成损失的，将对发行人因此遭受的损失予以补偿。

基于上述情况，发行人红筹架构拆除过程中，相关主体均已按照中国法律法规的规定向相关税务机关进行申报。其中，尚喜鹤已就转让北京山石股权向税务机关缴纳个人所得税3248元，香港山石已就转让山石网科有限股权由境内受让主体代扣代缴及发行人代为申报缴纳税款合计7430080.10元。截至本补充法律意见书出具之日，根据相关主体的确认，前述已向税务机关进行申报的主体王钟、尚喜鹤、信通华安、开曼山石、香港山石、发行人及田涛未收到税务主管机关要求其就红筹架构拆除过程中的交易补缴税款的通知，若相关主体在未来收到税务机关要求其补缴税款时及时缴税，发行人红筹架构拆除过程中不存在影响本次发行上市的税务风险。

第六节　募集资金使用

一、项目要求

发行人募集资金投资的项目要求如下：

（1）须与发行人现有主营业务或核心技术相关；

（2）实施后不新增同业竞争，对发行人的独立性不产生不利影响；

（3）结合公司现有主营业务、生产经营规模、财务状况、技术条件、管理能力、发展目标合理确定；

（4）符合国家产业政策、环境保护、土地管理，以及其他法律、法规和规范性文件的要求。

二、信息披露

发行人应披露其募集资金投资方向、使用安排、使用管理制度（募集资金专项存储制度），以及募集资金重点投向科技创新领域的具体安排。

发行人应根据重要性原则披露募集资金运用情况：

（1）募集资金的具体用途和简要分析用途的可行性及其与发行人现有主营业务、核心技术之间的关系；

（2）投资概算情况。发行人所筹资金如不能满足预计资金使用需求的，应说明缺口部分的资金来源及落实情况；如所筹资金超过预计资金使用需求的，应说明相关资金在运用和管理上的安排；

（3）募集资金具体用途所需的时间周期和时间进度；

（4）募集资金运用涉及履行审批、核准或备案程序的，应披露相关的履行情况；

（5）募集资金运用涉及环保问题的，应披露可能存在的环保问题、采取的措施及资金投入情况；

（6）募集资金运用涉及新取得土地或房产的，应披露取得方式、进展情况及未能如期取得对募集资金具体用途的影响；

（7）募集资金运用涉及与他人合作的，应披露合作方基本情况、合作方式、各方权利义务关系；

（8）募集资金向实际控制人、控股股东及其关联方收购资产，如果对被收购资产有效益承诺的，应披露效益无法完成时的补偿责任。

三、相关案例

案例一：华兴源创——募集资金必要性和募投项目的可行性

苏州华兴源创科技股份有限公司（简称：华兴源创，股票代码688001），是由华兴有限依法整体变更设立，目前主营平板显示及集成电路的检测设备研发、生产和销售。

发行人在招股说明书中披露本次募投项目包括平板显示生产基地建设项目、半导体事业部建设项目及补充流动资金。请发行人充分披露：

（1）补充流动资金的必要性及其管理运营安排说明对公司财务状况及经营成果的影响和对提升公司核心竞争力的作用；

（2）募投项目涉及的审批、核准或备案程序的具体履行情况；

（3）募投项目是否取得相关环评批复，募投项目所采取的环保措施及相应的资金来源和金额等；公司生产经营与募集资金投资项目是否符合国家和地方环保要求。

请保荐机构及发行人律师核查并发表意见：

（1）补充流动资金的必要性及其管理运营安排，说明对公司财务状况及经营成果的影响和对提升公司核心竞争力的作用。

经律师核查，根据发行人的确认，发行人需要补充流动资金的主要原因如下：

①发行人一直注重技术研发，每年均投入较多人力、资金用于技术升级和新产品开发，随着发行人在平板显示检测和集成电路测试领域持续增加技术储备，发行人的研发队伍和研发投入将进一步加大，发行人需要补充流动资金以满足其研发资金增长的需求；

②发行人的下游客户通常在新产品量产前半年至一年内告知发行人相关产品的技术参数，发行人研发人员需要根据相关技术参数完成新产品的设计与研发，通过

产品打样测试后获取订单，故在发行人获取订单前半年至一年内，发行人即需要在人员、技术上进行持续投入，发行人需要补充流动资金以满足其开拓新业务的需求；

③随着发行人业务规模扩大，发行人应收账款余额和存货余额亦将有所增长，发行人需要补充流动资金满足其在日常经营中增加营运资金的需求。

经律师核查，根据发行人的确认，发行人将严格执行上交所、中国证监会有关募集资金使用的规定，并严格按照发行人的《募集资金管理制度》《财务管理制度》对补充流动资金进行审批、拨付和管理，包括但不限于实行募集资金的专户存储制度，根据发行人业务发展和实际经营需要合理安排补充流动资金的使用，保障募集资金的安全和高效使用，提高发行人股东收益。

经律师核查，根据发行人的确认，本次补充流动资金到位后，发行人的净资产与每股净资产均将提高，发行人净资产的增加将增强发行人的持续发展能力和抗风险能力。从短期来看，由于发行人净资产的增加，发行人的净资产收益率将被摊薄，每股收益将出现一定程度的下降；从中长期来看，本次补充流动资金将成为发行人在研发团队建设、业务拓展和日常营运方面的重要资金来源，以增加发行人市场竞争力和影响力，并提升发行人的核心竞争力。

（2）募投项目涉及的审批、核准或备案程序的具体履行情况。

经律师核查，发行人本次发行募集资金投资项目之“半导体事业部建设项目”已于2018年11月取得苏州工业园区行政审批局颁发的备案证号为苏园行审备〔2018〕447号的《江苏省投资项目备案证》，发行人本次发行募集资金投资项目之“平板显示生产基地建设项目”已于2018年11月取得苏州工业园区行政审批局颁发的备案证号为苏园行审备〔2018〕448号的《江苏省投资项目备案证》。基于前述核查，律师认为，发行人已就本次发行募集资金投资项目履行了必要的项目备案程序。

（3）募投项目是否取得相关环评批复，募投项目所采取的环保措施及相应的资金来源和金额等；公司生产经营与募集资金投资项目是否符合国家和地方环保要求。

经律师核查，发行人本次发行募集资金拟投资的“半导体事业部建设项目”“平板显示生产基地建设项目”均已于2019年3月取得苏州工业园区国土环保局出具的《建设项目环保审批意见》，苏州工业园区国土环保局同意前述项目建设。

经律师核查，根据发行人的确认，截至本补充法律意见书出具之日，发行人上述募集资金投资项目尚未动工建设，发行人后续拟通过自筹资金或募集资金购买相关环保设备、委托第三方危废处理公司协助等方式处理上述募集资金投资项目产生的环境污染物。

经律师核查，根据发行人提供的文件资料，发行人就生产经营主要涉及的搬迁扩建项目于2015年8月取得苏州工业园区环境保护局出具的《建设项目环保审批意见》，苏州工业园区环境保护局同意该项目建设；前述项目亦取得了苏州工业园区国土环保局出具的《建设项目固体废物、噪声环境保护设施竣工验收合格通知书》。此外，根据苏州工业园区国土环保局于2018年12月出具的《排污许可证认可意见》，苏州工业园区国土环保局同意发行人在现有生产工艺、工况和规模下进行正常生产，暂不需申领排污许可证。发行人于2018年9月委托谱尼检测集团江苏有限公司对发行人坐落于苏州工业园区青丘巷8号的新厂区的噪声、生活污水、生产废气、无组织废气等污染物进行了分项检测并出具了检测报告，相关检测结果正常。

经律师核查，根据律师与发行人及其控股子公司所在地环保主管部门相关负责人员的访谈及律师于相关环保主管部门网站的公开信息查询，并经发行人确认，最近三年内发行人及其控股子公司不存在违反环保相关法律法规而受到行政处罚的情形。

基于上述核查，律师认为，发行人本次发行募集资金投资项目已取得相关主管部门的环保审批意见，发行人的生产经营与募集资金投资项目符合国家和地方环保要求。

案例二：哈尔滨新光光电——募集资金的必要性和募投项目的可行性

哈尔滨新光光电科技股份有限公司（简称：新光光电，股票代码688011），前身系哈尔滨新光光电科技有限公司，注册资本7500万元。公司前身新光有限由康立新、远光光电共同出资设立，注册资本为2000万元，各股东均以货币出资。2007年11月28日，黑龙江立信会计师事务所有限责任公司出具“黑立信会验字开（2007）第DL040号”《验资报告》：“经审验，截至2007年11月28日，贵公司（筹）已收到全体股东缴纳的注册资本（实收资本），合计人民币贰仟万元。各股东以货币出资贰仟万元。”

2007年11月30日，公司取得哈尔滨市工商行政管理局开发分局核发的《企业法人营业执照》。

公司依托核心技术，致力于服务国防科技工业先进武器系统研制等领域，专注于提供光学目标与场景仿真、光学制导、光电专用测试和激光对抗等方向的高精尖组件、装置、系统和解决方案，并衍生出多类先进的民用智能光电产品。

发行人的招股说明书披露本次募投项目包括光机电一体化产品批产线升级改造及精密光机零件制造项目、睿光航天光电设备研发生产项目、研发中心建设项目及补充流动资金。

监管机构请发行人充分披露：

（1）补充流动资金的必要性及其管理运营安排，说明对公司财务状况及经营成果的影响和对提升公司核心竞争力的作用；

（2）募投项目涉及的审批、核准或备案程序的具体履行情况；

（3）募投项目是否取得相关环评批复，募投项目所采取的环保措施及相应的资金来源和金额等；公司生产经营与募集资金投资项目是否符合国家和地方环保要求。

发行人律师回复：

（1）补充流动资金的必要性及其管理运营安排，说明对公司财务状况及经营成果的影响和对提升公司核心竞争力的作用。

律师对公司管理层进行访谈，了解公司本次募集资金部分用于补充流动资金的必要性、补充流动资金的管理运营安排、补充流动资金对公司财务状况及经营成果的影响和对提升公司核心竞争力的作用，取得了信永中和出具的《审计报告》及所有贷款合同，了解了公司财务状况，对公司未来三年流动资金需求进行了测算。

①补充流动资金的必要性。

A. 有助于公司增强人才引进能力，提高核心竞争力。

公司是典型的知识密集型和人才密集型企业，其发展必须具备坚实的智力保障。公司优秀的技术研发能力、自主创新能力及强大的人才队伍是公司赖以生存的核心竞争力。为了持续增强核心竞争力，公司需不断提升技术研发能力、自主创新能力及引进行业内优秀人才，从而需要充足的资金支持。

B. 有助于缓解公司流动资金压力，降低财务风险。

报告期各期末，公司应收账款账面余额分别为 10159. 11 万元、17012. 33 万元和 15801. 24 万元，应收票据账面余额分别为 773. 70 万元、5022. 32 万元和 4679. 59 万元，合计占同期营业收入的比例分别为 68. 95%、121. 04%和 98. 27%。

总体来说，公司应收票据及应收账款余额较大，占营业收入的比例较高，主要是由公司所处军工行业特点所决定的。

一方面，国防军工武器装备产业链相对较长，军方作为最终需求方，向总体单位提出采购要求，总体单位再向其装备及配套单位提出采购需求。在货款结算时，由于总体单位终端产品验收程序严格和复杂，一般结算周期较长。军方根据自身经费和产品完工进度安排与总体单位的结算，总体单位再根据自身资金等情况向其装备及配套单位结算，使得军工行业企业销售回款周期普遍较长。

另一方面，受军工客户采购计划性较强的影响，公司收入存在明显的季节性特征，集中在每年的下半年，特别是第四季度，由于年末尚未到回款期，导致应收账款账面余额较大。

此外，未来随着公司营业收入的增长、经营规模的扩大，应收账款余额有可能进一步扩大。因此，公司将本次募集资金中的26000万元用于补充流动资金，有助于缓解应收账款余额较高带来的流动资金压力。

C. 有助于缓解公司融资渠道的局限性。

公司融资渠道较为单一，面临着融资难和融资成本较高的问题，制约着公司的长期可持续发展。同时，公司未来承接大型科研项目需要一定前期投入，且研发周期较长，对于资金的需求量将逐步增大。因此，公司将本次募集资金中的26000万元用于补充流动资金，有助于优化公司财务结构，缓解公司融资渠道的局限性。

D. 有助于进一步拓展公司产品应用领域。

目前，公司产品主要面向国防科技工业市场，尤以航天领域为主，较为单一。未来公司将发展多军兵种客户，同时拓宽技术应用范围，实现产品应用领域的横向及纵向扩展。公司结合自身光电领域研发优势及市场需求，针对森林防火、电力、铁路、安防等民用领域进行了探索，部分产品已完成试点应用。在产品应用领域拓展过程中，公司在技术研发、市场开发、人才引进等方面需要充足的资金支持。因此，公司将本次募集资金中的26000万元用于补充流动资金，有助于进一步拓展公司产品应用领域。

E. 公司未来三年流动资金需求较大。

公司未来三年流动资金需求测算过程如下：

a）营业收入增长性的预测。

根据公司自身经营特点、业务发展规划、市场竞争情况、行业发展趋势等综合预测公司2019—2021年营业收入增长率为30%。

b）流动资金需求测算的基本假设。

假设公司经营性流动资产（应收票据及应收账款、预付款项、存货）和经营性流动负债（应付票据及应付账款、预收款项）与公司的销售收入呈一定比例，即经营性流动资产销售百分比和经营性流动负债销售百分比一定，且未来三年保持不变。

经营性流动资产 = 上一年度营业收入 ×（1 + 销售收入增长率）× 经营性流动资产销售百分比

经营性流动负债 = 上一年度营业收入 ×（1 + 销售收入增长率）× 经营性流动负债销售百分比

流动资金占用额 = 经营性流动资产 − 经营性流动负债

c）流动资金需求测算过程。

根据上述营业收入增长率预测及基本假设，未来三年公司新增流动资金需求的测算如表13－20所示。

表 13－20　未来三年公司新增流动资金需求测算

单位：万元

项目	2018 年度/2018 年 12 月 31 日	占营业收入比例	2019 年度/2019 年 12 月 31 日（预测）	2020 年度/2020 年 12 月 31 日（预测）	2021 年度/2021 年 12 月 31 日（预测）
营业收入	20840.99	–	27093.28	35221.27	45787.65
应收票据及应收账款账面余额	20480.83	98.27%	26625.08	34612.60	44996.38
预付款项	1679.17	8.06%	2182.92	2837.80	3689.14
存货账面余额	5222.88	25.06%	6789.75	8826.67	11474.67
经营性流动资产合计（A）	27382.88	131.39%	35597.75	46277.07	60160.19
应付票据及应付账款	2422.12	11.62%	3148.75	4093.37	5321.39
预收款项	2857.66	13.71%	3714.96	4829.45	6278.28
经营性流动负债合计（B）	5279.78	25.33%	6863.71	8922.82	11599.67
流动资金占用额（A－B）	22103.11	–	28734.04	37354.25	48560.52
当期新增流动资金占用	–	–	6630.93	8620.21	11206.27
流动资金需求合计	26457.42				

根据上述测算结果，公司未来三年累计新增流动资金需求金额为 26457.42 万元。公司拟将本次募集资金中的 26000 万元用于补充流动资金，未超过未来三年累计新增流动资金需求金额。

综上所述，公司本次募集资金补充流动资金具有必要性。

②补充流动资金的管理运营安排。

公司将严格按照《募集资金管理制度》规定，将流动资金存放于董事会决定的专户集中管理。由公司董事会根据公司发展战略及实际经营需求审慎进行统筹安排，该等资金将全部用于公司的主营业务，具体用途由董事会审议后确定，必要时需经公司股东大会审议批准。公司将严格按照中国证监会、上海证券交易所颁布的相关规定，以及公司的《募集资金管理制度》，根据业务发展的需要使用该等流动资金。在具体资金使用过程中，将严格按照公司财务管理制度和资金审批权限进行。

公司使用该等流动资金时，将根据业务发展需要，在科学预算和合理调度的基础上，合理安排资金的使用方向、进度和数量，保障募集资金的安全和使用效率。

③补充流动资金对发行人财务状况及经营成果的影响。

补充流动资金将有助于公司优化财务结构、降低财务风险、缓解流动资金压力、增强抗风险能力。在货币资金相对充裕的情况下，公司将根据实际需要适当降低流动资金贷款规模，从而减少财务费用，提升公司盈利水平。同时，补充流动资金为公司扩大生产经营规模提供资金支持。

④补充流动资金对提升发行人核心竞争力的作用。

补充流动资金将有助于公司引进行业内优秀人才，不断提升技术研发能力和自主创新能力；有助于公司优化财务结构、降低财务风险、缓解流动资金压力、增强抗风险能力；有助于公司在拓展产品应用领域过程中加大技术研发、市场开发、人才引进等方面投入。因此，补充流动资金能够扩大公司业务规模，增强公司持续盈利能力，从而进一步提升公司核心竞争力。

综上所述，律师认为，公司已在招股说明书中充分披露相关内容。本次补充流动资金有助于公司增强人才引进能力，提高核心竞争力，有助于缓解公司流动资金压力，降低财务风险，有助于缓解公司融资渠道的局限性，有助于进一步拓展公司产品应用领域，同时公司未来三年流动资金需求较大，因此，公司本次募集资金补充流动资金具有必要性。

公司将严格按照《募集资金管理制度》规定，将流动资金存放于董事会决定的专户集中管理。由公司董事会根据公司发展战略及实际经营需求审慎进行统筹安排，该等资金将全部用于公司的主营业务，具体用途由董事会审议后确定，必要时需经公司股东大会审议批准。

本次补充流动资金到位后，将有助于公司引进行业内优秀人才，不断提升技术研发能力和自主创新能力，有助于公司优化财务结构，降低财务风险，缓解流动资金压力，增强抗风险能力，有助于公司在拓展产品应用领域过程中加大技术研发、市场开发、人才引进等投入。因此，补充流动资金能够扩大公司业务规模，增强公司持续盈利能力，从而进一步提升公司核心竞争力。

（2）募投项目涉及的审批、核准或备案程序的具体履行情况。

律师查阅了《企业投资项目核准和备案管理条例》《企业投资项目核准和备案管理办法》等有关法律法规，了解了企业投资项目核准和备案的基本程序、监督管理等，查阅了《国务院关于发布政府核准的投资项目目录（2016年本）的通知》（国发〔2016〕72号）、《黑龙江省人民政府关于发布政府核准的投资项目目录（黑龙江省2017年本）的通知》（黑政规〔2017〕10号）、《广东省人民政府关于发布〈广东省政府核准的投资项目目录（2017年本）〉的通知》（粤府〔2017〕113号）等法规文件，核查了公司本次募集资金投资项目是否需要进行核准管理，取得了公司本次募集资金投资项目的备案文件，核查了公司是否按照相关规定履行相应备案程序。

①本次募集资金投资项目无须履行核准程序。

根据《国务院关于发布政府核准的投资项目目录（2016 年本）的通知》（国发〔2016〕72 号）、《黑龙江省人民政府关于发布政府核准的投资项目目录（黑龙江省 2017 年本）的通知》（黑政规〔2017〕10 号）、《广东省人民政府关于发布〈广东省政府核准的投资项目目录（2017 年本）〉的通知》（粤府〔2017〕113 号），公司本次募集资金投资项目均不属于需要政府核准的投资项目目录范围内，故无须履行核准程序，仅需履行备案程序。

②本次募集资金投资项目仅需履行备案程序。

公司本次募集资金投资项目涉及的备案程序的履行情况如表 13 – 21 所示。

表 13 – 21 公司募集资金投资项目备案程序履行情况

序号	项目名称	实施主体	项目备案文件
1	光机电一体化产品批产线升级改造及精密光机零件制造项目	公司	《企业投资项目备案承诺书》（项目代码：2019 – 230102 – 73 – 03 – 062862）
2	睿光航天光电设备研发生产项目	惠州睿光	《广东省企业投资项目备案证》（项目代码：2019 – 441305 – 40 – 03 – 006492）
3	研发中心建设项目	公司	《企业投资项目备案承诺书》（项目代码：2019 – 230109 – 73 – 03 – 062777）
4	补充流动资金	公司	不适用

补充流动资金不涉及固定资产投资项目建设或者生产等事项，不适用于主管部门关于固定资产投资的管理规定，无须履行相应的审批、核准或备案程序。

综上所述，律师认为，公司本次募集资金补充流动资金不涉及固定资产投资项目建设或者生产等事项，不适用于主管部门关于固定资产投资的管理规定，无须履行相应的审批、核准或备案程序。除此之外，公司本次募集资金其他投资项目均按照相关规定履行了备案程序，并取得了相应备案文件。

（3）募投项目是否取得相关环评批复，募投项目所采取的环保措施及相应的资金来源和金额等；公司生产经营与募集资金投资项目是否符合国家和地方环保要求。

律师取得了公司本次募集资金投资项目的环评文件，核查公司是否按照相关规定履行相应环评程序，访谈了公司管理层，实地走访公司主要生产经营场所，了解了公司在生产经营过程中是否造成环境污染或违反有关环境保护法律、法规的规定，是否存在受到行政处罚的情形；了解了公司募集资金投资项目所采取的环保措施及相应的资金来源和金额；查询了中华人民共和国生态环境部网站（http://www.mee.gov.cn）、黑龙江省生态环境厅网站（http://www.hljdep.gov.cn）、广东省生态环境厅网站（http://www.gdep.gov.cn）等网站，核查报告期内公司及其子公司在生产经营过程中是否造成环境污染或违反有关环境保护法律、法规的规定，是否存在受到行政处罚的情形。

①本次募集资金投资项目环评程序履行情况。

公司本次募集资金投资项目环评程序的履行情况具体如表 13－22 所示。

表 13－22　公司募集资金投资项目环评程序履行情况

序号	项目名称	实施主体	项目环评文件
1	光机电一体化产品批产线升级改造及精密光机零件制造项目	公司	《项目环境影响报告表的批复》（哈松生水审表〔2019〕5 号）
2	睿光航天光电设备研发生产项目	惠州睿光	《建设项目环境影响登记表》（备案号：201944130002000000063）
3	研发中心建设项目	公司	《建设项目环境影响登记表》（备案号：201923010900000015）
4	补充流动资金	公司	不适用

补充流动资金不涉及对环境可能造成重大影响的因素，无须办理环境影响评价审批手续。

②本次募集资金投资项目所采取的环保措施及相应的资金来源和金额。

A. 光机电一体化产品批产线升级改造及精密光机零件制造项目。

本项目主要环境影响、采取的环保措施的具体情况如表 13－23 所示。

表 13－23　光机电一体化产品批产线升级改造及精密光机零件制造项目主要环境影响、环保措施

主要环境影响	环保措施
废水	施工期生活污水排入市政管网；运营期生活污水经市政管网排入松浦污水处理厂处理达标后排入松花江；运营期冲洗镜片废水经容量不小于 0.8 立方米的沉淀设备静置沉淀后循环使用，不外排
大气污染	施工期施工现场设置围挡，建筑材料室内堆放，防止扬尘对周围环境的污染；运营期无生产废气排放
噪声	施工期选用低噪声设备，加强运输车辆管理，夜间禁止施工；运营期噪声设备采取减振隔声等措施
固体废弃物	施工期生活垃圾由市政部门处理；运营期边角废料及不合格产品、废包装和打磨产生的粉屑外售综合利用；废机油液属于危险废物，收集后暂存于危废暂存间，交由有资质的单位进行处置

本项目预计环保投入为 18 万元，资金来源为本次募集资金。

B. 睿光航天光电设备研发生产项目。

本项目实施和运营过程中产生的主要污染物为生活污水，主要污染排放量较少，经环境保护治理设施处理后，可以做到达标排放，对环境影响较小。本项目预计环保投入为35万元，资金来源为本次募集资金。

C. 研发中心建设项目。

本项目主要环境影响、采取的环保措施的具体情况如表13－24所示。

表13－24　研发中心建设项目主要环境影响、环保措施

主要环境影响	环保措施
生活污水	采取化粪池处理后经市政污水管网排放至松浦污水处理厂处理达标后排入松花江
固体废弃物	废机油采用专用容器收集后交给有资质单位处置；生活垃圾由市政环卫部门统一收集处理
噪声	运行过程中采用隔声、减震等措施

本项目预计环保投入为30万元，资金来源为本次募集资金。

D. 补充流动资金。

补充流动资金不涉及对环境可能造成重大影响的因素，在流动资金具体使用过程中根据实际情况采取相应的环保措施。

（4）发行人生产经营与募集资金投资项目是否符合国家和地方环境保护要求。

①生产经营符合国家和地方环境保护要求。

公司专注于提供光学目标与场景仿真、光学制导、光电专用测试和激光对抗等方向的高精尖组件、装置、系统和解决方案，并衍生出多类先进的民用智能光电产品。公司在生产经营过程中会产生少量固体废物及液体废物，主要为废油棉纱、废弃包装物、废水处理污泥、废油泥、废机油，其中废机油、废机油包装物及沉淀池废油脂属于危险废物。公司已与具有处理上述环境污染物资质的环保服务公司签订了《危险废物处置合同书》，委托其对公司生产经营过程中产生的环境污染物进行无害化处置。除此之外，公司在生产经营过程中不存在其他排放废水、废气和制造噪音、工业固废的情形，未发生过任何重大污染事故。

经查询中华人民共和国生态环境部网站（http://www.mee.gov.cn）、黑龙江省生态环境厅网站（http://www.hljdep.gov.cn）、广东省生态环境厅网站（http://www.gdep.gov.cn）、哈尔滨市生态环境局网站（http://www.hrbhbj.gov.cn）、深圳市生态环境局网站（http://meeb.sz.gov.cn）、惠州市生态环境局网站（http://www.huizhou.gov.cn/pages/cms/hzhbj/html/index.html），同时根据相关环境保护主管部门出具的证明，报告期内，公司未造成环境污染或违反有关环境保护法律法规的规定，也不存在因违反环境保护相关法律法规而受到行政处罚的情形。

同时，公司制定了《环境保护制度》，对废水排放管理、固体废物处置管理、污

染事故处理、新建项目环保管理、环保台账与报表管理等做出了要求和规定。因此，公司生产经营符合国家和地方环境保护要求。

②募集资金投资项目符合国家和地方环境保护要求。

公司本次募集资金补充流动资金不涉及对环境可能造成重大影响的因素，无须办理环境影响评价审批手续，在流动资金具体使用过程中根据实际情况采取相应的环保措施。

除此之外，公司本次募集资金其他投资项目均根据主要环境影响制定了具体的环保措施，将环保投入纳入募集资金使用范围内，按照相关规定履行了环境影响评价审批或备案程序，并取得了相应环评文件。

因此，公司募集资金投资项目符合国家和地方环境保护要求。

综上所述，律师认为，公司本次募集资金补充流动资金不涉及对环境可能造成重大影响的因素，无须办理环境影响评价审批手续，在流动资金具体使用过程中根据实际情况采取相应的环保措施。除此之外，公司本次募集资金其他投资项目均根据主要环境影响制定了具体的环保措施，将环保投入纳入募集资金使用范围内，并按照相关规定履行了环境影响评价审批或备案程序，取得了相应环评批复或备案文件。报告期内，公司未造成环境污染或违反有关环境保护法律法规的规定，也不存在因违反环境保护相关法律法规而受到行政处罚的情形。公司生产经营和募集资金投资项目符合国家和地方环境保护要求。

第十四章

合法合规与诉讼仲裁

第一节　合法合规事项

一、业务合法合规性

《科创板首次公开发行股票注册管理办法（试行）》第十三条第一款规定：发行人生产经营符合法律、行政法规的规定，符合国家产业政策。因此业务合法合规是公司的基础前提，需要关注新颖业务、需要特殊许可业务等的合法合规性问题。

科创板现无相关案例，但创业板相关案例如下：依据2019年10月11日召开的第十八届发委会2019年第142次会议审核结果公告，北京墨迹风云科技股份有限公司（首发）未通过审核。发审委会议提出询问的主要问题为：其运营的网站、“墨迹天气APP”存在未经许可违规发布互联网新闻信息被责令整改的情况；存在在取得《互联网药品信息服务资格证书》之前发布药品广告的情形；其通过自主搜集及第三方途径获取用户数据及标签，曾因收集使用个人信息被要求整改，涉及发行人使用用户数据的手段及方式是否合法合规问题。（来源于证监会公告）

二、最近三年不存在涉及安全等重大违法违规行为

发行人在最近三年内不存在涉及国家安全、公共安全、生态安全、公众健康安全等领域的重大违法行为，这不仅是科创板上市的发行条件，也是2018年7月27日证监会发布的（新修订《关于改革完善并严格实施上市公司退市制度的若干意见》）规定的退市情形之一。

1. 国家安全

2015年7月1日颁布施行的《国家安全法》将国家安全定义为国家政权、主权、统一和领土完整、人民福祉、经济社会可持续发展和国家其他重大利益相对处于没有危险和不受内外威胁的状态，以及保障持续安全状态的能力。显然，这个概念还是比较抽象和模糊的，但对于公司的生产经营行为来说，不得发生违反国家安全的行为。

2. 公共安全

公共安全是指社会和公民个人从事和进行正常的生活、工作、学习、娱乐和交往所需要的稳定的外部环境和秩序。我国《刑法》中提到的公共安全指不特定多数人的生命、健康和重大公私财产安全及公共生产、生活安全。

3. 生态安全

生态安全是指生态系统的健康和完整情况，是人类在生产、生活和健康等方面不受生态破坏与环境污染等影响的保障程度，包括饮用水与食物安全、空气质量与绿色环境等基本要素。

发行人在报告期内甚至期外是否存在污染环境的重大事故或违法行为，对发行人的可持续经营的判断有重大影响。

4. 生产安全

发行人应当建立安全管理体系，持续地进行风险辨识和隐患排查工作，落实安全生产责任，推进安全生产标准化建设。安全生产也是决定企业能否可持续经营的重要因素之一。

《生产安全事故报告和调查处理条例》（国务院令第493号）第三条规定：根据生产安全事故（以下简称事故）造成的人员伤亡或者直接经济损失，事故一般分为以下等级：

（1）特别重大事故，是指造成30人以上死亡，或者100人以上重伤（包括急性工业中毒，下同），或者1亿元以上直接经济损失的事故；

（2）重大事故，是指造成10人以上30人以下死亡，或者50人以上100人以下重伤，或者5000万元以上1亿元以下直接经济损失的事故；

（3）较大事故，是指造成3人以上10人以下死亡，或者10人以上50人以下重伤，或者1000万元以上5000万元以下直接经济损失的事故；

（4）一般事故，是指造成3人以下死亡，或者10人以下重伤，或者1000万元以下直接经济损失的事故。

如果发行人发生了事故但不属于重大事故等级，则要针对此次事故原因制定整改措施，建立相应的安全生产管理制度，然后由相关部门出具《安全生产情况说明》，确认整改后公司各项措施落实到位，事故隐患全部消除。如果公司受到了行政处罚，要综合事故的原因、经过、波及范围、后果、整改措施、处理意见等，论述该起事故并不构成情节严重，不影响公司持续经营能力。因此，此次事故不构成重大违法行为。

5. 公众健康安全

公众健康安全是指与人们生产、生活密切相关的产品和环境对人身的健康不会造成较大影响的良好状况，如食品、药品、化妆品、家居用品、职业环境等须确保不会对人身健康造成危害。

三、 社会保险与公积金等合法合规

根据《劳动法》《劳动合同法》《社会保险法》《住房公积金管理条例》等法律法规，公司必须为员工缴纳社会保险与住房公积金。社会保险费现由税务部门统一征收。《社会保险法》《社会保险费征缴暂行条例》和《住房公积金管理条例》对社会保险和住房公积金的征缴范围、缴纳时间和缴费比例作出了规定，各省、直辖市和自治区政府对社会保险和住房公积金制定了具体的征缴政策。

针对发行人部分员工未参加社会保险及缴纳住房公积金的情形，拟上市公司应尽早为未缴纳社会保险及住房公积金的员工缴纳，最大可能的降低未依法缴纳社会保险的人数及其占比，对于已经退休或者劳务派遣等情况进行分类统计并及解释。现实中，存在个别地区员工缴纳社保的意愿不高，甚至因拒绝缴纳社保而发生员工离职的现象，也有因为所在的特殊地区具有与占用耕地或林地补偿相关联的居民或者村民养老保险等而无法由劳动单位缴纳社会保险的情形。

对于未缴纳社会保险的情况应当予以分类解决，对于应当缴纳并且能够缴纳的应重点解决，并保证绝大多数人依法缴纳社会保险。采取以下积极措施以最大限度地保障员工的合法权益，防范潜在纠纷：

（1）公司积极向员工开展社会保险等相关法律法规的普及教育工作，提高员工对社会保险的积极认识，提高员工参加社会保险的积极性，尽量让员工参与社会保险；

（2）对不愿参加城镇社会保险的员工，公司要求员工办理其户籍所在地的新型农村社会养老保险、新型农村合作医疗保险，报销员工参加新农保和新农合的费用并额外给予等额补助；

（3）对未缴纳住房公积金的员工，公司应予补缴，或由公司提供宿舍或发放住房补贴；

（4）公司承诺将在以后的生产经营活动中加强内部宣传工作，进一步提高职工社会保险参保率；

（5）根据测算，可能被要求补缴的费用金额对发行人利润影响较小，扣除相关数额后发行人仍然符合本次发行上市的实质条件；

（6）发行人控股股东和实际控制人承诺全额补偿因此可能产生的罚款或费用不会给发行人造成额外支出，不会对发行人的财务状况和盈利能力构成重大不利影响。

四、 其他合法合规事项

凡被工商、税务、海关、环保、土地、财政、审计及其他主管行政管理部门处以罚款以上的行政处罚的行为都可能被认定为重大违法行为，但行政处罚实施机关依法认定不属于重大违法行为、能够依法做出合理说明的除外。

最近三年重大违法行为的起算点：法律、行政法规和规章有明确规定的，从其规定；没有规定的，从违法行为发生之日起计算，违法行为有连续或者继续状态的，从行为终止之日起计算。

五、 相关案例

案例一：昊海生科——税务和环保的行政处罚

上海昊海生物科技股份有限公司（简称：昊海生科，股票代码688366）主要从事小容量注射剂、原料药、生物工程产品、Ⅲ类6822植入体内或长期接触体内的眼科光学器具、6864可吸收性止血、防粘连材料的研究、生产及货物及技术的进出口业务，医疗器械的经营，乙醇（无水）的批发（租用存储设施），化工原料及产品（除危险化学品）、化妆品的销售。

上海昊海生物科技股份有限公司首发上市审核过程中，监管机构在《第二轮问询函》第8题曾问询发行人“关于是否属于重大违法违规的认定依据”。根据问询回复来看，发行人及其控股子公司报告期内受到的行政处罚事项不属于重大违法违规行为。监管机构请发行人结合《上海证券交易所科创板股票发行上市审核问答》第三个问答的相关规定进一步说明：珠海艾格受到税务主管部门行政处罚事项、深圳新产业受到市场稽查局行政处罚事项、深圳新产业受到海关行政处罚事项、发行人受到环境保护主管部门行政处罚事项是否属于重大违法违规行为的认定依据，相关认定依据是否充分。

发行人律师回复：

（1）请发行人结合《上海证券交易所科创板股票发行上市审核问答》第三个问答的相关规定进一步说明：珠海艾格受到税务主管部门行政处罚事项、深圳新产业受到市场稽查局行政处罚事项、深圳新产业受到海关行政处罚事项、发行人受到环境保护主管部门行政处罚事项是否属于重大违法违规行为的认定依据，相关认定依据是否充分。

①审核问答要求。

《上海证券交易所科创板股票发行上市审核问答》第三个问答的要求：

最近三年内，发行人及其控股股东、实际控制人在国家安全、公共安全、生态安全、生产安全、公众健康安全等领域存在以下违法行为之一的，原则上视为重大违法行为：被处以罚款等处罚且情节严重；导致严重环境污染、重大人员伤亡、社会影响恶劣等。

有以下情形之一且中介机构出具明确核查结论的，可以不认定为重大违法：违法行为显著轻微、罚款数额较小；相关规定或处罚决定未认定该行为属于情节严重；有权机关证明该行为不属于重大违法。但违法行为导致严重环境污染、重大人员伤亡、社会影响恶劣等并被处以罚款等处罚的，不适用上述情形。

②珠海艾格受到税务主管部门行政处罚事项、深圳新产业受到市场稽查局行政处罚事项、深圳新产业受到海关行政处罚事项、发行人受到环境保护主管部门行政处罚事项是否属于重大违法违规行为的认定依据，相关认定依据是否充分。报告期内发票丢失、产品质量问题、报关申报不实、环保问题等事项及接受行政处罚情况及不属于重大违法违规行为的认定依据如表14－1所示。

表14－1 珠海艾格接受行政处罚情况及不属于重大违法违规行为认定依据

序号	行政处罚事项	不属于重大违法违规行为的认定依据
1	珠海艾格受到税务主管部门行政处罚事项	1.《中华人民共和国发票管理办法》第三十六条规定："跨规定的使用区域携带、邮寄、运输空白发票，以及携带、邮寄或者运输空白发票出入境的，由税务机关责令改正，可以处1万元以下的罚款；情节严重的，处1万元以上3万元以下的罚款；有违法所得的予以没收。丢失发票或者擅自损毁发票的，依照前款规定处罚" 2. 国家税务总局珠海高新技术产业开发区税务局根据上述规定对珠海艾格处罚款50元 3. 根据本次处罚金额及上述规定，不认定为重大违法行为的依据为"相关规定未认定该行为属于情节严重"
2	深圳新产业受到市场稽查局行政处罚事项	1.《医疗器械监督管理条例》第六十六条第一款规定："有下列情形之一的，由县级以上人民政府食品药品监督管理部门责令改正，没收违法生产、经营或者使用的医疗器械；违法生产、经营或者使用的医疗器械货值金额不足1万元的，并处2万元以上5万元以下罚款；货值金额1万元以上的，并处货值金额5倍以上10倍以下罚款；情节严重的，责令停产停业，直至由原发证部门吊销医疗器械注册证、医疗器械生产许可证、医疗器械经营许可证：（一）生产、经营、使用不符合强制性标准或者不符合经注册或者备案的产品技术要求的医疗器械的……" 2.《医疗器械监督管理条例》第六十六条第二款规定："医疗器械经营企业、使用单位履行了本条例规定的进货查验等义务，有充分证据证明其不知道所经营、使用的医疗器械为前款第一项、第三项规定情形的医疗器械，并能如实说明其进货来源的，可以免予处罚，但应当依法没收其经营、使用的不符合法定要求的医疗器械" 3. 深圳市市场稽查局根据上述规定对深圳新产业处没收违法经营的人工晶状体406盒 4. 根据本次处罚内容及上述规定，不认定为重大违法行为的依据为"相关规定未认定该行为属于情节严重"

续表

序号	行政处罚事项	不属于重大违法违规行为的认定依据
3	深圳新产业受到海关行政处罚事项	1.《中华人民共和国行政处罚法》第二十七条第一款第（四）项规定：当事人有下列情形之一的，应当依法从轻或者减轻行政处罚……（四）其他依法从轻或者减轻行政处罚的 2.《中华人民共和国海关行政处罚实施条例》第十五条第（四）项规定：进出口货物的品名、税则号列、数量、规格、价格、贸易方式、原产地、启运地、运抵地、最终目的地或者其他应当申报的项目未申报或者申报不实的，分别依照下列规定予以处罚，有违法所得的，没收违法所得……（四）影响国家税款征收的，处漏缴税款30%以上2倍以下罚款…… 3. 中国沙湾海关依据《中华人民共和国行政处罚法》第二十七条第一款第（四）项规定认定深圳新产业具有减轻处罚情节，并依据《中华人民共和国海关行政处罚实施条例》第十五条第（四）项“影响国家税款征收的，处漏缴税款30%以上2倍以下罚款”的规定，对深圳新产业从轻按照漏缴税款的较低比例（1.19万/7.92万≈15.02%，不足30%）进行罚款 4. 根据《中华人民共和国海关行政处罚实施条例》第四十九条：海关作出暂停从事有关业务、暂停报关执业、撤销海关注册登记、取消报关从业资格、对公民处1万元以上罚款、对法人或者其他组织处10万元以上罚款、没收有关货物、物品、走私运输工具等行政处罚决定之前，应当告知当事人有要求举行听证的权利；《中华人民共和国行政处罚法》第四十二条：行政机关作出责令停产停业……较大数额罚款等行政处罚决定之前，应当告知当事人有要求举行听证的权利。根据上述规定，海关行政处罚对“较大数额”的认定标准为“对法人或其他组织处10万元以上罚款”，深圳新产业上述行政处罚为罚款1.19万元，未达到海关行政处罚中“较大数额”的标准 5. 上述行政处罚金额低于《中华人民共和国海关行政处罚实施条例》第十五条第（四）项规定的“影响国家税款征收的，处漏缴税款30%以上2倍以下罚款”的“30%”下限并且未达到海关行政处罚中“较大数额”罚款的标准，同时中国沙湾海关已根据《中华人民共和国行政处罚法》第二十七条第一款第（四）项规定认定深圳新产业具有减轻处罚情节。根据本次处罚金额及上述规定，不认定为重大违法行为的依据为“相关规定或处罚决定未认定该行为属于情节严重”
4	发行人受到环境保护主管部门行政处罚事项	1.《上海市环境保护条例》第七十二条规定：违反本条例第四十二条第一款、第二款规定，未制定操作规程或者未按照规定及时报告的，由市或者区环保部门责令限期改正，处五千元以上五万元以下的罚款；未停止生产经营活动的，处二万元以上二十万元以下的罚款 2. 上海市环境保护局根据上述规定对发行人责令立即改正并处罚款13万元 3. 上海市生态环境局于2019年2月25日出具《关于上海昊海生物科技股份有限公司环保处罚情况的说明》，确认：“经查，2016年1月1日至2018年12月31日，我局对上海昊海生物科技股份有限公司作出1次行政处罚。目前，经执法人员现场检查后发现，该公司已落实整改要求，并主动缴纳罚款。上述处罚不属于情节严重的行政处罚” 4. 根据本次处罚内容及上述规定，不认定为重大违法行为的依据为“有权机关证明该行为不属于重大违法”

根据上述调查，律师认为，报告期内发票丢失、产品质量问题、报关申报不实、环保问题等事项不属于重大违法违规行为，相关认定依据充分。

（2）请保荐机构、发行人律师核查并发表意见。

①核查程序。

律师履行了如下核查程序：

A. 查阅了相关行政处罚决定书；

B. 查询了国家和地方相关主管部门网站及互联网公开信息中关于违法违规、行政处罚相关的公示和报道；

C. 查阅了相关行政处罚决定书引用的相关法律法规、规章等；

D. 取得了上海市生态环境局出具的相关情况说明。

②核查意见。

经核查，律师认为珠海艾格受到税务主管部门行政处罚事项、深圳新产业受到市场稽查局行政处罚事项、深圳新产业受到海关行政处罚事项、发行人受到环境保护主管部门行政处罚事项不属于重大违法违规行为，相关认定依据充分。

案例二：申联生物——社保和住房公积金的合法合规性

申联生物医药（上海）股份有限公司（简称：申联生物，股票代码688098）的前身申联有限，系由UBI于2001年6月28日出资设立的外商独资企业。申联有限于2003年5月10日经核准变更为中外合资企业。公司经营范围是采用生物工程技术研究开发及生产生物制品、人工合成肽等药用原料，销售自产产品；从事生物制品、人工合成肽等药用原料（不含危险化学品和药品）的批发，并提供相关的技术服务（以上除人体干细胞、基因诊断与治疗技术的开发和应用）。自有房屋租赁。

招股说明书披露，报告期各期末，公司存在未为少部分员工缴纳社会保险和住房公积金的情况。监管机构对此请发行人说明：报告期内发行人及其下属子公司应缴未缴社会保险和住房公积金的具体金额及对净利润的影响；实际缴纳人数与应缴纳人数存在差异的原因；发行人存在应缴未缴社保和住房公积金的情况是否构成重大违法行为及对本次发行的影响。

发行人律师回复：

（1）报告期内发行人及其下属子公司应缴未缴社会保险和住房公积金的具体金额及对净利润的影响；实际缴纳人数与应缴纳人数存在差异的原因。

核查过程：

就上述事项，律师进行了以下核查工作：

①查阅了发行人及兰州分公司报告期内社会保险费缴纳通知书、缴费明细及住房公积金的汇缴书、缴付明细等资料；

②取得了发行人及相关人员出具的说明；

③查阅了发行人《申报审计报告》。

核查内容和结果：

①社会保险。

经核查，报告期各期末，发行人及兰州分公司缴纳社会保险情况如表 14－2 所示。

表 14－2　发行人及兰州分公司缴纳社会保险情况

项目	2018/12/31	2017/12/31	2016/12/31
员工人数	296	272	223
已缴人数	284	260	196
未缴人数	12	12	27

经核查，报告期各期末，发行人及兰州分公司存在少量未缴纳社会保险的原因如表 14－3 所示。

表 14－3　发行人及兰州分公司未缴纳社会保险原因

<table>
<tr><th>序号</th><th colspan="2">原因</th><th>2018/12/31</th><th>2017/12/31</th><th>2016/12/31</th></tr>
<tr><td>1</td><td>不属于应缴未缴范围</td><td>(1) 期末新员工，社保缴纳手续尚在办理中，正式入职后，均给予补缴
(2) 退休返聘等签订劳务合同情形
(3) 员工主动要求，在外省、市自行缴纳，公司提供报销
(4) 尚未办理完成社保统筹账户转接手续，手续办结后，公司均给予补缴</td><td>10</td><td>11</td><td>25</td></tr>
<tr><td>2</td><td>属于应缴未缴范围</td><td>(1) 部分农村居民已在农村缴纳保险，自愿放弃缴纳社保
(2) 外籍员工</td><td>2</td><td>1</td><td>2</td></tr>
<tr><td colspan="3">合计</td><td>12</td><td>12</td><td>27</td></tr>
</table>

报告期内发行人对上述第 2 项对应员工应缴纳未缴纳社会保险的金额及占比如表 14－4 所示。

表 14－4　发行人未缴纳社会保险金额及占比

单位：人民币万元

项目	2018 年度	2017 年度	2016 年度
应缴未缴金额	15.87	7.32	4.28
净利润总额	8758.03	9867.80	7347.18
占比	0.18%	0.07%	0.06%

综上所述，律师认为，发行人报告期内各期应缴纳未缴纳社会保险金额及占比均较小，对发行人经营业绩的影响较小。

②住房公积金。

经核查，报告期各期末，发行人及兰州分公司缴纳住房公积金情况如表14-5所示。

表14-5 发行人及兰州分公司缴纳住房公积金情况

项目	2018/12/31	2017/12/31	2016/12/31
员工人数	296	272	223
已缴人数	288	259	204
未缴人数	8	13	19

经核查，报告期各期末，发行人及兰州分公司存在少量未缴纳住房公积金的原因如表14-6所示。

表14-6 发行人及兰州分公司未缴纳住房公积金原因

<table>
<tr><th>序号</th><th colspan="2">原因</th><th>2018/12/31</th><th>2017/12/31</th><th>2016/12/31</th></tr>
<tr><td>1</td><td>不属于应缴未缴范围</td><td>(1) 期末新员工，住房公积金手续尚在办理中，正式入职后，均给予补缴
(2) 员工主动要求，在外单位自行缴纳，公司提供报销
(3) 退休返聘、协保等签订劳务合同情形
(4) 外籍员工</td><td>8</td><td>13</td><td>15</td></tr>
<tr><td>2</td><td>属于应缴未缴范围</td><td>(1) 常住地与公司所在地不一致，员工自愿放弃缴纳公积金
(2) 部分农村居民自愿放弃缴纳公积金</td><td>-</td><td>-</td><td>4</td></tr>
<tr><td colspan="3">合计</td><td>8</td><td>13</td><td>19</td></tr>
</table>

报告期内发行人对上述第2项对应员工应缴纳未缴纳住房公积金的金额及占比如表14-7所示。

表14-7 发行人及兰州分公司未缴纳住房公积金金额及占比

单位：人民币万元

项目	2018年度	2017年度	2016年度
应缴未缴金额	-	-	2.66
净利润总额	8758.03	9867.80	7347.18
占比	-	-	0.04%

综上所述，律师认为，发行人报告期内各期应缴纳未缴纳住房公积金金额及占比均较小，对发行人经营业绩的影响较小。

（2）发行人存在应缴未缴社保和住房公积金的情况是否构成重大违法行为及对本次发行的影响。

核查过程：

就上述事项，律师进行了以下核查工作：

①查阅了发行人及兰州分公司报告期内社会保险费缴纳通知书、缴费明细及住房公积金的汇缴书、缴费明细等资料；

②取得了发行人、实际控制人及相关员工的书面说明等文件；

③取得了社会保险、住房公积金主管部门出具的《证明》；

④针对发行人及兰州分公司报告期内是否因社保和住房公积金受到处罚情况进行网络核查。

核查内容和结果：

①基本情况。

报告期内发行人存在少量应缴纳未缴纳社会保险的原因主要为：A. 部分农村居民员工已在农村缴纳保险，自愿放弃缴纳社保，已出具放弃缴纳承诺；B. 外籍员工。

报告期内发行人存在少量应缴纳未缴纳住房公积金的原因主要为：A. 常住地与公司所在地不一致，员工常住地无法自行缴纳公积金，员工自愿放弃缴纳住房公积金，已出具放弃缴纳承诺；B. 部分农村居民自愿放弃缴纳住房公积金，已出具放弃缴纳承诺。

②合规证明。

上海市闵行区人力资源和社会保障局已于2019年1月9日出具《证明》，证明发行人报告期内用工方面未受到行政处理、处罚，不存在因违反劳动法律、法规和规范性文件而受到行政处理、处罚的情形。兰州新区中川园区公共服务局已于2019年1月3日出具《证明》，证明兰州分公司自2016年1月参保至证明出具日，依法为员工办理基本医疗保险、基本养老保险、失业保险、生育保险、工伤保险，并依法按时、足额缴纳各项社会保险费用。

上海市公积金管理中心已于2019年1月8日出具《上海市单位住房公积金缴存情况证明》，证明发行人自2002年1月建立住房公积金账户至2018年12月均处于正常缴存状态，未受到管理中心行政处罚。

兰州住房公积金管理中心已于2019年1月4日出具《证明》，证明兰州分公司开设单位住房公积金账户至证明出具日，没有因违反有关住房公积金管理法律、法规及规范性法律文件而受到或者需要受到行政机关处罚的情形。

③实际控制人承诺。

发行人实际控制人聂东升、杨玉芳、杨从州、王东亮已出具《申联生物医药(上海)股份有限公司实际控制人关于对社保和住房公积金补缴风险的承诺》。

承诺如下：

“若公司因缴纳社会保险、住房公积金等相关事由被有关主管部门要求缴纳、补缴或者相关人员主张追偿社会保险、住房公积金的，本人承诺将无条件承担该部分缴纳、补缴和被追偿的损失；若公司因未执行社会保险、住房公积金制度而受到相关主管部门的处罚，本人将承担支付所有受到处罚的款项，保证公司不因此遭受任何损失。”

综上所述，律师认为，截至本补充法律意见书出具之日，发行人不存在由于报告期内应缴未缴社保和住房公积金的情况而受到行政处罚或是被认定为重大违法行为的情形；对于存在的少量应缴纳未缴纳情形，实际控制人已承诺承担因此可能给发行人造成的任何损失。因此，发行人该等应缴未缴社保和住房公积金的情形不应对其本次发行构成实质性法律障碍。

案例三：奥福环保——劳务派遣的合规性

山东奥福环保科技股份有限公司（简称：奥福环保，股票代码688021）于2009年7月15日在德州市工商行政管理局登记成立。法定代表人潘吉庆，公司经营范围包括制造蜂窝陶瓷、蜂窝陶瓷载体、精密陶瓷、填料；经营本企业自产产品及技术的出口业务和本企业所需的机械设备、零配件、原辅材料及技术的进口业务，但国家限定公司经营或禁止进出口的商品及技术除外。

招股说明书披露，报告期内发行人及其子公司劳务派遣员工占用工总数的比例分别为20.25%、15.84%及2.43%。报告期内，发行人存在劳务派遣员工比例超过10%的情形，公司已就上述劳务派遣用工事项进行规范。

于是监管机构请发行人披露：

(1) 相关劳务派遣公司是否具备法定资质；

(2) 就劳务派遣用工事项采取的具体规范措施。请保荐机构和发行人律师对发行人的劳务派遣是否符合《劳务派遣暂行规定》等相关规定发表明确意见。

发行人律师回复：

(1) 相关劳务派遣公司是否具备法定资质。

报告期内，发行人及其子公司德州奥深存在劳务派遣用工情形。为发行人提供劳务派遣服务的企业情况如表14－8所示。

表 14－8　为发行人提供劳务派遣服务的企业情况

名称	济南劳联和业人力资源管理有限公司临邑分公司
成立日期	2015 年 3 月 19 日
注册地址	山东省德州市临邑县渤海路大学生创业孵化基地
负责人	李靓
经营范围	受公司委托开展经营业务（依法须经批准的项目，经相关部门批准后方可开展经营活动）
与发行人是否存在关联关系	发行人及其董事、监事、高级管理人员、持有发行人 5% 以上股份的股东及其他关联方均未在该公司拥有任何权益或担任任何职务

济南劳联和业人力资源管理有限公司持有济南高新技术产业开发区管理委员会颁发的《劳务派遣经营许可证》（编号：37019920170030），有效期至 2020 年 9 月 29 日，具备经营劳务派遣业务的法定资质。

（2）就劳务派遣用工事项采取的具体规范措施。

报告期各期末，发行人及其子公司的员工总数、劳务派遣人员人数及其占用工总数比例的具体情况如表 14－9 所示。

表 14－9　发行人及其子公司员工总数、劳务派遣人员人数及占用工总数比例

项目	2018/12/31	2017/12/31	2016/12/31
员工人数	523	473	252
劳务派遣人数	13	89	64
劳务派遣员工占用工总数的比例	2. 43%	15. 84%	20. 25%

报告期内，发行人存在劳务派遣员工比例超过 10% 的情形，公司已就上述劳务派遣用工事项进行规范。具体规范措施包括：

①与符合公司用工标准的劳务派遣人员签署正式劳动合同；

②将富余劳务派遣人员退回劳务派遣公司；

③将 VOCs 废气处理设备业务中表面处理、装配等辅助性工作由劳务派遣方式规范为劳务外包方式。截至报告期末，公司劳务派遣员工占用工总数的比例已降至 10% 以下，符合《劳务派遣暂行规定》的相关规定。

（3）请保荐机构和发行人律师对发行人的劳务派遣是否符合《劳务派遣暂行规定》等相关规定发表明确意见。

经律师核查，发行人在报告期内存在使用劳务派遣人员情形，且已于 2018 年起将部分劳务派遣员工转为劳动合同用工，将部分富余劳务派遣人员退回劳务派遣公司。

2019年2月27日，临邑县人力资源和社会保障局出具《证明》，发行人及其子公司德州奥深自2016年1月1日至今，能够遵守和执行国家有关劳动与社会保障的法律、法规及相关规范性文件，不存在因违法、违规行为受到行政处罚的情形，也不存在涉嫌违法行为受到立案调查的情形。

就发行人在2016年度、2017年度使用劳务派遣用工的瑕疵情况，发行人的实际控制人出具承诺如下："若发行人因劳务派遣用工事项违反劳动保障相关法律、法规、规章、规范性文件的规定，而被任何行政主管机关、主管机构给予处罚，或被相关员工主张承担任何赔偿或补偿责任的，则就发行人依法应承担的该等罚款、滞纳金或赔偿和补偿款项，均将由本人先行以自有资产承担和支付，以确保发行人不会因此遭受任何损失；在必须先行支付该等款项的情况下，本人将在发行人支付后的五日内及时以现金形式偿付发行人。"

律师认为，发行人截至2016年年末、2017年年末使用劳务派遣人员比例较高，不符合《劳务派遣暂行规定》，但已于2018年起得到规范，经主管部门出具的合规证明确认其在报告期内不存在劳动用工方面的违法违规情况，且已由实际控制人就发行人在上市前不规范使用劳务派遣用工事宜出具兜底承诺。因此，发行人在报告期内使用劳务派遣用工的情况不会对发行人本次发行上市构成实质性影响。

第二节　诉讼与仲裁

一、关于诉讼仲裁的相关规定及披露要求

《科创板首次公开发行股票注册管理办法（试行）》第十二条规定："发行人不存在主要资产、核心技术、商标等的重大权属纠纷，重大偿债风险，重大担保、诉讼、仲裁等或有事项。"

《科创板招股说明书格式准则》规定：发行人应披露对财务状况、经营成果、声誉、业务活动、未来前景等可能产生较大影响的诉讼或仲裁事项，以及控股股东或实际控制人、控股子公司，发行人董事、监事、高级管理人员和核心技术人员作为一方当事人可能对发行人产生影响的刑事诉讼、重大诉讼或仲裁事项主要包括下列各项：

（1）案件受理情况和基本案情；

（2）诉讼或仲裁请求；

（3）判决、裁决结果及执行情况；

（4）诉讼、仲裁案件对发行人的影响。

发行人应披露董事、监事、高级管理人员和核心技术人员最近三年涉及行政处罚、被司法机关立案侦查、被中国证监会立案调查情况。

根据《企业会计准则第29号——资产负债表日后事项》，资产负债表日后事项，是指资产负债表日至财务报告批准报出日之间发生的有利或不利事项。财务报告批准报出日，是指董事会或类似机构批准财务报告报出的日期。

企业发生的资产负债表日后调整事项通常包括下列各项：资产负债表日后诉讼案件结案，法院判决证实了企业在资产负债表日已经存在现时义务，需要调整原先确认的与该诉讼案件相关预计负债，或确认一项新负债。

企业发生的资产负债表日后非调整事项通常包括下列各项：资产负债表日后发生重大诉讼、仲裁、承诺。

二、 重大诉讼仲裁的判断标准及其影响

1. 判断标准

根据《科创板股票上市规则》第9.3.1条，上市公司应当及时披露下列重大诉讼、仲裁：

（1）涉案金额超过1000万元，且占公司最近一期经审计总资产或者市值1%以上；

（2）股东大会、董事会决议被申请撤销或者宣告无效；

（3）董事会认为可能对公司控制权稳定、生产经营或股票交易价格产生较大影响的其他诉讼、仲裁。

对于已经结案诉讼，应披露及核查以下内容：诉讼或仲裁主体、案由、诉讼或仲裁请求及依据、标的金额、程序进展、裁决的日期、裁判的结果、执行情况等。

如果存在未决诉讼或仲裁，应披露如下内容：

①简介案件情况，说明诉讼主体、请求事项、事实和理由、程序进展等情况；

②如果未决诉讼的涉案金额较小，或对营业收入、利润和重大资产产生的不利影响有限，对发行人的持续经营不构成重大障碍，故不构成重大诉讼，亦不会对本次发行产生实质性影响；

③如果发行人因为诉讼可能承担法律责任，应进行风险提示，并说明已经计提

了坏账准备或相关责任准备金。

2. 重大仲裁和诉讼的影响

根据《上海证券交易所科创板股票发行上市审核问答》，对发行人业务经营或收入实现有重大影响的商标、专利、专有技术，以及特许经营权等重要资产或技术存在重大纠纷或诉讼，已经或者未来将对发行人财务状况或经营成果产生重大影响，视为对持续经营产生重大影响的情形。

三、 相关案例

案例一：方邦股份——知识产权诉讼

广州方邦电子股份有限公司（简称：方邦股份，股票代码688020），是由方邦有限整体变更设立的股份有限公司。发行人主营业务为高端电子材料的研发、生产及销售，专注于提供高端电子材料及应用解决方案。发行人现有产品包括电磁屏蔽膜、导电胶膜、极薄挠性覆铜板及超薄铜箔等，属于高性能复合材料，其中电磁屏蔽膜是发行人报告期内的主要收入来源。

2017年1月6日，拓自达（原告）向广州知识产权法院提起诉讼，诉称发行人（被告）侵犯其“印刷布线板用屏蔽膜，以及印刷布线板”（专利号为200880101719.7）发明专利，并要求被告停止侵权，承担侵权赔偿责任。2017年7月21日，广州知识产权法院判决驳回原告拓自达的全部诉讼请求。原告上诉，2018年3月26日，广东省高级人民法院作出（2017）粤民终2363号《民事判决书》，判决驳回上诉，维持原判。二审判决后，拓自达向最高人民法院申请再审。2018年12月20日，最高人民法院作出（2018）最高法民申5287号《民事裁定书》，裁定驳回拓自达的再审申请。

监管机构就以上情况请发行人披露：

（1）报告期内发生的重大诉讼及进展；

（2）创始股东、董事、监事、高级管理人员和核心技术人员是否存在违反与原单位的竞业禁止的协议或承诺，是否会导致发行人出现知识产权纠纷或争议；

（3）主要产品和核心知识产权是否还存在其他纠纷或潜在法律风险，风险揭示是否充分。

请发行人说明：

（1）与拓自达之间纠纷的主要内容；

（2）受让专利历次转让的原因，是否履行相关审批程序，是否存在法律风险。

发行人律师回复：

（1）报告期内发行人发生的重大诉讼及进展。

报告期内发行人发生的重大诉讼（500万元以上）包括发行人与拓自达电线股份有限公司之间的专利诉讼纠纷案件、发行人与深圳市鑫岸科技有限公司（以下简称“鑫岸科技”）的买卖合同纠纷案件，其进展情况如下：

①发行人与拓自达的专利诉讼纠纷案件。

2017年1月6日，拓自达向广州知识产权法院提起诉讼，诉称发行人侵犯其“印刷布线板用屏蔽膜，以及印刷布线板”（专利号为200880101719.7）发明专利，并提出如下诉讼请求：A. 判令被告立即停止侵害原告第200880101719.7号发明专利权；B. 判令被告就其侵权行为向原告支付侵权赔偿金，该侵权赔偿金包括原告为制止侵权行为所支付的公证费、调查费、律师费等合理费用，共计人民币2050万元。

2017年4月27日，拓自达向广州知识产权法院提交《变更诉讼请求申请书》，请求将原起诉状中第二项诉讼请求变更为判令被告就其侵权行为向原告支付侵权赔偿金，以及原告为制止侵权所支付的合理费用，共计人民币9272万元。

2017年7月21日，广州知识产权法院作出（2017）粤73民初263号《民事判决书》，判决驳回原告拓自达的全部诉讼请求，并由原告拓自达负担本案案件受理费505400元。一审判决后，拓自达向广东省高级人民法院提起上诉。

2018年3月26日，广东省高级人民法院作出（2017）粤民终2363号《民事判决书》，判决驳回上诉，维持原判。

二审判决后，拓自达向最高人民法院申请再审。

2018年12月20日，最高人民法院作出（2018）最高法民申5287号《民事裁定书》，裁定驳回拓自达的再审申请。

截至本补充法律意见书出具日，发行人与拓自达的诉讼纠纷案件已了结，发行人不存在侵犯拓自达专利的行为。

②发行人与鑫岸科技的买卖合同纠纷案件。

2018年11月2日，发行人在广州市黄埔区人民法院（以下简称“黄埔法院”）提起诉讼，诉称：截至2018年10月19日，鑫岸科技欠付发行人货款7878400元，并提出如下诉讼请求：请求法院判令被告清偿所欠原告货款7878400元及延期付款利息960465元（利息暂计至2018年10月19日）。后发行人追加深圳市鑫达辉软性电路科技有限公司（以下简称“鑫达辉”）为本案共同被告。

2019年4月11日，黄埔法院作出（2018）粤0112民初6845号《民事判决书》，判决：A. 鑫岸科技于本判决生效之日起十五日内向原告广州方邦电子股份有限公司支付货款人民币7878400元及逾期付款利息（利息计至2018年10月19日止共计

960465元；自2018年10月20日起，以7878400元为本金，利息按照中国人民银行同期同类贷款基准利率的三倍计算至实际清偿之日止）。B. 鑫达辉对鑫岸科技的上述债务承担连带清偿责任。

2019年4月24日，鑫达辉向广州市中级人民法院提起上诉，请求撤销上述（2018）粤0112民初6845号《民事判决书》的第（2）项，改判驳回发行人对鑫达辉的诉讼请求。截至本补充法律意见书出具日，二审法院尚未开庭审理此案。

信达律师认为，发行人与鑫岸科技的诉讼纠纷为买卖合同纠纷，发行人为原告且涉案金额占发行人净资产比例较小，该案件的审理结果不会对发行人的持续经营能力产生重大不利影响。

（2）创始股东、董事、监事、高级管理人员和核心技术人员是否存在违反与原单位的竞业禁止的协议或承诺，是否会导致发行人出现知识产权纠纷或争议。

律师访谈了在发行人任职的创始股东（包括苏陟、胡云连、夏登峰）、董事、监事、高级管理人员及核心技术人员，在中国裁判文书网、全国法院被执行人信息查询平台等网站进行检索核查。

经核查，在发行人任职的创始股东（包括苏陟、胡云连、夏登峰）、董事、监事、高级管理人员及核心技术人员不存在违反与原单位的竞业禁止的协议或承诺，不会导致发行人出现知识产权纠纷或争议。

（3）主要产品和核心知识产权是否还存在其他纠纷或潜在法律风险，风险揭示是否充分。

律师在中国裁判文书网、全国法院被执行人信息查询平台等网站进行检索核查，访谈了发行人总经理、研发负责人、知识产权事务负责人，并经发行人确认。

经核查，截至本补充法律意见书出具日，发行人主要产品和核心知识产权不存在其他纠纷或潜在法律风险，发行人已在《招股说明书》中充分揭示与产品及知识产权有关的风险。

（4）与拓自达之间纠纷的主要内容。

发行人与拓自达之间纠纷的主要内容为：拓自达认为发行人生产的产品侵犯其“印刷布线板用屏蔽膜，以及印刷布线板”（专利号为200880101719.7）发明专利，因此于2017年1月6日在广州知识产权法院提起诉讼，请求判令发行人立即停止侵害其第200880101719.7号发明专利权，并要求发行人就其侵权行为向拓自达支付侵权赔偿。有关该案的进展情况详见前述“（1）报告期内发行人发生的重大诉讼及进展”。

截至本补充法律意见书出具日，发行人与拓自达的诉讼纠纷案件已了结，发行人不存在侵犯拓自达专利的行为。

（5）受让专利历次转让的原因，是否履行相关审批程序，是否存在法律风险。

经核查，截至本补充法律意见书出具日，发行人享有专利权的如下4项专利系受让取得，如表14－10所示。

表14－10 发行人受让专利情况

序号	权利人	专利号	专利名称	专利类型	申请日	取得方式
1	发行人	ZL200810027092.7	一种高剥离强度的细线路挠性电路板的制作方法	发明	2008－3－28	受让取得
2	发行人	ZL200810220337.8	可改变电路阻抗的极薄屏蔽膜、电路板及其制作方法	发明	2008－12－25	受让取得
3	发行人	ZL200910037213.0	一种真空磁控溅射卷绕镀膜装置	发明	2009－2－17	受让取得
4	发行人	ZL200910038831.7	一种双卷连续电沉积加厚装置	发明	2009－4－21	受让取得

经向上述专利的主要发明人苏陟访谈了解，该等专利历次转让的原因均是基于受让方业务开展的需要。有关该等专利的转让过程具体如下：

①对于第1项专利，发明人为苏陟，其于2008年3月28日提交了专利申请。2009年3月2日，苏陟与力加电子签署了《专利申请权转让协议书》，约定苏陟将该项发明专利的申请权无偿转让给力加电子。2009年3月27日，国家知识产权局核准了该项专利申请人的变更申请。2010年6月2日，力加电子取得该项专利授权。2014年11月24日，力加电子与方邦有限签署了《专利转让协议书》，约定力加电子将该项发明专利的专利权转让给方邦有限，2014年12月30日，国家知识产权局核准了该项专利权人的变更申请，专利权人变更为方邦有限；

②对于第2项专利，发明人为苏陟，其于2008年12月25日提交了专利申请。2009年3月2日，苏陟与力加电子签署了《专利申请权转让协议书》，约定苏陟将该发明专利的申请权无偿转让给力加电子。2009年4月10日，国家知识产权局核准了该项专利申请人的变更申请，申请人变更为力加电子。2009年11月30日，力加电子与通德电子签署了《专利权转让协议书》，约定力加电子将该项发明专利的申请权无偿转让给通德电子。2010年1月8日，国家知识产权局核准了该项专利申请人变更申请，申请人变更为通德电子。2010年10月6日，通德电子取得该项专利授权。2011年7月15日，通德电子与方邦有限签署了《专利权转让协议书》，约定通德电子将该项发明专利转让给方邦有限。2011年11月21日，国家知识产权局核准了该项专利权人的变更申请，专利权人变更为方邦有限；

③对于第3项专利，发明人为夏登峰、苏陟、郑永德和杨伟民，力加电子于

2009年2月17日提交了专利申请。2012年2月1日，力加电子取得该项专利授权。2014年11月24日，力加电子与方邦有限签署了《专利转让协议书》，约定力加电子将该项发明专利的专利权转让给方邦有限。2014年12月30日，国家知识产权局核准了该项专利权人的变更申请，专利权人变更为方邦有限；

④对于第4项专利，发明人为夏登峰、苏陟、郑永德和杨伟民，力加电子于2009年4月21日提交了专利申请。2012年8月15日，力加电子取得该项专利授权。2014年11月24日，力加电子与方邦有限签署了《专利转让协议书》，约定力加电子将该项发明专利的专利权转让给方邦有限。2014年12月30日，国家知识产权局核准了该项专利权人的变更申请，专利权人变更为方邦有限。

发行人实际控制人苏陟均为上述专利的发明人，该等专利系苏陟根据个人兴趣及自身掌握的专业知识，利用业余时间自行研发而形成的，未利用原任职单位相关资金、场地、仪器、设备；另外，苏陟发明该等专利时尚任职于广州美维电子有限公司，广州美维电子有限公司主要从事软板和软硬结合板的设计、组装和制造，并不从事电磁屏蔽膜的研发和生产等业务，广州美维电子有限公司的主营业务与发行人的主营业务系产业链的上下游关系，广州美维电子有限公司与发行人各自产品所涉技术没有相关性。发行人受让取得的上述专利不涉及苏陟原任职单位的职务发明，不存在技术纠纷。

综上所述，律师认为，发行人受让的专利的历次转让已履行了专利主管部门的相关审批程序，发行人取得该等专利不存在法律风险。

(6) 核查程序及核查意见。

①核查程序。

A. 就报告期内发行人发生的重大诉讼及进展，信达律师核查了发行人的诉讼文书、财务报表及审计报告，并在中国裁判文书网等网站进行检索核查；

B. 就创始股东、董事、监事、高级管理人员和核心技术人员是否存在违反与原单位的竞业禁止的协议或承诺，信达律师访谈了在发行人任职的创始股东（包括苏陟、胡云连、夏登峰）、董事、监事、高级管理人员及核心技术人员，在中国裁判文书网、全国法院被执行人信息查询平台等网站进行检索核查；

C. 就发行人主要产品和核心知识产权是否存在其他纠纷或潜在法律风险，信达律师在中国裁判文书网、全国法院被执行人信息查询平台等网站进行检索核查，访谈了发行人总经理、研发负责人、知识产权事务负责人，并经发行人确认；

D. 就发行人受让专利历次转让的原因，是否履行相关审批程序，是否存在法律风险，信达律师查阅了发行人受让专利的相关程序文件，向专利主要发明人苏陟进行访谈了解该等专利历次转让的背景及原因。

②核查意见。

经核查，律师认为：

A. 在发行人任职的创始股东（包括苏陟、胡云连、夏登峰）、董事、监事、高级管理人员及核心技术人员不存在违反与原单位的竞业禁止的协议或承诺，不会导致发行人出现知识产权纠纷或争议；

B. 发行人主要产品和核心知识产权不存在其他纠纷或潜在法律风险，发行人已在《招股说明书》中充分揭示与产品及知识产权有关的风险；

C. 发行人受让的专利的历次转让已履行了专利主管部门的相关审批程序，发行人取得该等专利不存在法律风险。

案例二：迈得医疗——商业秘密的保护措施及其有效性

迈得医疗工业设备股份有限公司简称迈得医疗。2003 年 3 月 10 日，公司前身台州迈得自动化有限公司成立。2004 年 10 月 15 日，公司名称由“台州迈得自动化有限公司”变更为“台州迈得科技制造有限公司”。2012 年 12 月 14 日，公司整体变更为股份有限公司，股份公司名称变更为“台州迈得医疗工业设备股份有限公司”。2014 年 8 月 1 日，公司名称由“台州迈得医疗工业设备股份有限公司”变更为“迈得医疗工业设备股份有限公司”。

公司现法定代表人为林军华，注册资本 6270 万元人民币。

公司经营范围为模具、工业自动控制系统装置、实验分析仪器、塑料制品、工业机器人、具有独立功能专用机械制造；软件开发；信息系统集成服务；货物与技术进出口。

根据发行人公开资料，报告期内，发行人存在产品责任诉讼和商业秘密纠纷，本次发行上市申请文件未提及商业秘密纠纷的具体情况。

于是监管机构请发行人补充披露：

（1）报告期内是否存在其他产品质量纠纷或潜在纠纷；

（2）产品质量控制措施及其有效性；

（3）相关商业秘密纠纷的具体情况，发行人关于商业秘密的保护措施及其有效性，上述商业秘密纠纷对发行人后续生产经营的影响。

请保荐机构、发行人律师核查，并就相关事项是否构成本次发行上市障碍发表明确意见。

发行人律师回复如下：

（1）报告期内是否存在其他产品质量纠纷或潜在纠纷。

律师取得了发行人提供的相关诉讼材料，并通过网上检索等方式履行了核查手段，报告期内公司存在一起质量纠纷，具体情况如下：

扬州金利源医疗器械厂（原告）因与发行人（被告）发生产品责任纠纷事宜，原告于2015年8月19日向扬州市江都区人民法院提起诉讼，要求判令被告退还货款80万元，赔偿原告经济损失96.1744万元并承担诉讼费用。2016年8月22日，原告变更诉讼请求为：

①判令被告对产品进行维修并使之达到《设备销售合同》约定的验收标准，若维修不成则退还货款80万元；

②赔偿原告经济损失96.1744万元并承担诉讼费用。

2016年10月27日，扬州市江都区人民法院出具（2015）扬民初字第01950号《民事判决书》，判决如下：

①发行人对其销售给原告的产品进行修理，并使该设备达到原被告签署的《设备销售合同》中约定的验收标准，修理期限自本判决生效之日起120日内；

②发行人于本判决生效之日起10日内赔偿原告164605.65元，并承担相应的案件受理费用14365元。

2016年11月16日，发行人就上述（2015）扬民初字第01950号《民事判决书》向扬州市中级人民法院提出上诉，并已由扬州市中级人民法院正式接案受理。2017年9月18日，江苏省扬州市中级人民法院出具（2017）苏10民终131号《民事判决书》，判决如下：

①驳回上诉，维持原判；

②二审案件受理费用14365元，由上诉人迈得医疗工业设备股份有限公司承担。

2018年10月18日，扬州金利源医疗器械厂就上述纠纷向扬州市江都区人民法院再次提起诉讼，就上述纠纷产生的其他损失主张损失赔偿共计1243810元。截至本补充法律意见书出具之日，扬州市江都区人民法院尚未就上述案件作出判决。

截至本补充法律意见书出具之日，发行人已支付扬州金利源医疗器械厂164605.65元赔偿款及案件受理费用14365元，上述设备已经维修完毕并由扬州金利源医疗器械厂正常使用，发行人已根据维修设备所需的材料、人工确认相应的维修费用。就扬州金利源医疗器械厂2018年10月再次提起的诉讼事项，发行人认为其败诉可能性较小，故《审计报告》未就此诉讼案件计提预计负债。

根据发行人出具的情况说明，除上述事项外，报告期内发行人不存在其他产品质量纠纷或潜在纠纷。

律师取得了发行人提供的相关诉讼材料及其出具的情况说明，并通过网上检索等方式履行了核查手段后认为，除本补充法律意见书披露的事项外，报告期内发行人不存在其他产品质量纠纷或潜在纠纷。

（2）产品质量控制措施及其有效性。

①公司产品质量控制措施。

公司秉承“持续改进、精益求精”的质量方针，通过精益求精的工作作风，不断寻求时机，利用数据分析、纠正预防措施、内审、管理评审等对过程和质量管理体系的有效性进行持续改进。《质量手册》是公司依据 ISO9001：2015 标准的要求，结合公司的实际情况，确定了公司质量管理体系所包含的要素，描述了各要素之间的相互关系，是公司质量管理体系的最高文件。公司制定的与质量控制相关的主要程序文件如表 14 - 11 所示。

表 14 - 11　公司质量控制主要程序文件

序号	文件编号	文件名	文件类型
1	MD - QP - 002	质量记录管控程序	质量控制程序
2	MD - QP - 002	营销管控程序	质量控制程序
3	MD - QP - 002	设计与开发管控程序	质量控制程序
4	MD - QP - 002	设计与工程变更管控程序	质量控制程序
5	MD - QP - 002	采购管控程序	质量控制程序
6	MD - QP - 002	供应商管控程序	质量控制程序
7	MD - QP - 002	生产过程管控程序	质量控制程序
8	MD - QP - 002	测量设备管控程序	质量控制程序
9	MD - QP - 002	产品监视与测量管控程序	质量控制程序
10	MD - QP - 002	产品标识与追溯管控程序	质量控制程序
11	MD - QP - 002	产品防护管控程序	质量控制程序
12	MD - QP - 002	内审管控程序	质量控制程序
13	MD - QP - 002	不合格品管控程序	质量控制程序
14	MD - QP - 002	数据分析管控程序	质量控制程序
15	MD - QP - 002	纠正与预防措施管控程序	质量控制程序
16	MD - QP - 002	客户反馈意见及满意度管控程序	质量控制程序

公司从研发设计、采购、合同评审、生产流程、部门协调、客户反馈等方面实施全面质量管理，并严格按照标准要求从文件记录、安全、环境、信息整理等方面规范控制，使质量管理体系得以规范、有效运行，确保产品质量，具体控制措施情况包括：

A. 技术方案质量控制措施。

在合同签订之前，公司会根据客户的技术、工艺、质量标准，先与客户初步确定技术方案，并对客户要求及其技术标准进行初步评估，确保公司具备生产满足客户要求的设备的能力，在此基础上与客户签订销售合同。

公司在签订销售合同、下达生产任务单后，技术中心会同工艺部门、质量部门、生产部门对技术方案进行详细的讨论与评审，在此基础上形成设备的3D图，然后技术部门再次组织公司内部部门对3D图进行评审和修订，确保公司各部门对设备的设计达成统一意见，最后邀请客户技术人员来公司对3D图进行评审和确定。公司通过各个部门反复的技术评审，确保设备产品质量满足客户要求。

公司针对技术方案设计制定了包括《设计与开发管控程序》《电气设计基本规范》《机械制图基本规范》《技术图纸编号规定》《设计与工程变更管控程序》等在内的多项操作规范，为公司质量控制的有效实施奠定了坚实基础。

B. 原材料采购质量控制措施。

公司对原材料采购和加工实施质量控制，对于气缸、电机、PLC等标准件，公司从SMC中国有限公司、欧姆龙自动化系统（杭州）有限公司等国内外知名的标准件供应商中采购，相关产品均要求提供相对应的合格证；在原材料采购入库前，质量中心会根据物料的特性实施抽检、全检及重点物料的监控等质量控制措施；定制采购件及外协件等零部件质量，公司会对关键零件、关键工序实施加工过程质量控制，由专职人员检验，确保定制采购件和外协件能够满足公司产品设计要求。公司根据供应商的产品质量、供货能力、售后服务等定期对供应商实施评价，实行末位供应商淘汰制。

C. 生产过程质量控制措施。

公司在产品组装生产过程中，电工、钳工、调试等专职人员根据《装配电工工序检验标准》《装配钳工工序检验标准》《成品验收流程》等质量标准、技术要求及公司的相关制度进行控制，在生产过程中质量不合格品由专人负责跟进处理，并做相应的原因分析及纠正预防措施；公司定期召开质量分析会，对各部门的质量状况进行分析，并制定相应的措施；同时，公司设立合理化建议流程制度，鼓励生产人员对生产过程优化提出建议，由责任部门完成处理。公司设备在完工前会使用客户的耗材物料进行调试，确保设备能够正常生产出客户需要的耗材产品。

D. 客户意见及售后质量管控措施。

在设备销售之后，公司会定期对客户进行回访，了解设备运行状况及相应的意见，由售后部门统一整理汇总并反馈至质量中心、技术中心、制造中心等相关部门；在客户需要对设备进行售后维护时，售后部门及时与客户联系，并根据故障情况联系各部门响应解决，对售后过程中出现的状况进行记录；公司定期召开售后质量问题分析会，对其售后过程中出现的产品质量问题、客户建议及售后处理效果进行分析和总结。

②质量控制措施的有效性。

报告期内，公司制定和完善了质量管理相关制度，从研发设计、采购、合同评审、生产流程、部门协调、客户反馈等方面实施全面质量管理，并严格按照标准要求从文件记录、安全、环境、信息整理等方面规范控制，使质量管理体系得以规范、有效运行，确保产品质量。

根据玉环市市场监督管理局于2019年3月1日出具的《证明》、天津市河北区市场监督管理局于2019年3月1日出具的《证明》及苏州工业园区市场监督管理局于2019年2月26日出具的《证明》，发行人及其子公司聚骅设备、迈得贸易、慧科智能、天津迈得、苏州迈得在报告期内均不存在因违反有关产品质量和技术监督方面的法律、法规而被处罚的情形。

律师查阅了国家关于质量控制相关法律、法规及规范性文件的相关要求，取得了发行人产品质量控制相关内控制度及相关情况，并对公司相关负责人进行访谈后认为，报告期内发行人具备较为完善的产品质量管理体系，除涉及一起质量纠纷外，不存在其他产品质量纠纷或潜在纠纷，且该纠纷涉及的赔付金额占发行人净利润比例较小，对发行人的财务状况、经营成果、声誉、业务活动、未来前景等影响较小。

（3）相关商业秘密纠纷的具体情况，发行人关于商业秘密的保护措施及其有效性，上述商业秘密纠纷对发行人后续生产经营的影响。

①相关商业秘密纠纷的具体情况。

发行人于2007年年初开始自主研发三通滴斗乳胶帽自动组装机（以下简称“三通机”），并于同期开始申请相关的自主知识产权保护，且于2009年年初开始批量生产、销售，同时公司通过制定保密制度并与员工签订保密协议等形式，对自有技术秘密进行保护。

2009年6月至2010年6月，张义辉在发行人处任职，负责公司研发工作，并与发行人签订了保密协议。2008年至2011年1月，张秋泉在发行人处任职，负责公司产品的售后服务，并与发行人签订了保密协议。张义辉与张秋泉在发行人处任职期间，利用职务上的便利，秘密窃取了发行人的“三通机”相关技术图纸资料、信息并据为己有。2010年10月，张义辉与其妻子杨慧共同出资设立东莞市福丰自动化设备有限公司，主营业务为自动化设备的生产、销售，其中张义辉负责技术开发，杨慧负责财务和销售。2011年年初张秋泉从发行人处离职并受聘于东莞市福丰自动化设备有限公司，负责设备的安装调试和售后服务等工作。2011年1月，张义辉利用从发行人处窃取的技术生产“福丰”牌三通机，并通过张秋泉的牵线介绍将该等产品销售至发行人客户河南曙光健士医疗器械有限公司。截至2013年10月31日，东莞市福丰自动化设备有限公司已生产并销售40台三通机。

2014年5月22日，玉环县人民检察院以东莞市福丰自动化设备有限公司、张义辉、张秋泉（合称被告）侵犯商业秘密罪向玉环县人民法院提起公诉。2014年12月8日，玉环县人民法院作出"（2014）台玉知刑初字第3号"《刑事判决书》，以侵犯商业秘密罪对东莞市福丰自动化设备有限公司判处罚金，并对张义辉、张秋泉判处有期徒刑及罚金。上述三名被告不服一审判决并提起上诉，后台州市中级人民法院于2015年7月6日作出"（2015）浙台知刑终字第2号"《刑事裁定书》，驳回上诉，维持原判。

2015年9月7日，发行人就上述侵犯商业秘密的事实向玉环县人民法院提起民事诉讼，要求判令被告东莞市福丰自动化设备有限公司、张义辉、张秋泉、杨慧立即停止侵害原告商业秘密行为，并判令被告共同连带赔偿原告经济损失627.8992万元并承担诉讼费用。

2017年8月7日，发行人向浙江省台州市中级人民法院提出撤诉申请。2017年8月8日，浙江省台州市中级人民法院出具（2015）浙台知民初字第1033号《民事裁定书》，裁定如下：A. 准许原告撤回起诉；B. 案件受理费55753元，减半收取27876.5元，财产保全费5000元，合计32876.5元，由原告承担。

2017年8月28日，发行人（原告）就上述商业秘密纠纷事宜调整被告范围及相应诉讼金额后再次向玉环市人民法院提起诉讼，要求判令被告东莞市福丰自动化设备有限公司、张义辉、张秋泉立即停止侵害原告商业秘密行为，并判令被告共同连带赔偿原告损失463万元并承担诉讼费用。

2018年4月23日，玉环县人民法院出具（2017）浙1021民初7442号《民事判决书》，判决如下：

A. 限被告于本判决生效后立即停止对原告商业秘密的侵犯，即停止披露、生产含有原告"三叉件上料装置"和"三叉件扶正机构的结构设计"的技术信息，及使用该技术信息生产、销售"三通滴斗乳胶帽自动组装机"；

B. 限被告于本判决生效后10日内连带赔偿原告经济损失463万元，如被告未在上述期限内履行支付义务，加倍向原告支付延期履行期间的债务利息，被告承担相应的案件受理费用43840元。

截至本补充法律意见书出具之日，上述案件已进入申请执行程序。

②发行人关于商业秘密的保护措施及其有效性。

发行人为保护公司的商业秘密，维护企业合法权益，提高企业的核心竞争力，已根据法律、法规相关规定制定了包括《商业秘密保护管理办法》《竞业禁止规定》《知识产权管理办法》等内控管理制度，并通过与员工签署《保密协议》《竞业限制协议》等措施进一步加强保密机制，对公司的商业秘密采取了有效的保护措施，具体如下：

A. 公司根据《中华人民共和国反不正当竞争法》《中华人民共和国保密法》，以及国家工商行政管理局《关于禁止侵犯商业秘密行为的若干规定》等法律、法规的相关规定制定了《商业秘密保护管理办法》，明确了企业员工的适用范围及商业秘密的具体定义，设立了内部保密组织机构负责公司商业秘密保护措施的具体实施，加强了对保密信息的管理，采取对涉密信息载体加锁或其他物理防范措施，由专门人员负责涉密文件集中管理，员工离职必须移交所有涉密资料并依法继续保守公司商业秘密等规定，同时制定了泄密的处罚措施。公司与入职员工均签订《保密协议》，在协议中具体细化了商业秘密保密义务范围，明确了员工的具体保密义务及保密期限、违约责任，预防公司商业秘密发生泄露，达到事前减少商业秘密泄露及预防产权纠纷的目的。

B. 公司根据《公司法》《反不正当竞争法》《劳动合同法》等有关法律的规定，结合公司制定的《商业秘密保护管理办法》的相关条款，制定了《竞业禁止规定》，明确了竞业限制的主体对象、竞争关系定义及竞业限制的起止时间、竞业限制补偿金的支付、违约责任等内容，规范了员工在劳动关系存续期间或劳动关系结束后一定时期内不得到生产同类产品或经营同类业务且具有竞争关系的其他用人单位兼职或任职，也不得自己生产与原单位有竞争关系的同类产品或经营同类业务，同时严格审核新入职员工与其原单位的劳动关系解除证明及是否与原单位签署竞业限制协议等内容，预防公司商业秘密泄露或者与其他单位发生商业秘密纠纷。

C. 对于公司研发成果的管理，公司制定了《知识产权管理办法》，明确了公司知识产权管理分工及职务发明权属等问题，规定公司员工完成公司工作任务、利用公司名义或利用公司物质条件产生的智力劳动成果均属于职务智力劳动成果，职务智力劳动成果的权属归公司所有，任何第三方未经公司允许不得以任何形式转让、销售、使用或侵吞公司的职务智力劳动成果。职务智力劳动成果申请专利的，该专利为职务发明，专利权人为公司，未经专利权人许可，任何人不得使用该专利。同时，公司对已经成形的技术、产品及时申请了发明专利、实用新型专利、外观设计专利及软件著作权，确保公司核心技术依法受到法律保护。

律师查阅了《中华人民共和国反不正当竞争法》《中华人民共和国保密法》，以及国家工商行政管理局《关于禁止侵犯商业秘密行为的若干规定》等法律、法规的相关规定，取得了发行人提供的《商业秘密保护管理办法》《竞业禁止规定》《知识产权管理办法》等内部控制文件，抽样审核了公司与员工签署的《劳动合同》《保密协议》等法律文件，并比照了《最高人民法院关于审理不正当竞争民事案件应用法律若干问题的解释》第十一条的相关规定后认为，发行人通过明确商业秘密的保密范围及制定各项内控管理制度等保护措施，实现了对公司商业秘密的有效保护。

③上述商业秘密纠纷对发行人后续生产经营的影响。

就上述发行人与张义辉、张永泉等发生的商业秘密纠纷，公司在知悉技术失密事件后，立即采取法律手段以防止知识产权及商业秘密被进一步不法侵害的可能。后经有权司法机关判决，上述被告人以侵犯商业秘密罪入刑。同时发行人提起相应的民事诉讼要求侵权人承担民事赔偿责任。目前上述侵权人已停止侵权行为，不再生产同类型产品，该等侵权行为得以有效制止。该技术失密事件发生后，公司更加注重技术秘密的保护措施，进一步改善有关保密方式，针对有可能获取商业秘密的员工加强管理，并对离职员工的保密义务、竞业限制作出严格限制。

截至本补充法律意见书出具之日，公司未再出现类似商业秘密失窃事件。

律师取得了发行人制定的相关商业秘密管理制度，抽查审阅了公司与员工签署的《劳动合同》《保密协议》等法律文件，核查了发行人现有商业秘密保护程序，并查阅了相关商业秘密纠纷案件材料后认为，发行人制定了较为完善的商业秘密保护制度，保护措施有效；在商业秘密被侵权后，发行人通过法律手段积极维权，目前侵权人已停止侵权行为，不再生产同类型产品，该等侵权行为得以有效制止，未对发行人产生重大影响；同时，公司更加注重技术秘密的保护措施，进一步改善有关保密方式，针对有可能获取商业秘密的员工加强了管理，并对离职员工的保密义务、竞业限制作出严格限制，公司未再出现类似商业秘密失窃事件。

老板·创业			
一、经理人			
书名	内容	书名	内容
老总有想法，高层有干法 王清华 著	企业将、帅之间的定位问题、角色问题、方法问题、思维问题、管理问题等	历史深处的管理智慧1：组织建设与用人之道 刘文瑞 著	通过历史鉴照当今企业选人用人、二代接班人、创业团队管理等问题
历史深处的管理智慧2：战略决策与经营运作 刘文瑞 著	通过历史鉴照当今企业决策、战略规划、战略冒进、决策监督等问题	历史深处的管理智慧3：领导修炼与文化素养 刘文瑞 著	通过历史鉴照当今企业的领导修养、用权、管理风格等问题
老板经理人双赢之道 陈 明 著	经理人怎养选平台、怎么开局，老板怎样选/育/用/留		
二、用人			
用好骨干员工 王 敏 著	系统化分享关键人才打造与激励方法	领导这样点燃你的下属 孟广桥 著	领导者如何才能让员工积极主动地工作
让用人回归简单 宋新宇 著	帮助管理者抓住用人的要害，让用人变得简单		
三、转型·创业			
创业要过哪些坎 董 坤 著	15年创业咨询经验总结的创业遇到的问题及办法	高潜牛人 董 坤 著	创业和事业发展中如何找到牛人
成为下一个SaaS独角兽 崔牛会 主编	19位SaaS领专家，7个不同的视角总结SaaS行业实践	创模式：23个行业创新案例 段传敏 著	CEO社群23位企业家的思考与实践分享。
重生——中国企业的战略转型 施 炜 著	本书对中国企业战略转型的方向、路径及策略性举措提出了建议和意见。	7个转变，让公司3年胜出 李 蓓 著	企业估值、业务模式、营销、生产制造、客户服务、用户黏性到组织管理7个转变
企业二次创业成功路线图 夏惊鸣 著	五步骤给出了一幅企业二次创业经营突破、管理提升的成功路线图	跟老板“偷师”学创业 吴江萍 余晓雷 著	如何通过“偷师”学习与积累当老板的阅历
公司由小到大要过哪些坎 卢 强 著	企业成长路线图，现在我在哪，未来还要走哪些路，都清楚了	跳出同质思维，从跟随到领先 郭 剑 著	66个精彩案例剖析，帮助老板突破行业长期思维惯性
企业经营			
经营打造你的盈利系统 高可为 著	选择最有效的经营策略，打造属于自己的商业模式	中国企业的觉醒 王 涛 著	企业告别自私、野蛮，转向善良、爱，才会赢得消费者
成为敏感而体贴的公司 王 涛 著	未来有竞争力的企业，一定是那些敏感而体贴的公司！	有意识的思考 王 涛 著	对头脑中固有观念保持觉察，从而超越它们的局限
简单思考 孔祥云 著	著名咨询公司（AMT）CEO创业历程中的经验与思考	写给企业家的公司与家庭财务规划 周荣辉 著	以企业的发展周期为主线，写各阶段企业与企业主家庭的财务规划

续表

书名	内容	书名	内容
从10亿到100亿的企业顶层设计 刘建兆　著	重新定义企业成长方式，有效益、有效率、有效能、有效果、有品质的良性成长。	**活系统：跟任正非学当老板** 孙行健　尹　贤　著	造活系统，使系统活，靠系统活，活得系统。
宗：一位制造业企业家的思考 刘建兆　著	发展20年营业额近亿元制造业企业家的思考与心得	**使命：驱动企业成长** 高可为　著	用大企业发展轨迹及企业家的心路历程，揭示企业成长的基因，做事的逻辑
让经营回归简单 宋新宇　著	战略、客户、产品、员工、成长、经营者的经营法则	**边干边学做老板** 黄中强　著	86个案例讲述中小公司成长过程遇到的问题和方法
盈利原本就这么简单 高可为　著	跨越业务与财务边界，为企业提高盈利水平提供方法。		
综合管理			
一、企业管理			
让管理回归简单 宋新宇　著	从目标、组织、决策、授权、人才、老板自己等提供方案	**管理的尺度** 刘文瑞　著	西医式的体检化验，又要施加中医式的望闻问切
管理：以规则驾驭人性 王春强　著	人性驾驭角度权度运筹安排的可兑现性，管理有效性	**看电影，学管理** 刘文瑞　著	十六部电影的解读，揭示电影内含的管理之道
好管理　靠修行 曾　伟　著	从佛法、道法思想中寻找管理智慧	**公司大了，怎么管** 金国华　著	成长型企业发展中的共性问题，通过案例实录解开
低效会议怎么改 王玉荣　葛新红　著	从梳理公司会议体系的层面改变低效会议的现状	**年初订计划年尾有结果** 郭　晓　著	总结七步落地方案让战略计划切实落地实现
分股合心 段　磊　周　剑　著	围绕股权激励，详细介绍相关知识和实行方法	**员工心理学超级漫画版** 邢　磊　著	漫画形式对组织中个体心理的全面介绍和深入探讨
让投诉客户满意离开 孟广桥　著	投诉法律法规，应对各种投诉技巧等提升客诉能力		
二、管理思想			
管理学的奠基者 刘文瑞　著	近代以来的管理思想发展揭示管理思想的演化奥秘	**巴纳德组织理论研读** 郭　威　著	深度研读巴纳德《经理人员的职能》，帮你理解和看懂
管理学在中国 刘文瑞　著	科学看待管理学流入中国，对继承发展进行深入阐述	**德鲁克管理学** 张远凤　著	以德鲁克管理思想发展为线展示20世纪管理学发展
德鲁克与他的论敌们 罗　珉　著	德鲁克与马斯洛、戴明等诸多管理大师论战的故事	**德鲁克管理思想解读** 罗　珉　著	作为德鲁克学生全面解构其思想的精髓与实践价值
治论：中国古代管理思想 张再林　著	深入分析中国古代哲学基本精神的基础上，梳理分析了儒法墨三家的管理思想		

续表

营销·销售			
一、企业销售			
书名	内容	书名	内容
大客户销售这样说这样做 陆和平　著	大客户销售活动的十大模块，68个典型销售场景	**向高层销售** 贺兵一　著	销售人员与客户高层打交道需要重点掌握的知识、技巧
资深大客户经理 叶敦明　著	将大客户经理必须具备的规划、策略、执行三种能力连通自如	**成为资深的销售经理** 陆和平　著	让销售经理成功把握销售管理6个关键点，并提供工具
销售是个专业活 陆和平　著	据客户采购流程拆分销售过程10阶段，讲解方法技巧	**学话术　卖产品** 张小虎　著	手机、电动车、家电、食品等消费品的一线销售话术
二、企业营销			
新营销组织力 迪智成　著	适应最新数字化外部环境，系统化协同组织能力建设	**营销按钮** 老　苗　著	讲述存在于人性以及各个营销环节中的"按钮"
精品营销战略 杜建君　著	"精品营销战略"核心逻辑与营销组合策略	**360°谈营销** 王清华　古怀亮　著	营销是立体的，从不同角度观察不同企业的营销精髓
互联网精准营销 蒋　军　著	互联网时代整3体策划、包装品牌和产品	**招招见销量的营销常识** 刘文新　著	做好基本的营销动作都可以提高销量、减低成本
用数字解放营销人 黄润霖　著	用数字说话覆盖营销工作的方方面面	**用营销计划锁定胜局** 黄润霖　著	让营销计划落地，营销人员只需解决两个问题：基数与概率
我们的营销真案例 联纵智达研究院　著	五芳斋粽子、诺贝尔瓷砖、利豪家具、保健品、娃哈哈	**中国营销战实录** 联纵智达研究院　著	51个案例，46家企业，46万字，18年积淀
弱势品牌如何做营销 李政权　著	产品与物流通道、服务通道、促销互动通路提供方法	**解决方案营销实战案例** 刘祖轲　著	十大工业品作者实操案例解码解决方案营销
升级你的营销组织 程绍珊　吴越舟　著	根据企业实际情况建立有机性营销组织	**变局下的营销模式升级** 程绍珊　叶　宁　著	十年大量案例归纳三种核心驱动要素，三种升级方向
老板如何管营销 史贤龙　著	以十六个招式，理论与案例相结合，高段位营销方法	**孙子兵法营销战** 刘文新　著	理解《孙子兵法》原意的同时，还可体悟到营销之用
三、品牌			
中国品牌营销十三战法 朱玉童　著	深度演绎最符合企业品牌营销策划的十三套实战战法	**中小企业如何打造区域强势品牌** 吴　之　著	如何建立强势品牌的角度解析扩张难题
四、营销策划			
这样写文案，就没有卖不动的产品 秦　剑　刘安丽　著	术、法、道三个层面由浅至深培养商业文案创作能力	**洞察人性的营销战术** 沈　坤　著	介绍了28个匪夷所思的营销怪招，大部分甚至可以直接运用

续表

书名	内容	书名	内容
双剑破局：沈坤营销策划案例集 沈　坤　著	双剑公司8年来的实操案例，每个项目诞生过程、策划角度和方法		
企业案例			
鲁花：一粒花生撬动的粮油帝国 余　盛　著	鲁花如何成长为优秀的带动农业产业发展的品牌，鲁花你一定学得会	金龙鱼背后的粮油帝国 余　盛　著	以金龙鱼为脉的一部中国粮油行业的史诗
你不知道的加多宝 曲宗恺　牛玮娜　著	以时间为轴线，详细叙述了加多宝品牌的发展历程	静水流深 黄治国　著	作者在美的十五年对何享健近内部讲话资料的整理
娃哈哈区域标杆 罗宏文　快车君 赵晓萌　寇尚伟	讲娃哈哈豫北市场如何成为娃哈哈全国第一大市场、全国增量第一的市场	借力咨询：德邦成长背后的秘密 官同良　王祥伍　著	德邦将自己积累的与咨询公司发展共赢的合作逻辑和盘托出
六个核桃凭什么从0过100亿 张学军　著	全视角深度解读养元企业的裂变成长，复盘十年蜕变轨迹	像六个核桃一样 王　超　著	六个核桃为什么卖得这么好，产品畅销的6大要义36条简明法则
中国首家未来超市 IBMG 集团　著	对乐城超市的掌门人及内部员工的采访详细阐释了乐城的经验	三四线城市超市如何快速成长：解密甘雨亭 IBMG 集团　著	甘雨亭的许多关键经营指标均高于行业标准，学习其成功的方法
集团化企业阿米巴实战案例 初勇钢　著	作者在某酒厂推行阿米巴经营模式的心得		
经销商			
新经销：新零售时代教你做大商 黄润霖　著	探访近100位经销商在传统营销手法上的创新，传统营销微创新和新营销本地化	商用车经销商运营实战 杜建君　王朝阳 章晓青　著	对商用车经销商的经营与管理、4S店运营做了全方面的系统总结
跟行业老手学经销商开发与管理 黄润霖　著	从管理耐用消费品经销商角度提炼了48个代表性问题并给出解决办法	快消品经销商如何快速做大 黄润霖　著	经销商如何通过经营实现规模，通过管理实现规模效益
建材家居经销商实战42章经 王庆云　著	经营管理的心法和战法，帮助经销商成为“业务妙手”和“管理能手”	成为最赚钱的家具建材经销商 李治江　著	针对建材家居行业的经销商，从销售模式、产品、门店、市场等方面给出方法
白酒经销商的第一本书 唐江华　著	经销商如何选择厂家、合作、运营品牌等问题给建议	快消品招商的第一本书 刘　雷　著	从招商理论到招商动作进行系列化分解，化繁为简
中小企业			
中小企业如何打造区域强势品牌 吴　之　著	如何建立强势品牌的角度解析扩张难题	用流程解放管理者 张国祥　著	8个板块构成，共66篇文章，14幅流程管理图
用流程解放管理者2 张国祥　著	对中小企业规范化流程管理进行系统的阐述	弱势品牌如何做营销 李政权　著	产品与物流通道、服务通道、促销互动通路提供方法

续表

书名	内容	书名	内容
本土化人力资源管理8大思维 周　剑　著	用最贴近中国中小企业现实管理情境的案例去讲述周围人的"家事"	中小农业企业品牌战法 韩　旭　著	农业企业需要全产业链视野，更需要品牌实战方法
门店销售冠军复制系统 王吉坤　著	门店型企业如何打造可复制的销售冠军系统，凡是门店型企业都可以使用	新零售动作分解与实操：建材·家居·家具 盛斌子　著	对泛家居行业趋势、店面管理、团队管理、促销推广、五感营销等提供策略
家具建材促销与引流 薛　亮　李永锋　著	对泛家居营销执行模式和工具、关键环节等进行汇总	建材家居门店6力爆破 贾同领　著	产品力、导购力、形象力、推广力、服务力、组织力
家具行业操盘手 王献永　著	总结家具终端门店发展的现状及问题并给出策略	手把手教你做专业督导 熊亚柱　著	系统梳理督导的核心技能，岗位职责、工作流程及技能
手把手帮建材家居导购业绩倍增 熊亚柱　著	针对建材家居门店的业务人员，案例故事还原场景教你成为好导购	10步成为最棒的建材家居门店店长 徐伟泽　著	梳理店长管理的核心工作职责，店面管理规范和帮助销售人员成长
建材家居门店销量提升 贾同领　著	9个板块讲述建材门店一个单店如何做到经营的良性循环	总部有多强大，门店就能走多远 IBMG集团　著	五大方向综合阐述连锁零售企业总部如何提升管理能力
赚不赚钱靠店长，从懂管理到会经营 孙彩军　著	注重专卖店的经营思路拓展，门店管理细节方面能力提升	新医改了，药店就要这样开 尚　锋　著	从药店定位的思考，内部和会员管理等几个方面探讨中小型药店发展方向
门店管理			
电商来了，实体药店如何突围 尚　锋　著	新时代药店经营三驾马车：药学专业服务、会员贴心服务和精准定向促销	引爆药店成交率1：店员导购实战 范月明　著	药店人的零售工作怎样接待顾客，完善销售技巧
引爆药店成交率2：药店经营实战 范月明　著	从药店经营角度如何建立改善门店现状的实用标准	引爆药店成交率：专业化销售解决方案 范月明　著	从简单的拿药服务到提供多角度的专业解决方案
互联网			
一、互联网转型			
画出公司的互联网进化路线图 李　蓓　著	18个"可以……吗"的问题作为你产品、客户和价值方面的指引牌	7个转变，让公司3年胜出 李　蓓　著	企业估值、业务模式、营销、生产制造、客户服务、用户黏性到组织管理7个转变
重生战略移动互联网和大数据时代的转型法则 沈　拓　著	四个重生战略对应四个法则告知传统企业的转型重生之路	创造增量市场：传统企业互联网转型之道 刘红明　著	为读者提供了寻找这些互联网的切入点和接触点的具体方法，带来增量市场
互联网+变与不变 本土管理实践与创新论坛　著	61篇精华文章，聚焦传统行业如何互联网+时代转型	今后这样做品牌 蒋　军　著	顶层设计、营销创新、产品战略、渠道变革、品牌策略
移动互联新玩法 史贤龙　著	立足现实，剖析新时代背景下的移动互联趋势与热点	互联网时代的成本观 程　翔　著	多维组合成本的互联网精神和大数据特征及应用

续表

书名	内容	书名	内容
正在发生的转型升级实践 本土管理实践与创新论坛　著	100多位本土管理专家当年对最新一年的思考和实践	**1000铁杆女粉丝** 张兵武　著	如何让普通女性成为忠实追随的铁杆粉丝，磁力点、情感结、甜蜜区、信任圈
混沌与秩序Ⅰ：变革时代企业领先之道 彭剑锋　施　炜 苗兆光　王祥伍 孙　波　夏惊鸣	新环境下企业面临变革应如何应对，作为企业家又应当如何坚守并与企业共同成长提出了深度思考	**混沌与秩序Ⅱ：变革时代管理新思维** 彭剑锋　施　炜 苗兆光　王祥伍 孙　波　夏惊鸣	对处于时代变革下的企业管理新机制、人力资源管理新思维，组织与人的新型关系，结合案例提出优化建议
消费升级：实践·研究 本土管理实践与创新论坛　著	从经营、管理、行业三个方面记录消费升级下的实践	**互联网精准营销** 蒋　军　著	互联网时代整体策划、包装品牌和产品
二、抖音、微信微商、电商			
抖音营销系统 刘大贺　著	抖音系统的实战营销知识，上百个从0做大的案例	**金牌微商团队长** 罗晓慧　著	微商团队长创业实操的指导工具书
微商生意经：真实再现33个成功案例操作全程 伏泓霖　罗晓慧　著	精心挑选的33个微商成功案例，阐述具体操作过程	**快速见效的企业微信营销方法** 孙　巍　著	站在微信生态的立体高度系统讲述企业微信快营销方法论
阿里巴巴实战运营：14招玩转诚信通 聂志新　著	产品定位、阿里巴巴排名因素、数据分析，标题优化等如何做好阿里巴巴	**阿里巴巴实战运营2：诚信通热卖技巧** 聂志新　著	打开诚信通运营的金钥匙，10大具体运营技巧
三、行业新营销			
餐饮新营销 杨　勇　程绍珊　著	聚焦餐饮企业转型，系统的餐饮企业营销管理体系	**新零售进化路径** 李政权　著	预先复盘新零售及商业的未来，找到方向
珠宝黄金新营销 崔德乾　著	珠宝业新营销/新品牌/新产品/新零售/新连接/新场景/新服务/新传播/新管理	**新经销：新零售时代教你做大商** 黄润霖　著	探访近100位经销商在传统营销手法上的创新，传统营销微创新和新营销本地化
新零售动作分解与实操：建材·家居·家具 盛斌子　著	对泛家居行业趋势、店面管理、团队管理、促销推广、五感营销等提供策略	**新营销** 刘春雄　著	让品牌商和渠道商掌握获得独立流量的能力，能够与平台商博弈
快速见效的企业网络营销方法　B2B　大宗B2C 张　进　著	数据和案例90%来自作者服务的中小企业，快速全面地学习企业网络营销方法	**移动互联下的超市升级** 联商网专栏　著	超市未来的发展趋势，对社区超市、生鲜、全渠道建设、O2O等提出观点
百货零售全渠道营销策略 陈继展　著	零售行业的竞争重点、行业本质，战略转型、未来趋势、经验和案例	**互联网时代的银行转型** 韩友斌　著	银行业在互联网金融变革浪潮中所做的积极应对和转型布局
触发需求：互联网新营销样本·水产 何足奇　著	通过鲜誉案例解读阐述水产行业如何进行互联网转型	**新农资如何弯道超车** 刘祖轲　著	从农业产业化、互联网转型、行业营销与经营突破四个方面阐述农资企业转型

续表

书名	内容	书名	内容
新零售　新终端 迪智成　著	将新零售系统打法做梳理并落地在新终端建设上		
医药医疗			
一、药店			
新医改了，药店就要这样开 尚　锋　著	从药店定位的思考，内部和会员管理等几个方面探讨中小型药店发展方向	电商来了，实体药店如何突围 尚　锋　著	新时代药店经营三驾马车：药学专业服务、会员贴心服务和精准定向促销
引爆药店成交率1：店员导购实战 范月明　著	药店人的零售工作怎样接待顾客，完善销售技巧	引爆药店成交率2：药店经营实战 范月明　著	从药店经营角度如何建立改善门店现状的实用标准
引爆药店成交率：专业化销售解决方案 范月明　著	从简单的拿药服务到提供多角度的专业解决方案		
二、药品销售			
医药第三终端：从控销到动销　诊所　基层医疗 王祥君　张芳文　著	用大量案例来梳理药企落地动销的策略、方法和技战术	医药营销：诊所开发维护与动销 张江民　著	从六个方面系统阐述基层诊所市场营销攻略
处方药合规推广实战宝典 赵佳震　著	对处方药推广体系搭建、推广人员岗位内容等六个方面进行阐述	医药代理商经营全指导 戴文杰　著	从产品选择、价格体系设计、路径管理等维度描述代理商产品操作的基本策略
处方药零售这样做 田　军　著	处方药零售的重要性及做市场的具体措施和方法	OTC医药代表药店开发与维护 鄢圣安　著	一位从初级OTC医药销售代表成长起来的销售经理的经验分享
OTC医药代表药店销售36计 鄢圣安　著	以《三十六计》为线，写OTC医药代表向药店销售的一些技巧与策略		
三、药企转型			
药企战略·运营与医药产业重构 杜　臣　著	对医药产业的深度认知与发展趋势结合，战略思考与经营操作相统一	医药行业大洗牌与药企创新 林延君　沈　斌　著	围绕着创新介绍医药行业，介绍近百家医药企业创新实践案例
医药新营销 史立臣　著	从药企最关心的八个方面阐述制药企业、医药商业企业营销模式转型	医药企业转型升级战略 史立臣　著	商业模式转型、管理转型、定位转型、运营模式转型和跨界转型五方面阐述转型
新医改下的医药营销与团队管理 史立臣　著	立足新医改相关政策的解读，为中小医药企业出谋划策	在中国，医药营销这样做 段继东　著	时代方略在医药营销领域思想、方法文章的精选合集
四、新医疗			
成为医疗器械领军者 王　强　著	中小型医疗器械生产企业和代理商怎样转型	新型诊所经营与创新 动脉网　著	对新型诊所从标准化管理、经营方式、团队建设、连锁模式四个方面进行解读

续表

书名	内容	书名	内容
医美新风口：颜值经济下的亿万市场 动脉网　著	详细介绍中国医疗美容行业的发展趋势，现状以及医美产业链等	互联网医院：正在发生的医疗新变革 动脉网　著	介绍互联网医院的建设与运营、管理，发展模式和市场布局，以及发展规律
快消品			
一、快消案例			
中国快消品营销这些年 史贤龙　著	一本书浓缩快消品营销15年的实战历程与前沿思考	这样打造大单品 迪智成　著	通过13个大案例帮助企业梳理打造大单品的路径
你不知道的加多宝 曲宗恺　牛玮娜　著	以时间为轴线，详细叙述了加多宝品牌的发展历程	娃哈哈区域标杆 罗宏文　快车君 赵晓萌　寇尚伟	讲娃哈哈豫北市场如何成为娃哈哈全国第一大市场、全国增量第一的市场
六个核桃凭什么从0过100亿 张学军　著	全视角深度解读养元企业的裂变成长，复盘十年蜕变轨迹	像六个核桃一样 王　超　著	六个核桃为什么卖得这么好，产品畅销的6大要义36条简明法则
5小时读懂快消品营销 陈海超　著	20年快速消品市场风云洞察解码，丰富的案例解析		
二、快消品区域经理			
快消品营销团队管理 刘　雷　伯建新　著	快消品团队管理相关的20余个工具+20余个案例	这样打造快消品区域标杆 罗宏文　牛玉龙　著	分为两篇解决如何成功打造标杆市场和进行持续增量管理两大问题
成为优秀的快消品区域经理（升级版） 伯建新　著	作为区域经理的“速成催化器”，升级版增加11篇内容	快消老手都在这样做：区域经理操盘锦囊 方　刚　著	一线成长起来的资深快消品营销人“压箱底”绝活亲囊而授
快消品营销人的第一本书 刘雷　伯建新　著	针对一线厂家业务员工作中常遇到的问题给予建议	销售轨迹：一位快消品营销总监的拼搏之路 秦国伟　著	一个普通营销人的故事，16年背井离乡的职场拼搏之路
快消品营销：一位销售经理的工作心得2 蒋　军　著	从市场操作、团队管理、传播推广、营销的具体策略和战略等方面提供方法		
三、快消品动销			
动销：产品是如何畅销起来的 余晓雷　著	怎么被消费者买走和竞争对手是谁这两个原点解决动销问题	动销操盘：节奏掌控与社群时代新战法 朱志明　著	用七个章节阐述关于动销操盘的要诀，节点、节奏、主次、条件匹配性等问题
动销四维：全程辅导与新品上市 高继中　著	从产品、渠道、促销和新品上市四个方面详细讲解提高动销的具体方法		
四、快消品渠道			
深度分销 施　炜　著	流道价值链、模式选择、渠道策略与管理、零售经销商管理、最佳实践、团队建设	通路精耕操作全解周俊 陈小龙　著	对康师傅制胜法宝通路精耕进行系统介绍与说明，图表和完善入微的操作方法

续表

书名	内容	书名	内容
酒水饮料快消品餐饮渠道营销手册 朱伟杰　著	对餐饮渠道深入挖掘，建立适合餐饮渠道发展的服务模式和组织保障措施	快消品经销商如何快速做大 杨永华　著	经销商如何通过经营实现规模，通过管理实现规模效益
快消品营销与渠道管理 谭长春　著	解决日常涉及的渠道管理、市场、产品等营销事务	快消品招商的第一本书 刘　雷　著	从招商理论到招商动作进行系列化分解，化繁为简
采纳方法：化解渠道冲突 朱玉童　著	21个最新的渠道冲突案例立体地介绍渠道冲突的现象和方法		
五、快消品企业战略			
重构：快消品企业重生之道 杨永华　著	从战略，品牌，市场，产品，营销，系统，管理7个方面进行重构	变局下的快消品实战策略 杨永华　著	从5个角度针对快消品企业如何应对行业变局给出答案
新营销 刘春雄　著	让品牌商和渠道商掌握获得独立流量的能力，能够与平台商博弈	采纳方法：破解本土营销8大难题 朱玉童　著	破解困扰营销人的八大难题变给出解决方法
白酒营销培训宝典：复制高业绩 刘孝鞅　著	总结白酒营销人员系统运作市场的要点，转化为易学可复制的动作和工具表单	酒水饮料快消品餐饮渠道营销手册 朱伟杰　著	对餐饮渠道深入挖掘，建立适合餐饮渠道发展的服务模式和组织保障措施
白酒营销的第一本书 唐江华　著	多角度阐释白酒一线市场操作的最新模式和方法	白酒经销商的第一本书 唐江华　著	经销商如何选择厂家、合作、运营品牌等问题给建议
白酒到底如何卖 赵海永　著	多角度地阐释了白酒一线市场操作的最新模式和方法	白酒到底如何卖2：从市场培育到动销 赵海永　著	系统化、标准化、模式化的促成动销的实战操作方式和方法
变局下的白酒企业重构 杨永华　著	白酒企业重构期的营销战略与实操策略6大方法	酒业转型大时代 微　酒　著	酒水营销、新闻资讯及行业分析、预测的知识宝典
区域型白酒企业营销必胜法则 朱志明　著	以36条法则从战略、营销、推广、产品线、品牌、市场、战术、等方面提供方法	10步成功运作白酒区域市场 朱志明　著	从市场攻守、产品攻略、新品上市、占领渠道、促销等十个层面阐述
茶·调味品·油·乳业			
营销中国茶：2小时读懂茶叶营销 史贤龙　著	中国茶营销的“困局”“破局”和“创举”	中国茶叶营销第一书 柏　龑　著	纵览中国茶叶市场的全局，并且有针对性地提出问题并阐述解决方法
调味品营销第一书 陈小龙　著	15年监控中国市场50个中外著名调味品品牌市场运作、管理等得到的经验总结	调味品企业八大必胜法则 张　戟　著	提炼了调味品企业八大规律性的关键成功要素
食用油营销的第一本书 余　盛　著	从小包装油行业概述到产品的基本知识，从基本执行动作到品牌整体策划等	鲁花：一粒花生撬动的粮油帝国 余　盛　著	鲁花如何成长为优秀的带动农业产业发展的品牌，鲁花你一定学得会

续表

书名	内容	书名	内容
金龙鱼背后的粮油帝国 余　盛　著	以金龙鱼为脉的一部中国粮油行业的史诗	**乳业营销的第一本书** 侯军伟　著	区域型乳品企业如何才能够稳健的发展
工业品			
一、工业品销售			
大客户销售这样说这样做 陆和平　著	大客户销售活动的十大模块，68个典型销售场景	**销售是个专业活　B2B** 陆和平　著	据客户采购流程拆分销售过程10阶段，讲解方法技巧
成为资深的销售经理：B2B　工业品 陆和平　著	让销售经理成功把握销售管理6个关键点，并提供工具	**一切为了订单：订单驱动下的工业品营销实践** 唐道明　著	以订单流程的三个环节为主线讲述工业品营销管理新思路
二、工业品营销			
工业品营销管理实务(第4版) 李洪道　著	是信任导向工业品营销体系的深化版、工业品营销管理体系优化咨询升级版	**工业品企业如何做品牌** 张东利　著	为当下中国制造的品牌化转型提供经过实践证明的理念、方法和体系
工业品市场部实战全指导 杜　忠　著	解决职能不清、市场部五大职能如何运作、职业发展路径等具体问题	**解决方案营销实战案例** 刘祖轲　著	十大工业品作者实操案例解码解决方案营销
资深大客户经理：策略准　执行狠 叶敦明　著	将大客户经理必须具备的规划、策略、执行三种能力连通自如		
三、工业品企业			
变局下的工业品企业7大机遇 叶敦明　著	探索工业品企业成长的新机会，7大战略与战术性机会	**两化融合管理体系贯标流程与方法** 戴　勇　著	融合五十多家企业在两化融合贯标过程的经验，总结重点与举措
丁兴良讲工业4.0 丁兴良　著	多角度阐述中国在工业4.0的机遇和挑战		
建材家居			
一、建材家居门店			
家居建材促销与引流 薛　亮　李永锋　著	对泛家居营销执行模式和工具、关键环节等进行汇总	**新零售动作分解与实操：建材·家居·家具** 盛斌子　著	对泛家居行业趋势、店面管理、团队管理、促销推广、五感营销等提供策略
家具行业操盘手 王献永　著	总结家具终端门店发展的现状及问题并给出策略	**手把手教你做专业督导** 熊亚柱　著	系统梳理督导的核心技能，岗位职责、工作流程及技能
手把手帮建材家居导购业绩倍增 熊亚柱　著	针对建材家居门店的业务人员，案例故事还原场景教你成为好导购	**10步成为最棒的建材家居门店店长** 徐伟泽　著	梳理店长管理的核心工作职责，店面管理规范和帮助销售人员成长
建材家居门店销量提升 贾同领　著	9个板块讲述建材一个单店如何做到经营的良性循环	**建材家居门店6力爆破** 贾同领　著	产品力、导购力、形象力、推广力、服务力、组织力
二、建材家居经销商			
新经销：新零售时代教你做大商 黄润霖　著	探访近100位经销商在传统营销手法上的创新，传统营销微创新和新营销本地化	**建材家居经销商42章经** 王庆云　著	经营管理的心法和战法，帮助经销商成为“业务妙手”和“管理能手”

续表

书名	内容	书名	内容
成为最赚钱的家具建材经销商 李治江　著	针对建材家居行业的经销商，从销售模式、产品、门店、市场等方面给出方法		
三、建材家居企业			
定制家居黄金十年 韩　锋　翁长华　著	对中国定制家居行业20年发展历程深度、系统、专业的解读	**建材家居营销：除了促销还能做什么** 孙嘉晖　著	探索家居建材行业营销的革命，回顾和思考来发现行业"营销天花板"的突破口
建材家居营销实务：新环境、新战法 程绍珊　杨鸿贵　著	针对建材家居市场特点提出以客户价值为基础的整体营销价值链		
零货·超市·百货			
新零售进化路径 李政权　著	预先复盘新零售及商业的未来，找到方向	**新零售　新终端** 迪智成　著	将新零售系统打法做梳理并落地在新终端建设上
移动互联下的超市升级 联商网　著	超市未来的发展趋势，对社区超市、生鲜、全渠道建设、O2O等提出观点	**百货零售全渠道营销策略** 陈继展　著	零售行业的竞争重点、行业本质，战略转型、未来趋势、经验和案例
超市卖场定价策略与品类管理 IBMG集团　著	零售企业的市场拓展与商品定位、商品结构与商品陈列、毛利分析与库存分析	**连锁零售企业招聘与培训破解之道** IBMG集团　著	围绕零售企业组织架构、培训体系建设等内容进行深刻探讨
总部有多强大，门店就能走多元 IBMC集团　著	五大方向综合阐述连锁零售企业总部如何提升管理能力	**三四线城市超市如何快速成长：解密甘雨亭** IBMG集团　著	甘雨亭的许多关键经营指标均高于行业标准，学习其成功的方法
中国首家未来超市：解密安徽乐城 IBMG集团　著	对乐城超市的掌门人及内部员工的采访详细阐释了乐城的经验	**零售：把客流变成购买力** 丁　昀　著	通过大量的实际案例对中国零售业态的升级转型之路提出思考
餐饮·服装·影院			
餐饮新营销 杨　勇　程绍珊　著	聚焦餐饮企业转型，系统的餐饮企业营销管理体系	**电影院的下一个黄金十年** 李保煜　著	介绍了中国电影产业的运作模式以及电影院的开发、设计思路
餐饮企业经营策略第一书 吴　坚　著	阐述餐饮企业产品之道、市场之道、顾客之道及盈利之道	**赚不赚钱靠店长，从懂管理到会经营** 孙彩军　著	注重专卖店的经营思路拓展，门店管理细节方面能力提升
农牧业			
一、农资			
饲料营销有方法 陈石平　著	饲料营销的7大核心命题	**农资营销实战全指导** 张　博　著	深度营销在农资市场行之有效的营销策略和工具
新农资如何弯道超车 刘祖轲　著	从农业产业化、互联网转型、行业营销与经营突破		

续表

书名	内容	书名	内容
二、农牧企业			
中国牧场管理实战 黄剑黎　著	牧场管理标准、管理制度、操作规程做出剖析和指引	中小农业企业品牌战法 韩　旭　著	农业企业需要全产业链视野，更需要品牌实战方法
变局下的农牧企业9大成长策略 彭志雄　著	为农牧企业量身打造了9个立足现在、展望未来的成长策略	农产品营销实战第一书 胡浪球　著	针对33个农产品营销的核心问题提供具体招数
地产·汽车			
一、地产			
中国城市群房地产投资策略 吕俊博　刘　宏　著	挖掘主要城市群的现状特征、发展因子、演化趋势、竞争关系等，给出分析建议	产业园区/产业地产：规划、招商、实战运营 阎立忠　著	认知、规划、招商、运营四方面系统解读产业园区的建设精要和运营技巧
人文商业地产策划 戴欣明　著	“全球化视野（创意）”+“人文+”思维		
二、汽车			
商用车经销商运营实战 杜建君　著	对商用车经销商的经营与管理、4S店运营做了全方面的系统总结	汽车配件这样卖 俞士耀　著	适合轮胎、机油、维修、快保、美容、洗车等汽车服务业态销售实操办法
润滑油销售：这样说，这样做更有效 张金荣　著	总结润滑油销售面对三大客户常遇到的200余个营销问题解决方法		
投资理财·收购资本			
交易心理分析 马克·道格拉斯【美】　著	一语道破赢家的思考方式，并提供了具体的训练方法	财报背后的投资机会 蒋　豹　著	零基础轻松掌握财务报表的相关知识，快速入门
写给企业家的公司与家庭财务规划 周荣辉　著	以企业的发展周期为主线，写各阶段企业与企业主家庭的财务规划	分股合心 段　磊　周　剑　著	围绕股权激励，详细介绍相关知识和实行方法
成功并购300问 浩德并购军师联盟　著	系统学习资本运作和企业并购知识的金融工具书	并购名著阅读指南 叶兴平　著	全球5000多本并购图书中精选200本并进行评价
阿米巴			
阿米巴经营的中国模式 李志华　著	基于阿米巴经典理念提出了适合中国本土的员工自主经营的“1532”模型	集团化企业阿米巴实战案例 初勇钢　著	作者在某酒厂推行阿米巴经营模式的心得
中国式阿米巴落地实践之激活组织 胡八一　著	划分原则、裂变与整合、组织管控、重新定位、巴长竞聘和组阁	中国式阿米巴落地实践之从交付到交易 胡八一　著	从6个方面阐述经营会计，从交付到交易是成功实施阿米巴的标志
中国式阿米巴落地实践之持续盈利 胡八一　著	企业做平台、平台做成阿米巴、阿米巴做成合伙制		

续表

人力资源管理			
一、绩效·薪酬			
书名	内容	书名	内容
回归本源看绩效 孙　波　著	从目的和概念帮助企业梳理绩效管理与经营的关系	**走出薪酬管理误区** 全怀周　著	7个常见薪酬误区入手为企业提供一套系统解决方法
曹子祥教你做绩效管理 曹子祥　著	作者核心授课课程的还原，掌握绩效管理的核心内容	**曹子祥教你做激励性薪酬设计** 曹子祥　著	作者28年咨询经验总结，如何进行科学的薪酬体系设计
二、招聘·面试·培训			
把招聘做到极致 远　鸣　著	多年人力资源资深招聘经理多年工作心得提炼	**把面试做到极致** 孟广桥　著	一套实用的确定岗位招聘标准、提升面试官技能方法
人才评价中心漫画版 邢　雷　著	用漫画形式写成的人才测评专业书籍	**世界500强资深培训经理人教你做培训管理** 陈　锐　著	从构建培训体系、培训组织、培训文化、开发培训资源教你做培训管理
三、HR高管·劳动法			
经营型HRD 黄渊明　著	总结企业HRD如何支撑企业经营成功抓好七件关键事情	**人才供应链：实现高绩效均衡的人才管理模式** 许　锋　著	打造人才供应链的四大支柱，十项修炼的完整体系
新任HR高管如何从0到1 新　海　著	到互联网创业型企业担任HRVP，从0到1建立较完善的HR体系	**人力资源体系与e－HR信息化建设** 刘书生　陈　莹 王美佳　著	6大框架、28个关注点、5大目标、6大优势、166个交付物咨询体系和盘托出
集团化人力资源管理实践 李小勇　著	针对集团型企业人力资源管理急问题，提出科学建议	**我的人力资源管理笔记** 张　伟　著	第三方咨询视角跳出“技术方法”看人力资源管理
人力资源的5分钟劳动法 李皓楠　著	入职管理、在职管理、离职管理中遇到的劳动法问题及应对		
四、HRBP			
HRBP是这样炼成的之菜鸟起飞 黄渊明　著	作者在初步转型HRBP两年时间里摸索实践的亲身经历与总结	**HRBP是这样炼成的之中级修炼** 黄渊明　著	结合作者亲身从事HRBP的工作经历，总结HRBP的作战故事
HRBP高级修炼 黄渊明　著	故事方式，HRD角度深度呈现运用HRBP的思维、方法		
企业文化			
企业文化落地本土实践 王祥伍　著	华夏基石“知信行”模型描绘企业文化落地路线图	**企业文化的逻辑** 王祥伍　著	从文化起源深刻剖析文化、效率、企业、企业文化联系
企业文化定位·落地一本通 王明胤　著	企业文化理念传播和落地聚焦的17种方法，解读了近100个实战案例	**36个拿来就用的企业文化建设工具** 海融心胜　著	汇集整理了36个通用的企业文化实践工具

续表

书名	内容	书名	内容
企业文化激活沟通 宋杼宸　安　琪　著	系统阐述沟通与企业文化的关系，给予企业提升沟通效能的企业文化解决方案	**企业文化建设超级漫画版** 邢　雷　著	用漫画形式写成的企业文化建设专业书籍，理论体系和29个具体的操作方法
在组织中绽放自我 朱仁建　著	个人与组织之间的关系，文化对组织化形成的影响		
流程管理			
营销·研发·供应链业务架构与流程管理 谭勋晖　著	对营销、研发、供应链这三大业务流程变革实践经验总结	**打造集成供应链** 王春强　著	第一用力在"集成"上，梳理内外部各相关模块及其依赖关系
人人都要懂流程 金国华　余雅丽　著	50幅流程管理漫画，内部对流程价值理念的高度共识	**用流程解放管理者** 张国祥　著	8个板块构成，共66篇文章，14幅流程管理图
用流程解放管理者2 张国祥　著	对中小企业规范化流程管理进行系统的阐述	**跟我们学建流程体系** 陈立云　罗均丽　著	在《跟我们做流程管理》基础上丰富了标杆实践案例
16949质量管理体系落地与全套文件汇编 谭洪华　著	对IATF16949每个条款讲解采用理解、作用、落地、模板、成功案例四个模块解析	**ISO9001：2015制造业文件模板全集** 贺红喜　著	五篇内容组成的完整的质量管理体系工具文件
精益质量管理实战工具 贺小林　著	四个方面对精益质量管理进行了全方位介绍和解读，并提供大量方法工具	**五大质量工具详解及运用案例** 谭洪华　著	APQP、FMEA、MSA、SPC、PPAP这五大质量工具的具体运用
IATF16949质量管理体系详解与案例文件汇编 谭洪华　著	针对IATF16949的标准原文做详细解说，同时提供大量表单案例	**SA8000：2014社会责任体系认证实战** 吕　林　著	将SA8000多版本及10多年的体系实战经验汇编成书
ISO9001：2015新版质量管理体系解读与案例文件汇编 谭洪华　著	ISO9001：2015新版标准理解和运用操作进行详细解读	**ISO14001：2015新版环境管理体系解读与案例文件汇编** 谭洪华　著	ISO14001：2015改版后的差别和操作运用进行详细讲解
精益生产			
一、精益·JIT·IE			
精益思维 刘承元　著	作者二十余年企业经营和咨询管理的经验总结	**比日本工厂更高效** 刘承元　著	管理提升无极限+超强经营力+精益改善里的成功实践
计划与物流精益改善之道 于晓光　著	围绕"计划与物流战略咨询的方法论"进行解析，提供方法论和案例	**300张现场图看懂精益5S** 乐　涛　著	通过日本丰田、上市企业案例，用300张现场图系统讲解5S管理
3A顾问精益实践1：IE与效率提升 党新民　苏迎斌 蓝旭日　著	系统、全面地介绍IE工厂管理技术，提高效率创造价值	**3A顾问精益实践2：JIT与精益改善** 肖智军　党新民　著	系统、全面地介绍JIT生产方式，并加入实践案例
高员工流失率下的精益生产 余伟辉　著	从三方面论述推行精益管理时如何应对员工流失		

续表

书名	内容	书名	内容
二、生产管理			
化工企业工艺安全管理实操 黄　娜　著	围绕化工工艺安全14要素来展开分析	**手把手教你做专业生产经理** 黄　娜　著	生产经理如何在信息流、物流、资金流三大流中开展工作
欧博心法：好工厂　靠管理 曾　伟　著	从管人篇和管事篇帮助读者解决人难管、事难控	**欧博工厂案例1：生产计划管控对话录** 曾　伟　曾子豪　著	工厂管理生产计划管控模块的8个全景细节大案例
欧博工厂案例2：品质技术改善对话录 曾　伟　曾子豪　著	工厂管理品质、技术、效率管理模块的10个全景细节大案例	**欧博工厂案例3：员工执行力提升对话录** 曾　伟　曾子豪　著	工厂管理人员管控模块的5个全景细节大案例
工厂管理实战工具 曾　伟　著	中国传统文化指导下的工厂管理工具		
全能型班组：城市能源互联网与电力班组升级 国网天津电力公司　著	从互联网时期的班组转型升级出发，对新型班组组织模式和运行机制进行设想	**国网天津电力全能型班组建设实务** 国网天津电力公司　著	聚焦天津电力公司在探索全能型班组转型升级时的优秀实践
车间人员管理那些事儿 岑立聪　著	小事入手把基层车间管理者头疼的事务打包解决		
咨询·培训师			
培训师事业长青之道 廖信琳　著	培训师自我管理的"洋葱模型"，十项内容与五个层级	**管理咨询师的第一本书** 熊亚柱　著	深度剖析初级入行咨询师在工作中会遇到的问题
资深管理咨询顾问工作心得 张国祥　著	使用手册讲述咨询师如何操作项目，老板如何选择咨询师，企业如何自主落地	**手把手教你做顶尖企业内训师** 熊亚柱　著	从开、控、收、编、制、用的角度去践行培训师的职责
TTT培训师精进三部曲上 廖信林　著	手把手教您"深度改善现场培训效果"的一招一式	**TTT培训师精进三部曲中** 廖信林　著	建构一整套培训课程设计与开发的认知架构和方法体系
TTT培训师精进三部曲下 廖信林　著	通过"沉淀职业功力的六度模型"，帮助培训师在职业技能上的持续精进		
产品·研发			
研发体系改进之道 靖　爽　陈年根 马鸣明　著	取材数十家企业研发改进的咨询实践，提炼一套实操的改进步骤与工具	**新产品开发管理，就用IPD（升级版）** 郭富才　著	把产品经营的思想凝结在新产品开发管理机制中，升级版更丰富
产品开发管理：方法·流程·工具 任彭枞　著	结合超过300家企业的实际研发管理方法，总结问题和方法，大量表格	**资深项目经理这样做新产品开发管理** 秦海林　著	采用过程管理方法，对新产品开发的四大过程进行分析，主要针对小电器产品
产品炼金术Ⅰ：如何打造畅销产品 史贤龙　著	如何打造畅销产品的四个方法	**产品炼金术Ⅱ：如何用产品驱动企业成长** 史贤龙　著	经营者视角重新认识产品，对产品现状快速诊断
中东历史与现状二十讲 黄民兴　著	对中东几千年的历史和动荡的现状进行了一个白描	**非暴力抵抗的诞生** 甘　地　著	甘地南非21年为印度侨民争取政治权利的艰苦历程

续表

书名	内容	书名	内容
中国古代政治制度上：皇帝制度与中央政府 刘文瑞　著	探究中国古代政治制度的规则和机制，论证古代皇帝制度的形成和演变历程	中国古代政治制度下：地方体制与官僚制度 刘文瑞　著	探究中国古代政治制度的规则和机制，论证古代地方政府的发展演变过程
两晋南北朝十二讲 李文才　著	分12个专题对两晋南北朝的历史进行阐述	每个中国人身上的春秋基因 史贤龙　著	透过真实的春秋历史，看到人性里的黑暗与光明、卑劣与高尚
二、哲学			
车过麻城·再晤李贽 张再林　著	用游记的方式，展示李贽独到的学术眼力和理论建树	王阳明万物一体论 陈立胜　著	“万物一体”是王阳明思想的基本精神。大人者，能与天地万物为一体
自我与世界：以问题为中心的现象学运动研究 陈立胜　著	对现象学运动之中的“意向性”“自我”“他人”“身体”及“世界”进行深入分析	作为身体哲学的中国古代哲学 张再林　著	对中国古代哲学之性质内容给予一种全新的理论解读
中西哲学的歧义与汇通 张再林　著	揭示中西哲学“你中有我，我中有你”之旨		
三、传统文化			
与老子一起思考·道篇 史贤龙　著	一本将《老子》思想本义、思想价值、思想史地位、文明史意义讲透的著作	与老子一起思考·德篇 史贤龙　著	考、释、译、论四个方面的工作对《老子》进行解读
国富策：读管子知天下财富 翟玉忠　著	《管子》轻重十六篇为核心的轻重术，深刻阐发并从中汲取有益时代的经验教训	说服天下：鬼谷子的中国沟通术 翟玉忠　著	为纵横家正名，对纵横术进行了系统总结
中国商道 翟玉忠　著	对中国先秦和明清时期商业典籍系统整理和诠释	梁涛讲孟子之万章篇 梁　涛　著	对《万章》的讲解通俗、富有新意
中国思想文化十八讲 张茂泽　著	中国宗教文化课程10年基础上撰写而成，介绍中国古代宗教思想	孔门心法，中道而行：史幼波中庸讲记 史幼波　著	史幼波讲的《中庸》提炼出中华传统心性之学的精髓
大学之道，圣学纲目：史幼波大学讲记 史幼波　著	史幼波讲的《大学》帮助我们在自己身上找到一个精神的皈依处	史幼波《周子通书》《太极图说》讲记 史幼波　著	根据史幼波围绕这两篇儒学经典的系列讲座整理而成
四、书法·太极·教育·英语			
跟陈忠建学写名家书法Ⅰ 陈忠建　著	用视频跟陈忠建学名家书法之楷书·行书	跟陈忠建学写名家书法Ⅱ 陈忠建　著	用视频跟陈忠建学名家书法之隶书·楷书·行书
郑子太极拳理拳法 杨竣雄　著	作者14岁入郑子太极之门，用故事性的方式讲述教学	内功太极拳训练教程 王铁仁　著	训练方法及练习，用内气演练过程予以详析，有视频
别让你的执着毁了孩子 廖信林　著	复盘与孩子互动过程中的关键时刻，有效的亲子教育	像美国人一样讲话 马方旭　著	美国最常用的800句习惯用语搭配场景例句，有视频